重新识读
教师工作满意度
从TALIS国际比较到本土关照

王中奎　著

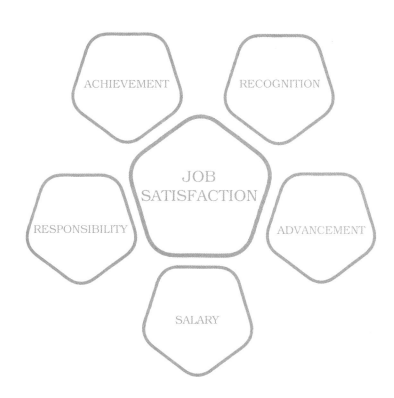

上海教育出版社
SHANGHAI EDUCATIONAL
PUBLISHING HOUSE

图书在版编目（CIP）数据

重新识读教师工作满意度：从TALIS国际比较到本土关照 / 王中奎著. — 上海：上海教育出版社，2023.9
（国际教育测评丛书）
ISBN 978-7-5720-0851-1

Ⅰ.①重… Ⅱ.①王… Ⅲ.①教师－工作－研究 Ⅳ.①G451

中国国家版本馆CIP数据核字(2023)第119023号

封面设计　陈　芸
责任编辑　李　玮

国际教育测评丛书
重新识读教师工作满意度：从TALIS国际比较到本土关照
王中奎　著

出版发行　上海教育出版社有限公司
官　　网　www.seph.com.cn
地　　址　上海市闵行区号景路159弄C座
邮　　编　201101
印　　刷　上海景条印刷有限公司
开　　本　700×1000　1/16　印张21.25
字　　数　370千字
版　　次　2023年9月第1版
印　　次　2023年9月第1次印刷
书　　号　ISBN 978-7-5720-0851-1/G·0667
定　　价　86.00元

如发现质量问题，读者可向本社调换　电话：021-64373213

丛书总序

比较教育： 从游记轶事到国际测评

有人说,比较教育"有着悠长的过去,却只有简短的历史"。

这是因为,从法国学者兼政治家朱利安(Marc-Antoine Julian,1775–1848)1817 年发表《比较教育的研究计划与初步意见》,首次提出"比较教育"的学科概念至今刚过 200 多年,而人类又偏偏有着强烈的好奇心,并且总是希望在他人别国的教育经验中发现最佳教育制度与方法。至少从公元前 500 多年前起,人们就通过各种形式记录下异域他乡的教育现象,并将这些记载保存和流传下来。孔子曾率众弟子周游列国、游学交流,传授"齐家、治国、平天下"之道,古希腊则有学者兼军事家色诺芬(Xenophon,公元前 430–前 355)认真比较斯巴达与雅典教育的异同,又在其《波斯王塞勒斯传》中赞颂波斯的公共教育与训练。随后千百年,古罗马有西塞罗(Cicero,公元前 106–前 43)描述古希腊与古罗马的教育异同,中国有唐玄奘(602–664)"西天取经",写下《大唐西域记》,记载异域人文宗教,叙述印度的教育制度、课程与教师。还有意大利旅行家马可·波罗,游历东方,供职元朝,以《马可·波罗游记》记载下丰富的趣闻轶事,向西方介绍灿烂的东方教育文化。

然而,闲闻游记和传记轶事难以满足欧洲新兴的资本主义国家建设近现代教育制度的需要。朱利安的奠基之作虽然提出了众多研究、交流和改革建议,也不能满足政治家和教育家们提出立竿见影、迅速建立新体制的要求。于是,各国交流比较、学习借鉴的任务就得靠各国教育行政官员的出国考察和调查报告来完成。法国人库森(Victor Cousin,1792–1867)的《德意志各邦,特别是普鲁士公共教育状况的报告》和美国麻省首任教育厅长贺拉斯·曼(Horace Mann,1796–1859)的《第十年年报》就成了 19 世纪最引人注目的比较教育文献。

从 20 世纪初至第二次世界大战结束,越发便捷的交通运输逐步将世界各国连接在一起,国家间的争议协商、学者间的交流合作、商贾间的贸易交往也愈加频繁。比较教育也逐渐在欧美学术界赢得了一席之地,正式成为教育学科中的一个独立分支。以康德尔(Issac L. Kandel, 1881 - 1965)、施奈德(Friedrich Schneider, 1881 - 1974)和汉斯(Nicholas Hans, 1888 - 1969)等为代表的比较教育学者们并不满足对别国教育制度的描述,他们试图用各种方法去分析别国教育发展的来龙去脉,诠释各国教育制度的存在原因,从而为各自国家教育发展提供借鉴。历史学方法、因素分析方法成为此阶段引领比较教育发展的主要方法。

二战以后,人类教育理念的更新、各国教育制度的重建和社会科学的蓬勃发展,一方面为比较教育学者提供了前所未有的广阔天地,另一方面又推动了比较教育研究方法的科学演进。贝雷迪(George Bereday, 1920 - 1983)提出描述、解释、并置和比较的四阶段比较教育研究工作模式;一些学者倡导对教育开展社会学、人种志和文化背景研究;诺亚(H. J. Noah)和埃克斯坦(M. A. Eckstin)则提出,应采用现代科学研究的一般程序来研究比较各国的教育问题,数据收集和统计分析成为比较教育研究迈向科学的关键。

但在当时,要获取各国的教育统计数据也非易事。一方面,许多发展中国家和一些发达国家的教育统计能力还普遍不足,难以对各国教育状况做出及时准确的数据统计;另一方面,一些国家也鉴于教育数据的敏感性,不愿意将数据拿出来让各国研究分享。为解决这一问题,国际教育局(IBE)和联合国教科文组织从 20 世纪 50 年代起开始组织出版《世界教育调查》(1955 - 1971,共五卷)等国际教育统计资料,直到 1992 年才开始出版连续性的《世界教育报告》。1999 年联合国教科文组织终于成立了统计研究所(UNESCO Institute of Statistics, UIS),由它负责建议和改进各国教育统计方法、设立统一的教育统计指标体系,力求使联合国教科文组织的教育统计报告不仅可以向各国提供全球教育发展的准确数据,而且能够依据统计数据为各国提供教育决策的依据,为世界教育提供关注重点和发展趋势。许多全球教育统计的概念和指标,如各学段的"毛入学率""师生比""教育财政开支占 GDP/GNP 的百分比"等,也都由此发展起来。

然而,全球的教育统计数据主要来自各国政府的自主申报,而各国的各届政府在提供教育数据时,仍然会出现口径不一致、前后不连贯、关注点不同、数据陈旧等问题,统计数据还容易受到其他因素的干扰和影响。另外,各国教育统计数据往往比较容易反映各级各类教育的发展规模,但难以揭示各级各类教育的质量水平,更难以揭示造成各国教育质量差异背后的复杂原因。这些国际教育统计数据的弱点就给国际教育成就测评的发展带来了巨大的发展空间,直接催生了国际教育成就评价协会(IEA)的建立和国际教育成就测评的出现。

1962 年,国际教育成就评价协会(IEA)率先尝试发布了《12 个国家 13 岁儿童的教育成就:一项国际研究的结果》,开创了通过国际测试比较各国教育成就的先河。之后,IEA 连续组织了 1964 年的"第一次国际数学研究"(FIMS)、"六个学科领域研究"(1970-1971)、"第二次国际数学研究和第二次国际科学研究"(1981-1984)和"国际数学和科学教育趋势研究"(TIMSS,1995),等等。IEA 的开创性工作至少表明,"教育成就的跨国比较是能够进行的,而且能够得到可比的结果"[1]。然而,IEA 的国际教育测评的规模还十分有限,参加国家最多的项目也仅覆盖 21 个国家和地区,而且基本局限在欧美发达资本主义国家。

在冷战结束、世纪转换、21 世纪来临的时候,一些发达国家的专家已经发现,尽管它们早已实现了义务教育的普及,但教育质量却没有明显提升,教育公平的目标也未随之实现;而另一些国家的教育部长还误以为"自己国家的学校体制是世界上最优秀的"。经济合作与发展组织(OECD)教育与技能司司长施莱歇尔则批评说,这种井底之蛙的说法仅仅是由于"这是他们最了解的体制"[2]。同时,21 世纪面对的知识经济和信息技术的挑战,更要求各国政府实施教育系统的重大变革。在全球范围中比较参照,深刻认识本国学生的学习状况和教育问题,寻找发现各国"最佳实践案例",就成了众多国家和教育专家推进教育改革的基本前提和重要选项。而冷战的结束和东西方之间藩篱的拆除,则使大型国际教育测评真正有可能成为世界各国参与,并在此基础上进行跨国分析比较的方法与工具。

2000 年,OECD 研发开展了"国际学生评估项目"(PISA),44 个国家和地区参与了第一轮测试。PISA 测评既不是基于课程内容的学业成绩考试,也不是简单地测试学生的智力高低,而是力图测评学生在接受义务教育后,是否具有面对未来社会挑战的"素养",也就是说,力图考察 15 岁学生通过学习形成的解决真实世界问题的能力。PISA 崭新的评估理念和测评方法得到了越来越多国家和地区的认同,参与的国家和地区持续增加。到 2015 年,已经有超过占全球 GDP 总量 90%的 72 个国家和地区的 70 万名学生参与到这一大规模国际教育测评项目中来。

2008 年,OECD 又推出了"教师教学国际调查"(TALIS)项目,全面深入地调查各国家和地区教师的工作条件、学校学习环境和教师专业发展状况。TALIS 通过问卷调查,收集和分析可靠、及时和可比的数据信息,希望帮助不同国家和地区通过以数据为基础的国际比较和分析反思,制定高质量的教育政策,以构建高质

---

① 王承绪. 比较教育史. [M]北京:人民教育出版社.1999:353。
② Schleicher, Andreas. *World class: How to build a 21ˢᵗ-century school system*. [M] Paris:OECD.2018,20.

量、专业化的教师队伍,因为 PISA 和 TALIS 测试调研表明,教师是除了家庭以外,对学生学业成绩和成长发展影响最大的单一因素。

大规模的国际教育测评与调查研究项目大大拓展了比较教育研究的既有范式和方法,使比较教育从游记轶事、制度描述和历史因素分析,再到社会科学数据统计,发展到通过组织国际教育测评比较分析各国教育质量和问题的新境界。这些国际教育测评项目以实证研究为基础,结合跨国的学习成就测试和师生问卷调查,借助数理统计、数据分析等多种方法,不仅获得了各国各地区可比的教育成就数据,能够回答"是什么(what)"、处于"什么水平(at what level)"的问题,揭示一个国家或地区教育质量在世界版图中的高低现状;而且还能深入发掘造成教育成就高低背后的各种关键影响因素,多维度地解答"为什么(why)"和"怎么会(how)"的问题。正因如此,这些大规模国际教育测评能够为各国政府推进教育改革、制定教育政策提供数据证据、案例经验和启示建议。这种循证、测量的比较方法,为比较教育研究的发展带来了新的活力。伴随这些国际测评项目的持续推进,相关的教育测量和评估技术也得到迅速发展和完善,其中包括大规模教育研究的抽样理论、试题难度和学生能力的估计理论等,有力地推动了教育评价监测的发展,甚至推动了教育科学,特别是教育实证研究的发展。这正是我们筹划和组织出版"国际教育测评丛书"的初衷。

当然,我们也充分意识到,教育研究的实证测量浪潮并不是对其他教育研究及教育研究方法的摒弃和替代。教育研究仍然需要立足于各国教育实践的大地,需要运用多种方法,不同维度地深入观察和研究学习过程、学生发展和教学过程;教育研究仍然需要植根于对各国教育发展的历史分析和哲学思考的沃土之中。只是,对于今天的比较教育研究者和各分支学科的教育研究者而言,教育统计测量、数据处理、评价解释、信息技术等方面的专业知识和运用能力应该成为其专业的基本知识和能力。

上海作为中国教育改革开放的前沿,40 年来一直秉持先行先试的发展战略。2009 年我们第一次组织参加了由经济合作与发展组织研发实施的"国际学生评估项目"(PISA 2009),以后又参加了 PISA 2012。2013 年,上海又参加了 OECD 研发的"教师教学国际调查"(TALIS),2015 年我们还参加了由世界银行组织的"提升教育成就系统研究"项目(SABER)。在这几项大型国际教育测评比较研究中,上海的学生、教师和教育行政部门都显示出特有的优势,引起了各国政府和教育界的关注,上海基础教育因此走入国际教育平台的核心圈。与此同时,相关的研究结果和国际比较也对我们认识上海教育的弱点、问题和盲点,对上海教育乃至中国教育的发展,产生了深远的影响。

十几年来,在 PISA 和 TALIS 等国际比较教育研究的实践和研究过程中,大批国内比较教育研究学者紧跟上述世界教育发展步伐,通过深入参与国际比较教育研究项目,不仅学到了相关项目的组织策略和技术方法,还通过对研究数据的分析进行了大量教育实证研究。这也使得我国的教育测评研究、设计水平和教育实证研究得到了迅速提升。本套丛书正是基于这样的研究背景而出现的。这些研究成果不仅能帮助我们更加清楚地认识各国教育发展的特征,还能使我们将中国教育置身于国际化的平台上进行重新认识,了解我们的优势和不足,提供可能的借鉴和学习的经验。

我们还注意到,国际教育测评本身也处在迅速发展的过程之中。以 PISA 为例,从测评内容方面来看,国际教育测评不仅测试学生阅读、数学和科学等学科的素养、知识与能力,而且试图测评 21 世纪信息技术、全球治理、协作分享和创新素养等新兴领域的学生素养。PISA 在 2012 年第一次引入“以计算机为基础的创造性问题解决测评”,2015 年又增设了“合作解决问题测评”,2018 年开展了“全球胜任力”测评,2021 年 PISA 还将尝试进行“创造力测评”。与数学、阅读和科学学科领域的测试相比,对这些 21 世纪核心素养的测试显然更具挑战,更需要集中各国教育专家的智慧。从测评技术上来看,PISA 已经从最初的纸笔测试转变为今天的计算机测试,未来还可能采用自适应测试,甚至将人工智能技术运用于测试中。

近年来,大规模国际教育测评项目不仅在持续改进和发展测试技术,而且还同步改进着评价和调查的方法,各国专家力图用最新信息交流技术提高教育调查、测评的客观性和真实性。以“教师教学国际调查”(TALIS)为例,TALIS 最初是通过问卷来进行教师调查的,为了增强其研究的客观性,TALIS 分别对教师与校长作问卷调查,以期了解和揭示教师和校长对于同样问题的不同感受。然而,仅仅用双维的调查还不足以解决众多的客观性问题。2018 年,TALIS 项目引入了教师课堂教学视频研究(Video Study)。通过教师前后问卷、学生测试加教师课堂录像分析的精致研究设计,TALIS 视频研究力图以先进的现代信息技术手段,发现各国数学教师的教学真实成效,从而弥补原自陈式调查了解实际教学行为方面的不足。

与 PISA 和 TALIS 不同的是,世界银行的 SABER 则系统开辟了新的教育政策文献研究实证化道路。它独特的文献统计研究策略,根据对各国教育政策文献的语词记录、分析和比较,将各国教育具体领域的政策评为从低到高的“潜在(latent)”“出现(emerging)”“巩固(established)”和“先进(advanced)”4 个水平。然后,再以“三角聚焦”的要求,结合实地观察、访谈、问卷以及相关国际测评成绩的相关分析,最终形成对一个国家教育发展、教育政策及其结果的分析判断。我们相信,科学的进步总是随着科学研究方法的发展而发展的。通过不断参与与合作,追踪和研究全球最新研究方法的进展,我们才能更进一步推动我国比较教育、教育测评和教育研究的进步。这也是我们推出此套丛书的初衷之一。

推出"国际教育测评丛书"的另一缘由,是为比较教育研究学者,特别是为研究国际教育测评的学者,搭建学术平台、提供交流机会、汇集研究成果。在此,我们要特别感谢上海市教育委员会和上海教育出版社给予我们的全力支持!没有这些支持,长期的研究难以为继,付梓出版更无可能。本套丛书首批三部著作的作者都是上海 PISA 测试的最早参与者,他们已经在这个领域探索耕耘了十余年,他们为比较教育新方向的形成、教育测评技术的引进发展、我国教育实证研究的发展作出了贡献!朱小虎博士研究了 PISA 如何检测各国培养学生"问题解决能力"这个崭新的课题。陆璟教授用独特的方法研究了一个精细而有趣的问题。她运用的是"日志研究"方法——即通过对学生在 PISA 测试中使用计算机过程(学生思维痕迹)的记录,来研究和揭示学生的思维过程与风格,比较各国教育教学对学生思维过程、路径和风格的影响。徐瑾劼博士则研究了各国参与 PISA 测试的职业学校学生的学习状况与成就,通过将测试结果与问卷调查数据的分析比较,解释上海和各国职业教育的各自优势、存在问题和最佳案例。我们相信,更多的来自 PISA、TALIS、SABER、TIMSS、PIRLS 和 PIAAC 等国际教育测评的研究成果,以及对这些国际教育测评的元研究、元评价结果将会陆续问世。

展望未来,随着信息技术、人工智能的迅速发展,教育必将产生更加深远的变革。联合国教科文组织《教育 2030 行动框架》特别指出了监测、追踪和评价对于各国和全球教育目标实现的重要性,指出监测教育质量要采取多维度的方式,覆盖系统设计、资源投入、新兴技术运用、测评内容、过程和结果等方面。为了促进教育过程和结果的可比性,这些监测需要从理念、内容、方法和技术上形成全球共识,并为所有人共享,从而推进区域性和全球性的研究、促进全人类教育的发展。

对教育研究者,尤其是比较教育研究者而言,这既是前所未有的挑战,也是学科发展的巨大机遇。

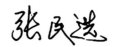

上海师范大学国际与比较教育研究院

目　录

第一章　绪　论

第一节　研究背景与问题提出

一、研究背景

(一)教育现代化是实现中华民族伟大复兴的基石

百年大计,教育为本。教育是促进人全面发展的重要现实途径,也是民族振兴、社会进步的重要基础性工程。教育对现代化建设具有基础性、先导性、全局性的战略作用,是实现我国现代化的根本大计。教育现代化是社会主义现代化建设的重要组成部分,是实现中华民族伟大复兴的基石。纵观我国历史发展进程,教育现代化一直是中华民族救亡图存的内在要求,是近代以来久经磨难的中华民族实现从站起来、富起来到强起来历史性飞跃的重要支撑。党的十九大报告吹响了全面建成社会主义现代化强国的号角,这一宏伟目标包括建设文化强国、教育强国、人才强国、体育强国等诸多内涵要求。建设人才强国、科技强国、文化强国的基础是建设教育强国。因此,从这个意义上说,国家对于高素质人才的需求、对先进科技的需求,归根结底是对教育现代化的需求,并且这种需求在今天比以往任何时候都更加迫切①。教育肩负着培养人才、传承文化、服务社会的重要使命,其水平的高低既是国家综合实力的重要体现,也是衡量支撑一个国家经济发展和社会进步的人力资源开发水平和发展潜力的重要标志。20世纪60年代,美国经济学家舒尔茨(Thodore W. Schults)的人力资本理论认为,劳动者的质量包括其知识程度、技术水平、工作能力和健康状况等因素,人力资本积累是社会经济增长的源泉,而且教育投资增长的收益要远远超过其他类型的投资②。这一论断成为解释第二次世界大战结束之后,德国和日本经济在短短15年左右时间就重新上升到世界前列的重要原因。根据舒尔茨等对美国1929—1957年教育投资增量收益率所作的测

---

① 邬大光. 加快教育现代化是建设教育强国的关键[N]. 人民日报,2018 - 07 - 15(5).
② [美]西奥多·舒尔茨. 论人力资本投资[M]. 吴珠华,等,译. 北京:北京经济学院出版社,1990.

算来看,1957 年美国教育对国民经济增长的贡献率为 33%,而且在区域经济增长中,人力资源的贡献率更高。针对第二次世界大战后美国农业生产的增长,舒尔茨指出,只有 20% 是物质资本投资引起的,其余 80% 是教育和科技的作用。此后,丹尼森、罗斯等人从不同角度揭示了教育及人力资源对经济增长的积极效应,论述了教育投资和经济增长的重要关联。相关研究表明,科教对我国单位劳动力产出的弹性系数为 0.126,固定资产投资对劳动力产出的弹性系数为 0.116①。也就是说,科教投资每增加 1% 可以拉动单位劳动力产出 0.126%,固定资产投资每增加 1% 可以拉动单位劳动力产出 0.116%,科教投资对经济增长具有更强的拉动作用。2007 年 10 月,党的十七大报告中把优先发展教育、建设人力资源强国作为改善民生为重点的社会建设的六大任务之首。此外,对大多数国家数据的分析发现,教育发展综合指标与人均国内生产总值呈高度正相关的关系。现代经济增长的经验也表明,教育在提升人的综合素质、促进人力资源开发,进而推动经济社会发展中起到关键性作用。

人类社会已从工业时代步入信息时代,近年来,人工智能技术和脑科学等新兴战略学科领域加速发展,智能时代也离我们越来越近。当前,全球范围内新一轮科技革命和产业变革正在孕育兴起,越来越多的国家更加重视和强化以科技促进产业转型升级,以创新推动经济社会发展,科技创新日益成为推动各国经济社会发展的强力引擎。世界各国的教育也开始迈入"人工智能驱动下的未来教育"发展阶段。把教育摆在优先发展的战略地位,加快推进教育现代化,对我国成为新一轮科技和产业革命的"领头雁"具有非常重要的作用。2017 年 10 月,党的十九大报告指出:"建设教育强国是中华民族伟大复兴的基础工程,必须把教育事业放在优先位置。"习近平总书记指出,"百年大计,教育为本。教育是人类传承文明和知识、培养年轻一代、创造美好生活的根本途径。"② "教育是提高人民综合素质、促进人的全面发展的重要途径,是民族振兴、社会进步的重要基石,是对中华民族伟大复兴具有决定性意义的事业"③。在谈到教育发展与人才培养问题时,习近平总书记还强调:"当今世界的综合国力竞争,说到底是人才竞争,人才越来越成为推动经济社会发

---

① 陆凤彬,邵燕敏,杨翠红,汪寿阳. 科研和教育投资对我国经济的长期影响作用分析与政策建议[N]. 科学时报,2009 - 2 - 25(7).
② 习近平. 在联合国"教育第一"全球倡议行动一周年纪念活动上发表视频贺词[N]. 人民日报,2013 - 9 - 27(1).
③ 习近平. 做党和人民满意的好老师——同北京师范大学师生代表座谈时的讲话[N]. 人民日报,2014 - 9 - 10(1).

展的战略性资源,教育的基础性、先导性、全局性地位和作用更加凸显。'两个一百年'奋斗目标的实现、中华民族伟大复兴中国梦的实现,归根到底靠人才、靠教育。"①

(二)教师队伍建设是加快实现教育现代化的关键

教师肩负着人才培养的重任,对于学生知识掌握的水平、思想道德素质与身心健康发展有着深刻的影响。高素质教师是提高教育质量的重要保障。教师是教育事业发展、人才培养的第一资源。邓小平曾指出,"实现四个现代化,科学技术是关键,基础在教育。""一个学校能不能为社会主义建设培养合格的人才,培养德智体全面发展、有社会主义觉悟的有文化的劳动者,关键在教师"②。1993 年,中共中央、国务院发布的《中国教育改革和发展纲要》(中发〔1993〕3 号)首次提出,"振兴民族的希望在教育,振兴教育的希望在教师。建设一支具有良好政治业务素质、结构合理、相对稳定的教师队伍,是教育改革和发展的根本大计"③。《国家中长期教育改革和发展规划纲要(2010—2020 年)》明确把建设一支高素质专业化教师队伍作为重要内容,把加强教师队伍建设作为未来 10 年推进我国教育事业科学发展的重要保障和根本途径④。2013 年,习近平总书记在致全国教师的慰问信中表示:"教师是立教之本、兴教之源,承担着让每个孩子健康成长、办好人民满意教育的重任……各级党委和政府要把加强教师队伍建设作为教育事业发展最重要的基础工作来抓,提升教师素质,改善教师待遇,关心教师健康,维护教师权益,充分信任、紧紧依靠广大教师,支持优秀人才长期从教、终身从教。全社会要大力弘扬尊师重教的良好风尚,使教师成为最受社会尊重的职业。"⑤2014 年,习近平总书记在同北京师范大学师生代表座谈时提到,"教师重要,就在于教师的工作是塑造灵魂、塑造人的工作。一个人遇到好老师是人生的幸运,一个学校拥有好老师是学校的光荣,一个民族源源不断涌现出一批又一批好老师则是民族的希望。国家繁荣、民族振兴、教育发展,需要我们大力培养造就一支师德高尚、业务精湛、结构合理、充满活力的高素质专业化教师队伍,需要涌现一大批好老师"⑥。兴国必兴教,兴教必重师。

① 习近平. 做党和人民满意的好老师——同北京师范大学师生代表座谈时的讲话[N]. 人民日报,2014 - 9 - 10(1).
② 邓小平. 邓小平文选·第 2 卷[M]. 北京:人民出版社,1994:57.
③ 中国教育改革和发展纲要[EB/OL]. http://www.moe.gov.cn/jyb_sjzl/moe_177/tnull_2484.html. [1993 - 2 - 13]
④ 袁贵仁. 做学生爱戴人民满意的教师[EB/OL]. http://www.moe.gov.cn/jyb_xwfb/gzdt_gzdt/moe_1485/201006/t20100603_88679.html. [2010 - 4 - 26]
⑤ 习近平向全国广大教师致慰问信[N]. 人民日报,2013 - 9 - 10(1).
⑥ 习近平. 做党和人民满意的好老师——同北京师范大学师生代表座谈时的讲话[N]. 人民日报,2014 - 9 - 10(1).

2018 年 1 月 20 日,中共中央、国务院印发了新中国成立以来党中央出台的第一个专门面向教师队伍建设的里程碑式政策文件——《关于全面深化新时代教师队伍建设改革的意见》,从国家战略和前所未有的政治高度强调了教师工作的极端重要性。联合国教科文组织(UNESCO)也明确指出,违背教师意愿或没有教师的协助及其积极参与的教育改革从来没有成功过①。

美国著名智库"美国国家教育与经济中心"(National Center on Education and the Economy,简称 NCEE)通过对芬兰、新加坡、中国上海、加拿大(安大略和阿尔伯塔省),以及澳大利亚(南威尔士和维多利亚州)5 个全球高水平教育系统的国际比较研究后认为,在所有的影响因素中,教师的质量是重中之重,"没有什么比确保每一位学生面前有一位高质量的教师更为重要"②。从学生学业成绩影响因素的视角审视,学生的学业成绩受到诸多复杂动态且相互关联因素的影响,包括学生自身的学习能力、期望、动力和行为,家庭社会经济地位,学习同伴,学校的资源和氛围,课程结构和内容,教师的知识、态度和教学技能等。大量的研究表明,教师质量对学生的学业成就具有重大的影响③。为了寻求教学的"圣杯"(Holy Grail),澳大利亚墨尔本大学的哈蒂(John Hattie)教授采用元分析研究方法对涉及 52 637 项研究、数亿名学生的 800 多项元分析进行综合,提炼出涵盖"学生、家庭、学校、教师、课程和教学"六大类别的 138 个影响学生学业成就因素的效应量(用 d 表示),并依据其影响力(即效应量)大小加以排序。其中,对学生学业成就影响最大的是教师($d = 0.49$),其次为课程($d = 0.45$),随后依次为教学($d = 0.42$)、学生($d = 0.40$)、家庭($d = 0.31$)和学校($d = 0.23$)④。根据经济合作组织(OECD)开展的国际学生评估项目(PISA)测试参与国家和地区的初中校长反馈信息显示,高质量教师的短缺已成为阻碍学校提供高质量教学(尤其是在数学和科学学科)的关键决定性因素⑤。尽管不同国家和地区的学制结构、教育系统的治理架构、财政来源、课程政策和评估等决定教育体制机制的关键因素不尽相同,在将此时此地的学生学

---

① 联合国教科文组织. 教育:财富蕴藏其中(第二版)[M]. 联合国教科文组织总部中文科,译. 北京:教育科学出版社,2014:14,105.

② Darling-Hammond, L., Burns, D., Campbell, C. (2017). Empowered Educators:How High-Performing Systems Shape Teaching Quality Around the World. Jossey-Bass.

③ Darling-Hammond, L. (1999). Teacher quality and student achievement:A review of state policy evidence, Seattle, WA:University of Washington, Center for the Study of Teaching and Policy.

④ [新西兰] 约翰·哈蒂. 可见的学习:对 800 多项惯有学业成就的元分析的综合报告[M]. 彭正梅,等,译. 北京:教育科学出版社,2015:6.

⑤ OECD. (2018). Effective Teacher Policies:Insights from PISA, PISA, OECD Publishing. http://dx.doi.org/10.1787/9789264301603-en.

业成就影响因素研究结论推广到彼处,尤其是做出跨国推论时需要谨慎处理。但纵观关于中小学生学业成就影响因素的研究,有三大结论得到全球学界的普遍认可[①]: 第一个具有充分理论依据和坚实的实证支持结论是,学生学业成就的最大影响因素源自家庭社会经济文化地位(ESCS),以及学生自身的学习能力和学习态度。这些因素属于政策制定者在短期内很难进行有效干预的变量。第二个获得广泛共识的结论是,教师是影响学生学业成就的"单一最重要"的学校变量。该类涉及教师和教学的因素是可以发挥政策影响和干预的变量。Rivkin 等的研究表明,若把学生的普通教师改换为质量较高的教师,将会促使学生的学业成绩提高超过4 个百分位次,而且这一效果相当于把班级规模减少 10 名学生[②];Sanders 和Rivers 发现,教师质量差异效应不仅大,且随着时间的推移具有累计效应[③];在美国的小学课堂中,以一名素质处于平均水平的教师取代一名低素质的教师,将使在该课堂中学习的学生的终身收入提高 25 万美元[④];Rockoff 根据对同一组教师的10 年跟踪研究数据估算,教师之间的差异可以解释高达 23% 的学生考试成绩表现[⑤]。第三个相对具有一定争议,但同样涉及教师的结论是,教师的质量或特征(如教学资格、教学经验、学术能力和学科知识等)与学生学业表现(通常为标准化考试分数)之间存在正相关关系,尽管相关程度低于预期。PISA 2012 的数据显示,本科及以上学历的教师百分比与学生的数学成绩显著正相关,本科及以上学历教师每增加 1 个百分点,学生数学成绩增加 2.3 分。它能够解释 3.7% 的学生数学成绩差异[⑥]。有研究还发现,教师在教学技能、课堂氛围和专业性三个方面的特征能够解释学生学业进步的 30% 变化[⑦]。通过使用计量经济学的统计工具发现,教师"质量"(从学历、证书和经验等方面来界定)是唯一一个对学生学业成就具有重

① OECD. Teachers Matter: Attracting, Developing and Retaining Effective Teachers[M]. Paris: OECD Publishing, 2005.

② Rivkin S, Hanushek E, Kain, J. Teachers, Schools, and Academic Achievement, Working Paper 6691 (revised)[R]. National Bureau of Economic Research, Cambridge, MA. 2001.

③ Sanders W, Rivers J. Cumulative and Residual Effects of Teachers on Future Student Academic Achievement, Research Progress Report, University of Tennessee Value-Added Research and Assessment Center, Knoxville, Tennessee. 1996.

④ Chetty R, Friedman, J N, Rockoff J E. Measuring the Impacts of Teachers II: Teacher Value-Added and Student Outcomes in Adulthood[J]. Amer- ican Economic Review 2014, 104 (9): 2633 – 79.

⑤ Rockoff J. The Impact of Individual Teachers on Student Achievement: Evidence from Panel Data[J]. American Economic Review, 2004, 94 (2): 247 – 52.

⑥ 国际学生评估项目中国上海项目组. 质量与公平: 上海 2012 年国际学生评估项目(PISA)研究报告[M]. 上海: 上海教育出版社, 2016: 137.

⑦ Fullan M. The New Meaning of Educational Change. Third Edition[M]. New York: Teachers College Press. 2001: 134 – 135.

大影响的校内因素①。从实践经验来看,教师不仅是向学生传授知识与经验、关爱学生、促进学生认知水平提升和心智发展,以及学生学业成功的"辛勤园丁",往往也是积极影响学生树立正确价值观体系、未来职业志向,乃至人生重大抉择的"关键他人"。

PISA 的创始人施莱歇尔(Andreas Schleicher)认为,教育体系的质量永远无法超越教师的质量。因此,吸引、培养和留住最优秀的教师是教育体系必须面对的最大挑战②。鉴于教师对学生学业成就和卓越教育(教学)系统的重要性,使教师职业成为具有吸引力的志业选择,打造高质量的教师队伍是世界主要国家和地区教育改革的重要着力点之一。从教师成长的一般路径来看,主要包括充分的职前准备和有效的在职专业发展。教师职前准备是成为合格教师,进而成为优秀教师的重要前提,掌握学科内容知识、学科教学知识和教育概论知识是该阶段的主要宗旨。然而,不管职前教育开展得多么好,都不能期望它能让教师做好准备来应对专业生涯中面临的所有挑战③。因此,打造高质量的教师队伍,除了吸引优秀人才成为教师,设计科学且充分的职前教师教育体系,使教师掌握相应的知识,更重要的还要开展有效的在职专业发展活动,帮助教师不断提升实践教育教学技能,应对教育教学工作中不断出现的新挑战。

从教师能力的构成来看,尽管决策者、管理者、研究者和教师教育工作者对如何界定教师能力、如何确定其中各部分的权重、如何测量教师能力等问题尚未达成一致意见,但是教师能力的三个组成部分逐渐清晰:一是知识,主要包括学科知识、教学法知识、教育原理、教育政策、学生多样性和学生文化、学习理论、学习驱动力和评价测量等。"一个博学的人可能对学科内容理解得很透彻,但是他可能在教授他人同样内容时遭遇失败",因此,除了具有充分的知识储备,教师还必须具备第二项能力,主要包括策划、组织、实施实践教学过程,使用教学材料和技术,管理学生,监督和测评学生学习等。最后是品性,即教师积极面对挑战,致力于促进学生

① Hedges L, Greenwald R. Have times changed? The effect on school resources on student achievement [J]. Review of Education Research, 1996, 66(3): 361 - 396.

② [德] 安德烈亚斯·施莱歇尔. 超越 PISA:如何建构 21 世纪学校体系[M]. 徐瑾劼,译. 上海:上海教育出版社,2018: 74.

③ Schleicher A. Building a High-Quality Teaching Profession: Lessons from around the World, International Summit on the Teaching Profession[M]. Paris: OECD Publishing, 2011, https://doi.org/10.1787/9789264113046-en.

学习的信念、态度、价值观和承诺[①]。概言之,教师能力由以下三部分构成,一是教什么(知识),二是如何教(技能),三是教学的态度和动力(品性)。从普遍意义上来看,教师作为员工,对教学工作的态度表现(品性)恰恰是工作满意度的集中体现。

(三) 教师工作满意度是教师职业吸引力和教育教学质量提高的重要影响因素

工作满意度是职业心理学、组织行为学和人力资源管理等领域探索员工生产效率及组织效能的重要议题之一。它不仅是影响劳动力市场行为表现、工作效率、工作努力程度以及员工缺勤率和流动率的重要因素,同时也被认为是个体总体幸福感的有力预测因素,也是员工离职意向的有效预测指标之一[②]。在教育领域,教师工作满意度一般被认为包括不同的维度和方面,不仅对教师的身心健康和教育教学热情与投入具有重要影响,也是提升教师职业吸引力和保障教育教学质量的重要支撑,并最终影响学生的学业成绩。2019 年 9 月被中共中央宣传部授予"时代楷模"称号的浙江省杭州学军中学原校长陈立群,根据自己从教近 40 年的经历,颇具感慨地指出:"教学的高质量不是能不能,而是(教师)想不想、做不做、怎么做。"事实上,教师"想不想、做不做"的态度问题在很大程度上与教师对工作的情感体验有很强的相关性。此外,从组织承诺的角度来看,提高教师工作满意度是增强教师的学校认同感和归属感的重要方式,也是学校提升办学水平和竞争力等集体效能的重要途径。这也是国际上普遍基于学校如何吸引和留住教师的视角讨论教师工作满意度的重要原因。

根据美国心理学家班杜拉(Albert Bandura)的社会认知理论,自我效能感是指个体对自身拥有成功完成特定工作或行动之能力的信念[③]。关于教师自我效能感与学生学业成就关系的众多研究表明,教师的自我效能感能够通过多种方式和途径对学生的学业成就产生积极影响,同时,学生的学习进步与学业成就能反过来促进教师自我效能感的提升[④]。另一方面,根据美国的行为科学家赫茨伯格(Fredrick Herzberg)的"激励—保健理论"(Motivator-Hygiene Theory)——又称

① [美]玛丽莲·科克伦-史密斯,沙伦·费曼-尼姆赛尔,D. 约翰·麦金太尔. 教师教育研究手册:变革世界中的永恒问题(第三版)[M]. 范国睿,等,译. 上海:华东师范大学出版社,2017.

② Gazioglu S, Tansel A. Job satisfaction in Britain: individual and job related factors[J]. Applied Economics, 2006, 38(10):1163-1171.

③ Bandura A. Social Foundations of Thought and Action: A Social Cognitive Theory. Prentice Hall, Englewood Cliffs, NJ. 1986.

④ Ross J A. The Antecedents and Consequences of Teacher Efficacy[M]. in J. Brophy (ed.) Advances in Research on Teaching, JAI Press, Greenwich, Connecticut. 1998(7):49-74.

为"双因素理论"(Two Factor Theory)——所解释的工作满意度主要源自工作本身固有之因素的观点,以及诸多实证研究所得出的结论,教师的工作满意度与其自我效能感紧密相关,甚至教师的自我效能感直接影响其自身的工作满意度[①]。因此,我们可以进行如下逻辑推理,即学生学习进步与学业成就越明显,其任教教师的自我效能感往往也越高,而且自我效能感较强的教师通常也具有较高的工作满意度。概言之,学生学业成就越突出,教师的工作满意度往往也越高。事实上,关于教师的工作满意度与学生学业成就表现的研究也佐证了以上逻辑推断,即教师的工作满意度与学生的学业成就明显相关[②][③][④]。高质量教学能够对学生的校园表现产生重要影响。同时,与其他因素相比,教师是高质量教学服务最重要的决定性因素之一。因此,从这一意义上讲,对工作满意的教师更能够为学生提供高质量的教学和有效地学习环境[⑤]。OECD 的报告显示,有证据表明,作为对学生学业成就具有巨大影响的教师,若其对工作满意则更倾向于表现出能够高效地促进学生学习,进而使学生产生更好的学业表现[⑥]。简言之,教师的工作满意度能够对教学质量产生积极影响,这一相关关系进而转化为促进学生取得更好学业表现的有利因素[⑦][⑧]。Patrick (2007)利用美国某州大型城市四、六、八年级教师工作满意度问卷调查数据和相应学生在全州标准化阅读、英语和数学测试表现进行对应分析后发现,教师对工作的整体满意度与学生测试表现之间存在显著正相关[⑨]。Banerjee(2017)等学者通过对美国幼儿追踪监测数据的分析发现,教师的工作满意度与学生从幼儿园至小学

① Caprara G V, Barbaranelli C, Steca P, Malone P S. Teachers' self-efficacy beliefs as determinants of job satisfaction and students' academic achievement: A study at the school level[J]. Journal of School Psychology, 2006, 44(6): 473 - 490.

② Dinham S, Scott C. A three domain model of teacher and school executive career satisfaction[J]. Journal of Educational Administration, 1998, 36(4): 362 - 378.

③ Dinham S, Scott C. Moving into the third, outer domain of teacher satisfaction[J]. Journal of Educational Administration, 2000(38): 379 - 396.

④ Mostafa T, Pál J. Science teachers' satisfaction: Evidence from the PISA 2015 teacher survey[R]. OECD Education Working Papers, Paris: OECD Publishing, 2018(168).

⑤ Banerjee N, Stearns E. et al. Teacher job satisfaction and student achievement: The roles of teacher professional community and teacher collaboration in schools[J]. American Journal of Education, 2016, 123(2): 203 - 241.

⑥ OECD. TALIS 2013 Results: An International Perspective on Teaching and Learning[M]. Paris: OECD Publishing, 2014, http://dx.doi.org/10.1787/9789264196261-en.

⑦ Ashton P T, Webb R B. Making a Difference: Teachers' Sense of Efficacy and Student Achievement [M]. Longman Publishing Group: New York, NY. 1986.

⑧ Banerjee N, Stearns E. et al. Teacher job satisfaction and student achievement: The roles of teacher professional community and teacher collaboration in schools[J]. American Journal of Education, 2016, 123(2): 203 - 241.

⑨ Patrick A S. Examination of Teacher Workplace Satisfaction and Student Achievement[J]. Electronic Theses and Dissertations, 2007: 272. https://digitalcommons.georgiasouthern.edu/etd/272.

五年级的阅读表现提升程度成正相关[①]。Tek(2014)通过分析美国马萨诸塞州 2011—2012 学年的学前至十二年级教师工作情感体验和学生学业成绩的数据后发现,在控制了学生和学校背景变量后,教师工作满意度与学生的数学和英语学业表现存在明显的正相关[②]。PISA 2015 数据显示,在 8 个国家和经济体中,就读于学校的科学教师具有较高工作满意度的学生,他们在科学方面的测试表现要好于就读于科学教师工作不太满意的学校之同伴。即使在控制学生和学校的社会经济变量后,在智利、德国和阿拉伯联合酋长国,就读于科学教师具有较高职业满意度学校的学生,其科学测试成绩仍然至少高出 9 分。以上结果表明,即使在考虑学生和学校的经济社会背景因素后,如果教师对教学职业和当前工作感到更满意,学生的学业表现似乎更好[③]。此外,根据科学发展史上人才链和人才群体崛起中重要的师承效应现象,以及"教师最大的幸福源于成就学生的不凡"的现实经验,乃至赞誉教师时往往使用的"名师出高徒""桃李满天下"等语句来看,在实际工作中,学生学业成就也应该是教师工作满意和幸福感的重要来源之一。

(四)悖论之美:教师工作满意与学生学业表现的非惯常对应现象

然而,与上文所述已有理论研究结论和现实经验相悖的是,由 OECD 开展的两项大型国际测试和调查项目——PISA 和教师教学国际调查(TALIS)——发现,在 PISA 测试中学生表现突出的国家和地区,其教师在 TALIS 调查中表现出较低的工作满意度。如连续两年在 PISA 测试中取得第一,被世界银行誉为拥有世界排名最高教育系统的中国上海[④],在 TALIS 2013 中却显示,上海教师对职业的满意度、对当前工作环境的满意度以及总体的工作满意度均较低[⑤]。另据 PISA 2015 教师调查数据显示,中国上海中学教师工作满意度总体上低于国际平均水平,且教师对教学职业的满意度低于对工作环境的满意度[⑥]。事实上,上海并非特例,

① Banerjee N, Stearns E, Moller S, Mickelson R A. Teacher Job Satisfaction and Student Achievement: The Roles of Teacher Professional Community and Teacher Collaboration in Schools[J]. American Journal of Education, 2016, 123(2): 203 - 241

② Tek B. An investigation of the relationship between school leadership, teacher job satisfaction, and student achievement[R]. Open Access Dissertations. 2014, 221. http://digitalcommons.uri.edu/oa_diss/221.

③ Mostafa T, Pál J. Science teachers' satisfaction: Evidence from the PISA 2015 teacher survey[R]. OECD Education Working Papers. Paris: OECD Publishing, 2018: 168.

④ Liang X Y, Kidwai H, Zhang M X. How Shanghai Does It: Insights and Lessons from the Highest-Ranking Education System in the World[R]. The World Bank. 2016.

⑤ 张民选,等. 专业与卓越——2015 年上海教师教学国际调查结果概要[R]. 上海:上海教育出版社,2017.

⑥ 陈纯槿. 中学教师工作满意度影响因素的实证研究——基于 PISA2015 教师调查数据的分析[J]. 教师教育研究,2017,29(02):84,91,41.

根据 OECD 对 PISA 2015 数据的分析发现,整体而言,尽管学生成绩表现突出,但东亚国家和地区的教师工作满意度和职业满意度均低于 OECD 平均水平[①]。与此同时,那些在 PISA 测试中结果不太理想的国家和地区(如墨西哥、西班牙等),其教师的工作满意度和职业满意度往往明显高于 OECD 国家的平均水平。

PISA 2015 对 18 个国家和地区初中科学教师的问卷调查结果显示,关于科学教师对教学职业满意度方面,整体平均而言,来自 18 个国家和地区的 79% 科学教师同意(包括同意和非常同意)"成为一名教师利大于弊",约有 10% 的教师后悔成为一名教师,约有 79% 的教师同意或非常同意"如果进行再次选择,他们依然会决定成为教师"。然而,调查结果也显示,约有 38% 的教师考虑过选择其他职业会不会更好。尽管各个国家和地区的调查结果不尽相同,但值得注意的是,北京—上海—江苏—广东(中国四地)(B‐S‐J‐G, China)在关于以上教师教学职业满意度的 4 项调查结果显示,除了 81% 的教师认为"成为一名教师利大于弊",略高于国际平均值之外,北京—上海—江苏—广东(中国四地)的科学教师在其他 3 项的反馈结果都与国际平均值有明显差距,尤其是约 18% 的教师认为"后悔成为一名教师",63% 的教师考虑过换一种职业会不会更好。OECD 通过使用项目反应理论(Item Response Theory, IRT)计算得出的教师职业满意度指数(index of satisfaction with the teaching profession)显示,北京—上海—江苏—广东(中国四地)的教师职业满意度指数最低,仅为 − 0.43。同时,数据统计结果还显示,北京—上海—江苏—广东(中国四地)的教师对工作的满意度也明显低于国际平均值,教师的工作满意度指数(index of satisfaction with the current job)为 − 0.38,处于倒数第四位[②]。与此形成鲜明对比的是,来自北京—上海—江苏—广东(中国四地)的 15 岁学生在 PISA 2015 的测试中尽管没有继续取得全球第一的成绩,但也是名列前茅,远远高于国际均值。与北京—上海—江苏—广东(中国四地)的情况相似,在 PISA 2015 的测试和调查中,韩国教师的职业满意指数和工作满意度指数也明显低于国际平均值(分别为 − 0.36 和 − 0.47),但韩国 15 岁学生在 PISA 2015 测试中的表现也明显高于国际平均值,取得了不俗的成绩。

与此同时,多米尼加、哥伦比亚、秘鲁等国家和地区的教师职业满意度指数和教师工作满意度指数均明显高于国际平均值,这 4 个国家教师工作满意

① Mostafa T, Pál J. Science teachers' satisfaction:Evidence from the PISA 2015 teacher survey[R]. OECD Education Working Papers, Paris:OECD Publishing, 2018:168.

② Mostafa T, Pál J. Science teachers' satisfaction:Evidence from the PISA 2015 teacher survey[R]. OECD Education Working Papers[R]. Paris:OECD Publishing, 2018:168.

度指数分别位列国际第一至第三位;多米尼加和哥伦比亚的教师职业满意度
指数分别位列国际第一位和第二位。然而,在教师的工作满意度很高的国家
和地区,其学生在 PISA 2015 的测试结果却位列世界倒数位次。在这 18 个国
家和地区中,仅有西班牙、巴西、德国等少数国家和地区的教师工作满意度指
数与学生的 PISA 测试成绩表现出相对应的变化趋势。具体为,西班牙、德国
教师的工作满意度指数处于中等偏上水平(尤其是职业满意度指数较好),同
时,两个国家的 PISA 2015 成绩也不差,处于中等水平。但巴西教师工作满意
度指数相对较低,同时,巴西 15 岁学生在 PISA 2015 的测试表现也比较靠后
(见图 1-1)。

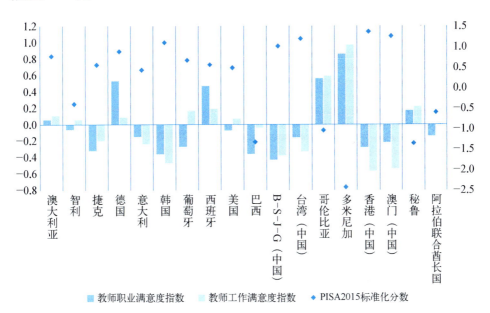

图 1-1　教师工作满意度指数与 PISA 测试结果对应图(a)

说明:PISA 2015 标准化分数为通过计算 18 个国家和地区 15 岁学生在科学、阅读和数学成绩平均值之后再
　　　进行 Z 分数计算所得。

数据来源:

(1) Mostafa, T Pál J. (2018). Science teachers' satisfaction: Evidence from the PISA 2015 teacher survey [R]. OECD Education Working Papers, OECD Publishing, Paris. 2018. 168.

(2) OECD. Graph I.1.1 - Snapshot of performance in science, reading and mathematics, in PISA 2015 Results (Volume I): Excellence and Equity in Education, Paris, OECD Publishing: (2016) https://doi.org/10.1787/9789264266490-graph1-en.

与上文分析结果相似,结合 TALIS 2013 和 PISA 2012 的调查和测试数据,
不同国家和地区教师的工作满意度指数与学生的测试成绩之间存在 4 种主要的
对应关系(见图 1-2,1-3)。第一种是教师的工作满意度高,同时学生的 PISA

图 1-2　教师工作满意度指数与 PISA 测试结果对应图（b）

说明：（1）教师工作满意度指数为通过对 35 个国家和地区的 TALIS 2013 教师满意度数据进行 Z 分数标准化计算所得；

（2）PISA 测试结果是通过计算对应国家和地区 PISA 2012 科学、阅读和数学成绩平均值之后再进行 Z 分数计算所得。

数据来源：

1. OECD. TALIS 2013 Complete database［EB／OL］. https：／／stats.oecd.org／Index. aspx？datasetcode＝TALIS_2013%20.

2. OECD. PISA 2012 Results in Focus［EB／OL］. http：／／www.oecd.org／PISA／keyfindings／PISA-2012-results-overview.pdf.

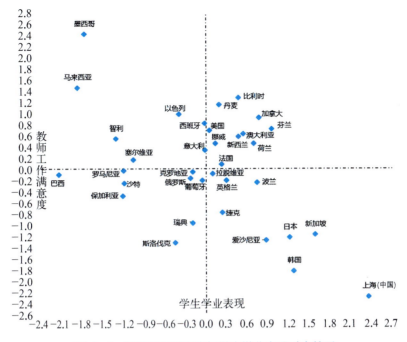

图 1-3　教师工作满意度与学生学业表现对应关系

说明:正负值分别表示相应数据类别的标准化分数,即指数高于或低于相应的均值。

测试表现也较好的国家和地区,如芬兰、加拿大(阿尔伯塔省)、澳大利亚、新西兰、比利时、荷兰等;第二种是教师的工作满意度高,但学生成绩表现明显较差乃至处于倒数位次的国家和地区,如墨西哥、马来西亚、智利、以色列、意大利、哥伦比亚等;第三种是教师工作满意度明显低于国际平均水平,但学生 PISA 测试成绩却显著高于国际平均水平乃至名列前茅的国家和地区,如韩国、日本、新加坡、中国上海等东亚国家和地区,以及爱沙尼亚、英国等;第四种是教师工作满意度较低,同时学生 PISA 测试成绩也较低的国家,如保加利亚、巴西、俄罗斯、阿拉伯联合酋长国等。

TALIS 和 PISA 数据中所反映的与主流研究结论及现实经验常识相悖的结论(即学生学业成就高,教师的工作满意度反而较低),需要进行深入剖析,在廓清不同国家和地区教师的工作满意度影响因素及相关性的同时,对影响教师的工作满意度的逻辑机理和应对思路进行阐释。此外,鉴于工作满意度对教师身心健康与职业发展、学生学业成绩,以及学校办学质量乃至发展前景的重要作用,有必要深入剖析中国上海初中教师工作满意度状态及其影响因素,并提出针对性的应对策略,为全面深化新时代教师队伍建设改革,建设一支高素质专业化的中学教师队伍,进一步提升上海教育在国际舞台上的影响力做出重要保障与支撑。

二、问题提出

尽管存在逻辑严密性欠妥和经验偏见的风险,但我们有理由将学生学业成绩视为教师工作成就的最重要的标志。按照惯常思维,取得较好工作成就的教师通常应该具有较为积极的工作情感体验。然而,由上文对 TALIS 和 PISA 的相关数据分析发现,学生学业表现和教师工作满意度之间并不经常呈现为"笙磬同谐"的正相关,或者严格地说,"此消彼长"可谓二者之间常态关系的真实写照。那么为什么会出现与理论假设相悖的现实经验,即"教师工作满意度低而学生的学业成绩高"或者"教师的工作满意度高而学生的学业表现却差强人意"? 对于当前学生学业成就表现优异而工作满意度低的教师,若其工作满意度得到有效提高,学生的学业成就会不会更高? 抑或出现教师的工作满意度得到了提高,但学生的学业表现反而下降的情况? 诚然,立德树人是教育改革的根本任务,教书育人是教师的本职和使命。促使教师获得极佳的工作情感体验和较高的工作满意度并不是教育教学工作的唯一诉求。但毋庸讳言的是,不管是依据已有主流理论的研究结论,还是以现实经验为规尺,较低的工作满意度不仅会影响教师的教学热忱,使教师产生"不乐教"的教学态度问题,甚至很可能进而导致"不善教"的教学能力问题,并最终对学生学业成绩产生消极影响,同时也会对在职教师的组织承诺和教师职业吸引力造成负面效应。基于上述背景,本书以 TALIS 框架下教师工作满意度为研究对象,通过对不同国家和地区教师的工作满意度表现异同与主要影响因素的比较分析,试图回答如下问题:

第一,不同国家和地区的教师工作满意度(包括工作环境满意度和职业满意度)呈现出哪些具体样态? 世界不同地理区域、文化背景国家和地区的教师工作满意度是否具有结构性异同特征?

第二,不同国家和地区教师工作满意度的主要影响因素有哪些? 能否从教师个体特征、学校组织特征、宏观社会背景,乃至不同文化传统等层面对教师工作满意度进行结构化归因? 同时,是否可从"两个类别"(激励因素与保健因素)、"三个层面"(教学工作本身、学校内部组织环境、社会宏观背景)对不同国家和地区教师工作满意度结构框架和影响因素进行模式化(modular)概括和类型(patterns)划分?

第三,上海教师在 TALIS 框架下的工作满意度表现特征及主要影响因素有哪些? 除了上述教师的工作满意度影响因素的国际比较解释框架之外,本土化关键影响因素中还有哪些值得关注？

第二节　核心概念的界定

一、工作满意度

工作满意度是个体对目前所从事工作是否满意的情感态度，是对"工作"的直接情绪体验，其不仅影响个体的工作投入、工作效率和离职意愿，还是研判个体职业价值感和生活幸福感的重要变量，甚至还是检验职业吸引力的关键因素。工作满意度被认为最早源于美国管理学家埃尔顿·梅奥(Elton Mayo)等人的霍桑实验(1927—1932 年)研究报告中认为，"工作的情感会影响其工作行为，而工作者的社会及心理因素才是决定工作满意度与生产力的主要因素"[①]。自美国心理学家霍伯克(Hoppock, R.)于 1935 年在《工作满意度》中首次正式将工作满意度界定为"使员工真实地说'我对工作满意'的心理、生理和环境因素的任何组合"以来，工作满意度已成为社会学、组织心理学、组织行为学等学科领域中最常被关注和研究的议题之一。

学者的学科背景、研究旨趣、价值偏好、工具手段和认知前提等不尽相同，造成对工作满意度的概念界定和内涵阐释也不一而足。在组织行为学研究中最被广泛接受的工作满意度界定来自"目标设定理论"(Goal-Setting Theory)的最先提出者洛克(Locke, E. A.)，即工作满意度是"以达到或促进实现个体工作价值为目的而进行的对个体工作评估所产生的愉悦或积极的情绪状态"[②]。斯佩克特(Spector)将工作满意度简单的定义为个体对工作和工作不同方面的感受，即个体喜欢(满意)或不喜欢(不满)其工作的程度。故此，一般来说，工作满意度是一种情感态度变量[③]。亚当斯(Adams)将工作满意度视为员工把自己的收益和他人相比较的结果[④]。弗鲁姆(Vroom)认为工作满意度源于员工对个体工作的评估达到期望水平的程度。Kaliski 认为工作满意度是个体在工作中的一种成就感，通常认为它与生产效率(质量)和个体幸福度直接相关。工作满意度意味着做自己喜欢且擅长的工

---

① 董朝辉，杨继平. 教师工作满意度研究[M]. 北京：中国社会出版社，2012.6.

② Locke E A. The nature and causes of job satisfaction. In M. I. Dunnette (Ed.), Handbook of industrial and organizational psychology. Chicago：IL：Rand McNally, 1976.

③ Spector P E. Job Satisfaction：Application, Assessment, Causes and Consequences[M]. Thousand Oaks：CA. Sage Publications, 1997.

④ Adams J S. Toward an understanding of inequity[J]. Journal of Abnormal and Social Psychology, 1963, 67(5)：422－436.

作,并通过自己的努力工作获得相应的回报。因而,工作满意度进一步意味着工作热情和快乐。工作满意是促使认可、收入、晋升和导致满足感的关键因素①。Hulin和Judge(2003)认为,工作满意度是个体对其工作的多维心理反应,这些个体反应包括认知(评价)、情感(或情绪)和行为成分。因此,工作满意度亦即指通过语言(或其他行为)和情绪反应可获得的个体内部认知和情感状态②。情感工作满意度是代表个体对工作感受的主观构建。因此,情感工作满意度反映了个体对工作总体上所带来的愉悦或快乐程度。认知工作满意度是对工作各方面的更客观和合理的评估。如果仅对工作的某一具体方面评估(如薪酬),则认知工作满意度可以是一维的。如果同时对工作的两个或更多方面的评估,则认知工作满意度是多维的。工作满意程度和不满意程度是对工作的复杂情绪反应。此外,对工作满意度概念界定比较有影响的观点还包括:工作满意度是根据个体在工作中"期望获得的"与"实际获得的"差距而定,二者的差距越小,说明对工作满意的程度越大③。工作满意度是基于人们对工作不同层次的需求是否得到满足的情感表达,相应地,工作满意度形成了不同的需求层次和结构④。

总的来说,大多数定义均涵盖了个体对其工作的情感感受。这种情感可以是对工作的总体感受(总体满意度),也可以是对工作具体方面的感受,即"满意度集合"。一般情况下,工作具体满意度主要涵盖赏识、沟通、同事关系、附加福利、工作条件、工作本身的性质、组织机构本身、组织的政策和程序、薪酬、专业成长、晋升机会、认可、安全、监管等⑤。另外,工作成果达到或超出预期的程度可能决定了工作满意度。

我国学者许士军将国内外不同学者关于工作满意度的定义归纳为三类⑥(见表1-1):一类是综合性定义,即认为工作满意度是对工作整体的情感反应或态度,是一个单一的概念,既不是对不同工作构面的情感体验,也不涉及工作满意度的影响因素与形成机制。另一类是期望差距性定义,则把工作满意度视作员工期

① Aziri B. Job satisfaction, a literature review [EB/OL]. (2011). http://mrp.ase.ro/no34/f7.pdf.
② Hulin C L, Judge T A. Job attitudes. W. C. Borman, D. R. ligen, & R. J. Klimoski (Eds.), Handbook of psychology: Industrial and organizational psychology. Hoboken, NJ: Wiley, 2003: 255 - 276.
③ Porter L W, Steers R M, Mowday R T, Boulian P V. Organizational commitment, job satisfaction, and turnover among psychiatric technicians[J]. Journal of Applied Psychology, 1974, 59(5): 603 - 609.
④ Roberts, K., Walter, G., Miles, R. A Factor Analytic Study of Job Satisfaction Items Designed to Measure Maslow Need Categories[J]. Personnel Psychology. 1971, 24(2): 205 - 220.
⑤ Spector, P. E. Job Satisfaction: Application, Assessment, Causes, and Consequences [M]. SAGE Publications, Inc., 1997.
⑥ 许士军. 工作满意度、个人特性与组织气候[J]. 台湾政治大学学报,1977: 35,37 - 54.

望从工作中所得与实际所得之间的差距。工作满意度与二者之间的差距呈负相关,故该类定义又称为"需求缺陷性定义"。第三类为参考架构性定义。该类定义的拥趸者认为,工作满意度是个体对工作不同"客观"构面的主观感知和体验,而对主观情感体验的阐释则受个体自我参考架构的影响,进而形成不同的工作构面满意度。

表1-1　工作满意度主要定义及分类

	作　者	年份	工作满意度的定义
综合性定义	Hoppock	1935	工作满意度是一种心理状态整体性的单一概念,即是指员工对工作的整体满意程度,不需要划分为不同的工作构面来衡量
	Locke	1976	工作满意度是"以达到或促进实现个体工作价值为目的而进行的对个体工作评估所产生的愉悦或积极的情绪状态"
	Price	1972	工作满意度是指,员工对于其所在工作体系中的角色所具有的感觉或情感取向,具有正面积极情感取向的员工即感到工作满意;反之,则为不满意
	Spector	1997	工作满意度是个体对其工作的总体感觉
	Seal & Knight	1988	工作满意度是指个体对其工作本身的一种情绪或情感的整体反应
期望差距性定义	Vroom	1964	工作满意度取决于个体期望与实际所得的吻合程度,期望未能实现则产生不满感,只有工作中的实际所得大于或符合期望时,才会产生工作满意感
	Porter,Lawler	1973	工作满意度由一个人在工作中实际所得薪酬与他所认为应得薪酬之间的差距而定
	Robbins	1992	工作满意度是指个体对工作所持的一般性态度,即员工认为从工作中应得报偿和实际报偿间的差距
	许士军	1977	工作满意度是员工对其工作的情感反应或感觉,满意程度取决于预期价值与实际所得价值之间的差距
参考架构性定义	Blum & Naylor	1968	工作满意度是个体对特殊工作因素、个人特质、工作外的群体关系三方面所持的态度结果
	Smith	1969	工作满意度是个体根据其参考构成面对于工作特征加以解释所得到的结果

（续表）

	作　　者	年份	工作满意度的定义
参考架构性定义	Smith & Hulin	1969	工作满意度可定义为员工个体对其工作各层面的情感反应
	Cribbin	1972	工作满意度是员工对其工作环境的感受。此工作环境包括工作本身、上司主管、工作团体、机关组织，甚至于涵盖生活；员工个体可从此环境中寻求满意并有权利获得满意

资料来源：
① 黄春生.工作满意度、组织承诺与离职倾向相关研究[D].厦门大学博士论文,2004：38－40.
② 董朝辉,杨继平.教师工作满意度研究[M].北京：中国社会出版社,2012：2－3.

二、教师的界定

通常而言,人们对教师的认识犹如对时间一样习以为常,认为是不言自明的概念,但实际上很少有人能准确阐述教师的概念界定。教师是随着学校的产生而出现的,是人类社会最古老的职业之一①。按照惯常经验,某一职业若被视为一门专业至少应满足如下两个条件：第一,它是一个由拥有自主权的成员构成的共同体,能够在实践中服务于他人和社会。第二,它是一种需要做出判断的实践,而且这种判断是以一套学术性知识和专业性经验为基础的。服务和知识意味着专业既具有道德目的,同时兼具认识论目的②。参考权威辞典对教师的界定来看,教师是受过专门系统培养的、根据社会的要求,在各级各类学校和其他教育机构中专门从事教育教学工作,遵循教育教学规律向受教育者传授人类积累的文化科学知识和进行思想品德教育,促进学生德、智、体、美、劳全面发展,成长为社会主义事业建设者和接班人的专业人员。《中华人民共和国教师法》(2009年修正)规定,教师是在各级各类学校和其他教育机构中专门从事教育教学工作,履行教育教学职责的专业人员,承担教书育人,培养社会主义事业建设者和接班人,提高民族素质的使命。教师应当忠诚于人民的教育事业。

教师是人类文化科学知识的继承者和传播者,在社会文明的延续和发展中发挥着重要的桥梁和纽带作用。故此人们通常以"人类灵魂的工程师"的崇高称号指称教师。在教育教学实践中,教师是学生身心发展过程的教育者、领导者、组织者

---

① 周德昌.简明教育辞典[M].广州：广东高等教育出版社,1992：1.
② [美]玛丽莲·科克伦-史密斯,沙伦·费曼-尼姆赛尔,D.约翰·麦金太尔.教师教育研究手册：变革世界中的永恒问题(第三版)[M].范国睿,等,译.上海：华东师范大学出版社,2017：47.

和筑梦人,一般发挥着主导作用。对学习者而言,教师是学习者智力的开发者和个性的形塑者。从宏观角度而言,教师教育教学质量关系到年轻一代身心健康发展的水平,乃至整个民族素质提升的进程,进而影响到国家的兴衰[①]。我国素有尊师的传统,中国古代把天、地、君、亲、师并称[②]。在社会主义当代中国,教师受到全社会的尊崇,按照党的教育方针,培养学生德、智、体、美、劳全面发展。随着社会和学校教育的不断发展,教师的社会功能、素质要求、职业劳动特点和内容,均产生了新变化和新发展[③]。教师的基本职能不仅是教书,更重要的是立德树人,要有较高的政治理论和思想水平、高尚的道德品质和崇高的精神境界;要有渊博的知识和广博的文化教养,精通所教学科的专业知识,并懂得教育教学规律[④]。

　　OECD 在 2005 年发布的关于教师重要性的报告认为,教师是指直接参与教学工作的专业人员,包括普通课堂教师、特殊教育教师以及开展班级教学的教师,抑或是对学生小组开展指导,又或者是在课堂内外进行一对一教学的教师。教师还包括负责教学的部门主管,但不包括辅助教师向学生提供教学服务的非专业人员,如教师助手或其他辅助专业人员[⑤]。此外,在教育机构中没有教学责任的校长、副校长和其他管理人员,以及没有实际教学责任的教师都不属于教师。在职业和技术教育中,教师的定义中包括双轨学徒制"学校要素"的教师,不包括双规制教育中"公司内部元素"的培训师。TALIS 使用的"教师"一词是基于 OECD"教育系统指标"(INES)项目在其数据收集中采用的正式定义,即"教师"是指在教育活动中向学生提供传递规定的知识、态度和技能等专业服务的个体。该定义不依赖于教师的资格或派遣机制。它基于三个维度:一是"活动",不包括没有实际教学职责的教师,如因为疾病或受伤、产假或育儿假、休假等原因暂时不工作的教师。二是"职业",不包括在教育机构中偶尔或以志愿者身份工作的人员,以及担任辅助角色的人员(如教师助理和其他专业辅助人员)。三是"教育计划",不包括向学生提供正式教学服务以外的人员(如主管,活动组织者等)。无论该计划是国家要求还是校本特色项目,没有教学责任的校长不算作教师[⑥]。

① 教师百科辞典编委会. 教师百科辞典[M]. 北京:社会科学文献出版社,1987:7.
② 彭克宏. 社会科学大词典[M]. 北京:中国国际广播出版社,1989:1.
③ 陶西平. 教育评价辞典[M]. 北京:北京师范大学出版社,1998:9.
④ 周德昌. 简明教育辞典[M]. 广州:广东高等教育出版社,1992:1.
⑤ OECD. Teaching and Learning International Survey TALIS 2013 Conceptual Framework [EB/OL]. (2013). http://www.oecd.org/education/school/TALIS%20Conceptual%20Framework_FINAL.pdf.
⑥ OECD. Teachers Matter:Attracting, Developing and Retaining Effective Teachers, Education and Training Policy[M]. Paris:OECD Publishing, 2005. https://doi.org/10.1787/9789264018044-en.

鉴于 TALIS 调查涵盖课堂、教师、学校和学校管理在内的相关政策问题,意味着 TALIS 调查不排除任何一个教学科目。根据调查对象的限定,TALIS 将初中教师定义为,为学生提供课程教学专业服务的初中教师,教学是他们在学校的基本工作或主要常规任务[①]。教师可以为一个整体班级提供教育教学服务,也可以在课堂内,或者课堂外为一小组学生,或是以一对一的形式为学生提供教学辅导、开展师生合作式的教育教学活动。同时,教师也可能不止在固定一所学校从事他们的教学。从 TALIS 调查对教师的具体操作性规定来看,初中教师的定义不包括以下学校教职员类别:一是代课、紧急情况借调或临时教师。代课教师、紧急情况借调或临时教师是临时补充空缺的教学岗位(连续不超过 6 周)。他们代替的教师在学校有一份全职或兼职的工作。常见的情况是代替那些请病假或产假的教师。二是为成年人提供授课的教师。教师只教授成年学生,不管这个成年学生上的是标准化课程或是改编的课程。三是长期休假的教师。四是助理教师,一般是帮助教师向学生提供教学的非专业或辅助专职人员。五是教学辅助人员,包括那些为学生提供服务和支持教学计划的教师,如辅导员、图书馆员。最后是卫生和社会支持人员、卫生专业人员,如医生、护士、心理咨询师和社会工作者。需要说明的是,与 TALIS 2008 不同,TALIS 2013 所认为的合格教师还包括指导有特殊需求学生的普通学校教师。

三、研究对象说明

由此,参照 TALIS 对教师的定义和问卷调查对象的规定,本研究将研究对象教师明确为:在抽样学校中为初中学生提供教学专业服务的初中教师。本研究聚焦初中教师的原因主要包括以下两个方面:首先,也是最重要的考量是,在我国国民教育体系中,作为中央和地方政府"义务教育薄弱环节改善与能力提升工作"及义务教育均衡发展的重要政治任务,小学阶段的教育通常得到政府的高度重视和优先财政投入保障。鉴于高考的高利害性和广泛的社会关切,一般而言,高中阶段的教育也是各级政府的重点工作。相比于小学和高中阶段教育的迅猛发展势头,作为国民教育体系重要组成部分,乃至对进一步巩固和提高国民人力资源开发水平具有重要意义的初中阶段教育,无论是在办学条件和财经经费保障,还是在师资队伍建设方面,都被视为处于被忽视或者说至少是不被重视的"两头不靠"尴尬境

① OECD. Talis 2013 Results:An International Perspective on Teaching and Learning[M]. Paris:OECD Publishing. 2014:28.

遇。如 20 世纪末 21 世纪初,已经普及九年义务教育的地区为落实教育部关于积极推进高中阶段教育事业发展的意见,通过地方性教育政策引导或强制实施,对完全中学进行初高中分离或撤销完全中学的初中部等"低投入高产出"的教育管理手段和形式,推进扩大公办普通高中的办学规模。尽管此后出现了初、高中先分后合、"明分实合"等违背政策初衷的现象,但值得注意的是,在初、高中分离的现实操作过程中,优秀教师和优质办学资源通常被分离到高中部,而未被高中部选中的剩余师资则往往被选派至初中部[①]。针对小学、高中和初中以上现实境遇,民间形象地将三者称为"小学铁脚、高中铜头、初中豆腐腰",或者将初中视作制约基础教育整体水平提升的"蜂腰"或"软肋"。此外,各地方政府在中考时实际执行的"普职比例大体相当"的惯常规则,导致初中教师尤其是初三毕业班教师的中考压力不亚于高考压力,甚至有过之而无不及。因此,无论从工作压力,抑或薪资待遇方面,可以说初中教育阶段的教师均处于相对劣势地位,需要对初中教师的工作情感体验和心理感知给予特别关切。从各级各类学校专任教师规模及结构来看,初中阶段教师无论是在绝对规模还是相对占比方面均占据重要的位置。根据教育部 2018 年发布的教育统计数据显示(见图 1-4),2017 年我国初中阶段教师规模达到354.87万人,占专任教师的比例达到 21.8%,是各级各类学校专任教师中规模和比列结构中均属于第二大类群体;规模和占比最大的是小学阶段教师(594.49 万

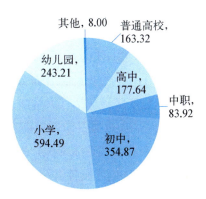

图 1-4　2017 年我国各级各类学校专任教师数统计(单位:万人)

数据来源:教育部规划司.2017 年教育统计数据[EB/OL].
http://www.moe.gov.cn/s78/A03/moe_560/jytjsj_2017/
qg/201808/t20180808_344699.html.

① 杨海燕. 初高中分离与合并的价值取向与利益诉求[J]. 教学与管理,2014(13):5-8.

人,36.6%)①。从本研究操作考虑,即从国际比较的角度审视我国教师工作满意度的表现特点及其潜在的影响因素的研究方案设计,也决定了本研究需要充分利用TALIS 调查的国际数据库资源,进而将研究对象聚焦为初中阶段的教师。

四、教师工作满意度

　　一般而言,教师的工作满意度是指教师对其所从事的职业、工作条件与状态的一种整体情感体验与认知表达②。事实上,学界对教师的工作满意度的界定不尽相同。综合而言,对教师的工作满意度的界定大都是在"工作满意度"概念下对教师工作情感体验和心理感知的延伸和拓展。一定程度上,可以将教师工作满意度理解为工作满意度的下位概念或延伸概念。此处,无意对不同学者对教师工作满意度的内涵和概念界定进行罗列和规整(文献综述部分会有详细表述)。实际上,从研究的操作可行性而言,最重要的应是明确构成教师工作满意度的构面和维度,进而能够进一步细化教师工作满意度的考察要素或指标。关于教师工作满意度的组成构面,Simmons 把教师工作满意度的结构划分为"工作内容满意度"和"工作环境满意度"两大维度,其中工作内容满意度主要是对教学工作本身的情感体验和心理感知;环境满意度主要包括学校人际关系、薪酬等。Ololube 则从工作环境、工作本身、专业成长、成就与认可、薪酬福利、地位影响力等来评价教师的工作满意度③。我国学者陈纯槿认为,教师的工作满意度涵盖教师对职业声誉、自我实现的满意度,以及教师对工作条件、工作环境、薪资报酬、人际关系等外部因素的满意度④。客观而言,不同的学者基于不同的研究目的或价值偏好而把教师工作满意度所涵盖内容划分为不同的构面。结合工作满意度研究中最常用的赫兹伯格"双因素理论"等,本研究认为教师的工作满意度应该包括三大构面,即教师工作质量满意度、工作环境满意度和职业满意度。其中,教师工作质量满意度主要是指与教学工作密切相关的要素,如教学工作本身、专业发展和职称/职务晋升,以及工作成就与认可等;工作环境满意度主要是指校园内的硬件办公环境和"软件"氛围,如办公条

---

① 教育部规划司.2017 年教育统计数据[EB/OL]. http://www.moe.gov.cn/s78/A03/moe_560/jytjsj_2017/qg/201808/t20180808_344699.html.

② Rodgers-Jenkinson, F., Chapman, D. W. Job satisfaction of Jamaican elementary school teachers. International Review of Education[J]. 1990(36):299-313.

③ Ololube, N. P. Teachers Job Satisfaction and Motivation for School Effectiveness:An Assessment [EB/OL]. https://files.eric.ed.gov/fulltext/ED496539.pdf.

④ 陈纯槿.中学教师工作满意度影响因素的实证研究——基于 PISA2015 教师调查数据的分析[J].教师教育研究,2017(02):84-91+41.

件、课堂教学环境、人际关系、政策与管理等;职业满意度主要指教师职业社会地位、薪酬福利待遇、职业选择意愿等。

第三节　研究方法与技术路线

一、研究范式

"范式"是由托马斯·库恩(Thomas S. Kuhn)于 1962 年在其科学哲学著作《科学革命的结构》(*The Structure of Scientific Revolutions*)中提出的重要概念。库恩认为,一个范式就是一个科学共同体的成员所共有的东西;反过来,一个科学共同体由共用一个范式的人群组成。"范式"一词有两种意义不同的使用方式。一方面,它代表着一个特定共同体的成员所共有的信念、价值、技术等构成的整体;另一方面,指那个整体的一种元素,即具体的谜题解答;把它们当作模型和范例,可以取代明确的规则,作为常规科学中其他谜题解答的基础。并且至少从哲学上说,"范式"的第二种意义是更深层的一种[①]。也即是说,"范式"的一层含义是综合的,包括一个科学群体所共有的全部承诺;另一层含义则是把其中特别重要的承诺抽出来,成为前者的一个子集[②]。美国学者劳丹(Larry Laudan)认为,"范式"即是"研究传统",存在于每一个学科领域的研究当中,并推动着学科的发展[③]。简而言之,范式是指学术或研究共同体共同遵循的价值立场和学术规范,为每个学科领域提供了哲学基础和范例模型,因此不同学科领域的范式具有"不可通约性"(至少很难通约),甚至随着实践的发展,同一学科领域的研究范式也在不断地演变。

瑞典教育学家胡森(Torsten Husen)认为,教育研究在 20 世纪经历了两种范式演变或冲突,"一是模仿自然科学,强调适合于用数学工具来分析的、经验的、量化的观察。研究的主要任务是确立因果关系,并做出解释。另一种范式是从人文学科推衍出来的,所注重的是整体和定性的信息,以及理解的方法"[④]。我国学者冯建军认为,自夸美纽斯《大教学论》以来,教育研究范式可分为 4 类: ① 20 世纪以前,教育研究处于以自然类推与引经据典为基本范式的"哲学一思辨"阶段,可以

① [美]托马斯·库恩. 科学革命的结构(第四版)[M]. 金吾伦,胡新和,译. 北京: 北京大学出版社,2013: 175.
② [美]托马斯·库恩. 必要的张力[M]. 范岱年,纪树立,译. 北京: 北京大学出版社,2004: 287 – 288.
③ Laudan, L. Progress and its problems: Towards a theory of scientific growth[M]. Berkeley: University of California Press. 1977: 91 – 103.
④ [瑞典]胡森. 教育研究范式[G]∥瞿葆奎. 教育学文集教育研究方法卷[M]. 北京: 人民教育出版社,1988: 179.

称为"类推—演绎"的研究范式。② 进入 20 世纪以后,以起源于法国哲学家奥古斯特·孔德(Auguste Comte)的实证主义为理论基础,坚持价值无涉,遵循自然学科研究中以量化为圭臬的方法处理教育现象,并以科学性和规范性的操作流程分析测量教育现象各种变量间因果关系,进而通过解释以追求建立规律性和普适性的客观教育理论和知识体系为归旨的"经验—分析"的研究范式(实证主义研究范式),在教育研究中得到确立并快速发展。③ 20 世纪 20 年代以后,相对于"经验—分析"的研究范式,以解释主义为理论渊源的"诠释—理解"研究范式(解释主义研究范式)在教育研究中产生。它主张人文科学领域不能仅是直接移植自然科学的研究方法,而要用"体验"的方式对研究对象进行"理解"和"诠释",揭示其背后的意义,构建共识性理解,而非揭示因果关系,在方法论上特别注重研究者深入到现场,倾听研究对象的心声。④ 20 世纪 60 年代后期,以"批判理论"为理论基础,辩证统合"解释"与"理解",在对实证主义和解释主义批判吸收的基础上形成了"社会批判的研究范式"。该研究范式多从宏观层面探析教育与社会的关系,以社会冲突为基本进路考察教育现象,认为教育是促进会改革和进步的催化剂,而非粉饰社会现状的工具。批判的教育研究任务不仅仅是描述和阐释教育过程,更要通过挖掘教育活动中的批判意识以促进社会改造和自我提升①。进入 20 世纪 80—90 年代,人文主义理论和激进人文主义理论(如女权主义理论、后现代主义理论)等新范式被引介到比较教育研究之中。美国学者卡扎米亚斯(Kazamias)和斯塔奈哈姆泽(Steiner-Khamsi)认为,在教育比较研究中需要强调"语境和文化"阐释。斯塔奈哈姆泽指出,"研究者要同时将教育置于一定的语境中并进行比较",尤其是在进行跨国政策借鉴研究时更应如此。她进而指出:"从萨德勒到霍尔姆斯(Brain Holmes)再到考恩(Robert Cowen)等学者相继警告,不能脱离语境对教育进行比较,盲目地进行跨国政策借鉴。"②

就比较教育研究而言,作为一个正式的研究领域,其形成和发展的过程与整个社会科学领域的情形一样,由于特定时空背景与社会文化思潮的起转嬗变,导致了它在不同时期的研究范式存在着不可通约性。尽管李育球提出应聚焦教育全球化的背景特征,尝试构建比较教育研究基本范式的上位范式——元范式,为比较教育

---

① 冯建军. 西方教育研究范式的变革与发展趋向[J]. 教育研究,1998(1): 26 - 30.
② STEINER-KHAMSI, G. Comparison: Quo vadis? R. Cowen & A. M. Kazamias (Eds.), International Handbook of Comparative Education Dordrecht: Springer. 2009.

研究的具体范式提供相对统一的基本精神和指导规范①。但纵观比较教育研究的发展历史，自从1817年比较教育研究的奠基者朱利安(Marc Antoine Jullien)发表《关于比较教育的工作纲要和初步意义》以来，比较教育研究的基本范式主要有三大类：科学实证主义的研究范式、解释主义的研究范式和批判理论的研究范式②。事实上，从实践操作进路来看，各种比较研究遵循的根本基础是鉴别雷同与差异。在此甄别的基础上，研究者通常会进一步剖析产生这些类同与差异的原因，以及辨识促使差异存在和形成的因素与影响力，并进而阐释其中所涉及的含义。就此而言，比较教育研究与所有其他比较研究领域极为相似。比较教育要分析的主要问题是，关于世界不同区域的教育系统与其他地区有哪些类同和差异，并就其中情况和原因给予系统的阐述③。按照美国社会学家赖特·米尔斯(Charles Wright Mills)社会学的想象力逻辑，任何社会研究如果没有回到有关人生、历史以及两者在社会中的相互关联的问题，都不算完成了智识探索的旅程④。换言之，在观察社会现象时，不能仅把社会现象视作独立的、单一的社会现象，而是要从历史的视角观察其发展的历程，才能较立体地检视该现象的境况，同时还要考虑这个现象所受到的社会结构的影响⑤。同时遵循"萨德勒原则"(Sadlerian Principles)，即"在研究外国教育制度时，我们不应忘记校外的事情比校内的事情更重要，并且制约和说明校内的事情"⑥。也就是说，教育不仅是教育系统内部的事情，还受到社会、政治、经济、文化等诸多环境和背景因素的影响。一言以蔽之，教育既被社会所形塑，同时也是根植于社会土壤中的一个决定因素；既是促进社会变革的动因之一，又反过来为社会所改变，成为社会秩序再生产的重要方式。这种相互关系根植于环绕型的社会关系网络之中，同时又为这种关系网所重塑⑦。因此，比较教育研究者要努力探究"维系着实际上的学校制度，并对其取得的实际成效予以说明的那种无形的、难以理解的精神力量"⑧。有鉴于此，比较教育所关注的问题还包括这些教育系统与宏观的

---

① 李育球. 全球化背景下的比较教育研究元范式初探[J]. 比较教育研究, 2011(02): 11-15.
② 谢安邦, 阎光才. 比较教育研究的基本范式述评[J]. 华东师范大学学报(教育科学版), 2001(03): 45-52.
③ [英] 马克·贝磊, 古鼎仪. 香港和澳门的教育: 从比较角度看延续与变化[M]. 北京: 人民教育出版社, 2006: 4.
④ [美] 赖斯·米尔斯. 社会学的想象力[M]. 李康, 译. 北京: 北京师范大学出版社, 2017: 6.
⑤ 谭有模. 简述米尔斯的社会学想象力及其影响[J]. 前沿, 2010(14): 155-157.
⑥ [英] 萨德勒. 我们从对外国教育制度的研究中究竟能学到多少有实际价值的东西?[G]//赵中建, 顾建民. 比较教育的理论与方法——国外比较教育文选. 北京: 人民教育出版社, 1992: 115.
⑦ [德] 施瑞尔. 变革中的比较教育方法论[G]//陈时见, 徐辉. 比较教育的学科发展与研究方法. 北京: 商务印书馆, 2006: 202-203.
⑧ 顾明远. 文化研究与比较教育[J]. 比较教育研究, 2000(04): 1-4.

社会层面彼此间的联系。教育系统一方面反映出其所在的社会情境和面貌,另一方面也塑造着社会。

毋庸讳言,本比较研究议题主要遵循的是作为人文社会科学领域主流研究范式的"实证范式"。同时谨记"多维度、多学科、重数据与国际参照已经成为教育研究与教育评价的重要发展方向"[1],仅靠对单一的国际调查问卷获得的量化数据进行再繁杂的统计技术分析,也未必能推导出立体、饱满且具有本土化解释力的研究结论。具体到从国际视野和本土观照的思路分析我国初中教育阶段教师工作满意度及影响因素的实证研究,"国际视野"和"本土观照"决定了本实证比较研究想要获取丰富、翔实的比较数据和多维立体的佐证资料,势必不能仅靠某一主流的研究方法,需要在量化实证比较分析的同时,必须扎根中国大地,结合我国(上海)教育的现状情景、历史发展沿革,以研究对象和内容为基点,灵活采用多元综合的研究方法。也即是通过文献分析、大样本国际问卷调查数据、本土问卷调查等具体方法,构建不同视角的多维立体的研究资料库,以精细化对本研究议题的阐释。概言之,本比较研究以科学实证主义为基本精神和指导规范,围绕服务具体研究内容和本土化解释需要,综合运用切合所需的定量和定性的多元研究方法收集和分析数据资料。据此,本比较研究所采用的范式可谓之"混合方法研究范式"[2]。

二、具体研究方法

从语义学的角度来看,"方法"是指"按照某种途径",是人们为了达到预设之目的而必须遵循的原则和行为规范[3]。研究方法是研究主体在研究活动中按照对研究客体的规律(本质)和研究主体的目的而构建的以发现新认知、揭示本质规律,或提出观点和新理论所设计的"计划、策略、手段、工具、步骤以及过程的总和,是研究的思维方式、行为方式以及程序和规则的集合"[4]。研究方法是科学研究得以顺利开展的基础和前提,贯穿整个研究过程之始终,并对研究预设的实现起着决定性作用。一般而言,"研究方法"可以从方法论、研究方法或方式、具体技术技巧3个层面进行探讨[5]。从现实境遇来看,社会科学研究进路及方法的应用往往囿于研究

---

① 张民选,陆璟,占胜利,朱小虎,王婷婷. 专业视野中的 PISA[J]. 教育研究,2011(06): 3 - 10.
② JOHNSON, R. B., ONWUEGBUZIE, A. J. Mixed Methods Research: A Research Paradigm Whose Time Has Come[J]. Educational Researcher, 2004(7): 14 - 26.
③ 陈波,等. 社会科学方法论[M]. 北京: 中国人民大学出版社,1989: 9.
④ 陈向明. 质的研究方法与社会科学研究[M]. 北京: 教育科学出版社,2009: 5.
⑤ 袁方. 社会研究方法教程. [M]. 北京: 北京大学出版社,1997: 1.

者的世界观、思维惯式、技术手段偏好之差异而不一而足。同时研究者在开展研究的过程中，又会缘于国家意识形态和制度环境的规制，以及文化传统的约束和个体的价值趋附等，表现出某种具有程式化限定的惯习①。尽管可以根据研究程式和手段的差异，把不同的研究方法分为定量研究和定性研究两大范式，并且二者均有很强的方法论理论基础。但进入 20 世纪后半期之后，在社会科学研究领域一种新的理念日渐盛行。这一新理念的核心观点是，对研究方法的选择不应该局限于对某种方法论教条式的迷恋，而应该遵循合目的性、适切性和规范性的基本原则，根据研究目的和有效推进研究的必要性，对不同研究方法进行组合甄选②。正如德国哲学家黑格尔所言："方法并不是外在的形式，而是内容的灵魂和概念。"③ 换言之，研究方法是由研究内容所决定的，通常而言有什么样的研究对象、研究内容，就有什么样的研究方法。事实上，社会科学研究在经历了"定量纯粹主义"和"定性纯粹主义"等类似的原教旨主义"水火之争"过程之中或之后，建基实用主义之上，遵循研究取向"问题中心"和研究方法"综合论"的"混合方法研究"已成为学界主流共识④。

由于比较教育的跨学科本质特征⑤，关于比较教育的"学科"与"领域"论争时有发生。但改革开放 40 余年来，我国比较教育学业已具备了学科成熟的标志⑥。阿根廷比较教育学者奥利维拉(Olivera)认为，比较教育是对两个或以上社会集团中相似教育现象之多样性进行的关系类型研究和本质分析⑦，跨文化特性是其重要的内在学理依据。由此，比较教育研究通常是基于整体研究取向的比较视野和不断沿革的比较范式，综合使用研究所需的多种具体研究方法。对不同国家教育系统的比较研究可通过不同的方法，对特定研究方法的选取在很大程度上取决于其研究目的⑧。美国比较教育学者爱泼斯坦(Eriwin H. Epstein)认为，比较教育具有 3 个"彼此之间相互矛盾"且"沿着不同道路平行发展"的认识论平台——朱利安

① 戚攻. 对社会科学理论研究方法的一些思考[J]. 探索，2014(01)：173－177.
② ZHANG, M. X. Concepts of Equity and Policies tor Universlty Student Financial Support: Chinese Reforms in an International Context 1949－1999[M]. Hong Kong: The University of Hong Kong. 2001.
③ [德] 黑格尔. 小逻辑[M]. 北京：商务印书馆，1997：427.
④ 程天君. 从"纯粹主义"到"实用主义"——教育社会学研究方法论的新动向[J]. 教育研究与实验，2014(01)：5－12.
⑤ [英] 马克·贝磊. 比较教育的学科性、跨学科性及非学科性[J]. 全球教育展望，2004(9)：3－8.
⑥ 王英杰. 我国比较教育研究的成绩、挑战与对策[J]. 比较教育研究，2011(2)：1－4.
⑦ 赵中建，顾建民. 比较教育的理论与方法——国外比较教育文选[M]. 北京：人民教育出版社，1994：326.
⑧ PHILLIPS, D. Comparative Education: Method. Research in Comparative and International Education，2006(4)：304－319.

的实证主义、乌申斯基(K. D. Ushinsky)的相对主义和狄尔泰(Wilhelm Dilthey)的历史功能主义。这些基于不同视角对现实进行检视的规范性认识论促进了不同研究方法的产生①。贝雷迪(George Bereday)在《教育中的比较方法》(*Compartive Method in Education*)一书中,强调比较教育学研究需要借鉴吸收社会科学的方法,包括哲学、经济学、社会学、历史学等学科领域的方法,用以开拓比较教育的跨学科研究畛域。为此,他主张比较教育研究要综合运用定量方法和定性方法,并遵循描述—解释—并置—比较的"比较四步法",对各国的教育实践进行全景式系统化的分析②。

20 世纪 60 年代后,贝雷迪的得意门生诺亚(Harold J. Noah)与埃克斯坦(Max A. Eckstein)在批判吸收贝雷迪比较研究四阶段法的基础上提出"假设验证法",主张在开展比较研究时,应采用实证科学的方法论和程式化的研究步骤。在 1969 年两人合著的《比较教育科学的探索》(*Toward a Science of Comparative Education*)一书中,诺亚和埃克斯坦提出科学比较教育研究应包括七个基本步骤:一是确定问题;二是建立假说;三是概念的变量操作化和指标化;四是选择个案;五是收集资料数据;六是处理数据;七是检验假说或解释结果③。在这套强调研究过程的可重复性和可验证性的科学准则中,数据收集和统计分析是比较教育研究迈向科学进程的关键。在该本经典著作中,诺亚和埃克斯坦还提出了比较教育发展五阶段的评论:第一阶段为"旅行者故事"阶段;第二阶段是从 19 世纪开始变得突出的教育借鉴阶段;第三阶段是以国际相互了解为旨趣,对外国情况进行百科全书式的研究;进入 20 世纪后,出现了试图明晰影响国家教育制度形成的力量和因素的第四阶段,以及"利用经济学、政治学和社会学的实证和定量方法来厘清教育与社会的关系",被称为社会科学解释阶段的第五阶段④。事实上,从某种程度上可以说,从学科鼻祖朱利安到贝雷迪、诺亚和埃克斯坦、霍尔姆斯(Brian Holmes),以及强调"比较教育的最终目的是发现因果关系知识"的安德森(C. Arnold Anderson)⑤等知名比较教育研究者,均努力借助实证分析的范式,想建立一种类

① 李荣安,苏洋,刘宝存. 制度化与语境化:比较教育研究的辩证法[J]. 比较教育研究,2017(09):31-40.
② 胡瑞,刘宝存. 世界比较教育二百年回眸与前瞻[J]. 比较教育研究,2018(07):78-86.
③ NOAH, H. J. & ECKSTEIN, M. A. Towards a Science of Comparative Education[M]. London:The Macmillan Company, 1969.
④ [英]马克·贝磊,[英]鲍勃,[南非]梅森. 比较教育研究:路径与方法[M]. 李梅译. 北京:北京大学出版社,2010:2.
⑤ ANDERSON C. A. Methodology of comparative education, International Review of Education, 1961(1):1-23.

似自然科学的可重复验证的比较教育科学理论。伴随着现代主义和科学主义的日渐发展,量化分析方法的适用范围不断拓展,在比较教育研究中,把不同国家或地区的教育发展情况进行系统的量化指标重现,并在进行对比分析的研究路径中占据着重要的地位①。有学者基于对 1970—2010 年国际比较教育研究领域的顶级SSCI 期刊《比较教育》(*Comparative Education*)和《比较教育评论》(*Comparative Education Review*)刊发的研究论文分析发现,比较教育的研究方法在 1970—1990年间形成了由教育学、社会学和经济学为主,与应用心理学、哲学等学科交叠的、具有鲜明跨学科特点的多元化研究方法体系②。

本研究拟在整合现有主要教师工作满意度理论的基础上,首先,通过利用TALIS 和 PISA 国际调查和测试数据,分析不同国家和地区教师工作满意度表现异同,以及主要影响因素对不同国家和地区教师工作满意度的逻辑机理;同时,在国际视野下,审视上海初中阶段教师的工作满意度状态,以及满意因素和不满意因素;其次,通过开发本土化初中教师工作满意度调查问卷,主要在作为组织的学校、社会环境、教师个体这 3 个维度上,采用相关分析、因素分析、多元回归等方法,分析上海初中教师工作满意度影响因素;再次,在国别比较视野下,依据 TALIS 调查数据,分析教师的工作满意度较高的国家或地区的原因、特点和途径,并分析是否有提高教师工作满意度的关键有效性举措,以及上海借鉴的现实可能性;最后,从国际趋势与本土观照的比较验证视角,针对上海初中教师群体特点和工作环境等,尝试提出提高上海初中教师工作满意度的可行性举措和针对性建议。

(一)比较分析法

现代社会科学诞生已逾百年之久,比较方法一直是该学科领域重要的研究方法和路径。埃米尔·迪尔凯姆(Émile Durkheim)在《社会科学方法的准则》中,把比较方法视为一种证明社会学证据的优良法则而加以引进,并把它作为自然科学实验的社会科学对等物加以探讨③。英国现代著名历史学家杰弗里·巴勒克拉夫(Geoffrey Barractbugh)曾对西方史学家"欧洲中心论"的全球史观做出批判性呼

---

① [俄]鲍·里·伍尔夫松.比较教育学——历史与现代问题[M].肖甦,姜晓燕,译.北京:教育科学出版社,2007:81.

② 王素,邹俊伟.1970—2010 年国际比较教育研究之演进——基于科学知识图谱方法的实证分析[J].外国教育研究,2011(09):37,44,49.

③ [德]施瑞尔.变革中的比较教育方法论[G]//陈时见,徐辉.比较教育的学科发展与研究方法.北京:商务印书馆,2006:194-195.

吁,西方史学亟须"重新定向",尝试采用比西方更加广阔的世界史观点,将现实投射到所有的地区与所有的时代,并强调,"史学家的观点愈富有世界性,愈能摆脱民族或地区的偏见"①。作为跨学科研究领域,比较教育研究的方法如同其研究目的和重点一样,具有广泛的差异性,但对比鉴别不同国家和地区教育系统或教育现象之异同,并从与宏观背景联系的视角进行阐释分析是国际比较教育研究的基本推进路径。本研究所遵循的国际比较法与贝雷迪(Bereday)的比较教育研究步骤相一致。按照贝雷迪的建议,进行国家或地区教育比较研究一般分为四个步骤(见图1－5):第一个步骤是分别对所比较国家或地区的教育资料(进行国际比较的教育现象)进行描述;第二个步骤是对历史、政治、经济和社会背景作出评价;第三个步

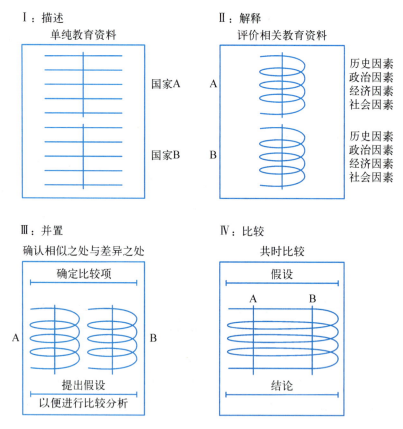

图1－5 贝雷迪比较教育研究模型

资料来源:BEREDAY G. Comparative Method in Education[M]. New York:Holt, Rinehart & Winston. 1964:28.

---

① [英]杰弗里·巴勒克拉夫.当代史学主要趋势[M].杨豫,译.北京:北京大学出版社,2006:158.

骤则是要求按照可比的标准(口径)和比较分析假设(框架)进行并置;最后一个步骤是要求按照假设进行同时鉴别比较,并在这一过程中得出研究结论①。事实上,以上四个步骤也即是"贝雷迪比较研究模型"。

在比较单位的选定上,自比较教育研究诞生以来,国家便成为该研究领域中占主导地位的比较单位。且时至今日,情况依然如此②。这是因为比较教育主要是通过强调跨国制度分析两种或两种以上教育现象的相似性和/或差异性而得到发展的,诸如贝雷迪(George Z. F. Bereday)、汉斯(Nicholas Hans)和康德尔(Isaac L. Kandel)等学者在比较教育领域的早期著述。并且以国家为分析单位的比较研究至今仍是它的主要关注点。许多国际机构发布的研究报告中所呈现的信息也大多是以国家或地区为基础的③。把国家和世界区域作为普遍分析单位的比较研究,能够为理解和解释不同国家间的教育现象提供一个总体框架和初步基础,避免"窥一斑而知全豹"的以偏概全风险。然而,这类比较研究的缺陷是,宽泛的概览性"大写意"往往模糊了突显州/省之间、地区之间、学校之间、课堂之间乃至学生和教师个体之间明显且具有实质关键差异的"工笔画"细节。与此同时,一些诸如从学校、课堂和学生等微观层面研判学校效能,进而分析教育政策执行效果的比较研究,却往往限定于一个国家的框架内,缺少国际审视的维度。为了克服以上弊端,贝磊和托马斯认为,比较教育研究应该跳出跨国家和世界区域的传统比较单位之研究藩篱,并提出了按照层次和类型构建比较教育多层次分析的三维立体框架,以现实对教育现象整体的和多层次的分析④。贝磊和托马斯的这个比较教育分析框架的有用性得到了普遍认同和广泛引证。在该框架中,地理/地域层次作为第一个维度(也是主要关注点),包括世界区域/大洲、国家、州/省、地区、学校、课堂,以及个体七个层次;第二个维度为非地域性的人口统计群体,如年龄、性别、种族、人口等;第三个维度则涵盖课程、教学方法、财政、管理体制、政治和劳动力市场等教育和社会方面的因素⑤。按照贝磊的说法,每一项比较研究均会涉及以上三个维

① BEREDAY G. Comparative Method in Education[M]. New York: Holt, Rinehart & Winston. 1964: 28.
② [英]马克·贝磊,[英]鲍勃,[南非]梅森.比较教育研究:路径与方法[M].李梅译.北京:北京大学出版社,2010: 72.
③ [英]马克·贝磊,R.莫里·托马斯.教育研究中的比较层次:对不同文献的不同透视及多层次分析的价值[J].吴文君,译 北京大学教育评论,2005(04): 15-24.
④ [英]马克·贝磊,R.莫里·托马斯.教育研究中的比较层次:对不同文献的不同透视及多层次分析的价值[J].吴文君,译.北京大学教育评论,2005(04): 15-24.
⑤ Mark, B. and Thomas, R. Levels of Comparison in Educational Studies: Different Insights from Different Literatures and the Value of Multilevel Analyses [J]. Harvard Educational Review: September, 1995(3): 472-491.

度,并且总能在该立体框架中找到对应的位置。

在本比较研究中,需要特别提及地理/地域的第四个层次——地区。从贝磊和托马斯的比较教育三维多层次分析框架(见图1-6)来看,"地区"是介于"省/州"和"学校"之间的比较单位。贝磊借助《柯林斯辞典》(*Cllins Dictionary*,1995)对"地区"进行解释说明,认为它是指基于行政管理之目的而划分的具有明确行政边界的镇或县的区域。"地区"涉及的行政管理范围低于"省/州"一级,但高于"学校"一级的地理比较层次,既可以指城市、区县等比较单位,也可以指村、镇等关注焦点①。结合我国的行政管理区划来看,"地区"是具有比较宽泛内涵的比较单位,市、区县、镇等非"省/州"行政区域均包括其中。事实上,在我国区域发展不平衡的客观现实境遇下,"地区"一级的比较通常能够透视省内或市内各个地区之间存在的明显差异而变得非常重要。因为很多时候,关于整个国家或省/州的面板数

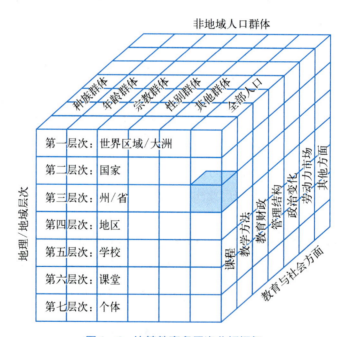

图1-6 比较教育多层次分析框架

资料来源: Mark B, Thomas R. Levels of Comparison in Educational Studies: Different Insights from Different Literatures and the Value of Multilevel Analyses[J]. Harvard Educational Review: September, 1995(3): 472-491.

---

① [英]马克·贝磊,[英]鲍勃,[南非]梅森.比较教育研究:路径与方法[M].李梅,译.北京:北京大学出版社,2010: 79.

据或是截面数据可能并不完全可信,很可能会导致我们忽视"地区"之间存在的具有实质性的显著差异。由此,从"精准把脉,开对药方"的视角来看,对"地区"一级的比较研究在强调精细化治理的当下语境中具有尤为重要的意义。

本研究充分利用 OECD 组织开展的 TALIS 和 PISA 相关调查数据,以国际比较的视域检视不同国家和地区的教师的工作满意度表现特征以及主要影响因素。具体包括不同国家或地区在教师的工作满意度指标上的表现比较,教师的工作满意度与特定指标之间的关系,探讨教师的工作满意度在不同层次(国家、区域、学校或教师)和不同教育背景指标之间的关系。

(二)统计分析法

大规模的国际教育测评与调查研究项目为拓展比较教育研究的既有范式和方法提供了新的契机和路径。本研究关于教师工作满意度国际比较分析的数据主要来自 TALIS 2013 数据库,包括 36 个国家和地区的逾 13 万名初中教师的调查问卷数据,以及相应国家和地区的近 7 000 名初中校长的调查问卷数据[①]。需要特别说明的是,由于 TALIS 采用的是两阶段复杂抽样法,即第一阶段采用"按规模大小成比例的概率抽样"(Probability Proportionate to Size Sampling,简称 PPS 法)抽取样本学校,之后第二阶段在确定后的样本学校中采取等额随机抽取教师(包括校长)样本。因此,在对 TALIS 数据进行统计分析时不可采用简单随机抽样的方法来估计各项参数的抽样误差,而是使用由 Robert Fay 修正后的"平衡半样本"(Balanced Repeated Replication, BRR)方法,通过采用权重数来对相关统计量的抽样误差进行估计[②]。因此,在分析 TALIS 数据时,须采用"国际教育成就评价协会"(International Association for the Evaluation of Educational Achievement, IEA)开发的 IDB Analyzer(V4.0.30)进行[③]。除此之外,本研究的数据处理还使用了IBM SPSS Statistics 25.0 对相关数据进行统计分析[④]。

由于参与 TALIS 项目国家和地区较多,尽管在具体参数分析时会使用 OECD

---

① 参加 TALIS2013(包括 TALIS2013+)的国家和地区共有 38 个,但由于冰岛和格鲁吉亚的数据没有纳入 OECD 数据库中,故本研究中实际上只对国际数据库中的 36 个国家和地区的有效数据进行了分析。TALIS 2013 的数据来自 OECD 官方数据库:https://stats.oecd.org/Index.aspx?datasetcode=talis_2013%20%20.

② OECD. (2013). TALIS 2013 Technical Report: Teaching and Learning International Survey [EB/OL]. http://www.oecd.org/education/school/TALIS-technical-report-2013.pdf.

③ IEA IDB Analyzer (Version 4.0)可通过官方链接下载:https://www.iea.nl/data-tools/tools.

④ 由于数据处理软件版本差异,本研究中所获得的数据结果与 OECD 官方公布的部分相关指数可能存在细微差异,但对主要结论不会产生实质影响。

数据库中所有参与该项目调查的国家和地区的数据,但基于篇幅和研究侧重所限,本研究在呈现相关数据时,主要基于以下原则选定了重点分析的 16 个国家和地区。具体原则为:一是能够充分反映教师工作满意度与学生学业表现所呈现的 4 种对应关系;二是文化和宗教的多样化;三是全球地理区域合理非集中化。由此,本研究最终选定的 16 个国家和地区包括新加坡、日本、捷克、墨西哥、马来西亚、以色列、智利、芬兰、澳大利亚、比利时、巴西、保加利亚、斯洛伐克、瑞典及中国上海、加拿大(阿尔伯塔)。

(三)问卷调查法

问卷调查法是社会调查最常用的采用实证主义方法论的量化研究方法。它通常以充分的理论分析作为基础,且具有明确的理论框架,以假设演绎为内在逻辑路径,以标准化问卷为媒介,遵从一套较固定的标准化程序和操作内容[①],适用于以人作为调查对象和主要分析单位的大规模调查和量化统计分析,并进而为解决现状问题及研判未来趋势提供现实依据的定量调查研究方法[②]。社会调查所利用的数据资料须直接源自调查对象(通常为接受调查的个体)。然而,由于常常会受到时间、人力、经费等方面的限制,按照惯常经验,社会调查一般不会对构成总体的所有个体进行"普查式"的资料收集,而是抽取总体中的一部分个体或元素进行直接的资料收集和调查。由此,从组成某个总体的所有元素之集合中,遵循一定的方式选择或抽取总体的一个子集或者一部分元素(即样本)的过程即为抽样[③]。抽样是人们从部分认识推论总体的关键环节,甚至决定着整个调查研究的成败。其基本作用是提供实现"由部分认识整体"的途径和手段,主要解决的是如何从总体中选出一部分对象作为有效代表总体的问题。在面对庞大的调查总体和有限的人力、财力和时间矛盾时,研究者在调查实施之前,制定既能有效代表总体又兼具成本效益的科学抽样实施计划就显得尤为重要。

抽样方案是为科学实施抽样调查而制订的一个总体规划,包括抽样的方式与方法、样本容量,以及后续利用抽样结果可能进行的统计分析和推断等。通常而言,一个完整的抽样方案主要包括如下内容:一是明确调查目的,确定所要估计的目标量;二是明确总体及抽样单元;三是确定或构建抽样框(所谓抽样框是指总体单位的名单,包括"总体单位的名称表"和"地段抽样框"两类);四是对主要目标的

---

① 风笑天. 方法论背景中的问卷调查法[J]. 社会学研究,1994(03):13-18.
② 郑晶晶. 问卷调查法研究综述[J]. 理论观察,2014(10):102-103.
③ 风笑天. 现代社会调查方法[M]. 武汉:华中科技大学出版社,2005:50-51.

精度提出要求(如误差等);五是选择抽样类型;六是根据抽样类型、对主要目标量的精确度与信度要求,确定样本量等;七是制订实施方案的具体方法和程序步骤。此外,需要说明的是,在设计抽样方案时要遵循两个基本原则:一是抽样的随机性原则,即确保总体中每个个体被抽中的概率相等。二是实现抽样效果最佳原则,即在一定的费用下,选取抽样误差最小的方案;或在要求的精度条件下,实现调查费用最低[①]。

1. 调查区域

本土调查的区域为上海市行政区划范围。截至 2018 年底,上海市有 16 个市辖区,其中核心区域包括黄浦区、徐汇区、长宁区、杨浦区、虹口区、普陀区、静安区以及浦东新区的外环内城区。传统意义上,浦西七区为上海中心城区,是上海市政治、经济、教育和文化中心,郊区是指中心城以外的区域。根据《上海市城市总体规划(2017—2035 年)》,上海市将构建形成由"主城区—新城—新市镇—乡村"组成的市域城乡体系。主城区包括中心城和主城片区,其中,中心城区是指外环以内区域,主城片区为虹桥、川沙、宝山和闵行;新城即为郊区区政府所在地,包括嘉定新城、松江新城、青浦新城、奉贤新城和南汇新城;新市镇则为郊区非区政府所在地郊区除新城以外的区域。为了兼顾调查样本对上海不同城区教育资源供给结构的代表性,以及不同学校类型和办学体制的多样性,本土调查重点对黄浦区、静安区、徐汇区等中心城区,以及闵行区、奉贤区等主城区和郊区的不同类型初级中学的教师(包括校长)进行了网络问卷调查(见表 1‑2)。对以上不同城区、不同类型和不同办学水平的初级中学的抽样,既为保障有效的总体代表性,也为后续整体"大写意"的基础上,对聚焦重点绘制"工笔画"、探索差异化的分析提供有效的样本保障。

表 1‑2　上海市分区初级中学基本情况(2018 年)

指　标	学校数(所)	完全中学	初级中学	九年一贯制学校	十二年一贯制学校	初中专任教师(人)
全市合计	**690**	**89**	**369**	**204**	**28**	**40 996**
黄浦区	26	6	15	4	1	1 516
徐汇区	32	11	18	2	1	2 208

① 刘后平,王丽英. 统计学[M]. 大连:东北财经大学出版社,2015:134‑136.

（续表）

指　标	学校数（所）	完全中学	初级中学	九年一贯制学校	十二年一贯制学校	初中专任教师（人）
长宁区	22	4	14	2	2	1 398
静安区	42	13	22	7	0	2 345
普陀区	43	8	12	21	2	2 114
虹口区	28	5	18	5	0	1 659
杨浦区	38	3	25	7	3	2 097
闵行区	60	4	33	20	3	4 023
宝山区	60	5	27	27	1	3 003
嘉定区	36	0	21	13	2	2 196
浦东新区	139	21	81	29	8	8 917
金山区	27	3	19	3	2	1 757
松江区	39	3	9	26	1	2 578
青浦区	28	1	17	9	1	1 754
奉贤区	38	0	14	23	1	1 991
崇明区	32	2	24	6	0	1 440

数据来源：上海教育统计手册(2018 年)。

2. 抽样方法

所谓抽样方法,是指所基于给定的条件,在从总体中抽取样本之前,预先确定抽样程序和方案,以确保所抽取的样本或元素具有较好的总体代表性,进而使推断统计具有较高可信度的方案[1]。总体而言,抽样方法可以分为概率抽样和非概率抽样两大类。具体到本研究而言,为使调查样本尽可能地包括上海不同区县地域分布(城区、郊区)、不同办学水平、体制属性(公办、民办)和类型(九年一贯制、初中)的初中学校教师,且力求使样本在结构上接近上海各区县初中学段学校和教师

---

[1]　沈南山. 数学教育测量与统计分析[M]. 合肥：中国科学技术大学出版社,2017：93.

的总体比例,因而在最开始的整体策略上,拟采用 PPS 抽样方法。同时,本研究的调查目标群体是初中学校的教师(包括校长),考虑到性别、教龄等个体特征因素对工作满意度的潜在影响,因此,在样本选取中也尽可能兼顾不同个体特征教师的比例结构的科学性和客观性。然而,在实际调查问卷的发放过程中,由于各种主客观因素,造成问卷回收结果达不到预期理想效果。根据大数定律和中心极限定理,以及问卷调查的惯常经验,本研究在调查实施过程中先后进行了多次问卷的试测和修订,并结合样本分布的合理性与问卷回收效果,对抽样方法进行了符合客观实际的调整,即采用方便抽样方法。作为非概率抽样的一种,方便抽样是依据研究者一定的主观标准抽取样本的方法,用总体中便于取得的一部分对象作为样本进行调查研究。它是一种快速、简易且节省成本的数据收集方法,不具有从样本推断总体的功能是其主要缺点,但能够反映群体的特征。研究样本的分布状况,将在下文作详细阐释。

（四）半结构型访谈[①]

一般而言,按照研究者对访谈结构的控制程度,访谈可以分为“结构型”“无结构型”与“半结构型”[②③]。这 3 种类型也可被分别称为封闭型、开放型和半开放型。在半结构型访谈中,研究者通常先准备有粗线条的访谈提纲,即对访谈结构具有一定的控制,但在访谈过程中鼓励受访着提出自己的问题;访谈者根据访谈的具体进程可适时调整事先拟定的访谈提纲。按照惯常经验来看,研究的初期通常使用无结构的开放型访谈,以了解被访者关心的问题和态度;随着研究的推进,逐步转向半结构型访谈,对以前访谈中的重要问题和尚存的疑问做深层次的追问[④]。半结构型访谈既可以避免结构型访谈缺乏灵活性,难以对问题做深入剖析等局限,亦可避免非结构型访谈费时费力,难以定量分析等弊端。本研究分别对教师、学校领导、区和市级教育行政部门代表等进行半结构性访谈,以了解教师工作满意度状况、存在的问题等。关于访谈样本的多少,即资料收集的饱和程度,科尔宾(Juliet M. Corbin)和施特劳斯(Anselm L. Strauss)认为,尽管完全饱和可能永远无法达到,但是如果研究者认为一种类属为理解一个现象提供了相当深度和宽度的信息,

① 半结构访谈主要是在问卷编制前期对部分调查目标群体的访谈,以帮助确定问卷调查内容。同时,考虑到半结构访谈发现与问卷调查结果具有很强的一致性,故此,在文中未就半结构访谈发现做专门的描述。

② BRINKMANN S. Unstructured and Semi-Structured Interviewing [M]. In Leavy, P. The Oxford Handbook of Qualitative Research, NY: Oxford University Press, 2014.

③ FONTANA A., FREY J. H. Interviewing: The Art of Science. In N. K. Denzin & Y. S. Lincoln (Eds.) Handbook of Qualitative Research. Thousand Oaks: SAGE, 1994.

④ 陈向明. 质的研究方法与社会科学研究[M]. 北京: 教育科学出版社,2000: 171.

且与其他的类属之间的关系已被澄清,那么就可以说抽样已经足够充分,研究已经饱和[①]。笔者结合调查问卷内容,考虑学校特征、教师、教龄(年龄)、性别、职务、学科等因素,对 3 所初中学校的 16 位教师(包括校长)进行了半结构化访谈(见表 1-3)。

表 1-3　访谈对象分布情况

学校/区域	访谈对象	年 龄	性 别	学 科
J 区初级中学 (5 人)	副校长	56	男	语文
	教师	58	女	英语
	教师	43	男	数学
	教师	29	女	音乐
	教师	34	女	英语
X 区初级中学 (6 人)	校长	54	男	英语
	教师	36	女	数学
	教师	34	男	体育
	教师	51	女	语文
	教师	39	女	英语
	教师	36	女	音乐
F 区中学 (5 人)	副校长	47	女	语文
	教师	46	女	数学
	教师	34	男	语文
	教师	38	女	英语
	教师	35	女	数学

(五)文献研究法

文献研究法又称为情报研究、案头调研或文案研究,是指对现有文献资料(包

---

① ［美］朱丽叶·M. 科宾, 安塞尔姆·L. 施特劳斯. 质性研究的基础: 形成扎根理论的程序与方法(第 3 版)[M]. 朱光明, 译. 重庆: 重庆大学出版社, 2015: 160.

括纸质文献、数字化电子文献等多种形式)的检索、搜集、甄别、整理和分析等,进而形成科学认知的方法[①]。文献研究法主要解决的是如何在浩如烟海的文献中选取切合所需的资料,并进而对这些资料进行恰当分析及归纳总结。因此,文献研究法不只是指对资料的收集,实际上更加侧重对所搜集资料的整理分析[②]。作为人文社会科学领域一种传统的基础研究方法,文献研究通常是依据特定的研究问题,使用多种方法收集整理已有文献资料,并从历史发展的视角对研究问题的沿革思路进行深入考察和分析的研究方法[③]。随着信息通信技术的快速发展,数字图书馆技术与数字出版技术日新月异,文献资料的存储、获取和利用方式业已发生了诸多变化。当前,文献资料的数字化存储、智能检索和传送日益普遍。利用数据查询语言与文本挖掘技术对文献资料进行呈现方式的数字化转换,以实现文献整理、全面系统述评为目的的文献数字化研究成为文献研究的新形式[④]。不管何种形式的文献资料或技术检索路径,在研究开展伊始,对相关研究领域已有研究成果进行搜集、整理与分析,有助于研究者梳理本研究议题的学术史脉络,明晰本研究选题在相关领域的方位,避免"闭门造车"式的无效研究。同时,帮助研究者预判可能有所突破的研究空间和拟采用的研究进路。本研究除了利用中国知网(CNKI)、ERIC、SpringerLink Journals、JSTOR、SAGE Social Science & Humanities Package、ProQuest 等常用的中外文数据库检索相关文献资料之外,还通过 OECD iLibrary、OECD. Stat 等网络平台搜集关于 TALIS 和 PISA 的研究报告和数据库资源。

三、研究的技术路线

首先,本研究在概述研究背景和阐释研究意义的基础上,在 OECD 组织开展的 TALIS 框架下提出核心研究问题,即不同国家和地区教师工作满意度差异之处与共同特征,以及影响因素和原因阐释。随后利用知识图谱可视化分析软件 CiteSpace,围绕核心研究问题开展国内外研究动态梳理,并在借鉴已有工作满意度理论解释模型的基础上进行针对性改造,形成本研究的理论基础,进而在跨学科分析范式的启发下构建本研究的分析框架。

---

① 孟庆茂. 教育科学研究方法[M]. 北京:中央广播电视大学出版社,2001:80.
② 杜晓利. 富有生命力的文献研究法[J]. 上海教育科研,2013(10):1.
③ 仇立平. 社会研究方法[M]. 重庆:重庆大学出版社,2008:239-240.
④ 魏顺平. 技术支持的文献研究法:数字化教育研究的一个尝试[J]. 现代教育技术,2010(6):29-34.

其次,根据所构建的分析框架,第一部分是在 TALIS 框架下对教师工作满意度影响因素进行国际比较实证分析。主要包括:一是阐述 OECD 在 TALIS 中调查教师工作满意度的初衷和理论基础或依据;二是厘清 TALIS 调查中关注的教师工作满意度类别与具体问项设计,以及问项设计的逻辑理路;三是依据 TALIS 调查数据并结合 PISA 测试中有关教师工作满意度的数据,利用国际教育成就评价协会(IEA)官方数据分析软件 IDB Analyzer 对不同国家和地区教师工作满意度表现差异之处与共同特征,以及主要影响因素进行实证比较分析。

遵循在全球视野下审视教师工作满意度及影响因素的同时,兼顾对本土特质关照的逻辑思路,第二部分为对上海教师工作满意度的本土调查分析研究。主要包括:一是开展对上海教师实证研究的本土调查问卷设计、抽样方案与访谈设计等方面的准备工作;二是在完成对上海教师进行本土实证问卷调查和半结构访谈工作之后,对调查问卷进行有效性筛选,利用 SPSS25.0 对数据进行录入和分析,同时对访谈材料进行整理和分析。随后,在完成实证调查和访谈资料等材料整理分析的基础上,按照第一部分的分析理路,结合数据统计分析结果和访谈发现,从教师教学工作、组织主体(学校)、社会环境 3 个层面对上海教师工作满意度进行逐步剖析,进而整合、提炼分析过程中所凸显出的对教师的工作满意度(或不满意)具有重要影响的因素及其原因所在。

最后,基于上海教师工作满意度实际问题与主要影响因素的发现,在国际视野与本土情怀关照之下,从系统论视角针对性地提出提升上海教师工作满意度(或消除工作不满情感)的思考与建议,进而对整个研究的结论进行归纳和阐释,并反思研究的不足之处、展望未来研究改进与深化的方案。

具体研究的技术路线如图 1−7 所示。

四、论文结构安排

本研究拟解决的关键问题是在国际比较和本土关照的双重视角下,厘清不同国家和地区的教师工作满意度表现之异同,以及主要影响因素对不同国家和地区教师工作满意度的逻辑机理和可能实现机制,同时对造成上海教师的工作满意度表现较低的关键因素或因素组进行分析,进而提出改善上海教师工作情感体验的针对性和系统化对策建议。具体包括从教师对教学工作本身的满意度、工作环境满意度和职业满意度 3 个有关工作满意度的主要构面,分别从 TALIS 2013 调查框架下(兼顾 PISA 2015 测试结果数据)和本土问卷调查结果,按照(学校)组织环

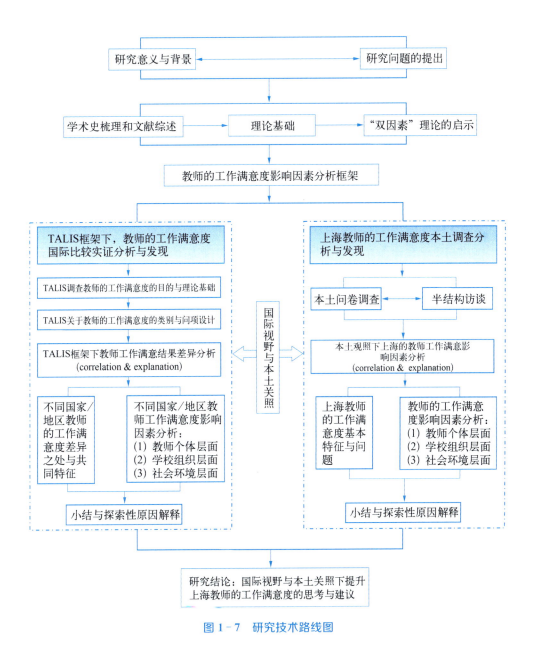

图 1-7 研究技术路线图

境、社会氛围(政府改革要求、教师职业社会地位、媒体舆论导向等)、教学工作本身3个圈层,探寻导致上海教师的工作满意度表现较低的关键影响因素。基于对以上问题的回答,本研究主要包括以下五大部分的内容。

第一部分,厘清 OECD 组织实施的 TALIS 调查中,对教师工作满意度进行测量的目的和原因,以及在 TALIS 问卷中所呈现有关教师工作满意度具体问项的设计理念,包括教师的满意度指数具体分析方法和技术路径。

第二部分,从学术史回顾的视角,利用知识图谱可视化分析软件 CiteSpace 系统梳理工作满意度概念界定、主流理论模型、影响因素和测量等方面的已有研究和最新进展,以及国内外关于教师的工作满意度研究的动态趋势。

第三部分,在汲取现有理论研究成果有益观点和经验的基础上,借鉴赫兹伯格"双因素理论"与 Dinham 的"三域模型",并对二者进行适切性改造,从学校、社会环境、教师教学工作 3 个主要层面,在 TALIS 框架下(兼顾 PISA 2015 测试结果数据)和国际比较的视角,描绘教师的工作满意度主要影响因素,以及不同国家和地区(包括中国上海)教师工作满意度效应表现异同的全景图。

第四部分,遵循本土关照的视角,编制针对上海教师的工作满意度的调查问卷;根据问卷调查结果及相关积累数据,在判断上海教师的工作满意度表现特征的基础上,分析上海教师工作满意度主要影响因素,并对不同因素对教师工作满意度影响的逻辑机理和实现路径进行阐释。理论基础和主要分析维度同第三部分。

第五部分,以增强政策供给有效性为目的,根据 TALIS 框架下(兼顾 PISA 2015 测试结果数据)上海教师工作满意度影响因素和本土问卷调查结果,拟从组织(学校)、社会环境(政府改革要求、教师职业社会地位、媒体舆论导向等)、教师教学工作等方面,提出改善上海教师工作满意度(提高工作满意度或较低工作不满意)的建议。

第四节　研究价值与创新

一、研究价值

(一)学术价值

从国际视野与本土关照、"层类交错"的多维角度审视教师工作满意度异同表现及影响因素效应区别,在借鉴上海参加 TALIS、PISA 等国际大型教育调查项目经验的基础上,构建具有本土说服力的初中教师工作满意度结构组成和教师工作满意度影响因素解释框架,具有重要的理论意义:一方面本研究兼顾国际视野与本土关照的研究视角,在一定程度上拓展了国内关于教师(尤其是中小学)工作满意度研究较注重本土调查的惯常操作进程;另一方面教师的工作积极性和工作效率的主要动力在于,教师对工作不同维度和层面的情感体验和心理认知,以及工作不同构面心理资本边际效益最大化。因此,对教师工作满意度的监测和考察必须考虑教师工作满意度的立体多维性,尝试构建多维透视、分类甄别的教师工作满意度解释框架和影响因素体系。由此,本研究从学校、社会、教师教学工作 3 个主要层面解构教师工作满意度,并同时从"激励"与"保健"的视角规整教师工作满意度影响因素类别,尝试对教师工作满意度及影响因素进行多维立体的阐释。

(二) 应用价值

本研究希望构建涵盖多层面和分类别的、由多指标综合指数体系组成的初中教师工作满意度监测评价工具。通过次级指标嵌套合成上级指标的探索性因子分析方法,遵循教学工作本身、学校内部组织环境、社会宏观背景 3 个层面,逐层分析教师工作满意度状态的关键指标及相关因素,并从"激励"和"保健"两个类别对影响因素进行归类,为测量教师工作满意度提供操作性的诊断工具。对于教育行政部门、学校校长而言,通过对教师工作满意度状态的重要指标进行分析比较,可以研判本地区教师工作情感体验、职业吸引力和职业声望的优势和不足,以及影响本区域教师工作的满意度的主要结构性因素,进而做出提高教师工作满意度或降低教师工作不满意的立体化且具有针对性的决策或建议。

二、特色与创新

总体来看,本研究主要有以下特色与创新点:

一是在国际视野下构建本土教师工作满意度分析框架。从国内已有相关研究来看,尽管问卷调查的实证研究和质性访谈研究已成为中小学教师工作满意度的主要研究范式,但能够构建本土教师工作满意度分析框架的研究还比较少。使用国际调查数据,在国际视野下探索构建本土教师工作满意度的分析框架的研究就更少。以 TALIS 调查方案和结果为主,并兼顾 PISA 2015 测试结果数据,在国际比较和本土关照的视野下,构建教师工作满意度分析框架是本研究的主要创新价值之一。

二是为在国际比较视野下,把握教师工作满意度影响因素呈现实证依据。分析不同国家和地区、不同影响因素对教师工作满意度的相关效应和逻辑机理是本研究的重要内容之一。从目前国内外关于教师工作满意度已有研究和最新研究趋势来看,对不同国家和地区教师工作满意度影响因素的跨国(地区)研究还比较少,大多是对单一不同国家或地区教师工作满意度的异同表现进行了描述,而较少对教师的工作满意度影响因素进行国际比较分析。本研究力图从国际比较的视野,遵循实证研究的范式,对不同国家和地区教师工作满意度的影响因素进行剖析。

同时,更重要的是,国际视野下的比较分析也将为提升上海教师的工作满意度应关注的具体内容提供借鉴参考。

三是理论工具的创新。工作满意度是一个跨学科、跨领域的研究议题,涉及组织行为学、职业心理学等学科领域,有诸多关于工作满意度的概念界定,以及视角不尽相同的多样化解释理论模型。同时,国内外已有关于教师工作满意度的调查实证研究也从不同的视角,针对教师工作满意度不同的影响因素进行了多维度研究。现有关于教师工作满意度的理论解释模型和研究结论为本研究提供了丰富的理论基础和研究经验,但如何有效整合已有理论和研究基础,并从国际比较与循证研究的视角审视上海初中教师工作满意度及其影响因素是本研究的难点,同时也是重点。通过前期文献梳理来看,尽管“双因素理论”在教师工作满意度的影响颇大,而且近年来,基于此理论进行拓展和修正的“三域模型”在教师的工作满意度研究领域已成为新趋势之一,但国内关于教师工作满意度的研究尚未对此理论进行译介采用,同时还存在一大特点,即根据研究者的研究目的、价值偏好等在对工作满意度,及其引申概念教师工作满意度进行内涵“情景化”界定的基础上,开展问卷的编制和调查研究,较少阐述相关理论基础。而本研究在借鉴以上两个理论的基础上,结合本土实际,构建具有较强理论解释力和现实关照的教师的工作满意度分析工具。

四是研究内容与视角创新。从研究内容方面来说,本研究主要利用 TALIS 结果,并兼顾 PISA 2015 测试结果数据,探索不同国家和地区教师的工作满意度影响因素和逻辑机理。在此基础上,从文化差异的视角探讨不同国家/地区文化特征对教师的工作满意度的影响。此外,研制具有本土特点的调查问卷对上海教师的工作满意度进行调查分析也是本研究的重要内容之一。而且开展以上研究内容所遵循的国际比较和本土关照的视角也是本论文与现有研究不同特点之一。

第二章 国内外相关研究综述

按照惯常经验,尤其是在人类知识倍增周期日渐缩短和信息泛滥的当下,任何学科门类的学术研究都需要在借鉴吸收和辩证批判已有研究的基础上进行探索创新。对已有研究成果进行系统梳理和清晰的把握,承认前人所留下的知识遗产不仅使我们受益匪浅[①],还能够对拟研究所处的学术史方位、可能的研究突破和创新做到全面把握。故此,有学者认为,文献综述实际上就是研究者完成学术谱系中的"认祖归宗"[②]。实际上,从学术研究开展的一般操作流程来看,系统的文献梳理和综述是成为一项好的研究的重要基础和工作起点。

第一节 国外相关研究现状

一、理论解释模型

理论是人们由实践概括出来的关于自然界和社会的一种理性认识,并反过来指导人们的生产实践和思想行为。1976 年洛克提出的"范围影响理论"被认为是最著名的工作满意度阐释理论之一。该理论的主要前提是,满意度取决于个体从工作中所需与实际工作中所得之间的差异[③]。按照该理论的逻辑思路,个体对所关切的具体工作方面预期实现与否会影响其满意或不满意程度。当个体重视工作的某个特定方面时,与不重视该方面的其他个体相比,他的满意度会受到更积极(预期满足时)或更负面(预期未满足时)的影响。同时,该理论还指出,若个体越看重工作的某一具体方面,则其所重视的特定方面可能会产生更强烈的不满情绪。除此之外,在工作满意度研究领域最常见和突出的理论包括马斯洛的需要层次理论、赫茨伯格

① [美] R. K. 默顿. 鲁旭东. 科学社会学(下)[M]. 林聚仁,译. 北京: 商务印书馆,2004: 410.
② 熊易寒. 文献综述与学术谱系[J]. 读书,2007(4): 82 – 84.
③ LOCKE, E. A The Nature and Causes of Job Satisfaction[J]. Handbook of Industrial and Organizational Psychology, 1976(1): 1297 – 1343.

的激励—保健理论、工作特征模型、特质倾向等。

（一）马斯洛的需要层次理论

在人力资源激励领域马斯洛的需要层次理论广为人知，实际上需要层次理论也是解释工作满意度的最早理论之一。马斯洛把人类需要依次分为 5 类，分别是：生理需求、安全需求、爱和归属感、尊重和自我实现。按照马斯洛的需要层次理论的假设，5 类需要层次是一种刚性的从低到高依次逐级递升结构，而且只有在低一层次的需要（如生理需求和安全需求）得到满足后才会产生高一层次的需要（如归属和尊重）。马斯洛的需要层次理论是对人类动机进行整体解释，主要应用于工作设置（work setting）领域，也被应用于对工作满意度进行解释。在一个组织内，经济补偿和医疗保健等能够帮助个体实现基本的生理需求。安全需求可以通过在员工工作环境中的身体安全感受，以及工作安全与和谐的组织结构及政策来保障得以体现。当这些需求得以满足，个体才会关注其在工作场所中的归属感受。归属感可以从与同事和上司的积极工作场所人际关系，以及员工是否感觉到是其团队或组织的一部分

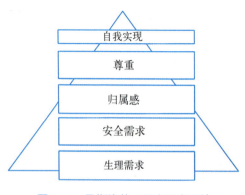

图 2－1　马斯洛的 5 层次需求理论

等方面来表现。个体一旦获得归属感，则寻求同事与所在组织的认可和赏识。最后是个体寻求自我实现，即个体需要成长和发展以实现胜任一切的境界。尽管个体的需要层次可以被视为分开的，但需求层次逐步的满足是最终自我实现的过程。因此，组织若要提高员工的工作满意度，需要尝试从满足员工的基本需求开始，然后才能解决高阶需求。然而，这种解释路径没有考虑员工的认知过程，且缺乏经验证据的支持。另外，有研究者认为最后阶段的自我实现是有缺陷的，对自我实现缺少明确的界定和概念阐释，并且难以衡量自我实现，因此很难研判最终目标或实现目标的时间。

（二）激励—保健理论

20 世纪 50 年代末期，美国行为科学家弗雷德里克·赫茨伯格（Fredrick Herzberg）和他的助手们通过半结构访谈法在美国匹兹堡地区对 200 多名工程师、会计师进行了调查访问。访问主要围绕两个问题：在工作中，哪些事项是让他们感到满意的，并估计这种积极情绪持续多长时间；又有哪些事项是让他们感到不满

意的,并估计这种消极情绪持续多长时间。赫茨伯格以被调查者对这些问题的回答为材料,利用内容分析法研究哪些事情使人们在工作中快乐和满足,哪些事情造成不愉快和不满足。结果发现,使职工感到满意的都是属于工作本身或工作内容方面的;使职工感到不满的,都是属于工作环境或工作人际关系方面的因素。他把前者称为激励因素,后者称为保健因素。基于此次调查研究发现,赫茨伯格于 20世纪 60 年代提出了激励—保健理论又称为"双因素理论",抑或称为"双因素激励理论"。该理论认为,工作满意和不满意并非一个连续体中两个非此即彼的极端状态,反而是相对独立的,有时甚至是不相关的概念。赫兹伯格的"激励—保健理论"被认为是关于人力资源和组织管理领域对工作满意度,以及对其他专业群体进行工作满意度研究常用的理论基础或分析框架。

(三) ERG 需要理论

美国耶鲁大学的克雷顿·奥尔德弗(Clayton Alderfer)于 1969 年在马斯洛提出的需要层次理论的基础上,提出了一种新的人本主义需要理论。奥尔德弗认为,人们存在 3 种核心的需要,即生存的需要、相互关系的需要和成长发展的需要,因而这一理论被称为 ERG 理论。生存的需要与人基本的物质生存需要有关,包括马斯洛提出的生理和安全需要;相互关系需要是指人对于保持重要人际关系的要求,与马斯洛的社会归属需要分类中的外在部分相对应;成长的需要即指个人谋求发展的内在愿望,包括马斯洛的自尊需要分类中的内在部分和自我实现层次中所包涵的内容。不同于马斯洛的具有刚性阶梯式逐级上升结构,且不可逆的需要层次,ERG 需要理论认为,人在同一时间可能有多重需求并存,只是如果较高层次需要的满足受挫时,人们对较低层次需要的渴望可能会更加强烈。由此,奥尔德弗认为,工作满意度的水平可以是一个连续体,它的高低取决于工作实际上能满足员工个人需要的程度,需要得到满足的程度越高,工作满意度也就越高[①]。

(四) 工作特征模型

工作特征模型(Job characteristics model,JCM)由哈佛大学教授理查德·哈克曼(Richard Hackman)和伊利诺依大学教授格雷格·奥尔德汉姆(Greg Oldham)于 1976 年提出,又称为职务特征模型、五因子工作特征理论。工作特征模型是衡量一种工作方法对员工激励作用程度的工具[②]。该模型被广泛用作研究具体工作特

① 苏东水. 管理心理学[M]. 上海:复旦大学出版社,2002:124 – 127.
② HACKMAN J R, OLDHAM G R. Motivation through the design of work:Test of a theory[J]. Organizational Behavior and Human Performance, 1976, 16 (2):250 – 279.

征如何影响工作成果(包括工作满意度)的框架。

哈克曼和奥尔德汉姆认为,工作的 5 个核心工作特征影响个体的 3 种关键心理状态,后者又对个人和工作结果产生影响效应,即内在工作动力、绩效水平、工作满意度。5 个核心工作特征包括技能多样性、任务一致性、任务重要性、工作自主权和工作反馈(feedback)。3 种心理状态包括感受到工作的意义,感受到工作的责任和了解到工作的结果。因此,从组织的角度来看,认为通过改善五大核心工作维度,将会导致更好的工作环境和更高的工作满意度。

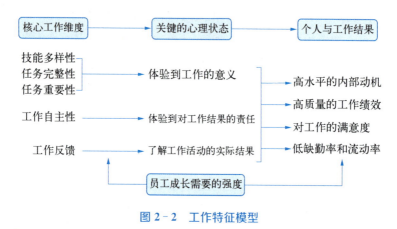

图 2-2　工作特征模型

资料来源: HACKMAN, J. R., & OLDHAM, G. R. Development of the Job Diagnostic Survey'[J]. Journal of Applied Psychology, 1975: 60, 161.

哈克曼和奥尔德汉姆设计的动机与五因子的关系方程为:

$$Score = \left(\frac{(V + I + S) \times A \times F}{3} \right)$$

其中:技能的多样性(V):也就是完成一项工作涉及的范围。包括各种技能和能力。

任务的一致性(I):即在多大程度上工作需要作为一个整体来完成——从工作的开始到完成并取得明显的成果。

任务的重要性(S):即自己的工作在多大程度上影响其他人的工作或生活——不论是在组织内还是在工作环境外。

自主性(A):即工作在多大程度上允许自由、独立,以及在具体工作中个人制订计划和执行计划时的自主范围。

反馈性(F):即员工能及时明确地知道他所从事的工作的绩效及其效率。

（五）特质倾向理论

特质倾向理论认为工作满意度与人格密切相关，换句话说，工作满意度在某种程度上由个体的特质所决定①。它假设个体对特定程度的满意度具有强烈的倾向性，并且这种倾向在一定时间内保持相当的稳定状态。有证据表明，工作满意度随着职业发展和工作时间的推移趋于稳定②。相关研究还表明，不同环境下抚养的同卵双胞胎有着相近的工作满意度，遗传因素对工作满意度的影响达到30%③。缩小特质倾向审视范围的一个重要模型是由 Judge 和 Locke 等于 1997 年提出的"核心自我评估模型"。Judge 等认为 4 个核心自我评估要素决定了个体对工作满意度的倾向，它们是自尊(self-esteem)、一般自我效能感、控制点和神经质。该模型指出，较高水平的自尊(自我价值)和一般自我效能(相信自己的能力)可以提高工作满意度；拥有一个内部控制点(internal locus control，相信能够控制自己的生活，而不是外部力量的控制)可以提高工作满意度；较低水平的神经质会产生更高的工作满意度④。

相关研究发现，工作满意度衡量指标在 2 年或 5 年期间趋于保持相对稳定，这甚至包括重大的工作变化(如雇主或职业的变化)⑤。有研究证据表明，自尊、自我效能、情绪稳定和控制点组成了广泛的个性结构，这些均有助于个人如何看待自己。对四种情感构念(即自尊、自我效能、情绪稳定和控制点)与工作满意度之间的169 项相关关系研究的分析发现，随着自我报告的自尊水平、自我效能、情绪稳定性和控制点的增加，工作满意度也有所提高⑥。相似地，大五人格理论模型与工作满意度之间的联系揭示了神经质、尽责性和外向性与工作满意度之间具有温和关系⑦。

① STAW B M, BELL N E, CLAUSEN J A. The dispositional approach to job attitudes: A lifetime longitudinal test[J]. Administrative Science Quarterly, 1986, 31 (1): 56 – 77.

② STAW B, COHEN-CHARASH Y. The dispositional approach to job satisfaction: More than a mirage, but not yet an oasis: Comment[I]. Journal of Organizational Behavior, 2005, 26(1): 59 – 78.

③ ARVEY R D, BOUCHARD T J, SEGAL N L, ABRAHAM L M. Job satisfaction: Environmental and genetic components[J]. Journal of Applied Psychology. 1989(2): 187 – 192.

④ JUDGE T A, LOCKE E A, DURHAM C C. The dispositional causes of job satisfaction: A core evaluations approach[J]. Research in Organizational Behavior. 1997(19): 151 – 188.

⑤ STAW B M, ROSS J. Stability in the midst of change: A dispositional approach to job attitudes. Journal of Applied Psychology, 1985, 70(3): 469 – 480.

⑥ JUDGE T A, BONO J E. Relationship of core self-evaluations traits- self esteem, generalized self-efficacy, locus of control, and emotional stability-with job satisfaction and job performance: A meta-analysis[J]. Journal of Applied Psychology, 2001, 86(1): 80 – 92.

⑦ JUDGE T A, HELLER D, MOUNT M K. Five-factor model of personality and job satisfaction: A meta-analysis[J]. Journal of Applied Psychology, 2002, 87(3): 530 – 541.

二、工作满意度影响因素

据已有研究成果来看,大多数解释工作满意度的努力均以"人—环境适应范式"为主①②。无论研究工作满意度的理论范式和框架如何,大多数研究至少从两个维度确定先导变量:环境因素和个体特征③④。Henne 和 Locke 认为工作满意度的影响因素主要包括工作自主权、工作压力、工作期望、自尊、个人价值观和性别等个体变量⑤。

赫茨伯格把影响工作满意度的因素分为三类:物理环境因素、社会因素和个人心理因素。物理环境因素包括工作场所的环境和设施等;社会因素是指员工对工作单位管理方面的态度,以及对该单位的认同、归属程度;个人心理因素则包括对本职工作意义的看法、态度等。对 19 个 OECD 成员国家或地区的调查发现,薪资、工作忙碌程度、弹性工时、升迁与发展机会、工作稳定度、工作有趣程度、工作自主性、帮助他人机会、对社会贡献是决定员工对工作满意的重要因素⑥。Bruce 和 Blackburn,Locke 及 Vroom 认为具有挑战性的工作、公平的报酬、良好的工作条件和积极的同事关系是决定工作满意度的主要因素⑦⑧。Judge 等研究发现,核心自我评价对工作满意度起着显著作用⑨。综合来看,工作满意度通常涉及如下方面:赏识、沟通、合作伙伴/同事、福利、工作条件、工作本身的性质、组织本身、组织的政策和程序、工资收入、个人专业发展、晋升机会、认可、安全、监管等。也有研究人员将预测工作满意度的变量结构简化为五类:工作者个体特征、组织支持、上司、同事和工

---

① MOTTAZ C J. The relative importance of intrinsic and extrinsic rewards as determinants of work satisfaction[J]. Sociological Quarterly, 1985, 26(3): 365 – 85.

② KRISTOF A L. Person-organisation fit: An integrative review of its conceptualizations, measurement, and implications[J]. Personnel Psychology, 1996(49): 1 – 49

③ ZEFFANE R M. Understanding Employee Turnover: The Need for a Contingency Approach [J]. International Journal of Manpower, 1994, 15(9): 22 – 37.

④ SPECTOR, P. E. Job Satisfaction: Application, Assessment, Causes and Consequences[M]. Thousand Oaks: CA. Sage Publications 1997.

⑤ HENNE D, LOCKE E A. Job dissatisfaction: what are the consequences? [J]. International Journal of Psychology, 1985, 20(2): 221 – 240.

⑥ CLARK A. What Makes a Good Job? Evidence from OECD Countries[C]// Bazen, S., Lucifora, C., Salverda, W. (eds) Job Quality and Employer Behaviour. Palgrave Macmillan, London, 2005.

⑦ BLACKBURN J W, BRUCE W M. Rethinking Concepts of Job Satisfaction: The Case of Nebraska Municipal Clerks[J]. Review of Public Personnel Administration, 1989, 10(1): 11 – 28.

⑧ LOCKE, E A. What Is Job Satisfaction? [J]. Organizational Behavior and Human performance, 1969, 4(4): 309 – 336.

⑨ JUDGE T A, VAN VIANEN A, DE PATER I. Emotional Stability, Core Self-Evaluations, and Job Outcomes: A Review of the Evidence and an Agenda for Future Research[J]. Human Performance, 2004, 17(3): 325 – 346.

作条件①。

(一) 个体特征

特质倾向与工作满意度的关系理论认为,个体的情绪和性格影响其职业前景,并最终对其工作满意度产生影响。研究普遍证明,声称有积极职业前景的个体具有更高的工作满意度②。研究还表明,即使工作发生变化,某些个体的工作满意度也会保持稳定③。核心自我评估的人格特征与工作认知密切相关,更高的核心自我评估与更高的工作满意度相关④。核心自我评估是指个人如何看待和评估自己,这通常包括自尊、自我效能和控制点。同样,有证据表明"大五人格特征"中的两个——即责任感和外向,也与工作满意度呈正相关⑤。个体的年龄也与工作满意度相关,尽管对这种关系的性质认识有两种"思想流派"⑥⑦。第一个思想学派认为二者呈正相关,即工作满意度随着年龄的增加而逐渐增加。第二种观点认为二者呈"U"形相关关系,即在年轻的员工中观测到较高的满意度,但在中年或职业中期阶段工作满意度呈下降态势,随后,在职业生涯后期工作满意度又逐步提高。

就性别差异而言,相关研究发现尽管收入差距显示女性收入较男性较少,但是女性的工作满意度却明显高于男性⑧。这种现象被认为是女性在劳动力市场中处于不利位置的意外结果(即所谓的"性别工作满意度悖论")。在就业机会更平等的国家和地区,工作满意度的性别差异似乎并未出现⑨。Berder 和 Donohue 等利用关于整体工作满意度的美国数据对"性别／工作满意度悖论"进行的研究发现,在

① LASCHINGER H K, FINEGAN J E, SHAMIAN J, WILK P. A longitudinal analysis of the impact of workplace empowerment on work satisfaction, Journal of Organizational Behavior, 2004, 25(4): 527 – 545.

② JUDGE, T. A. & LOCKE, E. A. Effect of dysfunctional thought processes on subjective well-being and job satisfaction. Journal of Applied Psychology, 1993, 78(3): 475 – 490.

③ STAW B M, ROSS J. Stability in the midst of change: A dispositional approach to job attitudes[J]. Journal of Applied Psychology, 1985, 70(3): 469 – 480.

④ JUDGE T A, HELLER D, MOUNT M K. Five-factor model of personality and job satisfaction: A meta-analysis[J]. Journal of Applied Psychology, 2002, 87(3): 550 – 541.

⑤ SAARI L M, JUDGE T A Employee attitudes and job satisfaction[J]. Human Resource Management, 2004, 43(4): 395 – 407.

⑥ CLARK A E, OSWALD A J, WARR P O. Is Job Satisfaction U-shaped in Age? [J]. Journal of Occupational and Organizational Psychology. 1996, 69(1): 57 – 81.

⑦ DESANTIS V S, DURST S L. Comparing Job Satisfaction among Public- and Private-Sector Employees [J]. The American Review of Public Administration, 1996, 26(3): 327 – 343.

⑧ SLOANE P, WILLIAMS H. Job Satisfaction, Comparison Earnings, and Gender[J]. LABOUR. 2000, 14(3): 473 – 502.

⑨ KAISER L. Gender - job satisfaction differences across Europe: An indicator for labour market modernization[J]. International Journal of Manpower, 2007, 28(1): 75 – 94.

女性主导的工作场所,女性的工作满意度高于男性。此外,该研究还发现,男性和女性对工作灵活性(job flexibility)的重视程度不同,一旦考虑到工作灵活性的差异,在女性占主导地位的工作场所就职的女性,其工作满意度则显得更高[①]。

(二) 组织支持

所谓组织支持感(Perceived Organizational Support, POS),是指员工对组织关心其利益与福利,以及组织对他们贡献重视程度的一种总体感知和信念[②]。研究证据表明,组织支持感是工作满意度的关键预测因子和重要贡献要素[③]。一般来说,组织在以下方面被视为是支持性的,致力于满足员工的社会情感需求,在需要(帮助)时提供支持等。目前,有两种可能的机制为组织支持感与工作满意度之间关系的强度提供了解释。首先,当组织支持感高时,员工的需求得到满足,且他们对工作环境满意,这很有可能提高员工的工作满意度[④]。其次,从组织理论的视角来看,组织支持感建立在社会交换理论基础之上[⑤]。尽管组织支持很重要,但对组织人力资源从业者的调查发现,有一半的人表示,在其组织"很少"或"从未"提及"工作满意度"一词[⑥]。此外,他们中的大多数表示,他们的组织"很少"或"从不"重视对工作满意度重要性的研究。因此,提高员工工作满意度的愿望更重要的可能是源自组织本身态度的改变。

(三) 上司与同事

一般而言,社会支持的类型主要以工具支持和情感支持的形式呈现。工具支持是员工为完成工作职责而获得的实际支持。情感支持是指员工通过口头或非言语形式而获得的关怀和关心,从而赋予他们一种价值感和归属感[⑦]。主管上司能够

---

① BENDER K A, DONOHUE S M, AND HEYWOOD J S. Job satisfaction and gender segregation[J]. Oxford Economic Papers, 2005, 57(3): 479-496.

② RHOADES, L. & EISENBERGER, R. (2002). Perceived organisational support: A review of the literature. Journal of Applied Psychology, 2002, 87(4): 698-714.

③ RIGGLE R J, EDMONDSON D R, HANSEN J D. A meta-analysis of the relationship between perceived organizational support and job outcomes: 20 years of research[J]. Journal of Business Research, 2009, 62(10): 1027-1030.

④ STAMPER C L, JOHKLE M C. The impact of perceived organisational support on the relationship between boundary spanner role stress and work outcomes[J]. Journal of Management, 2003, 29(4): 569-588.

⑤ BLAU P M. Exchange and power in social life[DB]. New York: Wiley, 1964.

⑥ JUDGE T A, CHURCH A H. Job satisfaction: research and practice[DB] // C. L. Cooper and E. A. Locke (Eds), Industrial and Organizational Psychology: Linking Theory with Practice. Oxford: Blakewell, 2000: 166-174.

⑦ HASLAM S, O'BRIEN A, JETTEN J, VORMEDAL K, PENNA S. Taking the strain: Social identity, social support, and the experience of stress[J]. British Journal of Social Psychology, 2005(44): 355-370.

对员工提供情感上的支持,且能够比同事提供更好的工具支持。基于组织支持感的重要性,员工通常把管理人员如何对待他们,视为组织对他们评价的重要指标①。上司可以通过提供建设性反馈、让员工感受到价值,并鼓励员工发展等形式提高员工的工作满意度。此外,支持性上司可以通过提高自主性、团队合作和团队凝聚力等提高工作满意度②。

虽然主管上司的支持对员工工作满意度具有重要性影响,但研究同时表明,这种影响在紧密团队中会被削弱。与上司的支持一样,同事也能够提供情感支持和工具支持。因此,有实证证据表明,与同事的积极关系是提升工作满意度的重要变量③。事实上,Morgeson 和 Humphrey 发现良好的社会支持(如办公室友谊、情感支持和与他人的频繁互动)是工作满意度的重要预测因素④。

(四) 工作环境

1. 薪酬收入

个体对薪酬收入的满意度与其工作满意度具有正相关关系⑤。然而,这种关系不是很明确,因为薪酬通常与工作场所的其他因素(如职位、福利和年龄等)密切相关。薪酬收入与工作满意度的相关实证研究表明,二者之间的关系并未表现出统一的模式。有研究认为二者存在强相关关系,但另一些研究则表明二者仅存在弱相关,甚至不存在相关⑥。事实上,收入与工作满意度之间的关系并不仅仅取决于员工的"绝对收入"。那些收入低于职业平均水平薪酬的员工则通常表现出较低的工作满意度⑦。此外,若把薪酬的不满区分为"薪酬过低"和"薪酬待遇不公"两种情况时,后者是造成不满的更重要原因。因此,薪酬更多地被归为工作情

---

① SHANOCK L R, EISENBERGER R. When supervisors feel supported: Relationships with subordinates' perceived supervisor support, perceived organizational support, and performance[J]. Journal of Applied Psychology, 2006(3): 689-695.

② GRIFFIN M A, PATTERSON M G, WEST M A. Job satisfaction and teamwork: the role of supervisor support[J]. Journal of Organisational Behaviour, 2001(22): 537-550.

③ GE C, FU J, CHANG Y. et al. Factors associated with job satisfaction among Chinese community health workers: a cross-sectional study[J]. BMC public health, 2011(11): 884.

④ MORGESON F P, HUMPHREY S E. The Work Design Questionnaire: Developing and validating a comprehensive measure for assessing job design and the nature of work[J]. Journal of Applied Psychology, 2006, 91(6): 1321-1339.

⑤ BERKOWITZ L, FRASER C, TREASURE F, COCHRAN S. Pay, equity, job gratifications, and comparisons in pay satisfaction[J]. Journal of Applied Psychology, 1987, 72(4): 544-551.

⑥ JUDGE T A, PICCOLO R F, PODSAKOFF N P, SHAW J C, RICH B L. The relationship between pay and job satisfaction: A meta-analysis of the literature[J]. Journal of Vocational Behaviour, 2010, 77(2): 157-167.

⑦ DAVID C, ALEXANDRE M et al. Inequality at Work: The Effect of Peer Salaries on Job Satisfaction [J]. American Economic Review, American Economic Association, 2012, 102(6): 2981-3003.

境因素,是造成工作不满意的因素①。

2. 工作职位和安全稳定

工作职位晋升是工作满意度较强的预测因素。事实上,这并不意外,因为职位较高的员工更有可能拥有更好的办公条件,掌握更多的资源和权威性,以及获得更好的薪酬方案②。一般而言,拥有永久雇佣合同的员工比拥有定期合同或临时合同员工具有更高的工作满意度,工作满意度似乎随着工作安全保障提高而增加。关于工作稳定性保障的研究发现,那些收入较少但固定的人,比收入较高但收入不稳定的人更满意③。这或许是因为永久性员工可能获得更好的回报和预期,并且相信他们的"激励因素"会持续不断④。

3. 工作自主权与民主参与

在工作中拥有自主权的员工通常有更多的可能性来控制他们的工作环境、日程安排等。这意味着拥有更多自主权的人更有可能以他们感到舒适和满意的方式布置他们的工作环境和安排工作进度⑤。相关研究表明,决策权力的增加与工作满意度的提高具有相关性⑥。同样,Eurofound 的调查发现,保加利亚、捷克、丹麦、芬兰、意大利、荷兰和西班牙的数据显示,工作自主权可以提升工作满意度。当员工能够通过民主参与对改善其工作环境产生影响时,他们往往会感觉被组织聆听、关注和关心。同时,民主参与也为员工以他们希望的方式塑造工作环境提供机会⑦。当员工参与民主决策时,表明该组织在很大程度上具有一个支持和尊重的环境,而一个具有较高社会支持的组织环境,更有利于员工的满足感。

4. 工作量和工作时间

以韩国护士为样本的调查研究发现,工作量(或工作负担)在诸多预测工作满

① [美]弗雷德里克·赫茨伯格.赫茨伯格的双因素理论(修订版)[M].张湛,译.北京:中国人民大学出版社,2016:117-123.

② FURNHAM A, ERACLEOUS A, CHAMORRO-PREMUZIC T. Personality, motivation and job satisfaction: Hertzberg meets the Big Five[J]. Journal of Managerial Psychology, 2009, 24(8): 765-779.

③ DIENER E, SELIGMAN M E. Beyond Money: Toward an Economy of Well-Being[J]. Psychological Science in the Public Interest, 2004(1): 1-31.

④ EUROFOUND. Measuring Job Satisfaction in Surveys- Comparative Analytical Report [EB/OL]. (2006). https://www.eurofound.europa.eu/sites/default/files/ef_files/ewco/reports/TN0608TR01/TN0608TR01.pdf.

⑤ TAYLOR J, BRADLEY S, NGUYEN A. Job autonomy and job satisfaction: new evidence [EB/OL]. (2003). https://eprints.lancs.ac.uk/id/eprint/48658/4/JobAutonomy.pdf.

⑥ KLUGER M T, TOWNEND K K, LAIDLAW T. Job satisfaction, stress and burnout in Australian specialist anaesthetists[J]. Anaesthesia, 2003, 58(4): 339-345.

⑦ RHOADES L, EISENBERGER R. Perceived organisational support: A review of the literature[J]. Journal of Applied Psychology, 2002, 87(4): 698-714.

意度因素中,具有明显的强度效果①。同样在对护士群体工作满意度的研究中,Rafferty 和他的同事研究发现,当医院分配给护士更重的工作量时,他们更可能(71%—92%)表现出负面的情感体验,比如倦怠或工作不满②。若把工作量和前文提及的自主权联系起来,那些工作量大但能够自我管理的员工似乎比那些没有自主权来自我管理的员工具有更高的工作满意度③。毕竟在现实社会中,职位晋升和责任的增加仍然是令人激动的事情。就工作时间而言,更长的工作时间通常与较差的工作满意度相关④。对此相关关系不难理解,因为更长的工作时间需要更多的体力和精力投入,并且还会影响工作与生活的平衡,最终影响员工对工作的情感体验⑤。

最后,需要指出的是,工作不同具体方面的满意度并不是相互独立的,它们之间是具有相关性的。根据 Spector 的工作满意度调查(JSS)数据显示(见表 2-1),尽管个体对工作不同具体方面的满意度不尽相同,且这些具体方面的满意度之间具有一定的相关性。

表 2-1　Spector 工作满意度调查中工作不同具体方面的相关系数

	1	2	3	4	5	6	7	8
1. 工资薪酬								
2. 晋升	0.53							
3. 监管	0.19	0.25						
4. 福利	0.45	0.36	0.10					
5. 绩效奖励	0.54	0.58	0.46	0.38				

① SEO Y, KO J, PRICE J L. The determinants of job satisfaction among hospital nurses: A model estimation in Korea[J]. International Journal of Nursing Studies, 2004, 41(4): 437-446.
② RAFFERTY A M, CLARKE S P, COLES J, BALL J, JAMES P, MCKEE M, AIKEN L H. Outcomes of variation in hospital nurse staffing in English hospitals: cross-sectional analysis of survey data and discharge records[J]. International journal of nursing studies, 2007, 44(2): 175-182.
③ GROENEWEGEN P P, HUTTEN J B. Workload and job satisfaction among general practitioners: A review of the literature[J]. Society Scientific Medicine, 1991, 32(10): 1111-1119.
④ SPARKS K, COOPER C, FRIED Y, SHIROM A. The effects of hours of work on health: A meta-analytic review[J]. Journal of Occupational and Organizational Psychology, 1997(70): 391-408.
⑤ ALLEN T D. Family-supportive work environments: The role of organisational perceptions[J]. Journal of Vocational Behaviour, 2001, 58(3): 414-435.

（续表）

	1	2	3	4	5	6	7	8
6. 操作程序	0.31	0.31	0.17	0.29	0.46			
7. 同事	0.19	0.23	0.42	0.16	0.39	0.22		
8. 工作性质	0.25	0.32	0.31	0.20	0.47	0.30	0.32	
9. 交流沟通	0.40	0.45	0.39	0.30	0.59	0.44	0.42	0.43
SOURCE：Spector(1985)								
NOTE：n = 3 027. ALL correlations are significant at $p < .001$								

数据来源：SPECTOR P E. Job Satisfaction：Application, Assessment, Causes and Consequences［M］. Thousand Oaks, CA：Sage Publications. 1997.

三、工作满意度测量

总体来说,工作满意度有 3 种主要的测量方法。第一种是通过直接向员工发放问卷来调查他们的工作满意度,以求得到直接的反馈,了解他们满不满意自己的工作。这类研究的范例以霍伯克(Hoppock)为代表。他以人口学统计变量为切入点,比较不同年龄、性别、受教育程度、社会阶层、职业特征、职位的工作者在工作热情或态度上的差异。此外,很多研究者认为,不仅应该关注工作者的整体工作满意度,还应该评估他们对工作不同具体方面的情感体验。因此,出现了第二种测量方法,即用清单法测量工作满意度。清单设立的依据是假定可以量化很多具体的态度反应,并最后得出一个能反映员工工作态度的综合分数。第三种方法则不涉及任何特定的测量方法,而是由研究者观察员工的工作行为,并由此推断出员工的态度、感受等,该类方法的经典范例是"霍桑实验"。

（一）测量的类型及工具

从工作满意度测量的内容来看,主要包括 3 种不同的维度：单一问题满意度、整体满意度测量和具体方面满意度测量[①]。单一问题只提出一个问题以表明员工对工作的满意度,一般在大型调查中较为常见。尽管假设认为有更多的问题可以

---

① MITCHELL O S, LEVINE P B, POZZEBON S. Aging, job satisfaction, and job performance (CAHRS Working Paper ＃90‑02). Ithaca, NY：Cornell University, School of Industrial and Labor Relations, Center for Advanced Human Resource Studies. 1990. http：//digitalcommons.ilr.cornell.edu/cahrswp/367.

获得更客观和准确的结果,但研究表明,无论是对整体工作满意度还是对具体工作方面的满意度,通过提问单一问题也可以同样有效[①]。

整体满意度测量旨在获得标示员工总体工作满意度的单一分数。提供与工作的不同方面有关的若干问题或陈述(如工资、工作条件和职业前景等),并将它们结合起来以提供总体分数。另一方面,具体方面满意度的测量对工作的不同维度或领域设置问题或选项,并提供一个分数以表示每一具体方面的工作满意度。已有的整体满意度测量工具包括工作整体满意度调查表和密歇根组织评估问卷工作满意度分量表(MOAQ-JSS)。工作满意度调查(JSS)、工作描述指数(JDI)、明尼苏达满意度量表(MSQ)、工作诊断调查量表(JDS)则是对工作具体方面满意度进行测量。不同的工作满意度测量方法或工具为不同学者测量工作满意度提供了适合所需的测量方式方法。但多种选择可能会使不同工作满意度研究成果之间的相互比较变得困难,而且选择不当的测量方法会导致不可靠或无效的结果。

从工作满意度的测量方式来看,主要包括对员工的访谈和问卷调查,考虑访谈对经费和时间方面的较大需求,绝大多数对于工作满意的测量采用易于对大规模群体进行调查,且方便量化处理的问卷方式进行[②]。因此,现有大多数关于工作满意度测量的研究都是通过员工的自我报告,并基于多维度量表进行测量。目前,基本形成了几项较为认可的测量措施,尽管它们对工作满意度的概念化方式不尽相同,且在心理测量验证的范围和严谨性方面也有所不同,典型代表有:

1. 工作描述指数(JDI)

它是由 Smith 等心理学家设计的,包括 5 个部分:工作、升迁、报酬、管理者及同事。每一部分由 9 个或 l8 个项目组成;每一个项目都有具体分值。将员工所选择的描述其工作的各个项目的分值加起来,就可以得到员工对工作各个方面的满意度。

2. 明尼苏达工作满意度调查表(MSQ)

它是由明尼苏达大学 Weiss 等人设计的。它分为长式量表(21 个量表)和短式量表(3-1 分量表)。短式量表包括内在满意度、外在满意度和一般满意度 3 个分量表。长式量表包括 100 个题目,可测量工作人员对 20 个工作方面的满意度及一般满意度。

---

① NAGY M S. Using a single - item approach to measure facet job satisfaction [J]. Journal of Occupational and Organizational Psychology, 2002(75):77-86.
② SPECTOR P E. Job Satisfaction: Application, Assessment, Causes and Consequences[M]. Thousand Oaks: CA. Sage Publications, 1997.

3. 情感工作满意度简要指数(BIAJS)

它从 4 个维度衡量总体工作满意度。与其他工作满意度指标不同,情感工作满意度简要指数在全面验证内部一致性的可靠性、时间稳定性、与标准有关的有效性方面,对于国籍,工作水平和工作类型的跨人口不变性进行了全面验证。

(二)与测量相关的问题

1. 可靠性和有效性

对工作满意度议题的普遍重视促进了对该概念进行测量的诸多方法探索和工具开发,尽管有多种评估工作满意度的问题选项和措施,但对不同的工作满意度的测量产生了可靠性和有效性的问题。尤其是当评估跨越不同文化、语言和年龄时,这些问题变得更为复杂。这意味着有些措施可能无法准确衡量工作满意度,或者无法提供一致的结果。Van Saane 及其同事分析评论了他们在学术文献中发现的 29 种常用的工作满意度测量方法的有效性(即测量它应该达到的效果)和可靠性(即测量结果的一致性)。研究发现,只有 7 项措施具有足够的有效性和可靠性[①]。因此,衡量工作满意度所使用的工具时必须谨记其是可靠和有效的。

2. 跨文化问题

有证据表明,西方文化中的员工与东方文化中的员工相比,往往具有更高的工作满意度[②]。因此,跨越不同国家和文化界限的工作组织和从业者必须意识到所选衡量工作满意度的方法对特定对象的适切性[③]。工作满意度的跨国调查或测量必须牢记两个问题——语言和文化可能对结果产生的影响。在使用同一语言的不同国家采用同一测量方法时,比以不同语言呈现时产生的问题较少。相似语言不仅意味着相似的理解,而且能够避免原文和翻译版本之间的差异。但当在两种不同文化中使用相同语言的量表时,它可能会导致具有不同价值观的受访者对量表的理解不同[④]。此外,如何解读和评定量表评级还受到文化的影响[⑤]。

---

① N VAN SAANE, J K SLUITER, J H, et al. Reliability and validity of instruments measuring job satisfaction-a systematic review[J]. Occupational Medicine, 2003, 53(3): 191 - 200.

② GELFAND M J, EREZ M, AYCAN Z. Cross-Cultural Organizational Behavior[J]. Annual Review of Psychology, 2007, 58(1): 479 - 514.

③ ARNOLD J, RANDALL R. et al. Work Psychology: Understanding Human Behaviour in the Workplace (6th Edition). Harlow: Pearson Education, 2016.

④ SCHWARTZ S H. A Theory of Cultural Values and Some Implications for Work. Applied Psychology, 1999, 48(1): 23 - 47.

⑤ RIORDAN C M, VANDENBERG R J. A Central Question in Cross-Cultural Research: Do Employees of Different Cultures Interpret Work-related Measures in an Equivalent Manner? [J]. Journal of Management, 1994, 20(3): 643 - 671.

尽管存在以上问题,但仍有些工作满意度测量方法在不同的语言和文化中被证明是可靠和有效的。例如,当美国和澳大利亚的受访者用英语完成同样的满意度测量时,会产生类似的满意度得分[1]。在不同的语言中,北欧员工指数一直被用来评估整个北欧国家的工作满意度[2]。类似地,有研究者使用德国工作满意度调查对使用德语、英语和西班牙语的 18 个国家进行了调查,他们发现使用相同语言或具有相似文化背景的国家之间的工作满意度具有相似之处[3]。

3. 年龄

从现有研究结论来看,年龄与工作满意度之间的相关模式并不唯一。有研究认为,工作满意度与年龄之间存在"U"形或正相关的关系。在"U"形关系中,职业生涯早期和后期的高满意度被职业生涯中期的低满意度区隔。如有研究发现,青年对工作具有较高的满意度,但在 20 至 30 岁时下降,随后增加至与青年时期相当的工作满意度水平,且工作满意度在 50—60 岁期间进一步提高[4]。但与此同时,也有诸多研究发现,随着年龄的增加工作满意度也逐渐增加[5]。以上两种关系都表明年长员工更可能具有较高的工作满意度,这或许是由多种原因造成的[6]:一是年长员工可能会随着时间的推移降低他们的期望,并学会更加满足;二是不满意的年长员工更有可能提前退休,留下更满意的年长员工;三是年长员工有更多时间来换工作,最终处于他们感到满意的位置;四是年轻和年长员工之间的差异可能是代际差异所造成的。

四、教师工作满意度

(一) 教师工作满意度的理论基础

在教育领域,赫茨伯格的"激励—保健理论"(即"双因素理论")是广为认可和

① RYAN A M, CHAN D, PLOYHART R E, et al. Employee Attitude Surveys in a Multinational Organization. Considering Language and Culture in Assessing Measurement Equivalence[J]. Personnel Psychology, 1999, 52(1): 37-58.
② ESKILDSEN J K, WESTLUND A H, KRISTENSEN K. Measuring employee assets - The Nordic Employee IndexTM[J]. Business Process Management Journal, 2004, 10(5): 537-550.
③ LIU C, BORG I, SPECTOR P E. Measurement Equivalence of the German Job Satisfaction Survey Used in a Multinational Organization: Implications of Schwartz's Culture Model[J]. Journal of Applied Psychology, 2004, 89(6): 1070-1082.
④ CLARK A E, OSWALD A J, WARR P O. Is Job Satisfaction U-shaped in Age?［J］. Journal of Occupational and Organizational Psychology. 1996, 69(1): 57-81.
⑤ DOBROW RIZA S, GANZACH Y, LIU Y. Time and Job Satisfaction: A Longitudinal Study of the Differential Roles of Age and Tenure[J]. Journal of Management, 2018, 44(7): 2558-2579.
⑥ CLARK A, OSWALD A, WARR P. Is job satisfaction U - shaped in age?. Journal of Occupational and Organizational Psychology, 1996(69): 57-81.

采用的工作满意度理论之一。在"激励—保健理论"框架中,工作满意度的影响因素归为内在工作固有的激励因素和外在保健因素。当内在固有激励因素得以实现时,可以提升个体的工作满意度;当外在保健因素缺失时,则会增加个体对工作的不满意度,但即使外在保健因素得到有效保障和实现时,也只能降低个体对工作的不满意,不会提升个体的工作满意度。双因素理论在教师工作满意度研究领域得到成功的复制和应用。Dinham 等的研究发现,关于教师工作满意度的数据明显分为两组互斥的因素,这些因素完全落入双因素理论框架中。①

如前文所述,有些西方行为科学家对赫茨伯格的双因素激励理论的合理性表示怀疑。Wolf 认为该理论存在两个重大弊端②:一是人们通常将产生满意的结果归因于自己的努力,而将导致不满情绪的原因归于环境;二是在方法论方面,赫茨伯格错误地将"满意"等同于"激励和动机",但事实上,"满意"是一种结果状态,而"激励和动机"是实现"满意"这一结果状态的驱动力。另外,被调查对象的代表性也不够。但这些批评并不能否认"双因素理论"的发现和有效性。Hunt 和 Hill 表示,关键事件研究通常证实了"双因素理论"③。同时,Wolf 也承认,双因素理论所阐述的内在方面的内容要素在影响整体工作满意度方面比外在环境要素具有更大决定性的观点似乎是正确的④。总的来看,激励因素基本上都是属于工作本身或工作内容的,保健因素基本都是属于工作环境和工作人际关系的。但是,赫茨伯格提醒,激励因素和保健因素有若干重叠,如赏识属于激励因素;但当没有受到赏识时,又可能起消极作用,这时又表现为保健因素。同样,工资是保健因素,但有时也能产生使职工满意的结果(见表 2 - 2)。

借助双因素理论关于"使工人对工作满意的因素和导致工人工作不满的因素并不是概念上'此消彼长'的连续统一体,而是相互之间独立,乃至'分庭抗礼'的"假设,Sergiovanni 对教师的工作满意度影响因素和工作不满意影响因素进行了分析,以图验证双因素理论在教育领域的适用性。Sergiovanni 研究结果显示,教师自我报告称导致其工作满意和不满意的因素明显可以分为方向不同的两类,即成

① DINHAM S, SCOTT C. A three domain model of teacher and school executive career satisfaction[J]. Journal of Educational Administration, 1998, 36(4): 362 - 378.
② HOLDAWAY E A. Facet and Overall Satisfaction of Teachers [J]. Educational Administration Quarterly, 1978, 14(1): 30 - 47.
③ HUNT J, HILL J. The New Look in Motivation Theory for Organizational Research[J]. Human Organization, 1969, 28(2): 100 - 109.
④ HOLDAWAY E A. Facet and Overall Satisfaction of Teachers [J]. Educational Administration Quarterly, 1978, 14(1): 30 - 47.

表 2-2 在高涨和低落序列中第一层次因素的百分比

	情绪持续时间					
	高 涨			低 落		
	长*	短	合计	长*	短	合计
1. 成就	38	54	41 +	6	10	7
2. 认可	27	64	33 +	11	38	18
3. 工作本身	31	3	26 +	18	4	14
4. 责任	28	0	23 +	6	4	6
5. 升迁	23	3	20 +	14	6	11
6. 工资	15	13	15	21	8	17
7. 成长的可能性	7	0	6	11	3	8
8. 和下属的人际关系	6	3	6	1	8	3
9. 地位	5	3	4	6	1	4
10. 和上司的人际关系	4	5	4	18	10	15 +
11. 和同僚的人际关系	4	0	3	7	10	8 +
12. 监管—技术性	3	0	3	23	13	20 +
13. 公司政策和管理	3	0	3	37	18	31 +
14. 工作条件	1	0	1	12	8	11 +
15. 个人生活	1	0	1	8	7	6 +
16. 工作安全感	1	0	1	2	0	1

备注：*"长"一栏包括引起长时间情绪的长期序列和短期序列的频率。
　　　+高涨和低落的差异在0.01置信水平上统计显著。

数据来源：[美]弗雷德里克·赫茨伯格，等. 赫茨伯格的双因素理论[M]. 张湛，译. 北京：中国人民大学出版社，2016.

就、认可和责任是促进教师工作满意度的主要因素；师生关系、同事关系、监管技术、学校政策和管理、地位和个人生活是导致教师工作不满意的因素。由此可以发现，导致教师工作满意的因素往往侧重于工作本身，而不满意的因素则往往侧重于工作环境条件。故此,Sergiovann 认为其关于教师的工作满意度影响因素的研究结果倾向于支持双因素理论的普遍性[①]。

受赫兹伯格双因素理论影响,"'后'赫兹伯格"教师工作满意度模型通常呈现为两个相互独立的块面——工作满意度和工作不满度。遵循赫兹伯格双因素理论的解释框架,Dinham 和 Scott 对同属盎格鲁-萨克逊文化的英格兰、新西兰和澳大利亚 3 个国家和地区的 2 000 名中学教师和校领导的工作满意度国际调查研究发现,教师的工作满意度与教学工作固有的特性密切相关。具体为:能够与学生一起教学相长、学生学业成就、帮助学生端正学习态度和行为、提升自身专业技能和知识水平等是增强教师工作满意度的重要因素。与此对应的是,在参与调查的 3 个国家和地区,教师的工作不满意因素主要来自教学工作非固有的外在因素。这些外在因素大多属于教师和学校所控制范围之外的社会、政府等社会系统层面的大环境因素。具体如,教育改革的本质和力度、对学校日益加大的期望和责任要求,致使教师工作压力增加,以及社区对教师及其"简单"工作条件明显不满的意见、媒体对教师的负面形象报道、与教育改革及管理相关的问题(要求实施教育改革但提供较低水平的支持)、缺乏对教师的支持服务等方面的问题。在此两个层面之间是来自学校层面的因素,如学校领导及决策、学校氛围、沟通、资源和学校所在社区的声誉等[②]。基于以上发现,Dinham 和 Scott 提出了比赫茨伯格双因素理论更复杂的涵盖三组因素的教师工作满意度理论框架——"三域模型"。

表 2 - 3　教师的工作满意度影响因素重要性排序

	澳大利亚	英格兰	新西兰	合　计
学生学业成就	1	1	1	1
教师自我发展	2	2	2	2
关顾辅导学生	3	3	3	3
学校声誉	5	4	4	4

① SERGIOVANNI T. Factors which affect satisfaction and dissatisfaction of teachers[J]. Journal of Educational Administration, 1967, 5(1): 66 - 82.
② DINHAM S, SCOTT C. Moving into the third, outer domain of teacher satisfaction[J]. Journal of Educational Administration, 2000(38): 379 - 396.

（续表）

	澳大利亚	英格兰	新西兰	合　计
学校领导	4	5	5	5
晋升	8	6	6	6
工作条件	6	7	7	7
工作量	7	8＝	8	8
教育改革及管理	9	8＝	9	9
教师社会地位和形象	10	10	10	10

数据来源：DINHAM S, SCOTT C. Moving into the Third, Outer Domain of Teacher satisfaction[J]. Journal of Educational Administration, 2000(38)：379-396.

（二）教师工作满意度影响因素

1. 取得较为一致观点的影响因素

根据已有诸多关于教师工作满意度的研究结论来看,促使教师的工作满意度提升的最大影响因素是来自教学工作本身固有的内在激励因素。教师的工作满意度的最重要来源是对学生产生积极影响的成就感、被认可感等;薪酬收入、较低的职业地位,以及不断增加的工作职责则是导致教师工作不满的重要因素(Butt, 2005)[1]。此外,由于教师固有的职业价值观而选择该职业的教师,通常表现出比由于经济原因而选择教师职业的同行具有更高的满意度和组织承诺[2]。

与同事、学生,以及学生家长的积极人际关系也是教师的工作满意度的主要来源之一,教师工作不满的来源则与结构性和行政因素有关。此外,在 Gay 的研究中发现,师生关系与教师的工作满意度呈显著相关[3]。正如 Shann 所指出的,中学教师喜欢他们工作的首要原因是学生。教师认为师生关系是最重要的,并且反馈说他们对师生关系的满意度比其他任何工作方面都高[4]。与学生保持接触并观察

① BUTT G, LANCE A, FIELDING A, GUNTER H, RAYNER S, THOMAS H. Teacher job satisfaction: lessons from the TSW Pathfinder Project[J]. School Leadership & Management, 2005(25)：5, 455-471.
② BOGLER R. The Influence of Leadership Style on Teacher Job Satisfaction [J]. Educational Administration Quarterly, 2001, 37(5)：662-683.
③ GAY G. Modeling and mentoring in urban teacher preparation[J]. Education and Urban Society, 1995, 28(1)：103-118.
④ SHANN M H. Professional commitment and satisfaction among teachers in urban middle schools. Journal of Educational Research, 1998, 92(2)：67-73.

他们,从学生的经验中学习,是教师的工作满意度的主要来源之一。Taylor 和 Tashakkori 发现,教师使用工作满意度来描述他们每天的工作感受,以及由于学生学业成就而带来的成功感受①。此外,需要特别提及的是,学生学业成就是教师满意度的一个非常重要的来源。研究表明,学生学业成就能够解释 28% 的教师满意度②。Ostroff 发现教师满意度与学生质量指标(如阅读和数学技能、纪律问题和出勤率)之间存在明显相关③。最后,关于领导者行为之影响的研究中发现,职业地位是预测教师工作满意度的关键因素④。教师对在课堂上的自主权感知程度与工作满意度正相关⑤。

尽管已有研究关于以上变量对教师工作满意度影响的结论取得较为一致的观点,但其他变量与教师工作满意度之间关系的结论则具有相对异质性,甚至出现相悖的观点。此类往往产生异质性结论的典型因素是与教师个体特征相关的人口学统计变量。在检验个体特征与教师工作满意度之间的关系时,性别、年龄和教龄是最为被关注的变量。

2. 教师个体因素:性别、年龄和教龄

之所以重视性别与教师工作满意度之间的关系,主要基于以下两方面的原因:首先,从全球范围来看,鉴于教师是许多国家女性的一种流行职业选择,有必要将性别作为工作满意度的一个影响因素进行考察,并找出男性与女性教师工作满意度产生差异的原因;其次,女性教师的工作满意度可能会影响她们的职业抱负,以及未来的职业进步和发展。因为工作满意度低的女教师更容易受到职业发展障碍的影响,其中包括歧视和社会经济因素等⑥。有关性别对教师工作满意度影响的结论可谓异质多样,但较多的研究表明女性教师对工作的满意度往往更高⑦⑧。然

① TAYLOR D, TASHAKKORI A. Decision participation and school climate as predictors of job satisfaction and teachers'sense of efficacy[J]. Journal of Experimental Education, 1995(63):217 - 230.

② HELLER H W, REX J C, CLINE M P. Factors related to teacher job satisfaction and dissatisfaction [J]. ERS Spectrum, 1992, 10(1):20 - 24.

③ OSTROFF C. The relationship between satisfaction, attitudes, and performance: An organizational analysis[J]. Journal of Applied Psychology, 1992(77):963 - 974.

④ HOUSE R J, FILLEY A C, KERR S. Relation of leader consideration and initiating structure to R and D subordinates'satisfaction[J]. Administrative Science Quarterly, 1971, 16(1):19 - 30.

⑤ KREIS, K., BROCKOFF, D. Y. (1986). Autonomy: Acomponent of teacher job satisfaction. Education, 107(1):110 - 115.

⑥ CROSSMAN A, HARRIS P. Job Satisfaction of Secondary School Teachers [J]. Educational Management Administration & Leadership, 2006, 34(1):29 - 46.

⑦ LADEBO O J. Effects of work-related attitudes on the intention to leave the profession[J]. Educational Management Administration & Leadership, 2005, 33(3):355 - 369.

⑧ DE NOBILE J, MCCORMICK J. Job satisfaction of Catholic primary school staff: a study of biographical differences[J]. International Journal of Educational Management, 2008, 22(2):135 - 150.

而,也有研究得出相反的结论,即男教师的工作满意度比女教师高①。除此之外,一些研究还对教师工作满意度的某些具体方面的性别差异进行了分析。根据Spear 等人的观点,女教师的总体工作满意度较高,而男教师对工作的某些方面(如对学校政策的影响程度)更满意②。在 Koustelios 的一项研究中发现,只有在"工作条件"这一具体方面的工作满意度,性别才显示出重要的差异性预测效果③。值得注意的是,在某些情况下,研究无法确定性别与工作满意度之间的强关联性,从而导致不确定的结果。

关于年龄对工作满意度影响的结论似乎也是异质多样,并无一致的相关模式。诸多研究发现,青年教师对工作的不满与其高流失率相关。造成高流失率的原因似乎与新教师面临的众多问题,以及缺乏行政支持有关。Achinstein 发现被任命到困难学校任职的新教师,往往在缺乏学校领导支持的情况下,被期望能够处理课堂教学纪律和行为问题学生提出的挑战④。与上述结论一致,一些研究表明年龄较大的教师对工作会更满意。尤其是在某些情况下,年长的教师在"与同事建立更好的关系"等方面具有更高的满意度⑤。然而,还有证据表明,教师工作满意度与年龄之间存在着工作满意度随着年龄的增长而降低的线性关系;其他研究还发现,年龄与工作满意度之间呈现波动或中年人群满意度下降的"U"形关系⑥⑦。

至于工作经验对工作满意度的影响,相关论断再次没有达成一致论调。通常情况下,与经验不足的新手同事相比,具有更多工作经验的教师对监管和晋升更满意。相关研究发现,教龄较长(教龄大于 5 年)的教师相比年轻教师(教龄少于 5年)在除专业发展方面之外,对其余工作方面的满意度均较高。尤其是在关键利益相关者和参与学校管理两方面,教龄较长教师的工作满意度明显较高。此外,在教

① MERTLER C A. Job satisfaction and perception of motivation among middle and high school teachers [J]. American Secondary Education 2002, 31(1): 43 - 53.
② SPEAR M, K GOULD, B LEE. Who would be a teacher? A review of factors motivating and demotivating prospective and practising teachers[M]. Slough: NFER, 2000.
③ KOUSTELIOS A D. Personal characteristics and job satisfaction of Greek teachers[J]. International Journal of Educational Management 2001, 15(7): 354 - 358.
④ ACHINSTEIN B. New teacher and mentor political literacy: Reading, navigating and transforming induction contexts[J]. Teachers and Teaching: Theory and Practice, 2006, 12(2): 123 - 138.
⑤ KONSTADINA GRIVA, KATHERINE JOEKES. UK Teachers Under Stress: Can We Predict Wellness on the Basis of Characteristics of the Teaching Job? [J]. Psychology & Health, 2003, 18(4): 457 - 471.
⑥ PAM POPPLETON, GEORGE RISEBOROUGH. A Profession in Transition: educational policy and secondary school teaching in England in the 1980s. Comparative Education, 1990, 26(2 - 3): 211 - 226.
⑦ MERTLER C A. Job Satisfaction and Perception of Motivation among Middle and High School Teachers[J]. American Secondary Education. 2002, 31(1): 43 - 45.

龄对工作满意度的影响效应的研究中,还观察到年龄与工作满意度之间存在非线性的波动关系①。然而,在 Klecker 和 Loadman 的一项研究中,却发现具有 26 年或更长教龄的教师对"与同事的互动"不太满意②。

整体而言,关于个人特征变量对教师工作满意度影响的研究似乎产生了异质多样的发现,甚至相悖的结论。这可能表明个人特征在不同环境中对工作满意度的影响有所不同,具有明显的情境依赖效应。

3. 上司的领导力风格

许多研究人员对校长的领导风格和决策过程与教师的工作满意度及教师的工作绩效表现之间的关系进行了研究。通过大量的研究发现,工作满意度和参与决策及变革型领导之间呈正相关③。总体而言,当教师认为他们的校长愿意与他人分享信息、委托授权并与教师保持公开沟通渠道时,教师对工作更满意。教师较低程度的参与决策则与教师较低的工作满意度相关④⑤。Bogler 探讨了校长领导风格(变革型或交易型)、校长决策策略(专制型与参与型),以及教师职业认知对教师工作满意度的影响。该研究发现,教师的职业观念(职业认知)强烈地影响了其工作满意度,变革型领导风格的校长通过教师的职业认知直接或间接地对教师工作满意度产生影响⑥。

尽管关于决策程序的分类尚未达成普遍共识,但大多数研究人员认为有 4 种决策方式:一是专制型决策,管理者不咨询任何组织成员,单独做出最终决定;二是咨询,管理者从其他成员那里获得建议,但考虑了建议之后,单独做出最终决定;三是联合决策,管理者与其他成员讨论问题,并共同做出最终决定,其中每一个成员都对最终决定产生一定的影响;四是授权,管理者授予某个或若干成员决定权,并由被"委托"决策者对决策结果负责⑦。基于对教师工作满意度和参与学校决策

---

① CROSSMAN A, HARRIS P. Job Satisfaction of Secondary School Teachers. Educational Management Administration & Leadership[J], 2006, 34(1): 29 - 46.

② KLECKER B M, LOADMAN W E. Male elementary school teachers' ratings of job satisfaction by years of teaching experience [EB/OL]. (1997). https://files.eric.ed.gov/fulltext/ED415204.pdf.

③ ROSSMILLER R A. The secondary school principal and teachers'quality ofwork life. Educational Management and Administration[J], 1992, 20(3): 132 - 146.

④ IMPER M, NEIDT W A, REYES P. Factors contributing to teacher satisfaction with participative decision making[J]. Journal of Research and Development in Education, 1990, 23(4): 216 - 225.

⑤ RICE E M, SCHNEIDER G T. A decade of teacher empowerment: An empirical analysis of teacherin volvement in decision making, 1980 - 1991[J]. Journal of Educational Administration, 1994, 32(1): 43 - 58.

⑥ BOGLER R. The Influence of Leadership Style on Teacher Job Satisfaction [J]. Educational Administration Quarterly, 2001, 37(5): 662 - 683.

⑦ YUKL G. An evaluation of conceptual weaknesses in transformational and charismatic leadership theories[J]. Leadership Quarterly, 1999, 10(2): 285 - 305.

之间关系的研究结果表明,教师参与学校决策过程越多,其工作满意度就越高。与在一个校长严厉且表现出绝对权威的学校工作相比,在一个校长被视为民主管理者,且与教职员工保持开放的沟通渠道的开放氛围中工作的教师通常具有更高的工作满意度[①]。

4. 总体工作满意度与构面满意度

构面满意度是指人们对工作具体特定方面的情感体验。整体工作满意度是人们对其整体工作角色的情感体验。Holdaway 根据双因素理论框架,以加拿大阿尔伯塔省 801 位教师为调查研究对象,利用相关和因素分析法对调查数据进行分析,检验了总体工作满意度和工作具体构面满意度之间的关系。研究结果发现[②],总体满意度与具体工作方面满意度之间相关系数最高的是:"获得教学成就感"(0.70)、"把教学作为终身职业"(0.61)、"工作获得认可"(0.51)等。相比教学工作环境,这些变量均与教师教学工作本身更相关。相关系数在 0.35—0.40 之间为:"参与决策制定"(0.39)、"获得有用的建议"(0.36)、"师生关系"(0.35)、"工作中的社会关系"(0.39)、"教师的社会地位"(0.37)、"社会对教育的态度"(0.35)、"未来薪酬预期"(0.36)。总体工作满意度与许多涉及工作条件的满意度之间的相关系数相对较低,如"薪酬"(0.28)、"每周授课小时数"(0.26)等。总体来看,相关分析表明,总体满意度与成就、职业取向、认可和激励的满意度最相关。因子分析揭示了整体满意度与社会对教育的态度、教师社会地位、认可、成就、职业取向等之间的关联。社会对教育的态度、行政管理和政策是导致教师对工作总体不满意的重要因素。

第二节　国内相关研究综述

对工作满意度的研究主要集中在组织行为学与人力资源管理领域,国内学者关于教师工作满意度的研究主题范围比较分散,尚未形成令人瞩目的核心研究群体。总体而言,目前关于教师工作满意度的研究主要沿用了工作满意度的理论与研究范式,以工作满意度的成果发现为研究基础。由此可以说,教师工作满意度研

---

① KOTTKAMP R B, MULHERN J A, HOY K. Secondary school climate: A revision of the OCDQ[J]. Educational Administration Quarterly, 1987, 23(3): 31-48.
② HOLDAWAY E A. Facet and Overall Satisfaction of Teachers [J]. Educational Administration Quarterly, 1978, 14(1): 30-47.

究的发展在很大程度上仰赖于工作满意度研究的创新发展[1]。

教师工作满意度是教师对其工作与所从事职业,以及工作条件与状况的一种总体的、带有情感色彩的感受与看法[2]。它不仅是反映学校办学效能与管理人本化的重要指标,也是研判教师组织承诺、工作积极性、职业倦怠、心理健康等状态的重要参数[3],同时还是影响学生学业成绩和幸福感的重要变量之一。相对西方学者而言,国内学者对教师工作满意度的研究较为滞后,根据"拥有中国最大的文献数据库"——中国知网(CNKI)的文献资料显示,李子彪发表在《广州教育》1986 年第 1 期的《论提高中小学教师的职业地位》一文中对教师工作满意度问题的调查,被认为是我国较早涉及教师工作满意度的研究。1994 年第 3 期《心理科学》刊出的陈云英和孙绍邦《教师工作满意度的测量研究》,可谓是我国学者以教师工作满意度为研究议题的发轫之作,也是关于教师工作满意度研究领域被引最多的文献之一。由此可以研判,我国学者关于教师工作满意度的研究于 20 世纪 90 年代才开始真正的发展。本小节以中国知网所收录的关于教师工作满意度的文献资料为研究对象和数据来源,结合科学计量学方法和传统文献研究方法,从理论基础、研究内容、研究方法等维度对我国教师工作满意度研究的主要特征、议题进行梳理归纳和可视化分析,并结合国外研究范式和学科前沿,对我国教师满意度研究存在的问题及研究趋势进行研判。

如上文所述,我国学者发表的以教师工作满意度为议题的研究始于 1994 年。为此,本文将文献检索时间段起止节点设置为 1990 年 1 月 1 日至 2018 年 12 月 31 日。关键词不仅是论文主旨,乃至某一领域研究热点与趋势的直接反映,还是文献检索最重要的线索之一。然而,鉴于以"关键词"为检索条件,搜集到的文献数量相对较少(精确匹配:132;模糊匹配:148),故本研究通过以"教师工作满意度"为检索词段,对中国知网数据库收录的论文"篇名"中含有"教师工作满意度"(模糊匹配)的文献进行高级检索,共检索到 926 条相关文献。根据教师工作满意度研究的逐年发表数量变化来看,整体上我国学者关于教师的工作满意度的研究成果呈不断增长趋势,尤其是进入 21 世纪之后的前十余年,相关研究逐年发表量持续攀升。在经历了2013—2014 年的短暂"低谷"之后,2015 年教师工作满意度研究年度发表量达到历史新高(90 篇),但近 3 年相关研究逐年发表数量稍有降低(见图 2 - 3)。

---

① 黄丹媚,张敏强. 教师工作满意度研究综述[J]. 社会心理科学,2004(03): 17 - 19.
② 陈云英,孙绍邦. 教师工作满意度的测量研究[J]. 心理科学,1994(03): 146,149,193.
③ 姜勇,钱琴珍,鄢超云. 教师工作满意度的影响因素结构模型研究[J]. 心理科学,2006(01): 162 - 164.

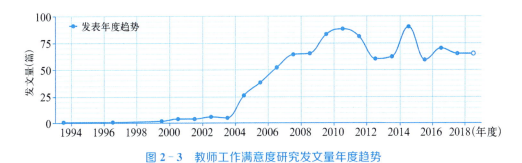

图 2-3 教师工作满意度研究发文量年度趋势

数据来源：文献总数：926 篇；检索条件：发表时间 between（1990-01-01,2018-12-31）并且（题名＝教师工作满意度 或者 Title＝中英文扩展(教师工作满意度,中英文对照)）（模糊匹配），专辑导航：全部；数据库：文献 跨库检索（截至 2018.12.31）

利用文献计量可视化软件 CiteSpace 挖掘绘制反映某一学科领域的热点主题、前沿趋势和演变路径的信息可视化科学知识图谱已成为文献研究的重要方法之一。然而，本文利用所搜集到文献条目数量，在 CiteSpace 中选取"共被引分析"（Reference）时，发现由于没有足够的引文数据，不能够进行共被引分析。这说明我国关于教师工作满意度的研究相对分散。因此，在尽量利用 CiteSpace 挖掘可视化知识图谱的同时（如"关键词"聚类），本文还尽可能地利用中国知网自带的文献计量可视化分析功能识别我国学者关于教师的工作满意度研究的主题、特征及演变路径。

一、理论基础主要基于经典激励理论

整体上看，我国学者关于教师工作满意度研究的理论基础为经典激励理论，具体有：一是美国心理学家赫茨伯格的"双因素理论"，又称"激励-保健理论"；二是遵循美国社会心理学家马斯洛的需要层次理论的假设开展调查研究；三是借鉴美国耶鲁大学的克雷顿·奥尔德弗（Clayton Alderfer）在对马斯洛的需要层次理论进行的更接近实际经验改进而提出的一种新人本主义需要理论—ERG 需要理论。其中，双因素理论和马斯洛的需要层次理论是我国学者开展教师工作满意度研究的主要理论遵循。依据马斯洛需要层次理论，李梅从经济收入、社会地位、社会尊重、成就感、家人支持、人际关系 6 个维度考察了我国中小学教师的工作满意度情况。按照李梅的研究设计，这 6 个方面涵盖了马斯洛关于需要的 5 个层次，即经济收入是为了满足生理需要和安全需要，社会地位与社会尊重是关于满足尊重的需要，家人支持、人际关系是关于满足社会交往的需要，成就感体现了自我实现的价值追求的需要①。按照"双因素理论"的假设,冯伯麟以开放题的形式要求调查对象尽量多地且具体地写出在自己工作中满意的方面和不满意的方面,并结合因素分析法,从自我实现、工作强度、工资收入、领导关系、同事关系5个方面,对中学教师的工作满意构成维度进行了研究②。陈卫旗遵循双因素理论的逻辑思路,对中学教师工作满意度的结构进行了探索,得出包含10个组成因素,且与洛克提出的模型高度一致的中学教师满意度结构③。张佳莉通过基于双因素理论修订和编制教师工作满意度量表,对广东省初中教师工作环境满意度进行调查研究,并检验了"激励-保健"双因素假说在教师职业群体中的理论效度④。

二、研究量具表现为翻译量表与自编量表并存

如上文所述,工作满意度的概念是"舶来品"。西方学者对工作满意度的研究史已逾八十载,除了提出工作满意度的经典阐释理论或模型外,还开发研制了具有可靠信度和效度保证的工作满意度量具,如由 Weiss、Dawis 等编制而成、分为短式及长式两种形式的"明尼苏达满意度调查量表"(Minnesota Satisfaction Questionnaire,MSQ)。Smith 和 Kendall 等编制的工作说明量表(Job Descriptive Index, JDI)则从工作本身、薪酬、晋升、上司、同事5个构面来确定员工的满意度,这五个构面满意度的总和,即代表整体工作满意度分数。Hackman 和 Oldham 基于工作特征理论设计的工作诊断量表(Job Diagnostic Survey, JDS),以及 Sperctor 编制的"工作满意度问卷(JSS)"等,其中应用最广泛的明尼苏达满意度问卷和工作描述指数均已有半个世纪的历史,也是关于教师工作满意度研究中最常使用的调查问卷。

多年来,我国学者利用国外已有的工作满意度调查问卷或量表对我国教师的工作满意度进行了调查研究。如朱从书等利用 Sperctor 编制的"工作满意度问卷(JSS)"对湖北省中小学教师的工作满意度及其影响因素进行了分析⑤⑥。孙汉银、

① 李梅.教师工作满意度及其影响因素研究[M]//丁钢.中国中小学教师专业发展状况调查与政策分析报告.上海:华东师范大学出版社,2010:217-233.
② 冯伯麟.教师工作满意及其影响因素的研究[J].教育研究,1996(02):42-49.
③ 陈卫旗.中学教师工作满意感的结构及其与离职倾向、工作积极性的关系[J].心理发展与教育,1998(01):38-44.
④ 张佳莉.教师工作环境满意度再考察——基于激励-保健理论的实证研究[J].教育发展研究,2017,37(06):50-56.
⑤ 朱从书.中小学教师的工作满意度及其影响因素分析[J].教育探索,2006(12):116-117.
⑥ 朱从书,李小光.中小学教师工作满意度的调查研究[J].长江大学学报(社会科学版),2005(06):118-121.

李宏等采用"明尼苏达满意度问卷(MSQ)"对北京地区具有代表性的 5 所中学 557 名教师的工作满意度状况进行了调查[1]。罗杰、周媛等采用 Brayfield 和 Rothe 于 1951 年编制的"工作描述指数量表"(Index of Job Satisfaction)对教师工作满意度进行测量分析[2]。还有学者将本土量表和国外问卷相结合,如徐志勇、赵志红利用我国台湾学者吴明隆设计的"教师社会支持与工作满意度关系"调查问卷和盖洛普工作场所量表(Gallup workplace audit)相结合,对北京市 1 308 名小学教师工作满意度进行实证研究[3]。张忠山、朱继荣等以 Smith 等人 1969 年编制的"工作描述指数量表"(JDI)为主要参考依据,编制了涵盖不同维度的小学教师工作满意度调查问卷,分别对上海和太原的小学教师的工作满意度开展了调查研究[4][5]。姜勇等采用根据亨德里克斯(Hendrix,1995)的问卷加以改编的教师的工作满意度问卷,以上海不同类型幼儿园教师为调查对象,研究分析了教师工作满意度的影响因素结构模型[6]。王志红、蔡久志在参考工作描述指数(JDI)和明尼苏达满意度问卷(MSQ)的基础上,通过对拟调离或已调离教师的深度访谈和个案分析,提出了工作满意度量表的六维度结构,即对领导与管理的满意度、工作回报的满意度、工作协作的满意度、工作本身的满意度、组织文化的满意度、工作卷入程度[7]。李微光等通过文献法和个别访谈,在确定了以工作本身、工作报酬、晋升、人际关系、领导行为、组织认同以及工作环境 7 个维度作为高校教师的工作满意度问卷的基本结构后,参考工作描述量表(JDI)、明尼苏达满意度量表(MSQ)等国内外已有的工作满意度问卷与量表,并针对高校教师的特点对问卷项目进行了修改设计[8]。

近年来,随着我国学者在教育领域的工作满意度研究的陆续增多,出现了一些研究者自编的问卷或量表。其中较有影响的包括陈云英、孙少邦编制的教师工作满意度量表。该量表把影响教师工作满意度的主要因素分为工作性质、工作环境条件、薪水、进修提升、人际关系、领导管理 5 个维度[9];冯伯麟的教师工作满意五

[1] 孙汉银,李虹,林崇德. 中学教师的工作满意度状况及其相关因素[J]. 心理与行为研究,2008,6(04):260 - 265.
[2] 罗杰,周瑗,陈维,潘运,赵守盈. 教师职业认同与情感承诺的关系:工作满意度的中介作用[J]. 心理发展与教育,2014,30(03):322 - 328.
[3] 徐志勇,赵志红. 北京市小学教师工作满意度实证研究[J]. 教师教育研究,2012,24(01):85 - 92.
[4] 张忠山. 上海市小学教师工作满意度研究[J]. 上海教育科研,2000(03):39 - 42.
[5] 朱继荣,杨继平. 小学教师工作满意度的调查研究[J]. 教育理论与实践,2004(02):63 - 64.
[6] 姜勇,钱琴珍,鄢超云. 教师工作满意度的影响因素结构模型研究[J]. 心理科学,2006(01):162 - 164.
[7] 王志红,蔡久志. 大学教师工作满意度的测量与评价[J]. 黑龙江高教研究,2005(02):77 - 79.
[8] 李微光,程素萍. 高校教师工作满意度调查问卷的编制与分析[J]. 中北大学学报(社会科学版),2007(01):87 - 89.
[9] 陈云英,孙绍邦. 教师工作满意度的测量研究[J]. 心理科学,1994(03):146 - 149,193.

因素量表则主要涵盖自我实现、工作强度、工资收入、领导关系和同事关系5个层面[①]。此外,袁凌、谢赤等在参考和借鉴已有研究成果的基础上,从工作性质、环境与条件、薪资待遇、进修提升、领导管理和人际关系6个维度自编了高校教师工作满意度调查问卷[②]。刘红梅等自编的中学教师工作满意度调查问卷,从自我实现、上级管理、收入状况、同事关系、工作环境5个方面对四川和重庆等地中学教师的满意度进行了测量[③]。贺雯采用自编涵盖学生素质、学校领导、自我实现、工资福利、同事关系、工作压力、工作条件和整体满意度8个维度的工作满意度量表对上海4所中学教师教学风格和工作满意度进行了调查研究[④]。唐芳贵、彭艳采用自编问卷,从自我实现、工资待遇、人际关系、工作性质和生活环境5个维度对湖南省高校教师职业倦怠与工作满意度、社会支持关系进行了研究分析[⑤]。王祖莉采用自编教师工作满意度调查表,从工作性质、报酬、人际关系、领导管理、总体评价5个方面,调查了山东省城镇、农村、城乡接合部三类初中学校教师的工作满意度[⑥]。胡咏梅通过前期访谈和参照国内学者已有研究成果,自编了主要涉及教师工作强度、自我实现、领导与管理、人际关系、工资收入、发展环境等方面内容的教师工作满意度量表,对北京7个区的初中教师工作满意度及其影响因素进行了实证研究[⑦]。倪晓红等自编了包括工作报酬、管理政策、发展环境及人际关系4个维度的教师工作满意度调查问卷,对南京5所高校360名教师的工作满意度现状进行了调查,并提出建议和对策[⑧]。冯虹等通过采用包括工作环境、报酬、人际关系、领导管理、进修和工作压力6个维度的自编"初中教师工作满意度调查问卷",开展了对天津市初中教师工作满意度的调查研究[⑨]。从国内研究者编制的调查问卷来看,对教师工作满意度的具体维度的划分由5个维度到7个维度,同时对各个维度问题的设计逐渐科学化。这充分表明,我国研究者对这一领域的研究不断深化。

① 冯伯麟. 教师工作满意及其影响因素的研究[J]. 教育研究,1996(02):42-49.
② 袁凌,谢赤,谢发胜. 高校教师工作满意度的调查与分析[J]. 湖南师范大学教育科学学报,2006(03):103-106.
③ 刘红梅,汤永隆,刘玲爽. 中学教师工作满意度及组织承诺与离职倾向的关系研究[J]. 西南农业大学学报(社会科学版),2010,8(01):265-267.
④ 贺雯. 中学教师教学风格和工作满意度的研究[J]. 心理科学,2007(03):596-599.
⑤ 唐芳贵,彭艳. 高校教师职业倦怠与工作满意度、社会支持关系[J]. 中国公共卫生,2008(08):930-932.
⑥ 王祖莉. 初中教师工作满意度的调查研究[J]. 当代教育科学,2003(11):37-39.
⑦ 胡咏梅. 中学教师工作满意度及其影响因素的实证研究[J]. 教育学报,2007(05):46-52.
⑧ 倪晓红,吴远,王玲. 高校教师工作满意度的现状及提高对策[J]. 中国高教研究,2008(12):46-47.
⑨ 冯虹,陈士俊,张杨. 初中教师工作满意度的调查研究[J]. 心理与行为研究,2010,8(02):141-145.

三、研究内容聚焦满意度现状、影响因素与结果效应

（一）整体工作满意度基本处于中等水平，不同工作构面满意度表现迥异

尽管我国学者基于不同的研究目的或立场,使用的量具(尤其是自编量表)具有很强的个性化,加之研究对象迥异,对于教师工作满意度的研究不管是在整体满意度,还是在具体构面满意度上,所得出的结论都具有很大的差异,可比性较差。但整体来看,自 20 世纪末陈卫旗的调查研究发现"广州市中学教师总体上对工作感到不满意",到李梓娜对广东佛山市中学教师工作满意度的调查发现,"中学教师的工作满意度为中等偏上水平"显示[1],20 年间我国教师工作满意度获得了明显的提升。通过梳理已有研究结果显示,从总体上来看,目前我国中小学教师和大学教师对工作总体上是满意的,工作满意度的水平处于中等程度[2],甚至部分省市中小学教师的工作满意度达到较高水平。如徐志勇、胡咏梅、王祖莉的研究发现,北京市和山东省中小学教师工作的满意度程度较高。但李维、许佳宾等对 9 省 20 县的 5 285 名义务教育教师的工作满意度进行实证分析后,发现我国义务教育阶段教师的整体工作满意度不高[3]。

构面满意理论显示,工作满意度不仅是整体满意程度的轮廓标示,重要的是,需要厘清人们对工作不同侧面或构面的满意程度,在解构工作满意度具体结构维度之后,才能有效提出提升个体工作满意度的精准策略和举措。因此,工作满意度的研究者必须首先明确满意度的基本构面,进而才能对工作满意度进行测量。然而,遗憾的现实是,我国学者从不同的角度出发,构建了构面不尽相同的工作满意度结构。以我国教师的工作满意度研究领域影响较大的学者为例,陈云英和孙绍邦将教师的工作满意度归为领导管理、人际关系、进修提升、薪水、物理条件、工作性质 6 个维度。冯伯麟[4]、王祖莉[5] 则分别提出了构面内容不同的教师工作满意度五维度理论,王志红、蔡久志提出了大学教师的工作满意度量表的六维度结构[6]。教师的工作满意度构面较多的当属陈卫旗提出的中学教师的工作满意度 10 维度

① 李梓娜. 中学教师成就动机与工作满意度的关系[J]. 中小学心理健康教育,2018(23)：10 - 13.
② 穆洪华,胡咏梅,刘红云. 中学教师工作满意度及其影响因素研究[J]. 教育学报,2016,12(2)：71 - 79.
③ 李维,许佳宾,丁学森. 义务教育教师工作满意度的实证研究[J]. 现代教育管理,2017(1)：79 - 84.
④ 冯伯麟. 教师工作满意度及其影响因素的研究[J]. 教育研究,1996(2)：42 - 49.
⑤ 王祖莉. 初中教师工作满意度的调查研究[J]. 当代教育科学,2003(11)：37 - 39.
⑥ 王志红,蔡久志. 大学教师工作满意度的测量与评价[J]. 黑龙江高教研究,2005(2)：77 - 79.

结构①,等等,不一而足。事实上,这些学者提出的不同工作满意度结构均直接体现在其调查问卷或量表中。

尽管不同学者的调查对象和调查设计不同,但通过梳理主要学者的研究结果显示,我国中小学教师的整体工作满意度呈日渐提高趋势的同时,几乎所有的调查都表明我国中小学教师对工作满意的维度主要集中在工作本身、人际关系、自我实现和社会认可等方面,而工作不满意的方面则主要集中在薪酬收入(包括福利待遇)、进修晋升、工作负荷和压力、领导管理、工作条件等多方面,其中对薪酬收入不满意似乎成为不同学者研究结论的共识。如陈云英、孙绍邦(1994)对北京、天津、大连及青岛四省市小学教师的调查结果表明,教师在工作性质、职业投入感及人际关系等方面的满意度较高,但在薪水、领导管理、进修提升等方面的满意度较低。这一结论与冯伯麟、张忠山、王祖莉、胡咏梅、闫志英②、李梓娜等的研究结果基本一致。

对高校教师不同工作构面的满意度调查显示,高校教师对工作本身、同事关系、领导与管理等方面比较满意,但对薪资待遇、晋升、学校政策等不太满意。如周丽超对天津市5所高校教师的工作满意度调查显示,高校教师对同事关系、工作本身、校长领导方式比较满意或基本满意,但对工作收入和晋升则不满意③。袁凌、谢赤对湖南高校的教师调查发现,高校教师在人际关系、领导与管理方面满意度较高,但在薪资待遇、进修提升和工作环境方面满意度较低。王志红、倪晓红④对高校教师工作满意度的调查得出类似的结论。综合来看,不管是中小学教师和高校教师对工作本身、同事人际关系都比较满意,但薪酬收入和晋升成为导致教师工作不满意的关键因素(见表2-4)。此外,与高校教师相比,中小学教师可能对工作压力、工作条件和领导管理更不满意。当然,这也可能是不同调查设计造成的偏差。

(二)工作满意度影响因素呈现多变性、复杂性乃至矛盾性

关于教师工作满意影响因素的探讨非常多,除了性别、年龄(教龄)、学历、职称、婚姻状态等人口统计学变量以外,还涉及组织氛围、领导行为风格、职业声望、工作压力、人格特质等环境及心理因素。由于研究对象的不同、调查量具的个性化,加之不同学者的聚焦点也存在着很大的差异,甚至即便关注的因素相同,但受

① 陈卫旗.中学教师工作满意感的结构及其与离职倾向、工作积极性的关系[J].心理发展与教育,1998(1):38-44.
② 闫志英,林玲明,张奇勇.中学教师工作满意度的调查研究[J].集美大学学报,2017,18(1):19-23.
③ 周丽超.高校教师工作满意度的研究[J].天津电大学报,2004,8(1):35-39.
④ 倪晓红,吴远,王玲.高校教师工作满意度的现状及提高对策[J].中国高教研究,2008(12):46-47.

表 2-4 我国教师不同工作构面满意度情况统计

作 者	年 份	调查对象	满 意 构 面	不 满 意 构 面
陈云英	1994 年	小学教师	工作性质、职业投入感、人际关系	薪水、领导管理、进修提升、物理条件等
冯伯麟	1996 年	中学教师	自我实现	工资收入、工作强度
张忠山	2000 年	小学教师	同事关系、校长领导、工作本身	薪酬收入、晋升认可
孙汉银	2008 年	中学教师	物理环境、舆论评价	薪酬
徐富明	2001 年	中小学教师	工作性质、同事关系	工资待遇、工作条件、领导管理和晋升机会
朱从书	2006 年	中小学教师		对工资、福利、晋升
李莉萍	2004 年	中小学教师	薪水、工作性质、人际关系	工作条件、进修晋升、领导管理等
李梓娜	2018 年	中学教师	同事关系、自我实现	收入
陈卫旗	1998 年	中学教师	同事间人际关系、成绩被社会认可	领导及管理、工作成就、工作条件、工资福利待遇、工作压力
李子彪	1986 年	中学教师		报酬福利待遇低、社会地位不高、工作条件差等
徐志勇	2012 年	小学教师	工作本身如发展机会、稳定性、成就感等	工作负荷、薪酬、福利待遇、办公条件
胡咏梅	2007 年	中学教师	人际关系、社会认可度、领导与管理	付出—回报失衡、自我实现、硬件设施、文化环境
王祖莉	2003 年	初中教师		报酬、领导与管理
闫志英	2017 年	中学教师	同事关系、自我实现	工作强度、工资收入
王志红	2005 年	高校教师	工作卷入程度、工作协作、组织文化、工作本身	工作回报、领导与管理
袁 凌	2006 年	高校教师	人际关系、领导与管理	薪资待遇、工作性质、进修提升、工作环境

（续表）

作　者	年　份	调查对象	满　意　构　面	不　满　意　构　面
周丽超	2004 年	高校教师	同事关系、工作本身、校长领导方式	工作收入和晋升
倪晓红	2008 年	高校教师	工作的性质、意义和挑战性	工作报酬、学校政策措施

资料来源：笔者依据已有研究整理。

抽样的地域性等限制，不同学者关于教师工作满意度影响因素的研究结论不尽相同。下文主要以共同关注的人口统计学变量对工作满意度影响的差异检验为例，来说明教师工作满意度影响因素的多变性、复杂性乃至悖论矛盾之处。总体来看，国内学者对教师工作满意度的实证研究大多聚焦于教师性别、年龄、教龄等个体层面背景因素或人口统计学变量，同时部分考察了教师工作压力、人际关系、学校领导方式等外部环境因素。鲜见在国际比较的视野中对我国中学教师工作满意度及其影响因素的深入剖析。

对于性别差异检验，研究结论很不一致。李梅对中小学新教师工作满意度的调查结果没有发现教师的工作满意度存在性别上的显著性差异[1]。张忠山的研究结果表明，在工作满意度的性别差异方面，除男教师的收入满意显著高于女教师外，性别与工作满意度的其他方面没有显著差异。这与冯伯麟的研究结论相似。此外，胡咏梅对北京市中学教师工作满意度的调查发现，男女教师在看待学校工作环境、人际关系以及师生关系、付出—回报合理性、工作成就等方面都呈现高度的一致，说明性别因素对工作满意度不存在显著性差异影响。这与孙汉银，李虹等、王祖莉[2]、朱从书等[3]的研究结果基本一致。刘红梅的研究也发现，性别、婚姻状况等人口统计学变量对中学教师工作满意度均没有显著影响[4]。周丽超[5]、王志红、蔡久志[6]、魏文选[7]对高校教师的工作满意度调查显示，男女教师的工作满意度在

① 李梅. 中小学新教师工作满意度影响因素的实证研究[J]. 教师教育研究，2013，25(5)：43 - 48.
② 王祖莉. 初中教师工作满意度的调查研究[J]. 当代教育科学，2003(11)：37 - 39.
③ 朱从书，李小光. 中小学教师工作满意度的调查研究[J]. 长江大学学报(社会科学版)，2005，28(6)：118 - 121.
④ 刘红梅，汤永隆，刘玲爽. 中学教师工作满意度及组织承诺与离职倾向的关系[J]. 西南农业大学学报(社会科学版)，2010，8(1)：265 - 267.
⑤ 周丽超. 高校教师工作满意度的研究[J]. 天津电大学报，2004，8(1)：35 - 39.
⑥ 王志红，蔡久志. 大学教师工作满意度的测量与评价[J]. 黑龙江高教研究，2005(2)：77 - 79.
⑦ 魏文选. 中国大学教师工作满意度的实证研究[J]. 高教探索，2007(3)：113 - 116.

性别方面并无显著差异。

另一些学者研究发现,教师工作满意度在性别上存在差异,但这种差异也不尽相同。陈云英、孙绍邦对小学教师工作满意度的性别差异性检验结果显示,除"工作性质"、"薪水"与"领导与管理"方面男女教师无显著差异外,在其他维度上均显示女教师工作满意度显著高于男教师。与陈云英等的研究结论相一致的是李维、许佳宾等实证分析发现:义务教育教师工作满意度在性别上存在显著差异。相比女性来说,男性教师的工作满意度较低[①]。徐志勇等的研究则指出男性教师工作满意度显著高于女性[②]。杨秀伟、李明斐等发现高校教师在工作满意度的领导管理、工作环境两个维度的差异性达到了显著性水平,并且男性比女性都显示了较高的满意度[③]。

对于年龄/教龄因素,同样存在着类似上述的矛盾状况。不过在已有研究中,年龄越大而工作满意程度越高的结论似乎多些。冯伯麟发现年龄、教龄与工作满意的关系除领导关系一项外,与其他各方面的满意都存在明显相关,年龄、教龄越高,其自我实现、工资收入、同事关系方面的满意度越高。张忠山的调查结果显示,教师工作满意度水平基本上是随着年龄的增长而提高。王祖莉也认为初中教师工作的满意程度与教师的年龄呈正相关。朱从书、李小光认为,中小学教师的工作满意度存在明显的年龄差异。随着年龄的增长,教师满意度呈上升趋势,中老年教师的满意度最高。朱继荣等的研究发现,太原市小学教师工作满意度与年龄、教龄存在显著差异。年龄与工作满意度呈现一种"U"形关系。孙汉银、李虹等对北京市中学教师的调查发现,年龄对工作满意的影响达到非常显著的水平,年龄与工作满意度的关系基本上呈现"J"形关系[④]。而李维、许佳宾等的研究发现,义务教育教师的工作满意度会随着任教时间呈现负向积累效应[⑤]。关于高校教师的工作满意度的年龄(教龄)差异检验方面,周丽超对天津市5所高校教师的工作满意度调查显示,教师的工作满意度水平随着年龄的增长而增长[⑥]。杨秀伟、李明斐等发现高校教师工作满意度在5个维度上都呈现了随着年龄的增长先降低后增高的"U"形总

① 李维,许佳宾,丁学森. 义务教育教师工作满意度的实证研究[J]. 现代教育管理,2017(1):79-84.
② 徐志勇,赵志红. 北京市小学教师工作满意度实证研究[J]. 教师教育研究,2012,24(01):85-92.
③ 杨秀伟,李明斐,张国梁. 高校教师工作满意度及其与离职倾向关系的实证研究[J]. 大连理工大学学报(社会科学版),2005,26(4):66-69.
④ 孙汉银,李虹,林崇德. 中学教师的工作满意度状况及其相关因素[J]. 心理与行为研究,2008,6(4):260-265.
⑤ 李维,许佳宾,丁学森. 义务教育教师工作满意度的实证研究[J]. 现代教育管理,2017(1):79-84.
⑥ 周丽超. 高校教师工作满意度的研究[J]. 天津电大学报,2004,8(1):35-39.

体变化趋势,但教龄在满意度5个维度上的差异性都没有达到显著性水平①。与此结论相悖的是,王志红、蔡久志及袁凌、谢赤对高校教师年龄与工作满意的关系分析结果并没有发现不同年龄段的教师总体工作满意有显著差异。

关于学历、职称等人口统计学变量对工作满意度影响的差异检验结果也并未取得一致性结论。对于中小学教师而言,存在学历越高而工作满意度越低的主流趋势。如冯伯麟、朱从书及李维、许佳宾等学者认为,教师工作满意度基本上呈现随学历的提高而下降的"学历效应";但随着职称的升高,工作满意度也随之提高②③④。而对于高校教师来说,似乎存在学历越高工作满意度也越高的倾向。如杨秀伟、李明斐等发现高校教师的工作满意度存在显著性的学历差异性。具体来讲,与其他学历层次相比,博士在各个维度上都显示了具有显著性的较高满意度⑤。

此外,有学者发现学校所在区域位置是影响教师工作满意度的重要变量之一。李维、许佳宾等发现义务教育阶段教师的工作满意度在东部与西部地区之间、城市与农村之间、初中与小学阶段之间存在显著差异。相比东部地区,西部地区的教师工作满意度较低,城市义务教育教师的工作满意度显著高于农村教师⑥。这一结论与李梅及穆洪华、胡咏梅等的观点基本一致。另外,由于与小学教师相比,初中教师在学生升学方面需要承受更大的压力,因此初中教师的工作满意度显著低于小学教师⑦。最后,需要特别指出的是,学校组织氛围、教师专业发展支持、校长教学领导力、教师在学校决策中的参与度等对教师工作的满意度的影响非常显著,且影响程度高于教师个体层面的影响因素⑧⑨。

（三）强调工作绩效导向,从组织承诺、职业倦怠等维度分析结果效应

科学研究不仅需要回答是什么、怎么样、为什么的问题,更重要的是,对可能引起的后果和造成的影响进行研判,进而明确应对策略。事实上,对可能造成的后果

① 杨秀伟,李明斐,张国梁. 高校教师工作满意度及其与离职倾向关系的实证研究[J]. 大连理工大学学报（社会科学版）,2005,26(4)：66-69.
② 李维,许佳宾,丁学森. 义务教育教师工作满意度的实证研究[J]. 现代教育管理,2017(1)：79-84.
③ 孙汉银,李虹,林崇德. 中学教师的工作满意度状况及其相关因素[J]. 心理与行为研究,2008,6(4)：260-265.
④ 王祖莉. 初中教师工作满意度的调查研究[J]. 当代教育科学,2003(11)：37-39.
⑤ 杨秀伟,李明斐,张国梁. 高校教师工作满意度及其与离职倾向关系的实证研究[J]. 大连理工大学学报（社会科学版）,2005,26(4)：66-69.
⑥ 李维,许佳宾,丁学森. 义务教育教师工作满意度的实证研究[J]. 现代教育管理,2017(1)：79-84.
⑦ 同上.
⑧ 潘孝富,秦启文. 中学组织氛围与教师工作满意度的相关分析[J]. 心理科学,2006,29(1)：185-188.
⑨ 穆洪华,胡咏梅,刘红云. 中学教师工作满意度及其影响因素研究[J]. 教育学报,2016,12(2)：71-79.

和产生的影响进行回答也是明晰研究意义的逻辑起点。目前,关于工作满意度的研究不仅仅局限于满意度结构维度及影响因素,而是逐步扩展至工作满意度与工作绩效、离职倾向、组织承诺等变量的关系研究。刘红梅、汤永隆等对四川和重庆中学教师工作满意度及组织承诺与离职倾向的关系研究发现,工作满意度与组织承诺的相关较高,工作满意度、组织承诺与离职倾向均呈负相关。影响中学教师离职倾向最重要的因素是情感承诺、收入状况满意度、工作环境满意度和上级管理满意度[①]。陈卫旗发现,中学教师的工作满意度与工作卷入程度、组织承诺都有密切的关联。教师工作满意度越高,教师对组织的认同和卷入也越强[②]。张建人、阳子光等的研究发现,中小学教师工作压力与工作满意度呈显著负相关,工作满意度对工作压力具有显著的负向预测作用;工作满意度与职业倦怠呈显著负相关,工作满意度对职业倦怠有显著的负向预测作用;工作压力除直接影响职业倦怠外,还通过工作满意度间接影响职业倦怠,工作满意度在工作压力与职业倦怠之间起部分中介作用[③]。宋爱红、蔡永红的研究结论认为,工作满意度和教师组织承诺呈显著正相关,组织支持通过影响工作满意度对组织承诺施加影响[④]。徐富明、朱从书对中小学教师的组织承诺及其与工作满意度的关系研究发现,中小学教师对其所从事职业的情感承诺和规范承诺越高,他们的工作满意度也越高,而且二者之间的相关程度很高[⑤]。李梓娜对广东省中学教师成就动机与工作满意度的关系研究发现,整体上成就动机与工作满意度呈明显的正相关,且追求成功的动机和避免失败的动机均与工作满意度的提升呈显著正相关[⑥]。

罗杰、周媛等对重庆和贵阳中学教师的调查研究发现,职业认同、工作满意度和情感承诺均呈显著正相关。中介效应分析结果显示,工作满意度在教师职业认同与情感承诺之间的中介效应显著。这说明教师职业认同不仅直接影响情感承诺,而且部分地通过工作满意度影响情感承诺,即职业认同感强的教师,对自己工作是满意的,相应地对组织或单位的情感也越好。通过提高教师工作满意度可以

---

① 刘红梅,汤永隆,刘玲爽. 中学教师工作满意度及组织承诺与离职倾向的关系[J]. 西南农业大学学报(社会科学版),2010,8(1):265-267.
② 陈卫旗. 中学教师工作满意感的结构及其与离职倾向、工作积极性的关系[J]. 心理发展与教育,1998(1):38-44.
③ 张建人,阳子光,凌辉. 中小学教师工作压力、工作满意度与职业倦怠的关系[J]. 中国临床心理学杂志,2014,22(5):920-922.
④ 宋爱红,蔡永红. 教师组织承诺影响因素的研究[J]. 统计研究,2005(5):40-44.
⑤ 徐富明,朱从书. 中小学教师的职业承诺及其与工作满意度的关系[J]. 教学与管理,2005(7):18-20.
⑥ 李梓娜. 中学教师成就动机与工作满意度的关系[J]. 中小学心理健康教育,2018(23):10-13.

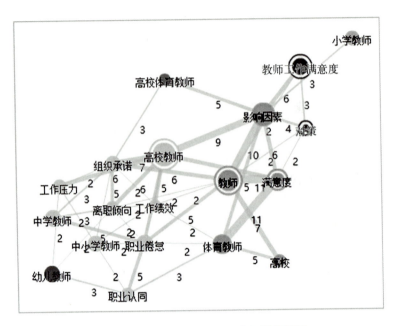

图 2-4　教师工作满意度研究聚类分析图

间接地提升其情感承诺水平[①]。唐芳贵、彭艳对湖南高校教师的工作满意度、社会支持与职业倦怠的研究发现,高校教师职业倦怠与工作满意度、社会支持呈显著负相关,即随着教师工作满意度和社会支持水平的提高,教师职业倦怠呈下降趋势。因此,关心高校教师的工作满意度,注重教师的激励需求和发展要求,有助于高校教师克服职业倦怠,保持高校教师队伍持续健康发展[②]。杨秀伟、李明斐等对高校教师工作满意度与离职倾向关系的检验结果显示,工作满意度中的工作本身、领导管理和人际关系三个维度对高校教师离职倾向有显著的负向影响。其中,工作本身满意度的解释率最高,随后依次为领导管理和人际关系[③]。

　　由上文分析可以发现,目前,国内学者对教师工作满意度议题的研究主要存在以下局限:一是理论局限,目前来看,我国学者关于教师工作的满意度研究缺乏本土关照的理论构建和解释模型开发。二是量具局限,我国学者关于教师的工作满

①　罗杰,周媛,陈维等.教师职业认同与情感承诺的关系:工作满意度的中介作用[J].心理发展与教育,2014(3):322-328.
②　唐芳贵,彭艳.高校教师职业倦怠与工作满意度、社会支持关系[J].中国公共卫生,2008,24(8):930-932.
③　杨秀伟,李明斐,张国梁.高校教师工作满意度及其与离职倾向关系的实证研究[J].大连理工大学学报(社会科学版),2005,26(4):66-69.

意度的研究主要是将国外调查工具和量表直接进行转译和应用,导致适合我国教师工作满意度的"本土化量具"和"本土意义的深度文化诠释"的双重缺失。另外,自编问卷个性化特征明显,使已获得可验证性的结果和发现普遍规律为志趣的实证研究变得情境化和"定性化"。三是抽样方法局限,大多数已有研究在样本抽样时,忽略了抽样的结构性和科学性问题,更多的是从方便抽样的角度入手。四是分析框架局限,国内学者关于教师工作满意度的具体维度所涵盖的考察要素存在太多个性化和情景化特征,并未构建具有指导性的标准化工作满意度的结构框架。最后需要提及的是,国内学者关于提高教师工作满意度的对策建议多是强调薪酬收入、福利待遇,以及晋升机会等,将经济收入偏低视为制约教师的工作满意度的关键因素,乃至唯一因素。于是给人造成一种似乎只要提高教师薪资待遇,教师的工作满意度也会随之提升的印象。然而,国外研究普遍认为,薪酬是影响工作满意度的主要因素之一,薪酬对提升工作满意度的贡献具有"天花板效应"或边际递减效应,薪资收入并不是持续提高教师工作满意度的"灵丹妙药"。

(四) 国际比较视角下教师工作满意度研究的新趋势

趋势即所指研究前沿,按照文献计量学者普赖斯(Derek S. Price)的界定,前沿趋势是指在特定领域内,科学家积极引用文章的主要部分,并在某一时间段,以突显文献为基础的一组文献所探究的科学专题[1]。目前来看,我国学者关于教师工作满意度的研究呈现出在国际视角下比较教师工作满意度的新趋势。王雪涵等基于北京、上海、江苏、广东四省(市)(以下简称中国四省市),以及 OECD 部分成员国在 PISA 2015 中教师调查数据,对中国四省市教师的工作满意度进行了现状分析和国际比较。结果发现,中国四省市中学教师的整体工作满意度、职业满意度、供职学校满意度,以及对工作本身的满意度均显著低于部分 OECD 国家,甚至部分指标低于 OECD 平均值[2]。同样是基于 PISA 2015 年教师问卷调查数据,陈纯槿对北京、上海、广东和江苏四省(市)中学教师对教学职业与工作环境的满意度及其影响因素的实证研究发现,中国四省市中学教师工作满意度总体上低于国际平均水平,而且教师对教学职业满意度低于对工作环境的满意度。此外,教师工作满意度有明显的城乡差异和校际差异。从学校地理位置看,乡村教师对工作环境的满意度明显低于城市教师,但乡村教师对教学职业满意度与城市教师没有显著

① 　Price D. Networks of Scientific Papers[J]. Science, 1965, 149(3): 510 - 515.
② 　王雪涵,李睿淼,宋洪鹏. 教师工作满意度有多高? ——基于 PISA 2015 中国四省(市)教师问卷的数据分析[J]. 中小学管理,2017(10): 13 - 15.

差异。从学校性质看,公办学校教师对教学职业的满意度低于民办学校教师,而且两者的差异显著;与此相反的是,公办学校教师对工作环境满意度明显要高于民办学校教师。夏普里值分解结果表明,学校物质资源短缺是影响中学教师工作满意度最主要的因素,教师专业协作对教师工作满意度有极其显著的正向影响[①]。

除了采用 PISA 测试中的教师调查数据在国际视野中审视我国教师工作满意度状态及影响因素,张民选等学者以更为直接的 TALIS 2013 的数据为依据,对上海中学教师工作满意度的国际比较分析发现,上海教师对职业的满意度、对当前工作环境的满意度以及总体工作满意度均较低[②]。张红等则利用 TALIS 2013 的数据对上海中学教师工作满意度的影响因素进行了实证分析。结果发现,不同学校之间教师工作满意度的差异较大,约占总差异的 11.7%。在校际差异中,学校类型对教师工作满意度的影响显著,其中私立学校教师的工作满意度显著高于公立学校;在教师层面,教龄越长教师工作满意度越低。教师层面的其他变量如教师教学效能感、有效的专业发展、师生关系等变量均与教师的工作满意度呈正相关关系;在学校层面,学校类型与相互尊重的校园氛围对教师的工作满意度具有显著的预测作用。其中,相互尊重氛围越浓,教师的工作满意度越高。师生比变量、教师与教育行政管理人员比变量均与教师工作满意度之间存在负相关[③]。

① 陈纯槿. 中学教师工作满意度影响因素的实证研究——基于 PISA 2015 教师调查数据的分析[J]. 教师教育研究,2017,29(2):84-91.
② 张民选,等. 专业与卓越——2015 年上海教师教学国际调查结果概要[M]. 上海:上海教育出版社,2017.
③ 张红,李华. 上海地区中学教师工作满意度影响因素的实证研究——基于 TALIS 数据库的分析[J]. 上海教育科研,2018(11):36-41.

第三章 理论基础与分析框架

第一节 理论基础

英国布里斯托尔大学理论物理学教授约翰·齐曼(John Ziman)在其关于科学理论的社会性阐释经典著作《真科学：它是什么，它指什么》(*Real Science——what it is，and what it means*)中用"地图之喻"把种种理论比作一张张地图。在齐曼看来，同样作为社会建构的产物，科学理论如同地图一样，二者通过简洁的数据编码将大量的"事实"加以抽象、分类与简化，从而实现各种"实在"的形式化、符号化甚至公式化。同时，作为具备功用性的人工作品，每种科学理论都服务于特定的目的和范围，具有不可回避的"理论负载"。此外，犹如地图一样，如果科学理论误导了人类实践，则会得到修正完善，甚或摒弃[1]。持有类似观点的美国学者伊安·巴伯(Ian G. Barbour)表述得更直接，"一种理论就像一张地图，它对于特定的目的是有价值的，但绝不是完全的和彻底的"[2]。

一、赫兹伯格"激励—保健理论"

根据弗雷德里克·赫茨伯格的"激励—保健理论"，工作满意度的对立面不是"'不'满意"，而是"'没有'满意"；与此相对应的是，工作不满意的反面不是"满意"，而是"'没有'不满意"(Herzberg，1959)[3]（见图3-1）。这种双重的连续体意味着一个人可以同时感到满意和不满意，还暗示着工作条件等保健因素并不能影响人们对工作的满意程度，而只能影响对工作的不满意程度。

在工作场所中，"激励因素"是指那些让个体想要表现并提升其满意度的工作

---

① 李义天. 地图之喻与科学之真——析约翰·齐曼的科学社会性思想[J]. 自然辩证法通讯，2004(06)：43-47.
② 转引自梁燕玲. 论比较教育实证分析研究范式[J]. 比较教育研究，2006(06)：10-13.
③ [美]弗雷德里克·赫茨伯格. 赫茨伯格的双因素理论(修订版)[M]. 张湛，译. 北京：中国人民大学出版社，2016：117-123.

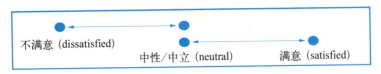

图 3-1　赫茨伯格关于满意和不满情绪描述的图示

方面(即与工作本身相关),主要包括工作成就感、认可与赏识、工作本身的挑战性、担负重要责任、晋升机会等。这些激励因素被认为是工作所固有的,或者是与工作密切相关的。激励因素缺失时,会导致员工不能获得满意的工作情感体验(即"没有'满意'"),但并不会造成员工的不满意。另一方面,"保健因素"与工作不满意相关,主要包括薪酬、工作条件、人际关系、政策与管理制度、对员工的监督、工作地位,以及工作的稳定与保障等。这些保健因素的功能和作用方式与卫生保健的基本原则相似,不在治疗而在预防。同样,工作环境中的有害因素也会对工作态度造成负面影响,而改善保健因素是为了消除危害良好工作态度的隐患。当这些因素恶化到员工不能接受的程度,那么随之而来的就是对工作的不满意。然而,即使这些因素都处于最佳状态,也仅仅只能预防工作不满情绪的出现("没有'不满意'"),并不一定能够促使正面情绪的产生[①]。因为保健和激励因素被视为是独立的,因此,员工可能同时感到满意和不满意。这一理论假设,当保健因素低时会使员工不满意;但当保健因素高时,意味着员工"'没有'不满意"(或中立),但并不一定"满意"。故此,员工是否满意取决于激励因素(见图 3-2)。当激励因素达到员工的期望时,则被认为是满意的。这种分离可有助于解释员工感受的复杂性,因为他们可能同时对工作感到满意和不满意,或者既"没有"满意也"没有"不满意(如中立)。

二、教师工作满意度"三域模型"

赫兹伯格的"双因素理论"在教师满意度研究领域得到成功的迁移和应用。遵循赫兹伯格"双因素理论"的解释框架,Dinham 和 Scott 的一项教师工作满意度国际比较研究发现,教师工作满意度与教学工作固有的特性密切相关。教师的工作不满意因素主要来自教学工作非固有的外在因素,这些外在因素大多属于教师和学校所控制范围之外的社会、政府等社会系统层面的大环境因素。在此两个层面

---

① ［美］弗雷德里克·赫茨伯格. 赫茨伯格的双因素理论(修订版)[M]. 张湛,译. 北京:中国人民大学出版社,2016:117-123.

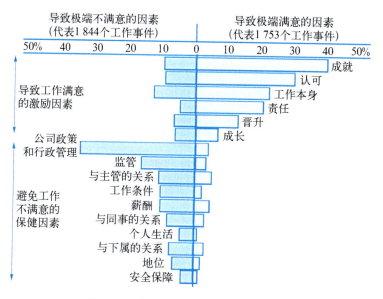

图 3-2　满意因素和不满意因素的比较

说明：根据赫茨伯格的研究发现，总体而言，激励因素能够解释导致工作满意的81%
之因素，并能够解释导致工作不满意的31%之因素。与此同时，保健因素可以
解释导致工作满意的19%之因素，并能解释导致工作不满意的69%之因素。

资料来源：［美］弗雷德里克·赫茨伯格. 赫茨伯格的双因素理论（修订版）［M］. 张
湛，译. 北京：中国人民大学出版社，2016：117-123.

之间是来自学校的因素，如学校领导及决策、学校氛围、资源和学校所在社区的声
誉等。基于以上发现，Dinham 和 Scott 提出在内在激励因素和外在保健因素之间
实际上存在着中立区域，并由此对赫兹伯格的理论框架进行了扩充。与赫茨伯格
一致的是，Dinham 和 Scott 也明确了两组明显不同的因素：① 内在激励因素。该
类因素与教学工作的核心任务相关，如学生学业成就、抱负、行为和态度，以及教师
的自我成长，对专业技能的掌握和学校归属感。② 外在不满因素。这类因素包括
教师社会地位的下降、对教师解决社会问题的更高期望、改变教师无法控制的教育
政策、增加行政工作量等。在此基础上，两位学者提出了主要与学校相关的"中立
领域"因素，如学校领导力、氛围、决策程序和学校声誉。这类因素被发现落在内在
满意因素和外在不满因素之间的领域[①]。由此，Dinham 和 Scott 提出了涵盖三组
因素的工作满意度理论模型——"三域模型"（见图 3-3）。由此，借鉴"三域模型"

[①]　Dinham, S., and Scott, C. (1998). A three domain model of teacher and school executive career satisfaction. Journal of Educational Administration, 36(4): 362-378.

中的"域",笔者提出了适当修正后的层类交错中的"层"。

三、文化维度理论

荷兰心理学家霍夫斯泰德于1980年代提出的文化维度理论被认为是跨文化研究中阐释不同国家(地区)文化差异的最有影响力和最具权威性的理论框架。霍夫斯泰德的文化维度理论被认为开创了跨文化研究的全新范式。此后,诸多学者在这一范式下提出的国家文化差异解释

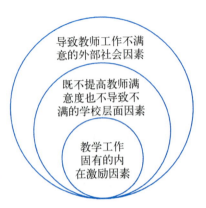

图3-3　Dinham 和 Scott 关于教师工作满意度"三域模型"

框架,在很大程度上可以说只是"以一种不同的方法来切同一块蛋糕"[1]。文化维度理论起初从4个维度对不同国家(地区)的文化进行量化解构,后来经过吸收香港中文大学的加拿大裔学者彭麦克(Michael Harris Bond)于1987年通过对亚太地区学生价值观的比较研究而提出的"儒家工作动力"概念,以及保加利亚学者米切尔·明科夫(Michael Minkov)于2007年发表的关于世界价值观调查的发现,同时也是为了避免研究中的文化偏见,实现"去中心化"的目的,目前该理论已经从6个维度对不同国家(地区)的文化进行量化解构,具体包括权力距离、不确定性规避、个体主义—集体主义、阳刚气质—阴柔气质、长期导向—短期导向、放纵—克制[2]。同时,为了比较直观的量化反映不同国家(地区)的跨文化差异,霍夫斯泰德分别对以上6个文化维度拟合了对应的指数:权力距离指数(PDI)、个体主义指数(IDV)、阳刚气质指数(MAS)、不确定性规避指数(UAI)、长期导向指数(LTO)、放纵指数(IND)。每个文化维度的指数取值范围为0—100(较后纳入分析的国家个别文化维度取值超过100)。借助霍夫斯泰德对不同国家(地区)文化的六维度量化指数,结合不同国家(地区)教师工作满意度表现,尝试从国别(地区)跨文化的角度探索教师工作满意度的结构化归因,或许能够解释上文提及的不同国家(地区)教师工作满意度令人疑惑之表现。

---

① [荷] 霍夫斯泰德. 文化与组织:心理软件的力量(第二版)[M]. 李原, 孙健敏, 译. 北京: 中国人民大学出版社, 2010: 33.

② Hofstede, G. (2011). Dimensionalizing Cultures: The Hofstede Model in Context. Online Readings in Psychology and Culture, 2 (1). https://doi.org/10.9707/2307-0919.1014.

第二节　分析框架的提出

一、层类交错的视角

在本研究中,根据"三域模型"和"双因素理论"确定层类交错的研究视角。所谓"层"也即是从教学工作本身、学校内部组织环境、社会宏观背景(如教师职业声望、教师与教育政策等)3 个层面界定教师工作满意度的结构及影响因素;"类"则是借鉴双因素理论从"激励"和"保健"两个类别厘清影响教师工作满意度的两类因素。选择"层类交错"视角是因为,目前国内外已有关于教师工作满意度的研究或仅回答了影响教师工作满意度因素的类别,或仅分析了教师工作满意度的不同层面和领域,鲜见将二者结合起来进行的研究。从"层类交错"的视角考察教师工作满意度,可以多维、立体地透视教师工作满意度的结构及不同类别的影响因素,进而具有针对性地明确在不同层面应采取的或是增强"激励",或是完善"保健"等举措来提高教师工作满意度。这也是本研究的主要创新和价值之一。

"双因素理论"开创性地指出了提高员工的工作情感体验与辩证性认知的同时,从改善工作满意度和降低工作不满意的角度进行因素类别的甄别和施行有针对性的举措,但该理论并没有从科层制组织分工和明确职责所属的角度,对改善个体工作情感体验提出可行性的路径;而"三域模型"虽然从教学工作本身、校内组织氛围(包括工作条件),以及校外宏观的社会舆论氛围与政策环境 3 个领域对影响教师工作满意度的因素进行了圈层划分,但没有充分明确每个层面所涉及的影响教师工作满意度因素之类别,况且"三域模型"对这些影响因素的类别划分和效用判断本身就存在值得商榷之处。故此,在批判借鉴"激励—保健理论"和"三域模型"逻辑思路的基础上,笔者提出综合二者之优势,同时规避两者之弊端的教师工作满意度影响因素层类交错的分析框架,以期在考虑教师工作满意影响因素的"激励"或"保健"类别之同时,遵循马克斯·韦伯"人类生活在自己编织的意义之网中"的视角[①],从工作本身、校内组织和校外社会环境提出分析影响教师工作满意度因素的框架,并以此再归纳并明确教师工作的满意度影响因素在不同类别和不同圈层的所属,进而为后续提高教师工作满意度或降低教师工作的不满意程度做好基础铺垫(见表 3-1)。

---

① ［美］克利福德·格尔茨. 文化的解释[M]. 韩莉,译. 南京:译林出版社,2014:6.

表 3－1　教师工作的满意度及影响因素解释模型

		教师工作满意度影响因素类别					
		激 励 因 素			保 健 因 素		
		客观指标	感知指标	情感指标	客观指标	感知指标	情感指标
教师工作满意度的层面	教学工作本身： ① 成就与认可； ② 压力与职业； ③ 专业能力表现	……	……	……	……	……	……
	学校组织环境： ① 学校氛围； ② 学校政策与管理； ③ 办公条件与环境	……	……	……	……	……	……
	社会尊师重教： ① 政府重师度； ② 社会尊师度； ③ 自我职业接纳度	……	……	……	……	……	……

基本公共服务是由政府提供的,是旨在保障全体公民生存与发展基本需求的公共服务[①]。它在政府的四大基本职能(公共服务、社会管理、经济调控和市场监管)中位列首位。在我国国家基本公共服务体系中,教育是政府基本公共服务的首要组成部分,同时也是诸多民生事务之首。作为教育体系基础的义务教育属于我国各级政府基本公共服务的首要事项,实现优质均衡发展的义务教育公共服务有效供给是政府在基本公共服务领域的重要职责[②]。我国义务教育实施以政府为责任主体的供给方式和管理体制,作为重大政治任务和根本性民生工程的师资队伍建设是各级政府的重要工作,政府也是义务教育教师队伍公共服务主要供给者[③]。各级政府部门通过制定和实施关于教师培养培训、地位待遇、权益保障、职称管理和荣誉奖励等政策,在推进高素质专业化的义务教育阶段教师队伍建设的同时,势必对义务教育阶段教师工作满意度产生重要影响。因此,若要实现对初中教师工作的满意度现状、结构和影响因素的多维立体审视,就很有必要加强对反映政府部

① 国家基本公共服务体系"十二五"规划[EB/OL]. http://www.gov.cn/zwgk/2012-07/20/content_2187242.htm.
② 褚宏启,褚昭伟. 我国县域义务教育公共服务的拥挤效应与有效供给[J]. 教育发展研究,2018(10).
③ 武向荣. 义务教育教师工作满意度影响因素的实证研究[J]. 教育研究,2019(01)：66－75.

门尊师重教情况和社会尊师重教氛围(诸如教师职业声望、教师社会地位等)等社会宏观背景因素对教师工作的满意度结构效应的考察。事实上,已有研究也发现,义务教育阶段的教师非常重视政府提供的政策保障和支持条件(如收入待遇、职称评审制度等),对政府的政策保障和支持感知是决定义务教育阶段教师工作的满意度的关键维度因素之一①。

二、文化解释的维度

不同国家(地区)的文化与教师工作的满意度会否有潜在联系? 能否从文化差异的角度对不同国家(地区)的教师工作的满意度进行结构化归因,或是模式化概括和类型划分? 因为有关研究发现,与东方国家(地区)的员工倾向于报告消极的工作情感体验相比,西方国家(地区)的员工则通常具有更高的工作满意度②③。借助霍夫斯泰德对不同国家(地区)文化的六维度量化指数表现,并结合不同国家(地区)教师工作满意度的数据呈现,尝试从国别(地区)跨文化的角度探索教师的工作满意度的结构化归因或类型划分,或许能够为解释上文提及的不同国家(地区)的教师工作满意度令人疑惑的表现的新思路。

由于文化维度指数、教师工作满意度的量化单位不同,不同数量单位的指标不能够直接进行运算分析。因此必须首先要对指标数值进行无量纲化,也即是标准化处理,使其成为能够统一运算和比较分析的数据。为了更直观地显示不同国家(地区)的权力距离与教师工作的满意度之间的潜在对应或相关关系,本研究采用标准化处理方法(Z 分数法)作为以上指数无量纲化的处理方法。笔者首先分别对不同国家(地区)的六维度文化指数和教师工作的满意度得分进行了标准化处理,然后以标准化处理后的 Z 分数为数据源,绘制出不同国家(地区)的权力指数与教师工作的满意度之间的散点图,从而研判不同国家或地区在不同文化维度上与教师工作的满意度是否存在着潜在的相关关系。

三、本研究的分析框架

本研究的总体目标是在国际比较和本土关照的双重视域下,厘清不同国家和

① 武向荣. 义务教育教师工作满意度影响因素的实证研究[J]. 教育研究,2019(01):66-75.
② Ng T W, Sorensen K L, Yim F H. Does the Job Satisfaction—Job Performance Relationship Vary Across Cultures? [J]. Journal of Cross-Cultural Psychology, 2009, 40(5):761-796.
③ Tsui A S, Nifadkar S S, Yi A. Cross-National, Cross-Cultural Organizational Behavior Research: Advances, Gaps, and Recommendations[J]. Journal of Management, 2007, 33 (3):426-478.

地区的教师工作满意度异同特征表现的基础上,分析不同国家或地区的教师对工作满意度的主要影响因素,对影响教师工作满意度的逻辑机理和实现路径进行阐释;在参考借鉴国际经验的同时,针对上海教师的工作满意度主要影响因素和作用机制,尝试提出提升上海教师工作满意度的对策建议或应避免的误区。遵循以上研究目标,构建如下分析框架:

一是在 TALIS 框架下,以 TALIS 调查数据结果为主,兼顾 PISA 2015 测试结果数据(尤其是关于对教师的调查问卷数据),在国际比较视域下审视不同的国家与地区教师的工作满意度表现特点,以及不同国家和地区的教师工作满意度的主要影响因素,以期发现不同国家或地区的教师的工作满意度影响因素异同之处。

二是在完成以上分析结果的基础上,结合本土问卷调查发现,遵循"人—环境适应"的解释范式,从组织(包括与教学工作和性质直接相关的学校因素、社会舆论环境和政府等与教育改革等相关的背景因素)、教师个体(人口学统计变量,如性别、年龄、教龄、学历等)等主要方面,并借鉴"双因素理论"和"三域模型",按照有助于提升教师的工作满意度的"激励因素",以及导致教师产生工作不满情绪的"保健因素"等维度,规整以上两类因素对上海教师的工作满意度的影响表现,并尝试阐释不同因素对教师的工作满意度影响的逻辑机理和实现路径,进而提出上海教师的工作满意度的主要"激励因素",以及改善导致上海教师的工作满意度较低的"保健因素"等建议。

三是遵循文化解释维度的视角,探索不同国家或地区的文化维度指数与教师工作满意度之间的相关关系。根据二者所呈现的相关关系,从文化的角度对不同国家或地区的教师工作满意表现特征进行类型划分和结构化归因。以期能够对部分国家或地区的教师工作满意度与对应的学生学业表现之悖论情境做出适切的解释。

最后,借鉴 TALIS 调查,以及 PISA 2015 关于教师的工作满意度表现较好的国家或地区的经验,并结合本土调查发现的问题,针对影响上海教师的工作满意度的关键影响因素,为提高上海教师的工作满意度或降低教师的工作不满意程度提供具有国际视野和本土关照的对策建议,以期为教育行政部门制定相关政策提供决策参考。

第四章　国际比较的实证调查与发现

第一节　TALIS 调查框架设计

一、TALIS 项目设立的背景

OECD 一直致力于创建一套连贯的"教育指标体系"(Indicators of Education Systems, INES)，为 OECD 和伙伴国家(地区)教育系统的运行和绩效表现进行定量比较提供了可靠的基本依据。"教育指标体系"项目的主要成果就是提供了大量的教育国际比较数据和出版了成功的实践案例出版物《教育概览》(*Education at a Glance*)。虽然经过多年的努力，"教育指标体系"在关于学习环境、学校组织以及学生学习成果方面的指标设计和数据积累方面取得了相当大的进展，但关于教师和教学知识的数据库仍存在明显不足[①]。此外，"教育指标体系"的数据来源主要为各国(地区)政府上报，而非实际调查，存在准确性欠佳等弊端。为解决这些不足，OECD 决定研发和实施旨在真实反映各国教育实际状况的大型国际测试和调查项目。在此背景下，"国际学生评估项目"(PISA)首先应运而生。然而，仅凭了解 15 岁学生的学习成就还不足以支撑 OECD 成员国推进整体性教育改革和相关政策调整。2000 年，OECD 在东京举行的"教育指标体系"大会上提出，学生的学业和发展在很大程度上受教师的教学质量影响，因此呼吁在未来的工作中需要更多地关注教师和教学[②]。2003 年柏林教育部长会议，进一步肯定了对更好地了解学生学习质量和教学如何影响学习的现实需求。随后，OECD 启动了一项以改进教师、教学和学习指标的战略：一方面是对教师的教学开展国际调查；另一方面则是对各国教师政策进行检视，其结论形成了专题性的报告——《教师问题：吸引、培养和留住有效的教师》(*Teachers Matter: Attracting, Developing and Retaining*

---

① OECD. (2009), Creating Effective Teaching and Learning Environments: First Results from TALIS, TALIS, OECD Publishing, Paris, https://doi.org/10.1787/9789264068780-en.

② 高光,张民选.经济合作与发展组织的三大国际教育测试研究[J].比较教育研究,2011(10)：28 - 33.

Effective Teachers),强调需要全面的国家和国际性的教师信息①。根据对教师政策国际审视专题报告中使用的框架及其强调的数据和优先事项,2006 年 OECD 正式启动了"教师教学国际调查"项目(Teaching and Learning International Survey, TALIS),并于 2008 年开始组织实施第一轮研究各国教师的教师教学国际调查项目(TALIS)。由此,在一定程度上可以说,TALIS 是 OECD 教育系统指标项目(INES)的一部分。

该国际调查项目是迄今为止,参与国家(地区)最多、规模最大的国际性教师调查项目,主要调查对象为初中阶段(level 2 of ISCED 97)的教师和校长②。根据教师专业活动的 3 块领域——专业知识基础、专业自治和同行网络,参照教师在课堂和学校两个层面上的专业行为表现,同时考虑到校长领导力在创建有效学校方面所发挥的重要作用,TALIS 研发了分别针对初中教师和校长的调研框架和问卷,为二者提供了进入关键政策领域的教育分析和政策研发的机会,但这些关键领域在教师、教学和教师对学生学习影响方面存在着国际和国家性的数据证据鸿沟。基于此,TALIS 调查的总体目标是及时和兼具成本效益,积累强有力的关于教师和教学的国际指标数据及相关政策分析,通过国际比较为 OECD 成员国、伙伴国(地区)的教育政策制定者提供调查结果、信息资料和最佳实践经验,帮助各国(地区)检视或完善教师和教育政策,促进构建一支高质量的教师专业队伍,进而为有效的学校教育创设条件③。

项目设立之初,TALIS 提出了六项原则:一是与政策相关,直接针对政策的关键问题,以及项目参与国家(地区)都关心的问题;二是增值积累,通过周期性的调研积累国际比较研究数据;三是指标导向,通过项目调研开发监控教育系统的指标体系;四是数据的有效性、可靠性、可比性和严谨性,通过严谨的数据采集技术,调查应该在参与国家之间产生有效、可靠和可对比的信息;五是可解释性,项目参与国能够通过对数据的开发,以有意义的方式对结果进行解释;六是具有效率和成本效益,项目应以及时和具有成本效益的方式进行④。

---

① OECD. Teachers Matter: Attracting, Developing and Retaining Effective Teachers[M]. Education and Training Policy, Paris: OECD Publishing, 2005, https://doi.org/10.1787/9789264018044-en.
② 朱小虎,张民选. 教师专业发展的可能路径——基于 TALIS 2013 上海和芬兰的比较分析[J]. 中国教育学刊,2017(9):1-8.
③ OECD. Teaching and Learning International Survey TALIS 2013 Conceptual Framework [EB/OL]. (2013). http://www.oecd.org/education/school/TALIS%20Conceptual%20Framework_FINAL.pdf.
④ OECD. TALIS 2013 Results: An International Perspective on Teaching and Learning, TALIS, Paris: OECD Publishing[EB/OL]. 2014. https://doi.org/10.1787/9789264196261-en.

二、TALIS 调查目标与内容

(一)调查目标设计

TALIS 项目始于 2008 年,每五年开展一次,这是一项关于教师教学、专业发展、工作条件和学习环境的迄今规模最大的国际调查,同时也是 OECD 对全球范围内不同国家和地区的教育政策、实践和结果进行评估和监测的重要子项目之一。TALIS 通过对初中教师和校长进行问卷调查,提供项目参与国家和地区的初中阶段的教师(包括校长)关于教学和学习环境的观点,以及相关背景信息,并实现数据的收集。TALIS 调查的主要目标是产生与"以教师和教学为重点,并强调影响学生学习成就的教育政策制定和实施"相关的国际可比较的信息,以及强有力的国际指标和政策相关分析,为不同国家或地区提供可用于指导自身教育政策改革的可借鉴的国际经验,进而帮助各个国家和地区审视和完善促进有效教学和学习的政策设计。

围绕以上主要目标,TALIS 主要关注的是在学校和教师层面上较易改变和可完善的教学与学习环境要素,其具体调查目标主要包括以下方面:一是 TALIS 作为教育监测框架,为参与该调查项目的国家和地区提供了关于教师和学校层面的可靠且可进行国际比较的教育信息。由此,TALIS 可以被视为是一种描述教学和学习条件,以及教育系统运行的手段,从而提供一种比较教学方法和学校领导风格的途径。二是 TALIS 作为一项国际调查,有助于从国际比较的视角增加我们关于教学和学习条件方面的认知。因此,它有助于从多维度审视不同国家或地区的教育结果产生的背景信息和途径方式,并提供了一种有效的工具来跨文化地比较这些背景信息。通过 TALIS 调查,使得不同国家或地区使用相同的数据收集工具,从而有效地记录了各个国家或地区之间和国家或地区内部关于教师教学实践和发展的异同。同时,大量具有代表性的调查样本和与时俱进的数据收集和定量分析方法,使得对调查结果进行广泛推断成为可能,从而得出关于国家或地区内部和国家或地区之间的教与学等重要关系的结论。三是作为一种具有时间跨度的数据收集方法(时间序列数据),TALIS 为研究国际不同教育系统的教与学环境信息提供了可靠的数据资源,如学校领导力与教师教学方法,以及教师对待教与学的态度等之间的关系。同时,TALIS 还提供了教育系统与社会其他子系统之间的数据信息,如教育政策与经济发展、教师队伍结构之间的关系等。TALIS 数据库为对教师教学和学生学习进行跨文化的深入比较研究提供了丰富的量化资源支撑和实证分析路径保障。基于以上多维价值导向和目的诉求，TALIS 调查将产生三类与政策相关且具有理论基础的成果：一是以教师和校长为核心关注群体的教育监测指标体系；二是呈现不同国家和地区之间国际化的，或者国家和地区内部的教学和学习环境的特征信息；三是为全世界的开放提供一个能够在国家或国际层面研究各种基本的且具有政策相关性的可靠的国际比较数据库。

（二）主要调查内容

TALIS 根据教师在课堂和学校的专业行为表现，构建了涵盖学校组织和教师两个层面的调查主题和内容设计，以问卷调查的形式收集和积累 OECD 成员国、伙伴国/地区关于教师教学与学生学习等方面的数据信息。在教师层面，这些主题包括直接影响学生学习体验的课堂教学实践和专业行为表现，如课堂纪律氛围、学生课堂互动参与、教师课堂教学策略和教学方法等。此外，TALIS 还对教师的学历背景和职前准备、专业发展、工作满意度和自我效能等内容进行调查。在学校组织层面，主要包括学校领导力和组织氛围（如人际关系、民主决策管理）和利益相关者的教学参与等。整体而言，TALIS 调查包括以下五类调查主题维度：一是主要涉及学校组织环境的主题设计——包括人力资源问题和与利益相关者之间的关系、学校领导力、学校氛围；二是主要聚焦教师特点的主题内容——包括教师学历和职前准备、教师的工作满意度和激励、教师反馈和专业发展、教师自我效能；三是关于教师专业行为表现的主题内容——包括教师教学实践、教师专业发展；四是同时涉及学校组织和教师层面的主题——包括创新、公平和多元化；最后是关于教师、校长和学校的背景信息——包括教师背景信息、学校和课堂环境等。以上主题维度构成 TALIS 问卷的主要框架，同时也是 TALIS 调查的主要内容反映。

TALIS 之所以将以上内容作为调查重点，是基于最初由国际教育成就评估协会（IEA）开发的教学环境模型[①]。该模型的基本结构从"投入—过程—结果"的角度衡量学校教与学环境。基于"投入—过程—结果"模型，TALIS 2013 拓展形成了"二维分类"的概念框架。具体内容为：把学生、教师/教室、学校和国家等标示为不同层级的教育参与者，并作为一个维度；把基于"投入—过程—结果"模型所涉及的"教与学环境"因素作为另一个维度（见表 4-1）。

---

① Purves A C. The evolution of the IEA: A Memoir[J]. Comparative Education Review, 1987, 31(1): 10-28.

表 4-1 教与学环境的二维分类框架示例

维度一	维度二		
	投 入	过 程	结 果
学生	① 性别、年级、家庭社会经济地位； ② 移民背景、家庭结构、环境和支持	① 考勤/旷课； ② 课外活动(体育运动、课后学习项目)； ③ 学习和思考策略、学习时间(家庭作业、私人辅导)	① 学业成就,与态度、信念和动机相关的内容； ② 学习动机和抱负
教师/课堂	① **班额、社会经济地位、民族构成**； ② 教师学科知识、**教学方法和专业技能**； ③ **教师专业发展**	① 教学质量: **结构和挑战,教师期望**； ② 学习机会: 课程实施、任务分配、其他相关内容；**教学时间,对学生的评估和反馈**； ③ **教师教学信念和实践；师生关系**	① 学生学习结果； ② **教师效能和满意度**； ③ **课堂氛围和行为表现**
学校	① **学校规模,社会经济背景和民族构成**； ② 社区的富裕度、**学校经费和管理(公立或民办)**； ③ **家长和社会的参与或支持**； ④ 学生的流动性	① 成就取向,**共享的规范和价值观**； ② 领导力,**教师士气(精神面貌)和合作**； ③ **教师专业发展的机会和支持**； ④ 课外活动的可获得性； ⑤ 教师和学校的自我评价； ⑥ 入学和招生政策、分组、课程	① 学生学业成就； ② **班级和教师成就**； ③ 晋升/留任政策,学生毕业率； ④ **学校氛围和校风**； ⑤ 出勤率和相关制度
国家(系统)	① 经济水平、社会平等性； ② 移民政策； ③ 教育标准	① 学校经费、分配、支持特殊需求的学生、支持少数民族语言学生； ② 专业发展政策和支持； ③ 招聘和职业资格认证政策； ④ 问责和评估政策、决策机制	① 学生学业成就； ② 班级和教师成就； ③ 学校成就； ④ 教育阶段毕业率

备注：粗体文本表示 TALIS2013 中测量的结构；阴影单元格表示 2012 年 PISA 测量的结构。

资料来源：OECD. Teaching and Learning International Survey TALIS 2013 Conceptual Framework [EB/OL]. 2013. http://www.oecd.org/education/school/TALIS%20Conceptual%20Framework_FINAL.pdf.

该模型有助于在国际化背景下理解 TALIS 调查的框架设计和主要内容。作为对教与学复杂系统的简化示例,它为理解教育成果产生机制提供了基础。事实上,该模型确实解释了教育教学实践环节中值得注意的关键要点。例如,属于"过程"类别的变量(如教师士气)往往具有可塑性,并允许教师、校长和决策者影响系统并制定相应的变更。然而,值得注意的是,当我们审视"结果"时,用其理解教育系统的这种线性模型的缺点就变得较明显,因为"投入""过程""结果"三者之间的界限并不是十分明确。"结果"可以通过"投入"和"过程"产生影响,并反过来对二者产生影响。譬如,满足教师专业发展需求可以对教师满意度产生积极影响,从而反过来影响教师参与完善教学方法的倾向,这可以被视为另一个环节的"过程"(如作为影响学生学业成就的"过程")。一言以蔽之,产生于一个教育环节的"结果"可以成为下一个教育环节的"投入",而一些属于"过程"的要素(如学习策略)也可以被视为"投入"或是"结果"。

一般而言,学校效能研究通常将"结果"作为"投入"重新进入"投入—过程—结果"的解释模型。也即是说,在学校效能解释模型中,某些被视为"结果"的要素,同时也可以被认为是某种"投入"。例如,OECD的研究发现,"数学焦虑"可以被视为学校教育的"结果",同时,也可以是影响学生完成家庭作业情况的"投入"要素。此外,研究还发现各类"投入"要素之间具有相互影响的效应[①]。譬如,在许多国家或地区的教育系统中,学校的经济社会地位与其办学经费、家长参与或支持学校教学工作,甚至教师质量之间存在着关联。因此,这些"投入"因素彼此之间可以存在密切的相联,使得它们难以"泾渭分明"地被区分。这一定程度上也表明解构和理解现有学校效能模型是很复杂的。然而,这些模型在帮助人们审视学校教育过程和实践环节起着关键的作用,并给出了可以操作的以提高学生成绩的可能空间。

由以上二维分析框架可以看出,TALIS调查所涉及的与专业特征和教学实践相关的主题和政策优先事项主要来自教师和学校两个层面。在教师层面,这些主题包括直接影响学生学习体验的教学和专业行为实践,而教师的受教育背景和职前准备、对教师的评价和专业发展、教师自我效能感、工作满意度和动机则塑造了教师的教学实践和专业行为表现。在教与学实践得以有效开展的组织层面,包含的主题有学校领导力和氛围、人力资源问题,以及与利益相关者的关系等。

(三)调查内容确定方式

毋庸讳言,TALIS调查的主要内容通常以政策需求为基本导向。为了使

---

① OECD. PISA 2012 Assessment and Analytical Framework: Mathematics, Reading, Science, Problem Solving and Financial Literacy, PISA[M]. Paris: OECD Publishing, 2013. https://doi.org/10.1787/9789264190511-en.

TALIS 具有理论上的坚实基础,TALIS2013 的调查内容除了借鉴关于教学和学习环境领域中权威的和最新的研究成果,更重要的是,为了制定兼具理论基础和现实政策观照的调查主题和内容,进一步明确 TALIS 所要关注的政策重点,秘书处邀请 OECD 成员国、合作伙伴,以及表示有兴趣参与调查的经济体(地区)参与调查主题的优先评级(priority-rating exercise)工作来确定调查主题。作为第二轮调查,TALIS2013 邀请了 OECD 的 25 个所有成员国对调查的内容和主题进行优先级评定。对不同维度调查内容进行评定优先级的总体目标是呈现不同国家教育政策的优先事项或领域。实际上,各个国家对不同主题的政策优先级评选结果决定了 TALIS2013 调查的主要内容。除了政策优先评级工作之外,TALIS 项目参与国家(或地区)的教育部长或教育行政部门负责人还要标示出他们认为是政策领域中关键的主题(见表 4-2)。

表 4-2 TALIS 调查与政策相关的主题结构(以 TALIS 2018 为例)

序号	TALIS 2018 主题	与政策相关的问题				
		吸引教师	教师发展	教师留任	学校效能	有效教学
1	教师教学实践					●
2	学校领导力				●	
3	教师专业行为表现					●
4	教师教育和职前准备		●			
5	教师反馈与发展		●	●		
6	学校氛围				●	
7	工作满意度	●		●		
8	教师人力资源管理和与利益相关者关系	●		●	●	
9	教师自我效能感		●			●
10	创新				●	●
11	公平与多样性				●	

Source：Based on information from OECD (2015). Guiding the Policy and Content Focus of TALIS 2018, No. edu/INES/TALIS (2015) 3 (internal document), Directorate for Education and Skills, OECD, Paris.

就调查主题的优先评级工作来说,具体包括三个主要部分:首先,要求各个国家在拟议的 5 个政策相关领域中的 20 个主题中分配总计为 200 的评级点,获得的评级点越高,表示优先级越高。秘书处通过汇总各个国家为每个主题分配的评级结果,以获得优先评级的最终结果。其次,各个国家在对不同主题进行分配级点的同时,需要明确不同主题中哪些是最重要且是应当包括在 TALIS2013 调查之中的指标。第二轮 TALIS 调查中共涉及 20 个主题的 94 个指标。最后,各个国家还要指出第一轮 TALIS 调查中使用的 25 个指标,哪些应在第二轮调查中予以保留或更新改进,以便分析第一轮和第二轮 TALIS 调查之间的变化。毫无疑问,TALIS 不同年度的调查主题及优先评级结果不尽相同,由 TALIS 2013 和 2018 的调查主题及优先评级结果显示,工作满意度和教师人力资源管理的优先级排序得到了较大的提升(见表 4-3、表 4-4)。

表 4-3　TALIS 2013 调查主题及优先评级结果

优先级排序	主　　题	优先评级点数
1	学校领导力	393
2	教师教学实践和理念	374
3	教师在职进修与培训	318
4	学校氛围和校风	312
5	初始教师教育	307
6	对在职进修和培训的满意度与有效性	295
7	对教师的认可、奖励和评价	294
8	教师专业实践(行为表现)	287
9	教师激励和早期职业经历	264
10	吸引优秀的学生成为教师	259
11	21 世纪技能:ICT 在教学中的应用	249
12	工作满意度和教师人力资源管理	237
13	教师学历和职业资格	229

（续表）

优先级排序	主　题	优先评级点数
14	在职进修和培训频率	216
15	创新(innovation and creativity)	209
16	教师工作时间分配	209
17	教师的流失和离职率	164
18	教师来源充足与师资短缺	151
19	为最有经验的教师提供支持和指导	142
20	招聘和选拔程序及激励措施的有效性	86

资料来源：（1）OECD. Teaching and Learning International Survey TALIS 2013 Conceptual Framework [EB／OL]. 2013. http：//www. oecd. org／education／school／TALIS% 20Conceptual% 20Framework_FINAL.pdf.

　　　　　（2）OECD. TALIS 2013 Technical Report：Teaching and Learning International Survey［EB／OL］. 2013. http：//www.oecd.org／education／school／TALIS-technical-report-2013.pdf.

表 4 - 4　TALIS 2018 调查主题及优先级结果

优先评级排序	主　题　名　称	OECD 国家优先级评定结果	所有被邀请国家或地区优先级评定结果
1	学校领导力	6.9	6.3
2	教师教学实践	6.7	9.0
3	教师专业行为表现	6.7	6.7
4	工作满意度和教师人力资源管理	6.5	6.4
5	教师继续学习和培训	6.2	6.5
6	学校氛围和校风	6.1	6.4
7	吸引优秀的学生成为教师	5.5	5.0
8	在职进修和培训频率	5.3	5.3
9	对教师的认可、奖励和评价	5.3	5.3

（续表）

优先评级排序	主题名称	OECD国家优先级评定结果	所有被邀请国家或地区优先级评定结果
10	教师激励和早期职业经历	5.2	4.3
11	对在职进修和培训的满意度与有效性	5.1	5.3
12	教师工作时间	4.6	4.5
13	教师学历和职业资格	4.5	4.0
14	初始教师教育和进入教师职业的途径	4.2	3.8
15	教师自我效能感	4.2	4.8
16	创新	4.1	4.3
17	教学中对ICT的应用	3.9	4.0
18	教师来源充足与师资短缺	3.7	3.2
19	教师的流失和离职率	2.9	2.8
20	教师的社会学构成	2.5	2.3

资料来源：Ainley J, Carstens R. Teaching and Learning International Survey（TALIS）2018 Conceptual Framework［R］. OECD Education Working Papers, No. 187, Paris：OECD Publishing, 2018. http：//dx.doi.org/10.1787/799337c2-en

（三）指标细化与问卷编制

指标有助于把注意力聚焦到感兴趣的事实或趋势。因此,高质量指标的一个重要目标是,提供有助于指导教育政策决策和确定重点(或优先级)事项的有效信息。除了关于教育系统状况和教学环境的描述信息之外,决策者还对能够解释教育系统内或不同教育系统之间,以及教与学环境异同变化的背景条件信息感兴趣。因此,TALIS调查工具涵盖了教师和学校层面最重要的教与学"投入"和"过程"信息。与概念框架的设计相似,相关细化的调查主题、指标的设计也是与各个参与国家或地区等利益攸关方多次讨论而形成的结果。在明确了调查的指标体系之后,就是编制反映调查目标、涵盖调查主题和内容的调查问卷。TALIS在进行具体指标构建和问卷问项设计时,不但充分考虑了政策优先性、理论背景、教与学领域最近关键且重要的议题,还对这些指标进行量化统计分析的技术可行性进行了现实考量。例如,关于教师背景信息方面,根据 OECD 关于教师的定义,TALIS 收集关于教师"背景"的关键要素信息。这些主要包括教师个体的特征(如性别、年龄、工作经历、初始教育和教学计划等)和课堂特征(如班额、班级学生构成等)。此外,TALIS还收集关于校长和学校的背景信息,包括校长的"个体特征、教育和工作经历",以及学校区位地点、规模、学校类型和经费资助模式,以及学生组成等关于学校特征的信息。因为,在审视教师的工作条件和批判性地检查教师,认为能够使其角色和职责得到有效发挥的工作环境时,以及政策制定者和研究人员对相关议题进行决策分析时,关于教师(包括校长)个体、课堂和学校的背景信息变得尤为重要(见表 4-5)。

表 4-5　TALIS 2013 调查问卷核心部分的分类

	教 师 问 卷	校 长 问 卷
背景信息	教师背景特征	校长背景特征
学校输入	教师反映的学生特征	学校背景特征
	教师在职专业发展	校长的持续专业发展
过程	学校领导力和管理	学校领导力和管理
	教师反馈	对教师的正式评价
	教师的教学信念	教师的教学信念和教学实践
	教师教学实践	
学校输出	学校氛围和学校管理	学校氛围
	教师效能感(汇总到学校层面)	校长工作满意度
	教师工作满意度(汇总到学校层面)	

资料来源: OECD. Teaching and Learning International Survey TALIS 2013 Conceptual Framework [EB/OL]. 2013. http:// www.oecd.org/ education/ school/ TALIS%20Conceptual%20Framework_FINAL.pdf.

表 4-6　TALIS 2013 问卷调查主题和题目分类

	调查主题	题目量	主要内容
教师问卷	教师个人背景信息	18(1—18)	教师性别、年龄、教龄,就业性质,班级情况,职前教育,工作时间

（续表）

	调查主题	题目量	主要内容
教师问卷	教师专业发展	11(19—27,48—49)	入职培训类型,专业发展活动类型、时间、主题及影响,专业发展支持及方式、需求、阻碍因素。出国培训
	教师评价反馈	4(28—31)	反馈来源、反馈内容、反馈作用、反馈感受
	教学概况	3(32—34)	教学观、教学合作、教学能力
	班级教学	9(35—43)	班级构成、教授科目、班级规模、课堂时间分配、课堂纪律、教学策略、学生学习评估方式
	学校氛围和工作满意度	4(44—47)	学校决策参与、师生关系、工作满意度、教师个人特质
校长问卷	校长个人背景信息	6(1—6)	性别、年龄、工作经验、学历水平、专业准备等
	校长专业发展	2(7—8)	专业发展活动(参与频次)、阻碍参加专业发展活动的因素
	学校背景信息	7(9—15)	学校所在区域、公办/民办、学校竞争性、办学规模、特殊需求学生所占比例、学校资源情况
	校长领导力情况	11(16—26)	校长工作时间分配、教学领导力状况、工作限制等
	教师正式评价	3(27—29)	评价主体、频率、评价反馈
	学校氛围	3(30—32)	学校氛围、师生关系、影响教学能力的因素、纪律风气
	教师入职带教	6(33—38)	新教师入职培训、入职培训的形式、带教机会、校长对带教的重视程度
	工作满意度	1(39)	校长对工作环境和职业的满意度

资料来源:（1）http://www.oecd.org/education/school/TALIS-2013-Teacher-questionnaire.pdf;
（2）http://www.oecd.org/education/school/TALIS-2013-Principal-questionnaire.pdf.

第二节　工作满意度理论依据与测量

一、TALIS 教师工作满意度的逻辑初衷

截至目前所能收集到的信息,OECD 并没有明确 TALIS 关于教师工作满意度调查设计的理论依据。但值得注意的是,PISA 2015 首次开展了针对教师的调查问卷。OECD 根据 19 个国家(地区)的教师问卷调查结果,利用赫茨伯格的"双因素理论"分析框架,描述并分析了科学教师工作的满意度,及其与学生、学校和教师特点等之间的效应关系。由此,可以进行合理推测的是,TALIS 调查中关于教师工作的满意度的问项设计很可能借鉴了"双因素理论",或者至少是理论依据之一。

在 TALIS 的调查框架和话语体系中,教师工作的满意度是指教师通过工作体验或感受到的满足感和愉悦感[1]。它由"职业满意度"和"当前工作环境满意度"两大部分构成[2]。作为教师对工作情感体验的反映,教师工作的满意度是一个涵盖系列属性的术语。正如诸多已有研究发现,教师通常对关于教学工作本身的方面感到满意,但往往对涉及工作表现的许多外围方面(如工作条件、工作压力、人际关系和薪水等)感到不满意[3][4]。这种同时集满意和不满意于一体的混合情感体验会造成教师的情感张力和割裂,进而对教学实践产生多重影响。教师的工作满意度与教师工作绩效表现之间存在正相关关系[5][6]。同时,工作满意度在教师日常工作中的态度、热情、努力程度和信心方面也发挥着关键作用[7][8]。毫无疑问,教师工作满意度对吸引和留住优秀教师,提升教学质量至关重要。因此,探索教师的工作满意

① Locke, E. A. (1969). What is job satisfaction? Organizational Behavior and Human Performance, 4 (4): 309 - 336. http://dx.doi.org/10.1016/0030-5073(69)90013-0.

② OECD. (2014). Talis 2013 Results: An International Perspective on Teaching and Learning. OECD Publishing. http://dx.doi.org/10.1787/9789264196261-en.

③ Crossman, A. and Harris, P. Job satisfaction of secondary school teachers[J]. Educational Management Administration and Leadership, 2006, 34(1): 29 - 46. http://dx.doi.org/10.1177/1741143206059538.

④ Dinham, S., and Scott, C. A three domain model of teacher and school executive career satisfaction [J]. Journal of Educational Administration, 1998, 36(4): 362 - 378.

⑤ Lortie, D. School Teacher: A Sociological Inquiry[M]. University of Chicago Press, Chicago, IL., 1975.

⑥ Renzulli, L. H., Parrott, H. M., & Beattie, I. Racial Mismatch and School Type: Teacher Satisfaction and Retention in Charter and Traditional Public Schools[J]. Sociology of Education, 2011, 84(1): 23 - 48.

⑦ Caprara, G. V., Barbaranelli, C., Borgogni, L., Steca, P. Efficacy beliefs as determinants of teachers' job satisfaction[J]. Journal of Educational Psychology, 2003, 95(4): 821 - 832.

⑧ Klassen, R. et al. Exploring the validity of a teachers' self-efficacy scale in five countries [J]. Contemporary Educational Psychology, 2009, 34(1): 67 - 76.

度非常重要的原因之一是，它对教师的留任、流失减员、缺勤和工作倦怠，以及教师对教育目标的承诺、工作绩效，甚至对学生的学业成就表现都具有影响效应[1][2]。基于以上关于教师工作满意度对教师教学工作的专业行为表现、组织认同和承诺（留任与离职等）、学生学业成就的多重效应关联的认知，TALIS 把关于教师的工作满意度调查的目标设定如下：一是改进关于教师整体工作的满意度，以及教师对职业价值看法的指标；二是增加关于教师观点的新材料，以丰富涉及教师的工作满意度和社会对教师职业价值的看法；三是修订 TALIS 关于教师福利和压力的问题等。

由此，基于以上对教师的工作满意度结构、影响因素，以及与教育其他方面的相关关系、教师的工作满意度结果效应的多维度审视和把握，TALIS 对教师工作满意度的调查尝试回答以下问题：一是在国家或地区内部，以及国际教师工作满意度的变化，包括学校内、国家或地区内，以及国际教师工作满意度有何明显差异？教师的工作满意度、激励和压力在课堂、学校和职业层面的关系是什么？二是教师的工作满意度的变化在多大程度上可以有下列因素解释：如雇用合同条款、学校办学资源、学校氛围、校长领导力、教师教学自主权、利益相关者和社会对教师和教学的认可与尊重程度；三是教师的工作满意度在多大程度上与下列因素相关，如教师对教学工作的承诺，学校层面的教师流失、缺勤和流动等。

二、可行性指标分析

鉴于教师工作满意度的重要影响作用，TALIS 2013 关于教师工作满意度的问卷调查项目从两个维度评估了教师工作满意度：学校（组织环境）和教师专业行为表现（教学工作）。在学校组织环境层面，主流研究结论认为，与学校组织相关的因素可以改善或维持教师的工作情感体验。除了学校的"硬件"办公条件和教师工作满意度之间存在显著的相关关系之外，学校人际关系、民主管理策略、组织氛围等"软"环境对教师工作满意度的影响效应甚至更显著。如在学校办学资源层面，缺乏满足学生个性化需求的适当课堂支持，甚至缺少基本的课堂教学材料（如教具、多媒体教学技术支持等），往往会加剧教师对工作的不满情绪[3]。但在组织氛围方

① Brief A P, Weiss H M. Organizational behavior：Affect in the workplace[J]. Annual Review of Psychology, 2002, 53(1)：279－307.
② Kardos S, Johnson S. On their own and presumed expert：New teachers' experiences with their colleagues[R]. Teachers College Record, 2007, 109(9)：2083－2106.
③ OECD. Teaching and Learning International Survey[EB/OL]. TALIS 2013：Conceptual Framework. Paris 2013, http://www.oecd.org/education/school/TALIS%20Conceptual%20Framework_FINAL.pdf.

面,教师与校长的人际关系,以及在社会情感和组织方面获得领导力的机会、对课堂政策的专业裁量权等均对教师的工作满意度产生不同程度的影响[1]。其中特别值得注意的是,教师的工作满意度似乎因学校中专业学习共同体的存在程度、教师参与合作的程度,以及教师在学校中可以行使的专业自主权而有所不同[2]。此外,教师的工作满意度还可以通过学校氛围进行调节,无论教师是"高度敬业的"还是"低调参与者",学校氛围的环境因素可以"放大"或者"减轻"教师的工作压力水平[3],在具有鲜明合作特征的组织氛围中工作的教师通常反馈称具有较高的工作承诺和积极的工作参与。与此形成鲜明对比的是,在孤立和分裂的组织氛围中工作的教师最有可能表达对工作不满[4][5]。其他研究也表明,积极的学校氛围能够对教师留任产生积极的影响[6][7],如减少教师的离职和流失现象。

此外,在教师工作表现方面,TALIS 认为教师在工作场所的压力是一项需要"密切关注与整体工作满意度相关的因素"。工作场所的压力与个体对工作的负面情绪紧密相关。因此,工作压力通常被视为工作不满意的重要参考指标之一[8]。大量的研究文献表明,教师在工作场所的压力主要源于学生的课堂行为表现和教师工作量,其中后者包括备课、批改作业,以及必须完成的行政和管理等非教学工作或职责等[9][10]。这两种类型的工作压力是最常见的教师工作压力,且毫不奇怪地会影响教师对工作的满意程度。由此,TALIS 教师调查问卷中包含了关于以上议题的问项设计。

① Price H. Principal-teacher interactions: How affective relationships shape principal and teacher attitudes[J]. Educational Administration Quarterly, 2012, 48(1): 39 - 85.

② Stearns, E. et al. Collective pedagogical teacher culture and teacher satisfaction[J]. Teachers College Record, 2015, 117(8): 1 - 32.

③ Collie R J, Shapka J D, Perry N E. School climate and social-emotional learning: Predicting teacher stress, job satisfaction, and teaching efficacy[J]. Journal of Educational Psychology, 2012, 104(4): 1189 - 1204.

④ Hargreaves A. Changing Teachers, Changing Times: Teachers' Work and Culture in the Postmodern Age[M]. Teachers College Press, New York: NY, 1994.

⑤ Ma X, Macmillan R. Influences of workplace conditions on teachers' job satisfaction[J]. The Journal of Educational Research, 1999, 93(1): 39 - 47.

⑥ Miller M, Brownell M. Factors that predict teachers staying in, leaving, or transferring from the special education classroom[J]. Exceptional Children, 1999, 65(2): 201 - 218.

⑦ Weiss E M. Perceived workplace conditions and first-year teachers' morale, career choice commitment, and planned retention: A secondary analysis[J]. Teaching and Teacher Education, 1999, 15(8): 861 - 879.

⑧ Kyriacou C. Teacher Stress: Directions for future research[M]. Educational Review, 2001, 53(1): 27 - 35.

⑨ Boyle G J, Borg M G. et al. A structural model of the dimensions of teacher stress[J]. British Journal of Educational Psychology, 1995, 65(1): 49 - 67.

⑩ Collie R J, Shapka J D, Perry N E. School climate and social-emotional learning: Predicting teacher stress, job satisfaction, and teaching efficacy[J]. Journal of Educational Psychology, 2012, 104(4): 1189 - 1204.

此外,影响教师工作满意度的其他方面在教师问卷中也有所涉及,例如对学校治理中缺乏教师声音的不满等。这些信息为探索教师工作满意度与学校氛围、学校领导力、人力资源、自我效能,以及其他与教师工作承诺和满意度关涉的因素之间存在的相关关系提供了实证依据。

TALIS 2013 关于教师工作满意度的实证调查结果引起了参与国家或地区的强烈兴趣。在考虑了学校和教师人口统计特征的同时,TALIS 2013 的国际报告呈现了基于回归模型分析所得结果[1],即教师工作满意度和以下因素存在正相关关系,包括自我效能感、教师参与学校决策的机会、教师认为能够改善其教学实践的评估和反馈、协作式的专业发展等。同时,教师工作满意度和以下因素存在负相关,包括课堂纪律氛围、仅出于行政目的而对教师进行的评估和反馈等。此外,学校人际关系对影响教师工作满意度的一些挑战性课堂环境具有中介作用。

三、工作满意度测量

在 TALIS 2013 中,教师的工作满意度(TJOBSATS)由两个量表组成,即当前工作环境满意度(TJSENVS)和职业满意度(TJSPROS)(见表 4 - 7)。教师对当前工作环境满意度量表包括 5 个问项——"如果有可能,我想换一所学校"(TT2G46C);"我喜欢在本校工作"(TT2G46E);"我会向人们推荐我所在的学校是个工作的好地方"(TT2G46G);"总体上,我对自己的工作感到满意"(TT2G46J);"我满意自己在本校的表现"(TT2G46I)。教师职业满意度量表也包括 5 个问项——"成为教师的利明显大于弊"(TT2G46A);"如果有再次选择的机会,我仍然会选择成为一名教师"(TT2G46B);"我后悔决定成为一名教师"(TT2G46D);"我想过换另一种职业会不会更好"(TT2G46F);"我认为社会重视教师职业"(TT2G46H)。由于项目参与国家和地区在问项"TT2G46I"和"TT2G46H"上的统计数据不佳,加之这两个问项的数据没有显示出明显的载荷模式,因此,二者分别被排除在工作环境满意度量表和职业满意度量表的具体统计分析中。但是从量表计算中排除的问项数据可以作为单个项目进行分析。教师的工作满意度量表所包含的所有问项均以李克特四点量表(Likert four-point scale)进行测量,其中具体响应类别为:1 表示"非常不同意";2 表示"不同意";3 表示"同意";4 表示"非诚同意"。由于问项"TT2G46C""TT2G46D"和"TT2G46F"是对教师

---

[1] OECD. TALIS 2013 Results: An International Perspective on Teaching and Learning. Paris: OECD Publishing, 2014: 200 - 201. http://dx.doi.org/10.1787/9789264196261-en.

的工作满意度的负面陈述而被反向编码和赋值,从而保证三者与其他问项具有相同的方向。

表 4-7 教师工作满意度测量项目(TALIS 2013)

量表(指数)	变量代码	具 体 问 项
当前工作环境满意度	†TT2G46C	如果有可能,我想换一所学校
	TT2G46E	我喜欢在本校工作
	TT2G46G	我会向人们推荐我所在的学校是个工作的好地方
	TT2G46J	总体上,我对自己的工作感到满意
	*TT2G46I	我满意自己在本校的表现
职业满意度	TT2G46A	成为教师的利明显大于弊
	TT2G46B	如果有再次选择的机会,我仍然会选择成为一名教师
	†TT2G46D	我后悔决定成为一名教师
	†TT2G46F	我想过换另一种职业会不会更好
	*TT2G46H	我认为社会重视教师职业

备注: (1) 标记"*"的问项没有纳入量表(指数)分析中,但可作为单独项目进行分析;
      (2) 标记"†"的问项为反向赋值。
资料来源: OECD. TALIS 2013 Technical Report [EB/OL]. http://www.oecd.org/education/school/TALIS-technical-report-2013.pdf.

教师工作满意度量表的信度由教师工作环境满意度(TJSENVS)和职业满意度(TJSPROS)量表的 α 信度系数表示。数据显示,TALIS 2013 调查所有参与国家或地区的教师的工作满意度的 α 信度系数均高于 0.70。只有马来西亚和墨西哥的教师的工作环境满意度量表的信度系数(分别为 $\alpha = 0.651, \alpha = 0.683$),以及墨西哥的教师职业满意度量表的信度系数($\alpha = 0.580$)低于其他国家和地区。从整体上看,TALIS2013 调查所有参与国家或地区的初中教师工作环境满意度量表($\alpha = 0.781$)和职业满意度量表($\alpha = 0.851$)的信度系数都高于 0.70[1]。

最后,在抽样方案设计方面,TALIS 采用两阶段概率抽样方法,即第一阶段采

---

[1] OECD. TALIS 2013 Technical Report. [EB/OL]. http://www.oecd.org/education/school/TALIS-technical-report-2013.pdf.

用"按规模大小成比例的概率抽样"(Probability Proportional to Size,简称 PPS)方法,对学校进行等额随机抽样,产生第一阶段抽样单位(primary sampling units, PSUs)。根据第一阶段产生的随机抽样学校范围,从每个样本学校随机选择教师样本,即为产生第二阶段抽样单位(secondary sampling units, SSUs)。具体而言,其抽样设计过程先是按照 PPS 抽样方法在各个参与国家(地区)随机抽取 200 所中学,然后在所抽取的样本中学中,每个学校再随机抽取 20 名教师参与调查。

第三节 TALIS 教师工作满意度调查发现

一、不同国家或地区教师工作满意度总体分布

在讨论教师和学校特征等方面对教师工作满意度的影响之前,有必要首先对不同国家和地区的教师工作满意度表现进行概要表述。如前文所述,在 TALIS 框架下,教师工作满意度由"当前工作环境满意度"和"职业满意度"两部分组成,其中在指数处理合成中,每部分又分别涵盖 4 项不同的具体问项。以下根据不同国家和地区的教师对工作环境满意度和职业满意度的具体问项所持观点的调查数据,以及教师工作满意度指数,分析不同国家和地区在教师工作满意度方面的异同表现。

在教师工作环境满意度方面,参与本轮 TALIS 调查的国家和地区中,平均约有 91% 的教师认为对工作整体满意,93% 的教师对自己在当前所就职学校的工作表现感到满意,84% 的教师会推荐自己所在学校是一个好的工作场所。此外,平均有 90% 的教师反馈称喜欢在目前的学校工作。同时,在关于工作环境满意度方面,超过 20% 的教师报告称"如果有可能,想换一所学校工作"。与国际均值相比,上海教师除了在有关自我效能感的问项上表现优于国际平均水平之外,在其他问项上的表现均有明显差距。就具体调查数据表现而言,上海有 94% 教师满意自己在当前所就职学校的工作表现,略高于国际均值(93%);上海教师中仅有约 7 成的教师反馈称"喜欢在本校工作",低于国际均值近 20 个百分点;与此同时,上海教师中有"换一所学校工作"想法的教师占比(30%)显著高于国际均值。与国际均值所反映的绝大多数(约 80%)教师"会推荐自己所在学校是个工作的好地方"情况不同,上海教师中仅有约 60% 的教师报告称会做出以上反应。最后,调查数据还显示,上海教师对工作的整体满意度也略低于国际均值(见图 4-1)。

在与教师职业满意度有关的问项上,上海教师中约有不到一半比例的教师认

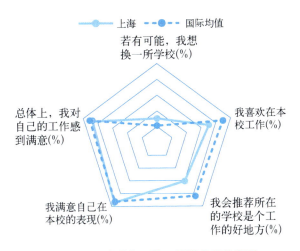

图 4-1　上海教师工作环境满意度的表现

数据来源：OECD, TALIS 2013 Database.

为社会重视教师职业,且明显高于国际均值(30%)。上海教师除了报告称具有较高的职业社会地位感知外,在有关职业满意度的其他 4 个选项上的调查数据表现均低于国际均值。如从国际均值来看,约有 1/3 的教师"考虑过换另外一种职业会不会更好"。同时,调查数据还表明,平均而言,约有 10% 的教师后悔选择成为一名教师。与此对应的是,上海教师中约有 40% 的教师考虑过换另一种职业会不会更好,约有 17% 的教师后悔选择成为一名教师,明显高于国际均值(9.5%)。此外,在有关教师职业认同的"教师职业再选择方面",上海教师报告称"如果有再次选择的机会,我仍然选择成为一名教师"的比例(67%)低于国际平均水平 10 个百分点。最后,在对成为教师的利弊感知方面,上海教师报告称"成为教师的利明显大于弊"的比例(75%)与国际均值(77%)大致相当,但仍略低于国际均值。概言之,尽管上海教师具有较高的自我效能感,但在有关职业满意度和工作环境满意度的指标上均与国际平均水平存在明显差距(见图 4-2)。

此外,从不同国家和地区的国际比较来看(见图 4-3),日本仅有 50% 左右的教师对自己在当前学校的工作表现感到满意,可谓本轮调查中该问项的最低值。同时,与上海相似,仅有约 60% 的日本教师会推荐自己所在的学校是一个工作的好地方,与国际均值相差逾 20%。尽管如此,日本约 80% 的教师依然喜欢所在学校的工作。在关于职业吸引力和职业认同方面,从国际平均水平来看,约有 77% 的教师认为成为教师的优势明显大于劣势,但在巴西、保加利亚、捷克和斯

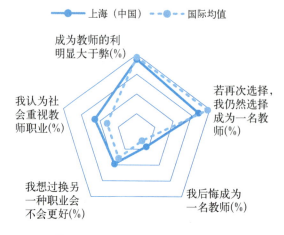

图 4-2 上海教师职业满意度的表现

数据来源：OECD，TALIS 2013 Database.

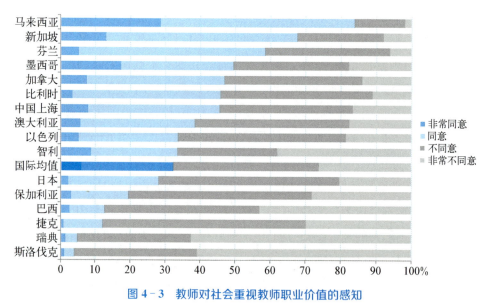

图 4-3 教师对社会重视教师职业价值的感知

说明：图中数据为教师关于问项"我认为社会重视教师职业"的"非常同意""同意""不同意""非常不同意"的比例数据。

数据来源：OECD，TALIS 2013 Database.

洛伐克仅有 60% 甚至更少比例的教师持有相同的看法。日本和瑞典仅有不到 6 成的教师认为"若再次选择，仍然会选择成为一名教师"，但在马来西亚和墨西哥，超过 90% 的教师仍会再次选择教师职业（国际均值达到近 80%）。值得注意的是，在墨西哥、马来西亚、芬兰、加拿大和比利时约有 5% 甚至更少比例的教师后悔成为一名教师,中国上海、瑞典(18%)、保加利亚(15%)有远超国际平均值的教师后悔成为一名教师。此外,在新加坡、瑞典、斯洛伐克、保加利亚约有一半比例的教师考虑过换另一种职业会不会更好;与此形成鲜明对比的是,在马来西亚和墨西哥仅有约10%甚至更低的教师考虑过换另一种职业(国际均值为31.6%)。

表4‑8　不同国家和地区教师工作满意度具体问项表现(单位%)

	成为教师的利明显大于弊	若再次选择,我仍然选择成为一名教师	若有可能,我想换一所学校	我后悔成为一名教师	我喜欢在本校工作	我想过换另一种职业会不会更好	我会推荐所在的学校是个工作的好地方	我满意自己在本校的表现	总体上,我对自己的工作感到满意
澳大利亚	88.6	81.1	23.0	7.2	91.7	33.7	85.5	94.2	90.0
巴西	60.5	69.7	15.0	13.5	93.7	32.3	88.0	90.6	87.0
保加利亚	62.8	70.2	19.8	14.6	90.6	42.6	89.4	93.9	94.6
智利	78.9	83.8	34.0	13.9	88.2	31.9	85.1	94.6	94.6
捷克	53.0	73.3	10.5	8.2	88.8	29.8	84.5	95.2	88.6
芬兰	95.3	85.3	16.2	5.0	90.8	27.5	87.5	95.0	91.0
以色列	85.8	82.9	14.3	9.1	91.8	23.8	86.7	95.2	94.4
日本	74.4	58.1	30.3	7.0	78.1	23.3	62.2	50.5	85.1
马来西亚	98.3	92.8	41.3	5.4	94.2	8.8	89.3	94.7	97.0
墨西哥	80.3	95.5	28.6	3.1	94.4	10.2	89.2	97.1	97.8
新加坡	83.6	82.1	35.1	10.7	85.9	45.9	73.2	87.1	88.4
斯洛伐克	58.0	71.5	12.7	13.8	90.5	45.4	81.4	94.8	89.0
瑞典	71.2	53.4	21.5	17.8	91.6	50.4	80.1	95.9	85.4
加拿大	89.7	82.9	23.1	5.6	95.0	34.6	88.8	97.0	91.9
比利时	84.6	85.4	12.8	5.1	94.5	22.7	88.1	94.8	95.3
中国上海	75.1	67.6	30.6	17.0	70.8	38.9	60.6	94.1	87.4
国际均值	77.4	77.6	21.2	9.5	89.7	31.6	84.0	92.6	91.2

说明:此处百分比为"非常同意"与"非常同意"所占比例之和。
数据来源:OECD, TALIS 2013 Database.

在与教师工作环境满意度相关的问项方面,在马来西亚、墨西哥、新加坡、智利、日本和上海有超过 30% 甚至更多的教师会在有可能的情况下换一所学校工作。与此同时,比利时、斯洛伐克仅有约 10% 的教师持有以上观点(国际均值为 21%)。出乎惯常经验的是,尽管墨西哥和马来西亚与其他国家和地区相比,有更多比例的教师考虑换另一所学校工作,但这两个国家的绝大多数教师都喜欢在目前所在学校工作(分别为 94.4% 和 94.2%)。此外,该问项的调查数据显示,在 TALIS2013 所有参与国家和地区中,仅有中国上海(70%)、韩国(74%)、日本(78%)的教师中有不到 80% 喜欢在目前所在学校的工作(国际均值为 90%)。在是否会推荐自己所任职学校是个工作的好地方时,与日本(62%)和中国上海(60%)的教师相比,马来西亚(89%)、墨西哥(89%)、加拿大(89%)和保加利亚(89%)等国家和地区的教师更愿意推荐自己的学校。

从以上分析结果来看,马来西亚和墨西哥的情况值得予以特别关注,即尽管与国际水平相比,这两个国家具有更高比例的教师会在条件可能的情况下换一所学校工作,但与此同时,这两个国家的绝大多数教师却喜欢在目前所任职学校工作;且与其他国家和地区的教师相比,更愿意推荐自己所在学校是个工作的好地方,进而使得马来西亚和墨西哥两国的教师具有较高的工作环境满意度。通过进一步分析教师的工作满意度指数与具体问项的相关系数似乎可以解释马来西亚和墨西哥的"悖论表现"。由表 4-9 可知,马来西亚和墨西哥教师的工作满意度指数与问项"TT2G46C"的相关系数分别是 -0.41、-0.52,与其他国家和地区相比,属于较低水平的相关(反向赋值)。因此,尽管马来西亚和墨西哥的教师"跳槽"另换学校的潜在可能性较大,但由于这两个国家的教师在该问项的反馈与其对应的教师工作环境满意度指数相关性较低,从而对这两个国家教师的整体工作满意度指数没有太大影响(见表 4-10)。

表 4-9　教师工作环境满意度与具体问项的相关系数

	若有可能,我想换一所学校 (TT2G46C)	我喜欢在本校工作 (TT2G46E)	我会推荐所在的学校是个工作的好地方 (TT2G46G)	总体上,我对自己的工作感到满意 (TT2G46J)
工作环境满意度指数(TJSENVS)	$r_{TJSENVS, TT2G46C}$	$r_{TJSENVS, TT2G46E}$	$r_{TJSENVS, TT2G46G}$	$r_{TJSENVS, TT2G46J}$

（续表）

	若有可能,我想换一所学校（TT2G46C）	我喜欢在本校工作（TT2G46E）	我会推荐所在的学校是个工作的好地方（TT2G46G）	总体上,我对自己的工作感到满意（TT2G46J）
澳大利亚	−0.65	0.94	0.84	0.76
巴西	−0.63	0.92	0.84	0.54
保加利亚	−0.62	0.88	0.88	0.61
智利	−0.64	0.86	0.85	0.59
捷克	−0.65	0.92	0.79	0.77
芬兰	−0.61	0.92	0.77	0.74
以色列	−0.68	0.92	0.85	0.74
日本	−0.60	0.88	0.71	0.77
马来西亚	−0.41	0.88	0.83	0.58
墨西哥	−0.52	0.91	0.82	0.55
新加坡	−0.61	0.93	0.83	0.72
斯洛伐克	−0.60	0.89	0.75	0.56
瑞典	−0.63	0.92	0.84	0.61
比利时	−0.69	0.94	0.85	0.72
加拿大	−0.59	0.96	0.86	0.71
中国上海	−0.55	0.89	0.81	0.68

备注：所有相关在 $p = 0.05$ 水平上显著。
数据来源：OECD，TALIS 2013 Database.

表 4–10　教师的职业满意与具体问项的相关系数

	成为教师的利明显大于弊（TT2G46A）	若再次选择,我仍然选择成为一名教师（TT2G46B）	我后悔成为一名教师（TT2G46D）	我想过换另一种职业会不会更好（TT2G46F）
职业满意度指数（TJSPROS）	$r_{TJSPROS, TT2G46A}$	$r_{TJSPROS, TT2G46B}$	$r_{TJSPROS, TT2G46D}$	$r_{TJSPROS, TT2G46F}$
澳大利亚	0.78	0.90	−0.80	−0.80

(续表)

	成为教师的利明显大于弊（TT2G46A）	若再次选择，我仍然选择成为一名教师（TT2G46B）	我后悔成为一名教师（TT2G46D）	我想过换另一种职业会不会更好（TT2G46F）
巴西	0.64	0.85	−0.78	−0.87
保加利亚	0.69	0.90	−0.82	−0.87
智利	0.60	0.80	−0.70	−0.80
捷克	0.53	0.87	−0.81	−0.87
芬兰	0.76	0.90	−0.79	−0.82
以色列	0.64	0.83	−0.79	−0.86
日本	0.64	0.78	−0.86	−0.85
马来西亚	0.69	0.87	−0.62	−0.79
墨西哥	0.39	0.80	−0.65	−0.72
新加坡	0.75	0.91	−0.72	−0.75
斯洛伐克	0.63	0.86	−0.77	−0.77
瑞典	0.79	0.89	−0.81	−0.83
比利时	0.59	0.87	−0.80	−0.83
加拿大	0.78	0.90	−0.82	−0.83
中国上海	0.69	0.86	−0.76	−0.66

备注：所有相关在 $p = 0.05$ 水平上显著。数据来源：OECD, TALIS 2013 Database.

　　最后需要单独进行讨论的是，关于教师对所在社会给予教师职业重视程度的感知。之所以要重点关注该问项调查数据，是因为它是标示社会对教师职业尊重程度，以及教师职业社会地位的重要指标之一。因此，暂不论及该问项数据对其他有关教师的职业满意度参数的潜在影响，仅是该问项调查发现本身就具有十分重要的意义，因为教师对社会是否尊重教师职业（或者说教师职业社会地位）的感知与教师职业对潜在从业者的职业吸引力和现有教师的留任率均具有显著的相关效应。然而，TALIS 2013 关于教师对社会尊重教师职业感知的调查数据显示（见

图4-3),在所有参与本轮调查的国家和地区中平均仅有约30%的教师认为其所在的社会重视教师职业。然而,该指标在不同国家或地区之间存在很大的差异性。在捷克、巴西仅有10%左右的教师认为所在社会将教师视为一项有价值的职业,但在瑞典和斯洛伐克该比例更低,甚至只有不到5%的教师认为社会尊重教师职业。与此情形具有天壤之别的是,在马来西亚、新加坡、芬兰,均有超过50%的教师认为社会尊重教师职业,尤其需要指出的是,在马来西亚,教师认为社会尊重教师职业的比例甚至达到83%之多。然而,与惯常存在明显差距的是,在具有尊师重教传统和社会氛围的中国上海,仅有不到一半(46%)的教师认为社会重视教师职业。

从总体上看,在TALIS 2013所有参与国家和地区教师中,10位教师中有9位对工作感到满意(见图4-4)。在本研究重点关注的16个国家和地区中,墨西哥教师中对工作满意的比例最高,达到97.82%,其次为马来西亚(97.04%),再次为比利时、保加利亚等国家和地区。除了以上国家和地区外,以色列、加拿大、芬兰等国家的教师群体中,对工作满意的教师占比均超过了国际均值。日本教师中对工作满意的比例仅为85.06%,是此轮TALIS调查参与国家和地区的最低值;瑞典和中

图4-4　不同国家和地区对工作满意的教师占比

数据来源: OECD, TALIS 2013 Database.

国上海的教师对工作感到满意比例分列倒数第二位(85.39%)和第三位(86.88%)。此外,包括巴西、新加坡、捷克等国家和地区的教师对工作感到满意的比例也均低于国际均值,约有 8 成的教师对工作感到满意。

此外,与不同国家和地区的教师对工作感到满意的占比高低排序并非一一对应。从不同国家和地区的教师工作满意度指数来看,TALIS 2013 调查所有参与国家和地区的教师工作满意度水平指数均值为 12.0(见图 4 - 5)。令人感到巧合的是,在本研究重点关注的国家和地区中,教师的工作满意度高于和低于国际平均值的分别有 8 个。数据分析结果显示,教师的工作满意度水平最高的国家是墨西哥(13.3),其次为马来西亚(12.8)、比利时(12.7);芬兰在 PISA 上取得了很好的成绩而成为世界各国学习的典范,且其教师在 TALIS 2013 调查中的工作满意度也表现出色,位居国际前列。此外,加拿大、以色列、澳大利亚等国家的教师工作满意度水平也均在国际均值之上。值得注意的是,中国上海教师的工作满意度(10.7)不仅是本研究重点关注的 16 个国家和地区中的最低值,而且还是本轮 TALIS 调查所有参与国家或地区中的最低值。不仅如此,与中国上海同属儒家文化圈的日本(11.3)、新加坡(11.3)等东亚国家和地区的教师的工作满意度水平也处于国际倒数位次。此外,斯洛伐克(11.2)、捷克(11.5)、保加利亚(11.7)等在地理区位上靠近的中东欧国家的教师工作满意度也低于国际平均水平。根据 TALIS 2013 技术手册关于教师工作满意指数拟合方法的说明(见表 4 - 11),教师的工作满意度指数由教

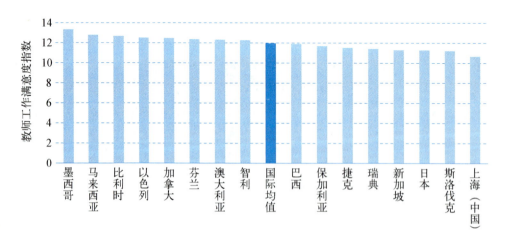

图 4 - 5 不同国家和地区的教师工作满意度指数

数据来源: OECD, TALIS 2013 Database.

师工作环境满意度指数与教师的职业满意度指数加权平均所得[①]。由此,教师的工作满意度指数和教师的职业满意度指数在不同国家和地区之间所呈现的差异化趋势与教师工作满意度的总体国际异同表现特点相似。

表4-11 不同国家和地区教师的工作满意度指数和职业满意度指数

国家或地区	工作环境满意度指数	职业满意度指数
澳大利亚	12.40	12.24
巴西	12.50	11.32
保加利亚	12.30	11.08
智利	12.42	12.12
捷克	11.69	11.37
芬兰	12.25	12.49
以色列	12.70	12.34
日本	10.93	11.62
马来西亚	12.32	13.25
墨西哥	13.19	13.46
新加坡	11.14	11.47
斯洛伐克	11.64	10.81
瑞典	12.14	10.71
比利时	12.87	12.50
加拿大	12.67	12.29
中国上海	10.57	10.79
国际均值	12.09	11.85

数据来源:OECD, TALIS 2013 Database.

[①] OECD. TALIS 2013 Technical Report [EB/OL]. http://www.oecd.org/education/school/TALIS-technical-report-2013.pdf.

二、TALIS 框架下教师工作满意度影响因素分析

(一)分析框架与统计方法

1. 分析框架和主要变量

在 TALIS 的话语体系中,教师的工作满意度由教师对当前工作环境的满意度和教师的职业满意度两大维度构成。根据学界有关教师的工作满意度影响因素的已有研究成果,TALIS 2013 重点从"教师人口学背景特征""教师在学校的工作体验""教学工作压力",以及"教师自我效能感"四大方面对教师的工作满意度的影响因素进行了考察分析。在以上分析框架的基础上,TALIS 结合项目参与国家或地区政府所关注的优先政策,对以上四大方面进行了重点维度或者操作性概念的解构。具体而言,在教师人口学背景特征方面,TALIS 重点关注了诸如教师性别、工作经验,以及教师所接受的职前教师教育专业准备(包括所接受的正规教育中涵盖的学科知识、教学方法和课堂实践等内容)等子维度。关于教师在学校的工作体验方面包括的维度则比较多,甚至一定程度上略显"繁杂",具体包括诸如课堂环境特征、学校领导力、师生关系、同事合作、专业发展,以及对教师的评价与反馈等块面。事实上,以上这些在一定程度上看似"繁且杂"的细分子维度可以简约归纳为"学校氛围""校内人际关系""专业发展""评价与反馈"等通常被视为工作环境体验和感知的重要构面;在教师压力方面则包含了"课堂教学压力"和"工作量压力"两个子维度。最后,TALIS 2013 从课堂管理、课堂教学策略和学生参与 3 个子维度构建了教师自我效能感(见图 4 - 6)。

在以上分析框架构建和维度解构的基础上,TALIS 明确了不同解构维度的关键性操作项目(item,即"问卷问项")。首先,在教师背景特征方面,除了通常关注的性别、年龄/教龄、学历层次和所教学科之外,TALIS 还着重关注了教师职前专业准备情况,如在职前教师教育中学科内容、教学法知识和课堂实践等要素所涵盖的情况。然而,与惯例经验并不完全一致的是,TALIS 2013 将教师在"最近一个完整日历周的工作小时数"作为教师的背景变量之一。在教师专业发展方面,则重点考察了入职培训和"传、帮、带"辅导,以及其他形式的专业发展活动等。至于教师评价与反馈,则主要包括评价与反馈形式,以及考核评价目的,其中值得注意的是,教师对评价与反馈目的的感知及对其工作满意度的影响。在教学实践方面则通过教师自我效能感、建构主义信念,以及教师教学与专业学习协作等重点变量进行考察。此外,TALIS 通过考察班额、学生构成(问题学生、低水平学业成绩学生占比

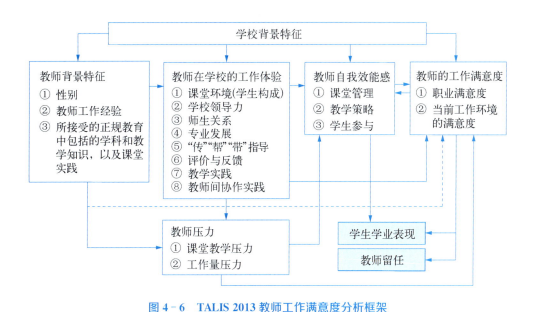

图 4 - 6　TALIS 2013 教师工作满意度分析框架

资料来源：OECD. TALIS 2013 Results：An International Perspective on Teaching and Learning[R]. Prise OECD Publishing, (2014) http：//dx.doi.org/10.1787/9789264196261-en.

等)和教师课堂教学时间分配 3 个维度来衡量课堂教学环境。在学校环境和教师工作满意度方面,重点审视了师生关系、教师对社会重视教师职业的感知、参与学校决策的机会等。最后在学校背景变量方面,则重点关注了学校的教学领导力变量。

根据已有关于工作满意度的理论研究成果来看,尽管 TALIS 在分析教师的工作满意度影响因素时,所关注的大部分变量是被证实与工作满意度存在相关关系的,如从教师的教龄和学历等基本的背景变量,到师生关系、专业发展指数和课堂环境特征等较为复杂和高阶的拟合尺度变量,均被证实与教师的工作满意度有重要关联(见表 4 - 12)。然而,TALIS 2013 对这些变量的描述界定和分类归集中,存在两点比较明显的欠准确之处,或者更严格地来说,在中国语境下对部分 TALIS 项目(变量)的理解,存在部分偏差之处。一是部分项目(变量)的分类归集有待进一步适配,譬如,TALIS 将教师一周的工作时间作为教师背景变量之一,但这一考察点放在教师教学实践维度似乎更合适;再如,把教师对社会重视教师职业价值的感知归为学校氛围也貌似欠妥,更合理的做法应该是把此变量作为审视社会人环境尊重教师程度的关键标志点。二是一些诸如对教师评价与反馈形式的变量设计也不太适合中国语境和中国经验。

表 4‑12　教师工作满意度影响因素（变量）

变　　　量	对　象	变量数据编码
1. 教师背景		
教师性别(1 = 女;2 = 男)	教师	TT2G01
教龄(0 = 5 年及以下;1 = 5 年以上)	教师	TT2G05B
学历(0 = 本科及以下;1 = 硕士及以上)	教师	TT2G10
正式培训或教育中包含学科知识／教学法／课堂实践等要素(连续变量,其中 3 个变量的分数在问卷编码合成:1 = 我接受过所教科目的以上所有正式培训;2 = 以上部分培训;3 = 没有)	教师	TT2G12A,TT2G12B,TT2G12C
所教授的学科(0 = 是;1 = 否)	教师	TT2G15A,TT2G15B,TT2G15C,TT2G15E,TT2G15G,TT2G15H
最近一个完整日历周的工作小时数(连续变量)	教师	TT2G16
2. 专业发展		
教师参与正式的专业发展项目(0 = 否;1 = 是)	教师	TT2G19A
教师参与非正式专业发展项目(0 = 否;1 = 是)	教师	TT2G19B
老师被指派了一位导师(0 = 否;1 = 是)	教师	TT2G20A
教师作为导师(0 = 无;1 = 是)	教师	TT2G20B
参加学校正式安排的辅导和指导(0 = 否;1 = 是)	教师	TT2G21I
参加会议,课程和研讨会(总和:0 = 否;1 或更高 = 是)	教师	TT2G21A1,TT2G21B1
3. 教师评价与反馈		
获得至少两位评估人员对课堂观察的反馈(0 = 获得 1 位及以下评估人员的反馈记录;1 = 获得 2 位及以上评估人员的反馈记录)	教师	TT2G28B1, TT2G28B2,TT2G28B3, TT2G28B4,TT2G28B5
来自学生调查的反馈(0 = 未接收任何学生调查反馈;1 = 收到 1 种或更多类型的学生调查反馈)	教师	TT2G28A1, TT2G28A2,TT2G28A3, TT2G28A4,TT2G28A5

变　　　　量	对　象	变量数据编码
测试分数的反馈(0＝未接收任何测试分数反馈;1＝接受1种或更多类型的测试分数反馈)	教师	TT2G28D1, TT2G28D2, TT2G28D3, TT2G28D4, TT2G28D5
对课堂上学生行为的反馈(0＝低至不重要;1＝中等至高重要性)	教师	TT2G29E
服务于行政管理的评估(0＝不同意／非常不同意;1＝同意／非常同意)	教师	TT2G31C
促进教学的评估(0＝不同意／非常不同意;1＝同意／非常同意)	教师	TT2G31B
4. 教学实践		
教师自我效能感(连续变量)	教师	TSELEFFS
教师合作(连续变量)	教师	TCOOPS
建构主义信念(连续变量)	教师	TCONSB
作为同一班级团队共同教学(0＝1年不到5次;1＝1年至少5次)	教师	TT2G33A
观察其他教师教学并反馈(0＝1年不到5次;1＝1年至少5次)	教师	TT2G33B
参与不同班级和年级组(例如项目)的联合活动(0＝1年不到5次;1＝1年5次或更多)	教师	TT2G33C
参加协作式专业学习(0＝1年不到5次;1＝1年5次或更多)	教师	TT2G33H
5. 课堂环境		
学业成绩较低的学生占比(0＝10%或以下;1＝高于10%)	教师	TT2G35B
有行为问题的学生占比(0＝10%或以下;1＝10%以上)	教师	TT2G35D
具有学术天赋的学生占比(0＝10%或以下;1＝超过10%)	教师	TT2G35F
所教班级人数(连续变量：学生人数)	教师	TT2G38

（续表）

变　　　量	对　象	变量数据编码
执行管理任务的时间占比(连续变量)	教师	TT2G39A
维持纪律的时间占比(连续变量)	教师	TT2G39B
6. 学校氛围和工作满意度		
教师工作满意度(连续变量)	教师	TJOBSATS
教师是一种有价值的社会职业(0 = 非常不同意或不同意;1 = 非常同意或同意)	教师	TT2G46H
师生关系(连续变量)	教师	TSCTSTU
学校为员工提供积极参与学校决策的机会(0 = 非常不同意/不同意;1 = 强烈同意/同意)	教师	TT2G44A
7. 学校背景		
教学领导力(连续变量)	校长	PINSLEAD

Source: OECD, TALIS 2013 Database.

TALIS 调查问卷包括了许多关于学校背景和校长以及教师看法的"项目"设计。虽然一些问卷项目被设计成可以作为单个项目直接用于分析(如前面提及的着重关注的变量),但是大量的项目被设计成为通过因子降维,拟合成量表(尺度)指数以标示和衡量潜在的关系结构。总体而言,在 TALIS 2013 调查问卷的项目设计中,包括两种不同类型的指数:一类是简单指数(如比率、平均值等)。这些指数是通过一个或多个项目的简单算术转换或重新编码即可构建。另一类是复杂量表(尺度)指数,是用于测量不能被直接观察到的潜在变量的指数。这些复杂高阶指数在操作上由直接可观察得到的项目所定义,并通过复杂统计分析程序对涉及量表(尺度)指数的项目进行降维拟合。一般而言,这些指数的分值是通过对二分变量或多元(例如李克特量表)项目进行因子分析的尺度拟合而得到的潜在特质估计。在 TALIS 2013 的教师问卷设计中,包括教师自我效能感、教师工作满意度、学校氛围、课堂纪律氛围、教师教学信念等 8 个构面的 14 个量表指数(如课堂管理效能感、工作环境满意度、职业满意度、师生关系、建构主义信念、有效专业发展等指数等)(见表 4 - 13)。

表 4‑13 TALIS 调查问卷中的量表指数

指 数 构 面		指 数 描 述	指 数 名 称	问 项 编 码
教师问卷	教师自我效能感	课堂管理效能感	TSELEFFS, SECLSS	TT2G34D, TT2G34F, TT2G34H, TT2G34I
		教学效能感	TSELEFFS, SEINSS	TT2G34C, TT2G34J, TT2G34K, TT2G34L
		激励学生效能感	TSELEFFS, SEENGS	TT2G34A, TT2G34B, TT2G34E, TT2G34G
	教师工作满意度	工作环境满意度	TJOBSATS, TJSENVS	TT2G46C, TT2G46E, TT2G46G, TT2G46J
		职业满意度	TJOBSATS, TJSPROS	TT2G46A, TT2G46B, TT2G46D, TT2G46F
	学校氛围	利益相关者参与协作	TSCSTAKES	TT2G44A, TT2G44B, TT2G44C, TT2G44D, TT2G44E
		师生关系	TSCTSTUDS	TT2G45A, TT2G45B, TT2G45C, TT2G45D
	课堂纪律氛围	需要维持纪律	TCDISCS	TT2G41A, TT2G41B, TT2G41C, TT2G41D
	教学信念	建构主义信念	TCONSBS	TT2G32A, TT2G32B, TT2G32C, TT2G32D
	教师之间的合作	教学交流和协作	TCOOPS, TCEXCHS	TT2G33D, TT2G33E, TT2G33F, TT2G33G
		专业发展协作	TCOOPS, TCCOLLS	TT2G33A, TT2G33B, TT2G33C, TT2G33H
	有效专业发展	有效专业发展	TEFFPROS	TT2G25A, TT2G25B, TT2G25C, TT2G25D
	专业发展需求	学科知识和教学方法	TPDPEDS	TT2G26A, TT2G26B, TT2G26C, TT2G26D, TT2G26F
		多样化教学	TPDDIVS	TT2G26H, TT2G26I, TT2G26J, TT2G26K, TT2G26L, TT2G26N

（续表）

指 数 构 面	指 数 描 述	指数名称	问 项 编 码
†校长问卷 学校氛围	相互尊重	PSCMUTRS	TC2G30C, TC2G30D, TC2G30E, TC2G30F
分布式领导	分布式领导的程度	PDISLEADS	TC2G22A, TC2G22B, TC2G22C
校长领导力	教学领导力	PINSLEADS	TC2G21C, TC2G21D, TC2G21E
学校资源	缺少教师	PLACKPER	TC2G31A, TC2G31B, TC2G31C
	缺乏物质资源	PLACKMAT	TC2G31D, TC2G31E, TC2G31F, TC2G31G, TC2G31H

备注：由于本研究关注的是教师工作满意度，在校长问卷中的量表指数仅列出了与教师工作满意度相关的部分指数，完整版的量表指数请参考：OECD. TALIS 2013 Technical Report.

2. 统计分析方法

在 TALIS 对数据进行统计分析的方法体系中，除了计算简单的均值和百分比之外，还重点应用到了相关分析、逻辑回归、多重线性回归，以及探索性因子分析（EFA）和验证性因子分析（CFA）等较为高阶的统计分析方法。在涉及教师工作满意度以及影响因素的分析方面，除了简单的均值和比例计算，更多的是，使用多元线性回归分析教师工作满意度与上文提及的 TALIS 所重点关注的变量或指数。在相关量表（尺度）指数的拟合构建方面，主要使用了探索性和验证性因子分析方法。在分析不同性别、教龄及教师其他分类变量在工作满意度上的差异性表现时，本研究还使用了方差分析方法（ANOVA）作为补充验证之方法。下文将重点对 TALIS 量表指数拟合方法和教师的工作满意度影响因素分析技术进行介绍。

在复杂量表指数的拟合和验证方面，如上文所述，TALIS 使用包含单个项目的问卷，这些项目被拟合（降维）形成不同的量表（尺度）指数，用于衡量教师的信念、态度和教学实践，以及校长的领导风格。TALIS 2013 使用项目频率和相关系数等复杂量表项目统计数据来初步评估所有国家和地区的量表项目质量，使用克隆巴赫系数 α（Cronbach's alpha）作为量表指数的可靠性度量，其中具有较差统计参数的量表项目被从中剔除。在操作流程上，首先用探索性因子分析来评估复杂尺度量表，随后使用验证性因子分析来构建复杂尺度量表，并且使用具有多个比较组的验证性因子分析来验证构建的尺度量表指数。拟合量表指数的优势在于，每个量表指数都结合了涵盖构成目标尺度不同特征的项目,因此提供了比单个项目更高的可靠性和有效性度量。此外,量表指数还可以减轻模型中多重共线性的问题。

　　根据验证性因子分析所具有的,能将感兴趣的结构体现为潜在的反映变量之特点,TALIS 使用验证性因子分析(CFA)来确认,并在必要时重新设计量表(尺度)指数的维度结构。尽管潜在变量是无法直接观察到的变量,但可以从其他可直接测量的变量中推断出来。由此,验证性因子分析模型可以根据潜在因子 η 对一组变量(或指标)y 的反映而进行预测。除了可直接观测的变量 y 和潜在因子 η 之外,验证性因子分析模型还包含因子载荷矩阵 Λ、截距矢量(常数)τ 和残差矢量 ε,验证性因子分析模型为:$y = \tau_y + \Lambda_y\eta + \varepsilon$。为了确定理论预期模型是否与数据相符合,需要验证不同的拟合参数,包括比较拟合指数(CFI)、塔克—刘易斯指数(TLI)、近似误差均方根(RMSEA)和标准化均方根残差(SRMR)。这些参数能够评估观测数据和基于估计模型预期的数据之间的对应关系。按照惯例,CFI≥0.90,TLI≥0.90,RMSEA≤0.08,SRMR≤0.10 被视为可接受的拟合模型。

　　通过可接受的拟合模型计算出尺度量表因子得分之后,为了方便后续分析,TALIS 把它们转换为便利度量。在针对初中阶段教师和校长的调查问卷中,该便利度量设定用于估计因子载荷和截距的汇集样本(pooled sample)之标准差为2.0,同时与构建尺度量表的项目响应选项中位点(四分制李克特量表中位点为2.5)保持一致,设定尺度量表常量为10。转换公式为:

$$Y_i = 10 + 2\left(\frac{FS_i - \overline{FS_i}}{SD_{FS}}\right) + c \qquad (4-1)$$

其中,Y_i 为简单尺度量表 i 的指数分值,

　　FS_i 为尺度量表 i 的因子分数,

　　$\overline{FS_i}$ 为因子分数的均值,

　　SD_{FS} 为因子分数的标准差,

　　c 为中位点值。

　　对于被定义为由两个或多个简单尺度量表拟合而成的复杂指数而言,如教师工作满意度由两个量表指数组成——对当前工作环境的满意度和对职业的满意度,则是通过对组成该复杂指数的相应若干个简单尺度量表(相对于拟合而成的该复杂指数而言,因为所谓的简单尺度量表本身也可能是通过对多个项目的拟合而

来)进行均值计算而获得复杂指数得分,其计算公式为:

$$Y_i = \frac{\sum_{j=1}^{N} X_{ij}}{N} \qquad (4-2)$$

其中,Y_i 为复杂量表(尺度)i 的指数分值;

X_{ij} 为拟合成为复杂指数 Y_i 的第 j 个简单尺度量表指数;

N 为拟合成为复杂指数的简单尺度量表个数。

通过以上方法,在 TALIS 2013 中所拟合的尺度量表指数包括:一是以校长为基础的复杂指数,包括学校氛围、分布式领导、校长工作满意度、教学领导力;二是基于校长的简单分类,包括教师人事管理、学校物质资源、学校自主;三是教师复杂量表指数,包括自我效能感、工作满意度、利益相关者参与、师生关系、纪律氛围、建构主义教学信念、教师合作、专业发展等。

此外,需要清醒认识到的是,TALIS 衡量的是项目参与国家和地区的教师关于一系列主题的自我报告信念、态度和实践做法。暂且不深究这些自我报告的内容是否与客观情况相一致,就这些自我报告的信念、态度和实践本身而言,也很可能因为个体差异和文化因素,影响对问题的理解和回答方式。由此,尽管跨国数据使得各国能够与面临类似挑战的其他国家进行比较,并从其政策方法中学习、借鉴改革之道。但是,也需要谨记跨国比较带来的特殊挑战。不同的国家对某些特定方面的不同意义构建以及其他本土因素,可能会威胁到问卷调查中跨国差异或跨文化比较的有效性。如果使用的量表在所有国家具有相同的含义,则能对国家之间进行有效比较[1]。为了确保 TALIS 调查工具在所有国家和地区的跨国不变性和有效性比较分析,TALIS 项目组专家除了密切监控问卷的翻译过程以确保准确之外,还使用了心理测量方法检查变量和测量结构的跨文化等效性[2]。

在对教师工作满意度影响因素进行分析时,TALIS 主要使用了多元线性回归方法。首先,通过对所有因变量和自变量的相关分析来测试多重共线性。然后运行特定国家或地区的多元线性回归来测试各种自变量对教师自我效能和工作满意度水平的影响。通过将线性方程拟合到 TALIS 数据,进行多元线性回归尝试来模拟两个或更多个自变量 x 与因变量 y(工作满意度)之间的影响关系。对于每个国

① van de Vijver, F J, Leung K, Methods and Data Analysis for Cross-Cultural Research[R]. London: Sage Publications, 1997.
② OECD. TALIS 2013 Technical Report [EB/OL]. http://www.oecd.org/education/school/TALIS-technical-report-2013.pdf.

家和地区而言,k 个解释变量 x_1,x_2,x_3,$\cdots$,x_k 的线性回归模型定义为 $y = \beta_0 + \beta_1 x_1 + \beta_2 x_2 + \cdots + \beta_k x_k + \varepsilon$。其中,$\beta_0$ 是截距(常数),β_1、β_2 和 β_k 是 y 对 x_1、x_2 和 x_k 的偏回归系数(Partial Regression Coefficent);β_k($i = 1,2,\cdots,p$)表示在其他自变量固定不变的情况下,自变量 x_k 每改变一个单位时,其单独引起因变量 y 的平均改变量(比率),ε 为残差项。诸如 IBM SPSS Statistics 之类的统计软件提供拟合值 b_0,b_1,b_2,$\cdots$,b_k,其估计 TALIS 数据的群体回归线的参数 β_0,β_1,β_2,$\cdots$,β_k。该曲线描述了所选因变量的平均响应如何随 TALIS 数据库中的解释变量而变化。

除关键预测变量外,回归分析中还包括若干控制变量,主要包括教师性别、教龄、学历水平,以及教师目前教授的科目与职前正规教育中所接受的学科知识、教学法和课堂实践等要素的一致程度等。需要注意的是,对于诸如 TALIS 数据的横截面数据,不能建立影响方向、确定因果关系,而只能进行基于数据参数的相关性推测。因此,不能在经验上区分描述"教师自我效能依赖于教师工作经验的模型"和描述"教师工作经验依赖于自我效能的模型"之间的差别。类似地,只能确定教师工作满意度和自我效能感存在互为影响的关系,不能断定二者之间的因果关系。此外,在对教师工作满意度影响因素进行统计分析时,选择自变量和因变量的原因主要是基于对已有相关理论研究结论的考虑。

事实上,关于 TALIS 量表拟合和指数计算,以及教师工作满意度影响因素的分析方法在 TALIS 2013 的技术报告和 TALIS 国际数据库使用指导手册中已做了详细的技术说明。本研究在此对相关分析方法做略显多余的概要表述,旨在说明 TALIS 拟合的量表都达到了可接受的程度,而且是能够在不同国家和地区之间开展对比分析的。

(二)教师工作满意度影响因素分析

影响教师工作满意度的因素既有来自教师个体层面的因素,也有来自学校组织层面的因素。在控制了教师性别、教龄、学历水平等个体背景特征和学生构成等课堂教学环境变量之后,进一步探讨和分析教师之间协作、师生关系融洽度、教师专业发展、建构主义教学信念,以及教师对社会重视教师职业的感知等因素对的工作满意度的影响。

1. 工作满意度与教师人口学变量的相关分析

TALIS 2013 的调查数据显示,教师的人口学变量特征与教师的工作满意度具有明显的相关。首先,在男女教师的工作满意度差异方面,通过计算线性回归系数来判断性别(自变量)对教师的工作满意度水平(因变量)的影响显示,在参加此轮调查中的 36 个国家和地区中,有 13 个国家和地区的数据显示,男教师的工作满意度水平显著低于女教师($p=0.05$)(见表 4 - 14)。这一现象在智利、瑞典、捷克等国家和地区尤为明显。值得注意的是,与女教师通常是教师队伍中的大多数的世界特征相似,在工作满意度方面,男教师明显低于女教师的这些国家和地区中,男教师通常是教师群体中的"少数"。然而,日本是为数不多的特例之一。数据显示,日本的男教师在教师队伍中的占比达到 61%,而与此特殊之处"巧合"的是,日本是唯一男教师的工作满意度明显高于女教师的国家($\beta=0.24$,S. E. = 0.07,$t=3.59$)。若由此来看,在某种程度上,教师队伍的性别比例与男女教师的工作满意度差异之间存在相关。此外,值得特别予以指出的是,被誉为拥有全球高水平教育系统的澳大利亚、加拿大、新加坡、芬兰、中国上海(见表 4 - 14)5 个国家或地区的男女教师工作满意度均不存在显著性别差异。尽管这些国家或地区的女教师占比明显高于男教师。在本研究给予重点关注的 16 个国家和地区中,仅有 5 个国家和地区存在工作满意度的显著性别差异,即男教师的工作满意度低于女教师。

表 4 - 14　教师工作满意度与性别的相关性

	性　　别			具有 5 年以上的教学经验		
	β	(S. E.)	t	β	(S. E.)	t
澳大利亚	− 0.25	(0.13)	− 1.88	− 0.25	(0.18)	− 1.35
巴西	− 0.10	(0.07)	− 1.48	0.07	(0.08)	0.92
保加利亚	0.02	(0.11)	0.17	− 0.16	(0.17)	− 0.94
智利	**− 0.32**	**(0.09)**	**− 3.41**	0.04	(0.10)	0.38
捷克	**− 0.23**	**(0.09)**	**− 2.58**	**− 0.18**	**(0.09)**	**− 2.05**
芬兰	− 0.08	(0.09)	− 0.94	**− 0.38**	**(0.09)**	**− 4.01**
以色列	− 0.01	(0.09)	− 0.16	0.20	(0.12)	1.70
日本	**0.24**	**(0.07)**	**3.59**	**− 0.20**	**(0.09)**	**− 2.11**
马来西亚	0.05	(0.07)	0.71	0.07	(0.07)	1.11
墨西哥	0.04	(0.06)	0.57	0.13	(0.08)	1.58

（续表）

	性　别			具有 5 年以上的教学经验		
	β	(S. E.)	t	β	(S. E.)	t
新加坡	0.05	(0.06)	0.83	**0.19**	**(0.06)**	**2.95**
斯洛伐克	**－0.22**	**(0.09)**	**－2.54**	－0.04	(0.08)	－0.45
瑞典	**－0.30**	**(0.08)**	**－3.61**	**－0.30**	**(0.11)**	**－2.69**
加拿大	－0.15	(0.11)	－1.44	0.03	(0.09)	0.32
比利时	－0.02	(0.09)	－0.23	**－0.37**	**(0.11)**	**－3.48**
中国上海	－0.04	(0.07)	－0.54	**－0.60**	**(0.09)**	**－7.01**

备注：(1) 表中自变量为"性别＝男"，因变量为教师工作满意度指数，显著性水平为 $p = 0.05$，即 $|t| \geqslant$ 1.96。(2) 教师"学历"和"职前正式教师教育内容"（包括学科知识、教学方法和课堂实践）为控制变量。由于数据处理软件版本差异，造成本表中数据与 OECD 官方公布的相关指数有细微差异，但对结论没有实质影响。
数据来源：OECD, TALIS 2013 Database.

表 4 - 15　中国上海男、女教师的工作满意度水平比较

性　别	N	Mean	Std. Deviation
女	26 359	10.70	1.64
男	10 165	10.63	1.75

备注：方差分析(ANOVA)显示，中国上海男、女教师的工作满意度不存在显著差异($F = 0.974$，$p = 0.324$)。
数据来源：OECD, TALIS 2013 Database.

　　其次，在教师的教龄与工作满意度的关系（见图 4 - 17）方面，通过以 5 年教龄为间隔节点比较不同经验水平教师的工作情感态度发现，尽管在大多数国家，教学经验丰富(教龄长)的教师往往具有更高的工作满意度，但在此轮 TALIS 调查中有 12 个国家或地区存在着教龄较长的教师的工作满意度反而较低的现象，如在芬兰、中国上海、日本和比利时，拥有超过 5 年教龄的教师，其工作满意度与教学工作经验较少的同事相比略低。从不同教龄年限与对应的工作满意度线性走势来看，教龄与教师的工作满意度之间呈现 U 形曲线关系。这说明从国际平均数据的维度来看，教师在前 15 年教学工作中的工作满意度略有下降。然而，此后则出现了积极上升的关联态势。这意味着职业生涯中期阶段确实给教师带来了工作挑战

（中期职业倦怠），并影响工作满意度①。但同时，需要注意的是，对于参与此轮TALIS调查的大多数国家和地区教师而言，随着教龄的增加，具有多年教学工作经验的教师通常会有较高的工作满意度。尽管存在工作经验越丰富的教师往往具有较高工作满意度的客观现象，但二者之间相关关系的因果方向还不能明确。中国上海的数据显示，虽然相关程度很弱，但教龄（自变量）与教师的工作满意度之间存在显著负相关，且在控制性别和学历因素后，二者的负相关仍然显著（$\beta = -0.02$，S.E. $= -0.00$，$t = -4.69$）。值得给予关注的是，尽管中国上海的数据也整体呈 U 形态势，但中国上海具有 31 年及以上教龄的教师的工作满意度明显比初入职教师较低。

图 4 - 7　不同教龄教师工作满意度水平分布

从不同年龄组教师的工作满意度水平分布（见图 4 - 8）来看，与不同教龄教师工作满意度水平的分布趋势相比，中国上海不同年龄阶段教师的工作满意度水平分布结构呈现出更接近 U 形的趋势，即分别位于职业周期两端的新入职年轻教师和 60 岁及以上教师的工作满意度是较高的，位于职业生涯中期的中青年教师工作满意反而较低。然而，从不同年龄组教师的工作满意度水平看，60 岁及以上教师的工作满意度是最高的，新入职年轻教师的工作满意度次之；与此不同的是，教龄为 5 年及以下的教师是不同教龄组中工作满意度最高的，比教龄达 31 年以上教师

① Klassen R M, Chiu M M. Effect on teachers' self-efficacy and job satisfaction: Teacher gender, years of experience, and job stress[J]. Journal of Educational Psychology, 2010, 102(3): 741 - 756.

的工作满意度还要高。对这一现象的可能解释是,60 岁及以上"银龄"教师本应处于退休状态,而能够进行"超龄服役",一是说明这些教师敬业爱岗、甘于奉献、热心教育教学,而且从现实经验来看,这些"银龄"教师以前做过校长,或是教研员、特级教师、骨干教师,大多是业务精良的中级及以上职称的高级教师;二是这部分超龄服役教师属于教师群体中的少数(TALIS 2013 调查中,上海 60 岁及以上教师加权后占比为 0.55%),因此工作满意度明显较高。而教龄超过 30 年的教师并不完全是退休教师,还有相当一部分是年龄介于 50—59 岁的教师,故而呈现出教龄较长(30 年及以上)的教师与"银龄"教师之间工作满意度不能完全对应的情况。此外,需要特别指出的是,中国上海不同年龄组教师的工作满意度均明显低于对应年龄组的国际平均水平。

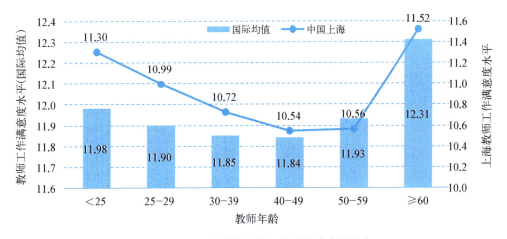

图 4 - 8　不同年龄教师的工作满意度水平分布

从教师职业生涯周期理论的视角来看,休伯曼等(Huberman,1993)提出的"教师职业周期主题模式"或许能够较为合理地解释不同教龄与年龄的教师工作满意度分别呈现出 U 形特点的缘由。在该理论中,休伯曼把教师职业发展分为七个时期[①]:一是"入职初期",约为开始教师职业生涯的前 3 年。这一时期由于职业新鲜感、工作环境的陌生感并存,以及出于快速获得同事或领导认可的动机,初入职教师通常表现出较大的工作积极性和工作热情,以及明显的工作义务感与满足感;二是"稳定期",约为工作后的第四至第六年。这一时期的教师对职业仍较投入,会积极应对工作中的挑战,以图不断提升自己的业务能力,构建属于自己的教学策略

---

① 王蔚虹. 国外教师职业生涯周期研究述评[J]. 集美大学学报(教育科学版),2008(02):3 - 7.

或风格。三是约为工作后第七至第二十五年的"实验和歧变期"。该时期的教师开始尝试革新,且随着改革意愿的持续,教师的职业动力和职业水平会有所提高。但与此同时,该阶段也是教师对职业的"重新估价期",若锐意革新失败则会导致教师产生自我怀疑和对职业初衷的重新认知。此外,周而复始的单调教学工作和"铁打的营盘",会造成教师职业和工作环境新鲜感全无,进而产生职业倦怠感;五是在工作的第二十六年至第三十三年,教师会进入"平静和关系疏远期"。此时的教师经验丰富(40—50岁),能够轻松地应对教学工作,但此时教师的工作满意度会越来越低,职业投入和热情不足。六是"保守和抱怨期"。该阶段的教师在 50—60 岁的准退休期,因此,很少再进行新探索,处于"无欲所求"的消极状态,甚至产生抱怨。值得注意的是,该阶段的教师会由于参与一定的学校管理工作,拥有比较好的办公条件,加之对工作不满意的教师已主动离职等,处于德高望重阶段的老教师,其工作满足感会有一定提升。最后是"退休期",约在工作后第三十四年至第四十年。然而,尽管存在关于教师职业生涯不同发展阶段特征不尽相同的诸多理论阐释,但中国上海的数据显示,教师年龄与工作满意度之间并不存在显著的相关($\beta =$ -0.01, S. E. $= -0.01$, $t = -1.21$)。

关于学历与工作满意度方面,与已有大多研究认为,拥有较高学历的中小学教师通常工作满意度反而较低(亦即中小学教师学历与工作满意度之间存在显著的负相关)[①] 的结论不同,TALIS 2013 的数据似乎显示,在大多数国家和地区,初中教师的学历高低和工作满意度水平之间并不存在显著性相关。在本研究中重点关注的 16 个国家和地区中仅有澳大利亚和斯洛伐克的教师学历高低与工作满意度水平之间显示出显著性相关(见表 4 - 16),且这二者呈现的相关性还截然不同,即在澳大利亚的教师的学历与工作满意度之间呈现负相关;但在斯洛伐克则呈现出教师学历越高,工作满意度也随之增加的正相关。具体就中国上海的数据来看,尽管中国上海不同学历水平教师的工作满意度水平均值存在稍微差异,但由于不同学历水平组教师样本数差异悬殊,中国上海教师学历高低与工作满意度水平之间并不存在显著性相关(见表 4 - 17)。

---

① Kyoung-oh Song, Eun-Jung Hur, Bo-Young Kwon. Does high-quality professional development make a difference? Evidence from TIMSS[J]. A Journal of Comparative and International Education, 2018, 48 (6): 954 - 972.

表 4‑16　教师工作满意度与学历层次的相关性

	β	(S. E.)	t
澳大利亚	**− 0.41**	**(0.07)**	**− 6.12**
巴西	0.15	(0.20)	0.78
保加利亚	− 0.30	(0.14)	− 0.21
智利	0.19	(0.14)	1.37
捷克	0.31	(0.22)	1.37
芬兰	0.03	(0.16)	0.21
以色列	− 0.51	(0.34)	− 1.52
日本	0.02	(0.17)	0.14
马来西亚	0.11	(0.12)	0.94
墨西哥	0.19	(0.26)	0.75
新加坡	0.06	(0.14)	0.45
斯洛伐克	**0.36**	**(0.13)**	**2.79**
瑞典	0.23	(0.15)	1.50
加拿大	0.19	(0.51)	0.38
比利时	− 0.01	(0.09)	− 0.07
中国上海	− 0.03	(0.19)	− 0.17

备注：表中自变量为"教师学历水平"，因变量为教师工作满意度指数，显著性水平为 $p = 0.05$，即 $|t| \geqslant 1.96$。
数据来源：OECD，TALIS 2013 Database.

表 4‑17　中国上海不同学历层次教师工作满意度水平比较

学 历 水 平	N	Mean	Std. Deviation
Below ISCED Level 5	15	10.39	0.27
ISCED Level 5B	538	10.65	1.37

（续表）

学 历 水 平	N	Mean	Std. Deviation
ISCED Level 5A	35 895	10.68	1.68
ISCED Level 6	20	11.41	0.00

备注：中国上海教师工作满意度水平不存在显著差异（$p = 0.05$）。
数据来源：OECD, TALIS 2013 Database.

　　然而，值得关注的是，如果把本科学历作为教师学历水平的分界点（见表4-18），再考察本科学历以下教师与本科及以上学历教师之间工作满意度的差异发现，教师学历和工作满意度之间存在一定程度的负相关，即本科及以上学历教师的工作满意度比大专及以下学历教师的工作满意度要低。该研究发现，与中小学教师学历越高而工作满意度反而较低的主流结论相一致。具体本研究重点关注的16个国家和地区数据显示，捷克、巴西、墨西哥、新加坡、瑞典呈现出教师学历（以本科为对照）与工作满意度之间存在显著负相关，其中，捷克和巴西教师学历越高而工作满意度越低的线性相关更为强烈。具体到中国上海而言，中国上海学历为本科及以上的教师工作满意度与学历为本科以下教师的工作满意度之间并不存在显著性差异。当然，正如前文所述，这很有可能是由于中国上海参与此轮 TALIS 调查的样本教师学历结构以本科为主所导致。

表4-18　教师工作满意度与本科学历的相关性

	β	(S. E.)	t
澳大利亚	－1.22	0.88	－1.39
巴西	**－0.38**	**0.13**	**－2.88**
保加利亚	0.07	0.14	－0.49
智利	－0.18	0.15	－1.21
捷克	**－0.44**	**0.12**	**－3.53**
芬兰	0.02	0.16	0.13
以色列	0.31	0.31	1.00

（续表）

	β	(S. E.)	t
日本	− 0.20	0.17	− 1.14
马来西亚	0.06	0.10	0.64
墨西哥	− 0.18	0.09	− 1.94
新加坡	− 0.01	0.11	− 0.12
斯洛伐克	**− 0.43**	**0.21**	**− 2.08**
瑞典	**− 0.33**	**0.12**	**− 2.76**
加拿大	− 0.20	0.48	− 0.41
比利时	− 0.09	0.08	− 1.16
中国上海	− 0.26	0.22	− 1.18

备注：(1) 表中自变量为"教师学历水平"(本科为节点)，因变量为教师工作满意度指数，显著性水平为 $p = 0.05$，即$|t| \geqslant 1.96$。(2) 教师性别、教龄为控制变量。

数据来源：OECD, TALIS 2013 Database.

2. 工作满意度与课堂环境的相关分析

学生成绩水平差异明显(包括学业成绩较低学生较多，或者具有学习天赋的学生较多)，或者行为纪律问题学生较多等具有挑战性特征的课堂环境，会对教师的工作满意度水平产生影响，尤其是如果教师没有得到适当的职业准备或支持。该领域的大多数经验证据表明，如果教师教授的学生有行为和情绪控制问题，教师往往倾向于具有较低的工作满意度，并且比没有教授类似课堂环境的同事更有可能离职。若加之由于缺乏教授这些类型学生所需的特定技能或经验，教师的工作满意度低和离职的情况尤其如此[1]。此处将重点探讨教师的工作满意度和班级规模，以及具有挑战性特征的课堂环境之间的关联。按照 OECD 的界定，如果课堂上有超过 10% 的学生学业成绩较差，抑或超过 10% 的学生存在行为纪律问题，则被认为是具有挑战性的课堂环境。同时，如果所教课堂有 10% 或更多学生具有学术天赋，那么这类课堂也被认为是具有挑战性的课堂环境，因为在一个学生学业成绩水

---

[1] Henderson K. et al, Teachers of children with emotional disturbance: A national look at preparation, teaching conditions, and practices[J]. Behavioral Disorders, 2005, 31(1): 6 - 17.

平和学习能力差异悬殊的课堂环境中开展有效教学也是一项挑战性的工作[①]。

关于最佳班级规模和小班化教学的议题学者已开展了诸多讨论[②][③][④],出于财政成本和教学质量的考虑,许多国家政府也对最佳班额颇为关注[⑤]。我国各级政府把消除中小学大班额作为重要的教育改革任务和发展目标之一。然而,从班额与工作满意度之间关系的视角来看,与已有研究认为"所教班级规模较小的教师具有较高的工作满意度"[⑥]的结论不同,TALIS 2013 的数据有一个有趣的发现是,班额大小似乎仅对少数几个国家和地区的教师工作满意度有很小的影响。TALIS 2013 调查数据显示,上海的平均班级规模为 35 人,班级规模与教师工作满意度之间不存在显著相关($\beta = -0.03$, S. E. $= -0.03$, $t = -1.06$)。对 TALIS 数据的进一步分析发现,不是班额大小,而是教师所教班级中的学生类型(课堂环境的挑战性)与工作满意度具有很大程度的相关(见图 4-9)。

根据 TALIS 2013 的调查数据来看,在许多国家和地区,如果教师所教班级中有超过十分之一的学生具有行为纪律问题,那么教师通常表现出具有较低水平的工作满意度。有 29 个国家和地区的数据显示,有较多行为问题学生组成的课堂教学环境与教师的工作满意度降低有关,且二者之间的相关程度很明显,达到了中度和高度相关。对本研究重点关注的 16 个国家和地区的数据分析发现,除了瑞典之外,其余 15 个国家和地区的数据显示,教师工作满意度与所教班级行为问题学生占比之间存在显著负相关,即所教班级行为问题学生占比越多,教师的工作满意度越低,并且这一负相关关系在智利、澳大利亚、保加利亚、比利时、日本和中国上海等国家或地区表现得尤为强烈(见表 4-19)。如图 4-10 所示,中国上海教师的工作满意度随着班级中行为问题学生所占比例不断增加而显著下降。

① OECD. Talis 2013 Results: An International Perspective on Teaching and Learning, Prise: OECD Publishing, 2014. http://dx.doi.org/10.1787/9789264196261-en.

② Nye B, Hedges L V, Konstantopoulos S. The Effects of Small Classes on Academic Achievement: The Results of the Tennessee Class Size Experiment[J]. American Educational Research Journal, 2000, 37 (1): 123-151.

③ Borland M V, Howsen R M, Trawick M W. An investigation of the effect of class size on student academic achievement[J]. Education Economics, 2005, 13(1): 73-83.

④ Bosworth R. Class size, class composition, and the distribution of student achievement[J]. Education Economics, 2014, 22(2): 141-165, DOI: 10.1080/09645292.2011.568698

⑤ Chingos M M. Class size and student outcomes: Research and policy implications[J]. Journal of Policy Analysis and Management, 2013, 32(2): 411-438.

⑥ Price, W, Terry, E. Can Small Class Sizes Help Retain Teachers to the Profession? [J]. International Journal of Educational Leadership Preparation, 2008: v3 n2 Jul-Sep.

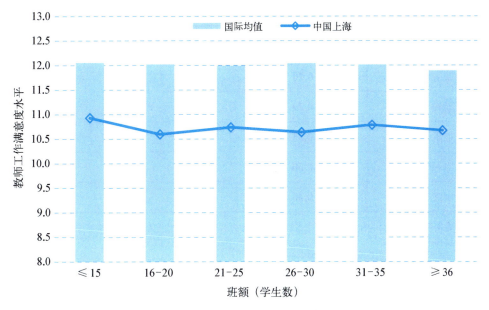

图 4-9 班额大小与教师工作满意度对应图

表 4-19 教师工作满意度与具有行为问题的学生占比的相关性

	β	(S. E.)	t
澳大利亚	− 0.55	(0.14)	− 3.83
巴西	− 0.46	(0.07)	− 6.21
保加利亚	0.52	(0.10)	− 5.13
智利	− 0.43	(0.13)	− 3.30
捷克	− 0.34	(0.10)	− 3.52
芬兰	− 0.45	(0.09)	− 5.07
以色列	− 0.52	(0.08)	− 6.44
日本	− 0.33	(0.12)	− 2.83
马来西亚	− 0.32	(0.08)	− 3.78
墨西哥	− 0.31	(0.06)	− 4.76
新加坡	− 0.25	(0.07)	− 3.59

（续表）

	β	(S. E.)	t
斯洛伐克	−0.20	(0.09)	−2.29
瑞典	−0.29	(0.13)	−2.33
加拿大	−0.35	(0.13)	−2.77
比利时	−0.50	(0.10)	−5.17
中国上海	−0.46	(0.11)	−4.06

备注：表中自变量为"行为纪律问题学生占比"，因变量为教师工作满意度指数，显著性水平为 $p = 0.05$，即 $|t| \geqslant 1.96$。

数据来源：OECD，TALIS 2013 Database.

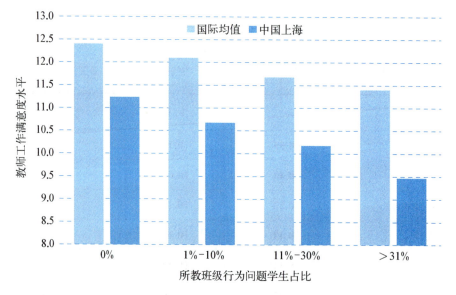

图 4-10　行为问题学生占比与教师工作满意度对应图

同时，TALIS 2013 调查数据显示，在 24 个国家和地区的数据中发现，具有较多低学业成绩水平的学生的课堂环境与教师工作满意度也呈显著的负相关(见表 4-20)，即如果所教班级中有超过十分之一的学生成绩较差，教师往往具有明显低水平的工作满意度。本研究予以重点关注的 16 个国家和地区中，仅有智利和以色列的数据显示，教师的工作满意度与所教课堂学业成绩低水平的学生占比之间不存在显著性相关，但在剩余的国家和地区中，二者之间均存在显著的负相关,并且这一负相关关系在中国上海、巴西、瑞典等国家或地区表现得尤为强烈。结合上文对教师工作满意度与有行为问题的学生占比例之间的相关关系的分析结果来看,能够发现一些有趣的现象,如相比学生的学业成绩,智利、以色列的教师似乎更在意有行为问题的学生对工作情感体验的影响;但在瑞典则呈现出截然相反的情况,即相比学生的行为纪律问题,瑞典教师更关注学生学业成绩水平对工作满意度的影响。

表 4 - 20　教师工作满意度与低学业成绩学生占比的相关性

	β	(S. E.)	t
澳大利亚	− 0.32	(0.11)	− 2.91
巴西	− 0.53	(0.08)	− 6.64
保加利亚	− 0.23	(0.09)	− 2.42
智利	− 0.02	(0.13)	− 0.19
捷克	− 0.22	(0.08)	− 2.64
芬兰	− 0.20	(0.08)	− 2.51
以色列	− 0.08	(0.08)	− 1.06
日本	− 0.35	(0.07)	− 4.90
马来西亚	− 0.12	(0.09)	− 1.31
墨西哥	− 0.20	(0.08)	− 2.46
新加坡	− 0.27	(0.08)	− 3.60
斯洛伐克	− 0.23	(0.08)	− 2.86
瑞典	− 0.39	(0.09)	− 4.20
加拿大	− 0.29	(0.13)	− 2.26
比利时	− 0.30	(0.08)	− 3.69
中国上海	− 0.46	(0.06)	− 7.70

备注:(1) 表中自变量为"低学业水平学生占比",因变量为教师工作满意度指数,显著性水平为 $p = 0.05$,即 $|t| \geqslant 1.96$。

此外,需要特别指出的是,在本研究着重关注的 16 个国家和地区中,除了智利、以色列、斯洛伐克和瑞典,包括中国上海在内的其余 12 个国家或地区同时具有以上两类挑战性特征的课堂环境与教师的工作满意度之间存在中等或强度负相关。表 4 - 19 和表 4 - 20 分别列出了有超过十分之一是有行为问题的学生、超过 1/10 为低学业水平学生的课堂环境与教师的工作满意度之间的相关程度。

相比之下,在参与此轮 TALIS 调查的 23 个国家或地区中发现,若所教班级有超过十分之一的学生在学术上有天赋,那么教师则往往具有更高的工作满意度。简言之,课堂中具有学术天赋的学生所占比例与教师的工作满意度之间呈现正相关。对于保加利亚、中国上海和日本等国家和地区的教师来说,该类课堂环境与教师工作的满意度有着特别强烈的关系。尽管大多数国家和地区呈现有学术天赋的学生所占比例越高,其教师的工作满意度水平也往往较高的正相关现象,但值得注意的是,在被誉为拥有世界高水平教育体系的国家或地区中,澳大利亚、芬兰、中国上海表现出教师的工作满意度与有学术天赋的学生占比之间的显著正相关关系,但在新加坡和加拿大并未表现出显著的相关(见表 4 - 21)。

表 4 - 21　教师工作满意度与具有学术天赋学生占比的相关性

	β	(S. E.)	t
澳大利亚	0.39	0.13	2.95
巴西	0.26	(0.12)	2.16
保加利亚	0.59	(0.11)	5.64
智利	0.31	(0.11)	2.78
捷克	0.08	(0.11)	0.76
芬兰	0.30	(0.09)	3.44
以色列	0.22	(0.11)	2.01
日本	0.49	(0.12)	4.01
马来西亚	0.25	(0.07)	3.33
墨西哥	0.18	(0.06)	2.74
新加坡	0.16	(0.09)	1.79

（续表）

	β	(S. E.)	t
斯洛伐克	**0.16**	**(0.07)**	**2.41**
瑞典	0.09	(0.11)	0.87
加拿大	0.16	(0.12)	1.34
比利时	− 0.08	(0.28)	− 0.30
中国上海	**0.57**	**(0.07)**	**8.27**

备注：表中自变量为"学术天赋学生占比"，因变量为教师工作满意度指数，显著性水平为 $p = 0.05$，即 $|t| \geqslant 1.96$。

与预期判断相符的是，TALIS 2013 的数据显示，在绝大部分国家和地区中，教师的工作满意度水平与所教课堂中家庭社会经济背景处于不利地位的学生所占比例之间存在显著的强负相关。即使在考虑教师的性别、教龄、学历等背景特征等因素之后，教师的工作满意度仍在绝大多数国家和地区表现出与所教课堂中家庭社会经济背景不利的学生所占比例之间存在显著且高度的负相关（见表 4 - 22）。事实上，结合已有关于学生学业成绩影响因素的研究成果和现实经验可以看到，学生家庭社会经济文化地位（ESCS）处于不利地位的学生大概率是学业成绩较低、且往往具有行为问题的学生（当然不排除"寒门出贵子"的现象），而且这两类学生正是构成具有挑战性课堂环境的主要因素。由上文分析可知，低学业水平的学生和有行为问题的学生所占比例与教师工作满意度呈负相关，由此，家庭社会经济文化背景不利的学生所占比例与教师工作满意度呈现负相关也符合逻辑假设和惯常经验。当然，不可否认的是，家庭社会经济文化背景不利的学生所占比例较多的学校，可能由于办学条件和资源局限以及所在的社区环境较差等因素，也会造成教师的工作满意度降低。

表 4 - 22　教师工作满意度与家庭背景不利学生占比的相关性

	β	(S. E.)	t
澳大利亚	− 0.40	(0.13)	− 3.20
巴西	− 0.58	(0.07)	− 8.31

（续表）

	β	(S. E.)	t
保加利亚	**−0.25**	**(0.11)**	**−2.29**
智利	−0.16	(0.15)	−1.07
捷克	**−0.20**	**(0.10)**	**−2.07**
芬兰	**−0.36**	**(0.10)**	**−3.49**
以色列	**−0.52**	**(0.09)**	**−5.57**
日本	**−0.19**	**(0.08)**	**−2.37**
马来西亚	**−0.15**	**(0.08)**	**−1.96**
墨西哥	−0.06	(0.08)	−0.77
新加坡	**−0.25**	**(0.07)**	**−3.49**
斯洛伐克	**−0.19**	**(0.08)**	**−2.38**
瑞典	**−0.36**	**(0.14)**	**−2.61**
加拿大	−0.22	(0.13)	−1.63
比利时	**−0.50**	**(0.10)**	**−5.20**
中国上海	**−0.41**	**(0.08)**	**−5.06**

备注：（1）表中自变量为"家庭社会经济背景不利学生占比"，因变量为教师工作满意度指数，显著性水平为
$p=0.05$，即 $|t| \geqslant 1.96$。

（2）教师性别、学历、教龄和班级规模为控制变量。

结合以上分析可以发现，上海教师的工作满意度与具有不同挑战特征的课堂环境之间的相关关系和国际主流趋势相同，且国际趋势在上海的样本值中表现得比较强烈和突出，即上海教师的工作满意度分别与所教课堂中有行为问题的学生所占比例、低学业表现水平的学生所占比例，以及家庭社会经济背景不利的学生所占比例的课堂环境之间存在显著的中度负相关，而与所教课堂中具有学术天赋的学生所占比例之间存在高度的正相关。换句话说，上海教师的工作满意度分别随着所教班级的有行为问题的学生所占比例的增加和低学业水平的学生所占比例的增加，以及家庭社会经济背景不利的学生所占比例的增加而明显降低。与此相反

的是,如果所教班级中具有学术天赋的学生所占比例越高,上海教师的工作满意度也随之显著提升(见图4-11)。

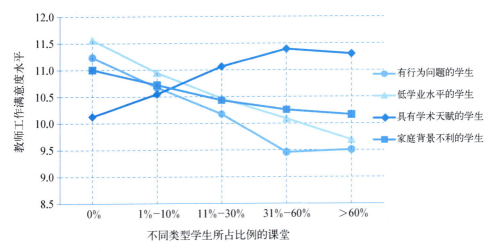

图4-11 不同挑战性课堂环境下上海教师的工作满意度水平

3. 工作满意度与专业发展的相关分析

鉴于知识的不断更新和信息技术的快速更迭,作为职前准备的教师教育并不能为教师应对教学实践中各种瞬息万变的挑战做好充分准备,因此,需要通过在职培训为教师提供有效的教师专业发展活动①。哈佛大学 Chingos 和 Peterson (2011)以中小学生的考试成绩标示"教师效能",进而分析教师授课经验(教龄)与教师效能之间的关系后发现,教师效能在教师工作一定年限(如数学教师为12年左右)达到峰值后开始降低②。这一研究发现说明,从提升教师教学能力和学生学业成绩的角度来看,无论是刚入职的新手教师抑或是经验丰富的"专家型"老手,处于职业发展不同阶段的教师都需要给予适当的专业发展支持。Cohen 和 Hill (2001)的研究还发现,教育政策制定者日益认识到接受并能够进行创新的教师更倾向于在教学实践中尝试新的方式和方法,因此,为教师提供学习新知识和新技能的专业发展机会显得尤为重要③。事实上,教师专业发展(TPD)已经被越来越多

① Musset P. Initial Teacher Education and Continuing Training Policies in a Comparative Perspective: Current Practices in OECD Countries and a Literature Review on Potential Effects [R]. OECD Education Working Papers 48. Paris: OECD Publishing, 2010.

② Chingos M, Peterson E. It's easier to pick a good teacher than to train one: Familiar and new results on the correlates of teacher effectiveness[J]. Economics of Education Review, 2011, 30(3): 449-465.

③ Cohen D K, Hill H C. Learning Policy: When State Education Reform Works[M]. New Haven CT: Yale University Press. 2001.

的政策制定者和学者认为是提高教学质量和学生学业成绩的重要途径。21 世纪伊始,教师专业发展已经列入了包括欧盟、美国等国家和地区教育政策制定者的重要议事日程之中,许多国家已经在国家层面增加了对教师专业发展的经费投入。甚至在很大程度上可以说,自进入 21 世纪以来的世界教育改革成效取决于各个国家和地区教师的专业发展情况①。

尽管教师专业发展已经成为世界各国和相关国际组织普遍关注的重要议题②,然而并不是所有的教师专业发展活动都是有效的,那些能够有效促进教师教学实践能力提高,进而提升学生学业成绩水平的教师专业发展活动被称为是高质量的教师专业发展(high-quality TPD)③。在总结高质量的教师专业发展活动所具有的特点时,Darling-Hammond 和 Richardson(2009)认为,高质量的教师专业发展项目通常需要持续一段时间(几周或几个月等),具有使教师能够通过协作式深度参与的特点,专注于教师所教授的学科内容,并且为教师课堂应用提供多种机会④。持有类似观点的 Opfer 和 Pedder(2011)也发现,高质量的教师专业发展专注于学科知识,并通过提供最大程度的集体协作参与(collaborative learning,即在培训期间鼓励和支持不同小组的教师积极分享教学经验)和积极主动的学习方式(active learning,即为教师主动参与教学和积极学习创造机会,如从同事那里收到反馈,或观察其他教师教学,使他们能够深入理解新的教学方法)来开展,且通常能够促进更好的教育结果产生⑤。

此外,从项目开展的形式来看,教师的专业发展活动可以包括多种类型,可以有正式组织的专业发展活动,包括入职培训计划、职初辅导、课堂观摩、报告会和研讨会等,也可以有更多非正式组织的专业发展活动,如"传、帮、带"、带教辅导、工作坊等⑥。本小节探讨教师参与的不同类型专业发展活动与工作满意度之间的关系

① OECD. Teachers Matter: Attracting, Developing and Retaining Effective Teachers[R]. Paris: OECD. Opfer, V. D., and D. Pedder. 2011.// Conceptualizing Teacher Professional Learning[J]. Review of Educational Research 2005, 81 (3): 376 – 407.

② Schleicher A. Lessons from the World on Effective Teaching and Learning Environments[J]. Journal of Teacher Education 2011, 62 (2): 202 – 221.

③ Barrera-Pedemonte, F. High-Quality Teacher Professional Development and Classroom Teaching Practices: Evidence from TALIS 2013 [R]. OECD Education Working Papers 141, Paris: OECD Publishing, 2016.

④ Darling-Hammond L. Richardson N. Teacher learning: What matters? [J]. Educational Leadership, 2009, 66(5): 46 – 53.

⑤ Opfer V D, Pedder D. Conceptualizing Teacher Professional Learning[J]. Review of Educational Research, 2011, 81 (3): 376 – 407.

⑥ OECD. Talis 2013 Results: An International Perspective on Teaching and Learning[R]. Paris: OECD Publishing. 2014. http://dx.doi.org/10.1787/9789264196261-en.

（见表 4-23）。对教师专业发展与工作满意度的相关性,诸多学者的研究发现,教师专业发展与工作满意度之间存在显著的统计学关联,尤其是高质量的教师专业发展与教师更高的工作满意度显著相关①。此外,参加专业发展活动的教师倾向于高效工作,并且对自己职位最满意的教师认为,他们与学生的关系、日常工作任务,以及通过专业发展活动所获得的应对工作挑战的创造性方法,都是对他们"士气"产生积极影响的因素。

表 4-23 教师的专业发展与工作的满意度

	教师专业发展			高质量专业发展		
	β	(S. E.)	t	β	(S. E.)	t
澳大利亚	**0.80**	**(0.39)**	**2.05**	**0.21**	**(0.04)**	**5.72**
巴西	**0.40**	**(0.11)**	**3.72**	**0.11**	**(0.01)**	**7.57**
保加利亚	0.12	(0.13)	0.94	**0.09**	**(0.03)**	**3.49**
智利	**0.48**	**(0.13)**	**3.63**	**0.09**	**(0.03)**	**2.87**
捷克	0.01	(0.10)	0.07	**0.14**	**(0.02)**	**5.94**
芬兰	0.10	(0.09)	1.06	**0.10**	**(0.02)**	**3.67**
以色列	-0.04	(0.18)	-0.23	**0.06**	**(0.02)**	**2.68**
日本	0.14	(0.10)	1.34	**0.13**	**(0.03)**	**3.68**
马来西亚	**0.44**	**(0.16)**	**2.76**	**0.12**	**(0.02)**	**6.05**
墨西哥	0.03	(0.19)	0.13	**0.13**	**(0.02)**	**7.15**
新加坡	0.39	(0.25)	1.58	**0.15**	**(0.02)**	**7.66**
斯洛伐克	**0.16**	**(0.07)**	**2.18**	0.03	(0.02)	1.82
瑞典	**0.39**	**(0.13)**	**3.05**	**0.15**	**(0.02)**	**6.00**
加拿大	0.48	(0.47)	1.01	**0.20**	**(0.03)**	**6.10**

① Kyoung-oh Song, Eun-Jung Hur, Bo-Young Kwon. Does high-quality professional development make a difference? Evidence from TIMSS, Compare: A Journal of Comparative and International Education, 2018, 48(6): 954-972.

（续表）

	教师专业发展			高质量专业发展		
	β	(S. E.)	t	β	(S. E.)	t
比利时	0.23	(0.14)	1.64	**0.09**	**(0.02)**	**3.76**
中国上海	0.36	(0.21)	1.69	**0.20**	**(0.02)**	**12.40**

备注：(1) 表中自变量为 1 为"在过去的 12 个月中参加了专业发展活动"，自变量 2 为"有效教师专业发展指数"，因变量为教师的工作满意度指数，显著性水平为 $p = 0.05$，即 $|t| \geqslant 1.96$；(2) 教师性别、教龄、学历、班额、低学业水平的学生所占比例、有行为问题的学生和具有学术天赋的学生所占比例为控制变量。

根据 TALIS 2013 的数据显示，绝大部分国家和地区的教师在过去 12 个月中有参加专业发展活动的比例达到 90% 左右，其中中国上海（97.69%）、新加坡（97.99%）、澳大利亚（96.63%）、加拿大（97.74%）、马来西亚（96.58%）、墨西哥（95.60%）等国家或地区参加专业发展活动的比例均达到 95% 以上甚至更高，而智利（71.69%）、斯洛伐克（73.30%）仅有 7 成左右的教师反馈在过去的 12 个月中参加了教师专业发展活动。从教师专业发展活动持续的时间来看，各个国家和地区的差异十分明显，其中中国上海教师在过去 12 个月中参加专业活动的时间达到逾两个月（62.83 天）之多，而相应的国际均值则不及中国上海的一半，约为 27.6 天。需要说明的是，中国上海教师在过去 12 个月中参加专业发展活动的天数排在第二，巴西教师的专业发展活动天数是最多（68.88 天）。此外，墨西哥（55.97 天）、智利（46.79 天）教师的专业发展的持续时间也相对较多。与此形成明显对比的是，比利时（11.76 天）、瑞典（12.59 天）、芬兰（13.90 天）等国家的教师专业发展持续时间不足两周；新加坡（21.66 天）、捷克（21.27 天）、日本（18.21 天）、加拿大（16.98 天）等国家的教师的专业发展持续时间为 2—3 周。然而，在教师专业发展与工作满意度关系方面，在本研究重点关注的 16 个国家和地区中，仅有澳大利亚、智利、马来西亚等 6 个国家和地区的数据发现，教师的专业发展与工作满意度之间存在着显著的统计学相关。需要提及的是，在 TALIS 调查中，把具有协作性、集体互动参与、促进教师主动学习，并有一定持续时间特点的教师专业发展活动定义为高质量的教师专业发展[1]。参与 TALIS 2013 调查的所有国家和地区（除了斯洛伐克）的数

---

[1] Barrera-Pedemonte F. High-Quality Teacher Professional Development and Classroom Teaching Practices: Evidence from Talis 2013[R]. OECD Education Working Papers, No. 141, Paris: OECD Publishing, 2016. https://doi.org/10.1787/5jlpszw26rvd-en.

据均显示,高质量的教师专业发展活动与教师的工作满意度存在显著相关,即使在考虑教师性别、年龄和学历等人口学因素之外,这一相关也显著存在。

从教师专业发展具体类型来看,有超过一半的国家和地区,反馈参加正式入职培训的教师倾向于报告更高水平的工作满意度,但日本的情况相反。保加利亚、巴西和中国上海的教师参与正式入职培训活动的情况与工作满意度之间呈中等正相关。同时,大部分国家或地区也较一致地表现出教师参与非正式入职培训与工作满意度存在正相关的情况,但中国上海为负相关。综合来看,在巴西、保加利亚、芬兰、墨西哥和瑞典表现出入职培训(正式和非正式)与教师的工作满意度存在着显著的正相关。这些结果表明,对于大多数国家而言,入职培训对教师工作满意度有着明显的影响(见表4-24)。

表4-24　入职培训与教师工作满意度的关系

	正式入职培训			非正式入职培训		
	β	(S. E.)	t	β	(S. E.)	t
澳大利亚	0.28	(0.15)	1.93	**0.27**	**(0.11)**	**2.33**
巴西	**0.30**	**(0.05)**	**5.71**	0.25	(0.06)	4.46
保加利亚	**0.61**	**(0.10)**	**6.37**	0.32	(0.09)	3.64
智利	0.03	(0.12)	0.24	**0.34**	**(0.11)**	**3.21**
捷克	0.06	(0.07)	0.93	**0.20**	**(0.06)**	**3.20**
芬兰	**0.17**	**(0.08)**	**2.25**	0.27	(0.09)	3.05
以色列	-0.40	(0.09)	-0.42	0.02	(0.08)	0.29
日本	**-0.24**	**(0.09)**	**-2.80**	0.18	(0.08)	2.25
马来西亚	0.11	(0.09)	1.26	**0.18**	**(0.05)**	**3.28**
墨西哥	**0.27**	**(0.06)**	**4.63**	0.14	(0.06)	2.44
新加坡	0.10	(0.08)	1.33	**0.20**	**(0.07)**	**2.83**
斯洛伐克	0.09	(0.07)	1.39	0.12	(0.06)	1.85
瑞典	**0.26**	**(0.12)**	**2.15**	0.25	(0.10)	2.43

（续表）

	正式入职培训			非正式入职培训		
	β	(S. E.)	t	β	(S. E.)	t
加拿大	**0.25**	**(0.09)**	**2.70**	0.01	(0.12)	0.09
比利时	**0.25**	**(0.07)**	**3.40**	0.05	(0.07)	0.72
中国上海	**0.34**	**(0.11)**	**3.16**	**−0.17**	**(0.07)**	**−2.48**

备注：（1）因变量为教师工作满意度指数，显著性水平为 $p = 0.05$，即 $|t| \geqslant 1.96$。
　　　（2）教师性别、教龄、学历、班额、低学业水平的学生所占比例、有行为问题的学生所占比例、具有学术天赋的学生所占比例为控制变量。

　　此外,在大多数国家和地区,"传、帮、带"带教辅导活动中提供或者接受辅导均可以提高教师的工作满意度[1],特别对于是否获得带教导师指导的新入职教师而言,这种相关性尤其显著和突出。与"传、帮、带"辅导活动中的是否担任导师角色相比,是否获得带教导师的指导往往与工作满意度之间存在更显著的正相关(见表4-25)。对这一看似有悖惯常经验的可能解释是,初入职教师若能获得经验丰富的"师傅"指导,不仅意味着可以使自己快速融入新的工作环境中,更重要的是,还很可能从师傅那里获得宝贵且有效的"草根经验"和快速了解关键的"校本特色",进而克服初入职的恐慌感,提升积极的工作情感体验。相关研究也发现,为处于职业生涯早期阶段的新手教师营造良好支持的工作环境,并使其获得频繁的反馈和指导尤其重要[2]。此外,导师还帮助新入职教师了解教学标准,帮助新入职教师对自身的专业实践进行自我评估和接受外部反馈等方面也发挥着重要作用[3]。作为教学经验丰富的"老法师",往往是处于职业生涯的中后期阶段,其自身可能正面临职业瓶颈和中期倦怠,加之若外部没有对作为导师职责的有效激励,老教师很可能缺少内在应有的"传、帮、带"工作的热情和积极性,甚至将带教导师的角色作为"额外"职责;而且从实践经验来看,带教导师很可能没有足够的时间做好充分

① OECD. Talis 2013 Results: An International Perspective on Teaching and Learning[R]. Paris: OECD Publishing 2014. http://dx.doi.org/10.1787/9789264196261-en.
② Jensen B, et al. The Experience of New Teachers: Results from TALIS 2008[R]. TALIS, Paris: OECD Publishing, 2012, https://doi.org/10.1787/9789264120952-en.
③ OECD. Synergies for Better Learning: An International Perspective on Evaluation and Assessment, OECD Reviews of Evaluation and Assessment in Education[R]. Paris: OECD Publishing, 2013: 322.

履行他们职责的准备[1]。尽管如此,需要说明的是,与不承担"传、帮、带"带教导师职责的教师相比,担任带教导师的教师通常具有更高的工作满意度。这一情况对于是否获得带教导师,能否被有经验的带教导师指导的新入职教师来说同样存在,并且尤其明显,即在"传、帮、带"的带教工作中被导师指导的教师往往比没有获得导师指导的教师有更高的工作满意度水平。具体对中国上海数据而言,是否被分配有导师与教师的工作满意度存在显著正相关($\beta = 0.48$, S. E. $= 0.08$, $t = 6.41$)(见图 4 - 12)。

表 4 - 25　"传、帮、带"辅导与教师的工作满意度的关系

	被分配一位导师			作为一名导师		
	β	(S. E.)	t	β	(S. E.)	t
澳大利亚	**0.64**	**(0.15)**	**4.16**	0.15	(0.12)	1.26
巴西	**0.22**	**(0.06)**	**4.02**	0.15	(0.15)	0.98
保加利亚	**0.47**	**(0.17)**	**2.74**	0.23	(0.15)	1.48
智利	0.50	(0.30)	1.68	0.41	(0.23)	1.59
捷克	**0.32**	**(0.14)**	**2.22**	**0.39**	**(0.13)**	**3.06**
芬兰	0.46	(0.24)	1.88	0.24	(0.27)	0.86
以色列	− 0.09	(0.10)	− 0.89	**0.23**	**(0.08)**	**2.74**
日本	**0.32**	**(0.08)**	**4.02**	**0.20**	**(0.09)**	**2.22**
马来西亚	**0.24**	**(0.08)**	**3.17**	**0.30**	**(0.09)**	**3.25**
墨西哥	**0.24**	**(0.10)**	**2.33**	0.19	(0.11)	1.79
新加坡	**0.48**	**(0.07)**	**6.60**	**0.15**	**(0.07)**	**2.30**
斯洛伐克	**0.28**	**(0.14)**	**2.10**	0.18	(0.11)	1.57
瑞典	**0.96**	**(0.26)**	**3.64**	**0.78**	**(0.22)**	**3.53**

[1]　Hobson A J, Ashby P. Malderez A. Tomlinson P D. Mentoring beginning teachers: What we know and what we don't. Teaching and Teacher Education: An International Journal of Research and Studies, 2009, 25(1): 207 - 216.

（续表）

	被分配一位导师			作为一名导师		
	β	(S.E.)	t	β	(S.E.)	t
加拿大	**0.43**	**(0.17)**	**2.58**	**0.38**	**(0.13)**	**3.01**
比利时	**0.35**	**(0.13)**	**2.65**	**0.29**	**(0.14)**	**2.05**
中国上海	**0.48**	**(0.08)**	**6.41**	0.13	(0.08)	1.63

备注：1. 因变量为教师工作满意度指数，显著性水平为 $p = 0.05$，即 $|t| \geqslant 1.96$。2. 教师性别、教龄、学历、班额、低学业水平占比、行为问题学生、具有学术天赋的学生占比为控制变量。

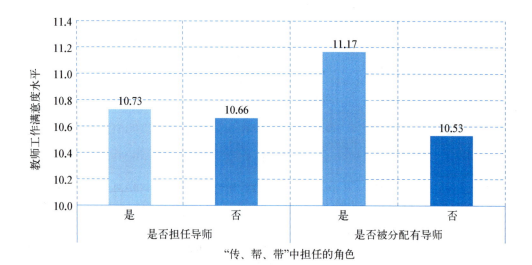

图 4-12 中国上海"传、帮、带"辅导中不同角色教师的工作满意度水平

4. 教师的工作满意度与校内人际关系的相关性分析

教师对学校氛围、协作文化和学校领导力的感知会极大地影响他们的工作压力水平、教学效率和工作满意度[1]。例如，与工作量相关的感知压力，以及因学生行为而产生的教学工作压力似乎与教师的工作满意度直接相关[2]，并且以提高学校教学质量和学生成绩为归旨，打造有效教与学环境的校长教学领导力会进一步强

---

① Collie R J, Shapka J D, Perry N E. School climate and socio-emotional learning: Predicting teacher stress, job satisfaction, and teaching efficacy[J]. Journal of Educational Psychology, 2012, 104(4): 1189-1204.

② Klassen R M, Chiu M M. Effect on teachers' self-efficacy and job satisfaction: Teacher gender, years of experience, and job stress[J]. Journal of Educational Psychology, 2010, 102(3): 741-756.

化教师工作压力感知和工作满意度之间的相关关系。事实上,已有研究发现,教师之间的合作可以提高其教学专业化水平,防止压力和职业倦怠[1]。除了能够减少教师间"筒仓式"的孤立效应,同时增加教师对共同利益的承诺之外,分布式领导还会对以上相关关系产生强化的影响[2]。然而,比校长领导风格更重要的是,教师与其他教师间的同事关系(在 TALIS 调查问卷中,教师之间的人际关系通过不同的合作方式来定义)。基于利益相关者理论和教学相长的视角来看,学校领导和学生是教师改善教学的基础[3]。教师对这些校内人际关系(与校长的关系、同事关系、师生关系)的满意度似乎是教师整体工作满意度的最重要指标[4][5]。

本部分将重点分别讨论"教师—校领导""教师—教师"和"教师—学生"等重要的校内人际关系与教师的工作满意度之间的相关性。其中"教师—校领导"的人际关系包括两个重要的方面,即分布式领导力指数以及校长的教学领导力指数。分布式领导力指数通过项目"学校为员工提供积极参与学校决策的机会"(TT2G44A)来衡量;教学领导力指数则通过"校长采取实际行动支持教师之间合作,以探索新的教学方法"(TC2G21C)、"校长采取实际行动确保教师尽责,努力提高自身教学技能"(TC2G21D)、"校长采取举措确保教师对学生的学习结果负责"(TC2G21E)3 个项目的拟合指数进行标示。师生关系指数则包括 4 个项目,即"教师和学生通常相处融洽"(TT2G45A)"大多数教师都认为学生的幸福感很重要"(TT2G45B)"大多数教师重视学生的观点和意见"(TT2G45C),以及"学校会为有额外需要的学生提供帮助"(TT2G45D)。教师间同事关系指数则包括教师教学交流与协作指数和教师专业发展合作指数,具体涉及 8 个项目,即与教同一班级的其他教师组成教学团队(TT2G33A)、观察其他教师的课堂并提供反馈(TT2G33B)、参与跨班级或年级的合作活动(如项目)(TT2G33C)、与同事交换教学资料

① Rosenholtz S. Teachers' Workplace: The Social Organization of Schools, Longman[M]. New York: NY, 1989.

② Wahlstrom K L, Louis K S. How teachers experience principal leadership: The roles of professional community, trust, efficacy, and shared responsibility[J]. Educational Administration Quarterly, 2008 (44): 458-495.

③ Louis K S. Changing the culture of schools: Professional community, organizational learning, and trust [J]. Journal of School Leadership, 2006(16): 477-487.

④ Holzberger D, Philipp A, Kunter M. How teachers' self-efficacy is related to instructional quality: A longitudinal analysis[J]. Journal of Educational Psychology, online first publication, 2013(4): 29. http://dx.doi.org/10.1037/a0032198.

⑤ Caprara G V, Barbaranelli C, Steca P, Malone P S. Teachers' self-efficacy beliefs as determinants of job satisfaction and students' academic achievement: A study at the school level[J]. Journal of School Psychology, 2006, 44(6): 473-490.

(TT2G33D)、参与关于特定学生的学习发展计划讨论(TT2G33E)、与本校其他教师合作以确保采取共同标准以评估学生的进步程度(TT2G33F)、参加团队会议(TT2G33G)、参与协作式的专业学习(如教研活动)(TT2G33H)等。

TALIS 2013 的数据显示,在除了韩国之外的所有国家和地区,教师之间的合作关系与较高水平的教师工作满意度呈现中等偏弱程度的相关。同时,无一例外的是,在所有第二轮 TALIS 调查参与国家和地区中,均表现出师生关系在提高教师的工作满意度方面具有显著的影响力。尽管教师之间的同事关系、师生关系均与教师的工作满意度呈现显著的正相关,但从回归参数来看,在很多国家和地区表现出,师生关系与教师的工作满意度的相关程度要比教师间同事关系与工作满意度水平的相关程度高 2—3 倍。这说明,相比教师间同事关系而言,师生关系在提高教师的工作满意度水平方面的效用更强,师生关系质量似乎是提高教师的工作满意度最重要的考量因素。譬如,在本研究着重关注的 16 个国家或地区中,保加利亚、芬兰、墨西哥、新加坡和中国上海等国家和地区的数据显示,师生关系与教师的工作满意度水平之间的回归参数是教师同事间人际关系与工作满意度水平之间对应参数的 3 倍左右,而在马来西亚,相应参数之间的之比高达到 4 倍之多。

此外,值得注意的是,瑞典、澳大利亚和智利等国家的教师似乎比其他国家或地区的教师更看重同事关系对工作满意度的影响。颇有些出人意料的是,被众多学者的研究成果已经证实了"是一个讲人情面子的社会"的中国上海[①],教师的同事人际关系与工作满意度的相关程度与比利时、芬兰、新加坡等国家或地区相当,甚至明显不及日本、加拿大等国家或地区的教师校内同事间的人际关系对工作满意度的影响程度。此外,从数据表现来看,新加坡、澳大利亚、芬兰、日本等国家教师的工作满意度水平与师生关系的相关性更强烈,且整体而言,相比教师间同事关系对教师工作满意度的影响,包括中国上海在内的 16 个国家或地区的教师似乎更容易受师生关系对其工作满意度水平的影响(见表 4 - 26)。

在教师与校领导之间的人际关系方面,已有大量相关研究表明,如果教师能够有机会积极参与学校的决策,则教师的工作满意度水平会有显著的提升。与主流研究结论相一致的是,TALIS 2013 数据显示,包括本研究重点关注的所有国家或地区,教师工作满意度水平与其积极参与学校决策之间均存在显著的强相关,教师积极参与学校决策能够明显提升教师的工作满意度水平(见表 4 - 27),尤其是在

---

① 翟学伟.人情、面子与权力的再生产——情理社会中的社会交换方式[J].社会学研究,2004(05):48 - 57.

表4-26　校内人际关系与教师工作满意度的相关性参数(a)

	师生关系			教师间同事关系			低学业水平学生占比>10%			行为问题学生占比>10%		
	β	(S. E.)	t	β	(S. E.)	t	β	(S. E.)	t	β	(S. E.)	t
澳大利亚	0.34	(0.03)	9.89	0.16	(0.03)	6.36	−0.25	(0.10)	−2.47	−0.25	(0.14)	−1.86
巴西	0.26	(0.02)	14.18	0.10	(0.02)	6.24	−0.33	(0.08)	−4.14	−0.38	(0.07)	−5.79
保加利亚	0.32	(0.03)	10.53	0.10	(0.03)	3.09	−0.23	(0.11)	−2.15	−0.41	(0.10)	−4.07
智利	0.23	(0.03)	7.68	0.16	(0.02)	7.00	−0.06	(0.12)	−0.51	−0.33	(0.12)	−2.63
捷克	0.31	(0.02)	13.68	0.11	(0.02)	5.29	−0.17	(0.07)	−2.36	−0.26	(0.09)	−3.04
芬兰	0.32	(0.02)	15.52	0.11	(0.03)	3.68	−0.15	(0.08)	−1.88	−0.35	(0.08)	−4.19
以色列	0.33	(0.02)	15.65	0.14	(0.02)	6.09	−0.02	(0.07)	−0.34	−0.36	(0.08)	−4.32
日本	0.32	(0.02)	16.01	0.14	(0.02)	6.44	−0.34	(0.06)	−5.54	−0.29	(0.10)	−2.83
马来西亚	0.33	(0.02)	15.79	0.08	(0.02)	3.82	−0.03	(0.08)	−0.39	−0.13	(0.08)	−1.67
墨西哥	0.24	(0.02)	13.95	0.08	(0.02)	4.82	−0.04	(0.07)	−0.52	−0.20	(0.07)	−2.97
新加坡	0.35	(0.02)	16.29	0.12	(0.02)	7.54	−0.18	(0.07)	−2.58	−0.19	(0.07)	−2.91
斯洛伐克	0.26	(0.02)	13.43	0.10	(0.02)	4.56	−0.16	(0.07)	−2.21	−0.16	(0.08)	−1.91
瑞典	0.25	(0.02)	10.06	0.24	(0.03)	7.48	−0.35	(0.08)	−4.18	−0.28	(0.12)	−2.29
加拿大	0.31	(0.02)	13.28	0.14	(0.03)	4.39	−0.23	(0.12)	−2.68	−0.32	(0.12)	−2.68
比利时	0.27	(0.02)	11.34	0.10	(0.04)	2.87	−0.28	(0.08)	−3.51	−0.44	(0.08)	−5.31
中国上海	0.29	(0.02)	15.87	0.10	(0.02)	6.16	−0.27	(0.06)	−4.95	−0.37	(0.10)	−3.51

备注：(1) 因变量为教师工作满意度指数，显著性水平为 $p=0.05$，即 $|t|≥1.96$；

(2) 教师性别、教龄、学历、班额，低学业水平学生所占比例，有行为问题的学生所占比例，具有学术天赋的学生所占比例为控制变量。

保加利亚、加拿大、新加坡、中国上海、澳大利亚等国家和地区,这一相关关系表现得特别突出。然而,令人颇感意外的是,与已有相关文献研究结论不同的是,TALIS数据显示,学校的教学领导力与教师工作满意度之间仅在极个别国家和地区存在很弱的相关。

表4-27 校内人际关系与教师工作满意度的相关性参数(b)

	员工(教师)有机会积极参与学校决策			低学业水平学生占比>10%			行为问题学生占比>10%		
	β	(S. E.)	t	β	(S. E.)	t	β	(S. E.)	t
澳大利亚	1.29	(0.13)	9.75	-0.34	(0.10)	-0.32	-0.39	(0.14)	-2.83
巴西	0.94	(0.07)	12.61	-0.43	(0.08)	-5.43	-0.44	(0.08)	-5.77
保加利亚	1.64	(0.14)	11.96	-0.23	(0.10)	-2.24	-0.47	(0.10)	-4.51
智利	0.86	(0.13)	6.82	0.01	(0.13)	0.06	-0.35	(0.13)	-2.79
捷克	1.33	(0.08)	16.82	-0.19	(0.08)	-2.51	-0.33	(0.09)	-3.80
芬兰	0.96	(0.13)	7.22	-0.19	(0.08)	-2.48	-0.41	(0.09)	-4.48
以色列	1.24	(0.10)	12.67	-0.09	(0.08)	-1.10	-0.38	(0.08)	-4.74
日本	0.83	(0.08)	10.16	-0.34	(0.07)	-4.84	-0.27	(0.12)	-2.38
马来西亚	0.94	(0.09)	10.93	-0.09	(0.09)	-0.92	-0.26	(0.08)	-3.19
墨西哥	0.66	(0.07)	9.60	-0.11	(0.08)	-1.37	-0.28	(0.07)	-3.91
新加坡	1.40	(0.06)	22.34	-0.28	(0.07)	-3.99	-0.16	(0.07)	-2.43
斯洛伐克	0.97	(0.07)	13.18	-0.20	(0.08)	-2.64	-0.17	(0.09)	-1.96
瑞典	1.15	(0.11)	10.66	-0.32	(0.09)	-3.43	-0.22	(0.12)	-1.80
加拿大	1.51	(0.17)	8.97	-0.28	(0.13)	-2.11	-0.36	(0.12)	-3.09
比利时	1.16	(0.12)	9.98	-0.26	(0.08)	-3.13	-0.42	(0.09)	-4.40
中国上海	1.39	(0.07)	18.85	-0.27	(0.06)	-4.63	-0.36	(0.10)	-3.47

备注:(1)因变量为教师工作满意度指数,显著性水平为 $p=0.05$,即 $|t| \geqslant 1.96$;
　　　(2)教师性别、教龄、学历、班额、低学业水平学生所占比例、行为问题学生所占比例、具有学术天赋的学生所占比例为控制变量。

由上文的主要分析结果可以发现,TALIS 2013 的数据表明,在教师工作满意度与校内人际关系方面存在 4 个较为明显的特点:首先,校内人际关系(尤其是师生关系)对教师的工作满意度有着不可忽视的重要影响效应;其次,学校领导应该注重并鼓励教师之间的合作关系,以及师生之间的积极人际关系构建;再次,为教师提供积极参与学校决策机会的校长,可以促进教师显著且明显地收获更高水平的工作满意度;最后,与主流观点不同的是,TALIS 2013 数据中几乎没有证据表明教学领导力与教师的工作满意度存在相关关系。

此外,值得给予特别重视的现象是,校内人际关系在减轻甚至抵消挑战性课堂环境对教师的工作满意度水平的负面影响方面具有明显的中介效应。研究表明,当学生与教师融洽相处时,或者当学生感受到教师为了他们提高学业成绩而全力以赴时,学生们往往学得更好,且纪律问题更少[1]。相当一部分国家和地区的数据显示,教师在学校中的人际关系(包括师生关系、教师间同事关系和教师参与学校决策的机会)能够改变(降低)前文所讨论的课堂学生构成特征与教师工作满意度之间的关联。如前文所述,所教课堂上超过 10% 的学生为学习成绩水平较差的学生,那么教师通常表现出较低的工作满意度。尽管在考虑了教师的校内人际关系之后,这种相关性依然存在。但值得注意的是,几乎在所有国家和地区,教师工作满意度与具有较多低学业水平学生的课堂环境之间的负相关强度都有所降低或减弱。如在考虑了师生关系和教师间同事人际关系之后,低学业水平学生所占比例与教师的工作满意度的负相关情况在芬兰、墨西哥等国家便不存在统计学上的显著意义,同时,在巴西和中国上海等国家或地区这种负相关程度也明显降低。因此,从某种程度上可以说,教师与校长、同事和学生之间的积极人际关系可以帮助减轻教师在低学业成就水平学生所占比例较多的课堂中所体验的较低工作满意度。具有相似效应的是,教师的校内人际关系虽然没有抵消前文所提及的关于行为问题学生占比较多的课堂环境和教师工作满意度之间的负相关,但是,不可否认的是,考虑了教师的校内人际关系之后,在有行为问题的学生所占比例较多的课堂环境与教师工作满意度水平呈现显著负相关的很多国家和地区,积极的教师校内人际关系降低了这种关联程度。

这些数据表明,教师与学校中其他人建立的积极校内人际关系在提高教师工作满意度和降低教师不满意方面非常有价值。教师的校内人际关系可以如此显著,以至于它们可以抵消挑战性课堂(低学业水平的学生多、有行为问题的学生多)

---

[1]　陆璟. PISA 测试的理论和实践[M]. 上海：华东师范大学出版社,2013：144.

与教师工作满意度之间通常存在的消极关系。事实上,注重思想交流和实践协作的教师往往不仅具有更高水平的工作满意度,且通常还具有更好的师生关系[①],而所有这些都是学生成绩的重要预测因素[②]。然而,必须清醒地认识到,在学校内培育更有成效的积极人际关系所需的各种改变并不能完全依靠决策者(校长),也不是单单依靠决策者自身可以构建的。构建积极的校内人际关系,无疑需要校长通过政策支持等为发展和培育积极的校内人际关系营造有利的组织氛围,但同时更需要教师和学生的主动参与和积极互动。

5. 教师工作满意度与评价和反馈的相关性

教师是作为学校层面提高学生学业成绩的关键因素之一。教育质量的提高,很大程度上依赖于教师的教学动机和课堂专业表现。有效鉴别教师的教学能力和专业表现并提供有价值的判断与反馈,除了有助于增强教师对其教学实践的责任意识之外,也是提高教师教学质量和促进教师专业学习的重要举措,还是改善教育成果的重要驱动力,更是不断提高学校有效教学的关键抓手之一。考核评价是未来实践改进的基础[③]。对教师开展有效的评价和反馈,不仅能够鉴别教师的专业行为表现[④],帮助教师反思自己的教学实践,确定如何更好地形成或改进自身的教学实践,进而成为教师持续进行专业学习的关键杠杆。同时,评价和反馈也是认可教师在其职业生涯中取得的进步,对有效教学进行激励、认可和奖励的重要途径。此外,更重要的是,对教师进行评价和考核,也提供了一种认可和奖励高质量教学的有效途径,并因此决定教师的职务晋升和新角色的扮演[⑤]。

教师评价和反馈是教师职业发展的重要组成部分,不仅能够鉴别和培育教师的优势,同时激励教师及时克服教学实践中的弱点,还可以显著增强教师对教学方法、教学实践和学生学习的理解[⑥]。从统计分析的角度来看,尽管尚未明确证明对

① Vieluf S, et al. Teaching Practices and Pedagogical Innovation: Evidence from TALIS[R]. Paris: OECD Publishing, 2012. http://dx.doi.org/10.1787/9789264123540-en.
② Caprara G V, Barbaranelli C, Steca P, Malone P S. Teachers' self-efficacy beliefs as determinants of job satisfaction and students' academic achievement: A study at the school level[J]. Journal of School Psychology, 2006, 44(6): 473-490.
③ Isoré M. Teacher evaluation: Current practices in OECD countries and a literature review[R]. OECD Education Working Papers, No. 23, Paris: OECD Publishing, www.oecd.org/edu/workingpapers.
④ Jensen B, Reichl J. Better Teacher Appraisal and Feedback: Improving Performance[R]. Melbourne: Grattan Institute.
⑤ OECD. Synergies for Better Learning: An International Perspective on Evaluation and Assessment[R]. OECD Reviews of Evaluation and Assessment in Education, Paris: OECD Publishing, 2013: 271-277.
⑥ Santiago P, Benavides F. Teacher Evaluation: A Conceptual Framework and Examples of Country Practices[M]. Paris: OECD Publishing, 2009. http://www.oecd.org/education/school/44568106.pdf.

教师的考核评价与学生学业水平之间存在着直接的相关。但是，当教师获得关于对自身教学实践的持续反馈时，评价和反馈也为教师创造了反思和改善自身教学专业行为表现的机会，而这反过来又会对教师课堂教学、动机和态度，以及学生的学习体验和学习结果产生重要的影响[1][2]。有研究发现，有意义的教师评价和反馈指向教师专业发展和学生学习的改进[3]。此外，评价和反馈通过识别和改善教学的具体方面来帮助教师提高教学技能，并可以改善教师与学生的关系[4]。

教师评价和反馈已被证明对教师的工作满意度能产生积极影响，因此成为有效教育环境的重要元素[5]。由于教学目标是促进学生学习，改进学生的学习方式，所以教与学之间的互动应该是评估和反馈的关键组成部分[6]。不同的方法可以为教师专业表现的整体评价与反馈提供侧重点不同的有效信息。为了衡量教师的知识水平和技能，全面把握教师的能力，教师评价和反馈需要使用多种考核方式并采用多种证据来识别有效的教学[7]，尤其是当考核结果被用于诸如教师晋升和终身教职等高利害决策时，多元方法和不同来源渠道的证据显得尤为重要。课堂观察、教师访谈和教师自我考核可以为审视教师的教学风格和教学方式提供不同的视角；通过教师档案袋，教师可以提供自我认为最能代表其教学实践的有意义的信息；对学生和家长的调查可以补充其他方法中缺少的视角。最后，通过对学生的成绩测试，能够较有效地衡量教师对学生学习学业进步的贡献，获得有关教师帮助学生掌握不同课程知识的信息[8]。

TALIS 2013 调查数据显示，对教师评价与反馈的不同方式方法会对教师的工作满意度产生不同的影响[9]。然而，相比具体评价与反馈的不同操作方法对教师

① Fuchs L S, Fuchs D. Effects of systematic formative evaluation: A meta-analysis[J]. Exceptional Children, 1986, 53(3): 199-208.
② Hattie J. Visible Learning. A Synthesis of Over 800 Meta-Analyses Relating to Achievement, Routledge: Milton Park, 2009.
③ Jacob B, Lefgren L. Can principals identify effective teachers? Evidence on subjective performance evaluation in education[J]. Journal of Labor Economics, 2008, 26(1): 101-136.
④ Gates Foundation. Learning about Teaching: Initial Findings from the Measures of Effective Teaching Project[J]. Bill and Melinda Gates Foundation, Seattle: WA 2010.
⑤ Michaelowa K. Teacher Job Satisfaction, Student Achievement, and the Cost of Primary Education in Francophone Sub-Saharan Africa[R]. Hamburg Institute of International Economics. 2002.
⑥ Jensen B. et al. Catching Up: Learning from the Best School Systems in East Asia[R]. Melbourne: Grattan Institute, 2012.
⑦ Rockoff J, Speroni C. Subjective and objective evaluations of teacher effectiveness: Evidence from New York City. Labour Economics, 2011, 18: 687-696.
⑧ OECD. Synergies for Better Learning: An International Perspective on Evaluation and Assessment[R]. OECD Reviews of Evaluation and Assessment in Education, Paris: OECD Publishing, 2013: 310-311.
⑨ OECD. Talis 2013 Results: An International Perspective on Teaching and Learning[R]. Paris: OECD Publishing. http://dx.doi.org/10.1787/9789264196261-en.

工作满意度的考评,更重要的是,教师对评价与反馈的态度和看法。因为教师对评价和反馈的感知,很大程度上与评价考核之后是否有针对性的反馈,乃至有效的专业发展机会等有很强的关联。对教师的评价反馈与持续的专业发展机会之间的逻辑链条对于改善教师教学实践至关重要[1]。然而,TALIS 调查发现,有超过 40% 的教师表示没有收到关于改进教学实践的建议,44% 的教师认为对教师进行考核评价工作仅是为了满足行政管理的要求。另外,根据参与 TALIS 调查的校长反馈情况来看,仅有 56.6% 的教师所在的学校在教师评价考核中发现其实践教学弱点之后,总是会或大部分时候会为教师制订专业发展计划[2]。从实践经验来看,若不能确切地将教师考核评价与教师的专业成长机会相联系,教师评价对教师改进教学实践和学生学习的影响相对有限[3]。而且更为可能的是,考核评价过程不能够被教师认真对待,或者遭到被考核教师的不信任或敷衍对待[4]。理想状态下,对教师的考核评价应该为教师提供"量身裁体"的反馈,并且紧随反馈之后,通过专业发展、"传、帮、带"导师指导及其他方式,为教师提供在特定领域继续学习的机会[5]。

TALIS 2013 的数据显示,在几乎所有国家和地区,将教师评价与反馈视为改善自身课堂教学实践的教师报告了更高水平的工作满意度(见表 4 - 28),对于中国上海、保加利亚、加拿大、新加坡、澳大利亚、捷克等国家或地区而言,这种相关表现得尤为突出。与此形成明显对比的是,当教师认为对他们的评价和反馈更多的是满足于行政管理工作要求时,绝大多数国家或地区的教师工作满意度都呈现明显下降的态势。而这种显著的负相关在保加利亚、以色列、中国上海、加拿大、新加坡、瑞典特别明显,呈高度负相关。以上发现需要政策制定者和学校领导清醒认识到,教师对评价与反馈目的的不同感知和态度,会对其工作满意度水平产生截然相反的显著效应。具体而言,如果教师认为评价与反馈能够改善课堂教学实践,那么教师的工作满意度水平会显著的提升;反之,若教师认为对其评价与反馈仅是服务

[1] Ofsted. The Logical Chain: Continuing Professional Development in Effective Schools [M]. United Kingdom OFSTED Publications No. 2639.

[2] OECD. Synergies for Better Learning: An International Perspective on Evaluation and Assessment, OECD Reviews of Evaluation and Assessment in Education[R]. Paris: OECD Publishing, 2013: 323 - 324.

[3] Goe L, Biggers K, Croft A. Linking Teacher Evaluation to Professional Development: Focusing on Improving Teaching and Learning [R]. National Comprehensive Center for Teacher Quality, Washington, DC.

[4] Danielson, C. New trends in teacher evaluation[J]. Educational Leadership, 2001, 58(5): 12 - 15.

[5] Hill H, Herlihy C. Prioritizing teaching quality in a new system of teacher evaluation[J]. Education Outlook, No. 9, American Enterprise Institute for Public Policy Research, 2011.

于行政管理需要,则会导致教师的工作满意度水平明显降低。因此,从提高教师工作满意度或者降低教师工作不满意程度的立场出发,政府和学校在对教师进行考核评价和意见反馈时,需要慎重考量评价与反馈的目的,以及教师对此的看法和态度与教师工作满意度之间的关系。

表4-28　教师评价与反馈目的与教师工作满意度的关系

	教师评价与反馈能够改善课堂教学			教师评价与反馈为满足行政管理要求		
	β	(S. E.)	t	β	(S. E.)	t
澳大利亚	0.52	(0.10)	4.95	−0.87	(0.09)	−9.30
巴西	0.41	(0.07)	5.86	−0.13	(0.07)	−1.92
保加利亚	0.73	(0.11)	6.68	−1.14	(0.12)	−9.27
智利	0.49	(0.15)	3.31	−0.45	(0.15)	−3.04
捷克	0.52	(0.07)	7.92	−0.80	(0.07)	−11.25
芬兰	0.37	(0.08)	4.49	−0.57	(0.08)	−7.04
以色列	0.25	(0.11)	2.37	−0.98	(0.11)	−7.93
日本	0.15	(0.08)	1.87	−0.54	(0.07)	−7.71
马来西亚	0.46	(0.08)	5.84	−0.49	(0.09)	−5.44
墨西哥	0.41	(0.06)	6.86	−0.52	(0.07)	−7.23
新加坡	0.54	(0.08)	7.05	−0.80	(0.07)	−11.72
斯洛伐克	0.02	(0.06)	0.36	−0.54	(0.06)	−9.15
瑞典	0.25	(0.08)	2.96	−0.94	(0.10)	−9.70
加拿大	0.55	(0.13)	4.28	−0.81	(0.12)	−6.82
比利时	0.36	(0.08)	4.76	−0.67	(0.07)	−9.27
中国上海	0.77	(0.10)	7.62	−0.79	(0.07)	−11.29

备注:(1) 因变量为教师工作满意度指数,显著性水平为 $p = 0.05$,即$|t| \geqslant 1.96$。
　　　(2) 教师性别、教龄、学历、班额、低学业水平的学生所占比例、有行为问题的学生所占比例、具有学术天赋的学生所占比例为控制变量。

6. 教师工作满意度与教学信念和实践的关系

通常而言,行为主义和建构主义是分析教学实践的两种重要理论和视角。然而不可否认是,时至今日,建构主义已经成为探讨教学内涵和实践的主导理论基础,而行为主义理论则日渐式微[①]。为了使学生掌握 21 世纪所需的技能和能力,世界各国不断探索各种有效的教育教学方法,包括从传统的直接将知识传授给学生的讲授法到方兴未艾的建构主义教学实践。按照主流的观点和认识,建构主义教学方法能够有效培养学生管理复杂情境的技能,并且可以促使学生掌握独立和持续自我学习的能力。此外,更为重要的是,建构主义教学方法能够增强学生的学习动力,进而提高学生学业成绩[②③]。事实上,不管是传统的直接讲授法或是显得更为潮流的建构主义教学方法,二者各有优势和不足。Vieluf 等使用 TALIS 2008 的数据证明了使用直接传授知识的讲授法抑或是"以学生为中心"的建构主义教学方法,需要考虑具体的影响因素,包括诸如所教学科或课程、学生年龄或所在年级等[④]。概略而言,偏好直接将知识呈现给学生的讲授法,通常在帮助低年级的学生快速获得历史、语文等人文社会学科知识方面具有较明显的效用,强调学习者自我负责学习过程的建构主义教学方法则比较适合具有一定知识积淀的高年级学生,且在注重自我探索和协作学习的自然科学领域更具有优势。因此,若忽略具体的教学对象和学科课程特点,只是一味地强调或是建构主义或是直接讲授的教学方法均会造成适得其反的结果。实践中更多的是,应该根据不同学科、学生特点和课堂环境综合使用不同的教学方法。

鉴于建构主义教学方法在培养学生 21 世纪核心素养等高阶能力和情感管理技能的重要作用,TALIS 2013 采用了建构主义信念指数来衡量教师认为的学生最好之学习方式,以及作为教师如何促进学生进行有效的学习。通过设计经典四等级李克特量项目(从"非常不同意"到"非常同意"),询问教师对以下项目的同意程度如何:① 我作为教师的角色是促进学生自己的探究;② 学生通过自己找到问题的解决方案是最好的学习方式;③ 在教师向学生展示如何解决问题之前,应该鼓励学生自己思

① 赵明仁,王倩. 东方和西方国家教师建构主义教学观念与实践比较研究:基于"教与学国际调查"数据的分析[J]. 外国教育研究,2015,42(09):71-78.

② Nie Y, Lau S. Differential relations of traditional and constructivist instruction to students' cognition, motivation, and achievement[J]. Learning and Instruction, 2010, 20: 411-423.

③ Guthrie J T, Wigfield A, VonSecker C. Effects of integrated instruction on motivation and strategy use in reading[J]. Journal of Educational Psychology, 2000, 92: 331-341.

④ Vieluf S. et al. Teaching Practices and Pedagogical Innovation: Evidence from TALIS[R]. Paris: OECD Publishing, 2012. http://dx.doi.org/10.1787/9789264123540-en.

考解决问题的可行方案;④ 思考和逻辑推理过程比特定的课程内容更重要。本部分将探讨教师建构主义教学信念水平与教师工作满意度之间的关系。随后,按照 TALIS 的概念设计,分析教师一个完整日历工作周内的工作时间,以及教师在课堂上用于教学、纪律维持和执行管理任务的时间比例来标识教师教学实践,并进而检视教师教学实践与工作满意度之间的关系。

TALIS 2013 的数据表明,尽管相关程度都很弱,在本研究重点关注的 16 个国家和地区中,建构主义信念与教师的工作满意度均呈现正相关(见表 4 - 29)。反馈称具有更强烈建构主义信念的教师通常具有略高的工作满意度。相对而言,澳大利亚、日本、捷克等国家的教师工作满意度更容易受到教师建构主义教学信念的影响。包括中国上海在内的大部分国家或地区则呈现低程度的显著相关。出人意料的是,尽管各个国家或地区的教师每周平均工作时间存在明显差异,但教师在一个完整日历工作周中的教学小时数与工作满意度的相关关系在绝大多数国家和地区均不存在,仅在极个别国家和地区存在统计学显著意义,且程度很微弱的相关。这一发现与工作时间越长,教师工作满意度越低的惯常经验有明显出入。此外,在几乎所有国家和地区,教师报告称用于维持课堂秩序的时间占比与工作满意度呈现显著的负相关,虽然这种负相关在大多数国家也都很弱(见表 4 - 30)。最后,在大约一半的国家或地区,教师在教室中用于管理任务的时间占比与工作满意度存在微弱的显著负相关。

表 4 - 29 建构主义信念与教师的工作满意度的相关性参数

	教师建构主义信念		
	β	(S. E.)	t
澳大利亚	0.16	(0.03)	5.88
巴西	0.06	(0.02)	3.74
保加利亚	0.12	(0.03)	3.90
智利	0.09	(0.03)	3.46
捷克	0.14	(0.02)	6.32
芬兰	0.06	(0.03)	2.30
以色列	0.11	(0.03)	4.43

（续表）

	教师建构主义信念		
	β	(S. E.)	t
日本	0.15	(0.03)	5.89
马来西亚	0.11	(0.02)	6.20
墨西哥	0.06	(0.02)	3.86
新加坡	0.09	(0.02)	5.07
斯洛伐克	0.05	(0.02)	2.90
瑞典	0.13	(0.03)	4.12
加拿大	0.07	(0.03)	2.21
比利时	0.13	(0.03)	4.87
中国上海	0.09	(0.02)	5.91

备注：（1）因变量为教师工作满意度指数，显著性水平为 $p = 0.05$，即 $|t| \geqslant 1.96$；
　　　（2）教师性别、教龄、学历、班额、低学业水平的学生所占比例、有行为问题的学生所占比例、具有学术天赋的学生所占比例为控制变量。

表4－30　教学实践与教师工作满意度的相关性参数

	每周工作小时数			维持课堂纪律的时间占比			课堂管理任务时间占比		
	β	(S. E.)	t	β	(S. E.)	t	β	(S. E.)	t
澳大利亚	0.00	(0.00)	−0.79	−0.04	(0.00)	−10.39	−0.02	(0.01)	−2.70
巴西	0.00	(0.00)	0.42	−0.02	(0.00)	−7.27	−0.01	(0.00)	−2.19
保加利亚	−0.01	(0.00)	−1.87	−0.04	(0.01)	−6.40	−0.02	(0.01)	−1.63
智利	0.00	(0.00)	1.52	−0.02	(0.01)	−2.76	−0.01	(0.01)	−1.86
捷克	−0.01	(0.00)	−1.91	−0.02	(0.00)	−5.72	−0.02	(0.01)	−4.16
芬兰	0.00	(0.00)	1.48	−0.02	(0.00)	−6.49	−0.03	(0.01)	−3.09
以色列	0.01	(0.00)	2.11	−0.02	(0.01)	−3.84	0.00	(0.01)	−0.44
日本	0.00	(0.00)	−1.89	−0.01	(0.00)	−3.28	−0.01	(0.00)	−1.33

（续表）

	每周工作小时数			维持课堂纪律的时间占比			课堂管理任务时间占比		
	β	(S. E.)	t	β	(S. E.)	t	β	(S. E.)	t
马来西亚	0.00	(0.00)	− 0.07	**− 0.01**	**(0.00)**	**− 3.96**	**− 0.01**	**(0.00)**	**− 2.07**
墨西哥	0.00	(0.00)	1.89	**− 0.02**	**(0.00)**	**− 4.89**	**− 0.01**	**(0.00)**	**− 2.64**
新加坡	**− 0.01**	**(0.00)**	**− 3.27**	**− 0.01**	**(0.00)**	**− 5.17**	**− 0.02**	**(0.00)**	**− 4.51**
斯洛伐克	0.00	(0.00)	− 1.69	**− 0.02**	**(0.00)**	**− 6.87**	− 0.01	(0.01)	− 1.25
瑞典	− 0.01	(0.00)	− 1.66	**− 0.03**	**(0.00)**	**− 7.27**	**− 0.02**	**(0.01)**	**− 2.54**
加拿大	0.00	(0.00)	− 1.07	**− 0.02**	**(0.00)**	**− 3.95**	**− 0.02**	**(0.01)**	**− 2.69**
比利时	**− 0.01**	**(0.00)**	**− 1.98**	**− 0.02**	**(0.00)**	**− 4.64**	**− 0.02**	**(0.01)**	**− 2.68**
中国上海	0.00	(0.00)	− 1.26	**− 0.02**	**(0.00)**	**− 4.20**	0.00	(0.00)	− 0.71

备注：（1）因变量为教师工作满意度指数，显著性水平为 $p = 0.05$，即 $|t| \geqslant 1.96$；
　　　（2）教师性别、教龄、学历、班额、低学业水平的学生所占比例、有行为问题的学生所占比例、具有学术天赋的学生所占比例为控制变量。

　　综合以上信息可以推论，当教师报告称具有较强的建构主义教学信仰时，他们更倾向于反馈称具有更高水平的工作满意度。与预期不同的是，教师报告每周教学工作小时数在解释教师工作满意度水平方面显得不那么重要，尽管在课堂上保持秩序的时间往往与较低的工作满意度相关。最后，在大约一半的国家和地区，教师花在课堂管理任务上的时间与教师工作情感体验有着微弱的负相关。

　　对以上现象可能的解释是，建构主义信念认同度越高（即建构主义信念指数越高）的教师，在课堂教学实践中更有可能实现以学生为中心、师生有效互动、学生之间协作探索、学生积极参与教学环节的课堂氛围，而具有这些建构主义特点的课堂环境通常是师生关系融洽。而由上文分析可知，融洽的师生关系对提高教师工作满意度具有强烈的效用。至于教师每周工作小时数与教师工作满意度之间呈现的有悖实践经验之不相关情况，则存在两种可能的原因。一是相对于每周工作小时数，教师可能更在意工作压力和挑战对工作情感体验的影响。事实上，上文提及的挑战性课堂环境对教师工作满意度所起的显著消极影响作用可以一定程度上佐证此推测。二是这些国家或地区教师的工作时间强度可能并不太高，或者说相比所在国家其他行业而言，教师的工作时间强度可以被普遍接受。例如，2016 年《自然》(*Nature*)杂志对 12869 名读者(科学研究人员)进行的调查发现,38%的被调查者一周的工作时间超过 60 小时,且有约 10%的被调查者报告称每周的工作时间超过 80 个小时①。通过计算不同国家和地区教师每周平均工作小时数来看,大部分国家和地区教师每周工作时间均在 40 小时以下,仅在日本、加拿大、新加坡和澳大利亚等国家教师每周的工作时间超过 40 小时(见图 4‑13)。同时,关于教师每周工作时间,一个值得注意的现象是,在绝大部分国家和地区,女教师每周的工作小时数往往高于所在国家和地区的平均值,且明显高于男教师。

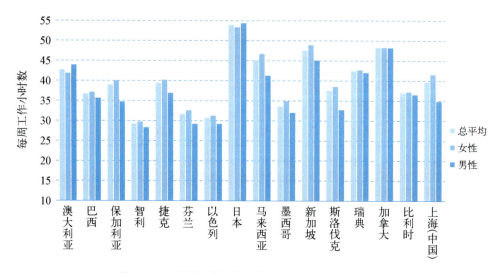

图 4‑13　不同国家和地区教师平均每周工作小时数

根据美国知名职业指导学者埃德加·施恩(Edgar. H. Schein)的"职业锚理论"(Career Anchor Theory)——实际上就是个体在进行职业抉择和生涯发展时所围绕的中心——是个体全部职业生涯发展的方向,也是在职业选择时最不打算放弃的东西②③。由此理论来看,作为教师天职和根本使命的课堂教学可谓教师的"职业锚"。进而可以预判的是,一切影响教师有效开展课堂教学工作的因素都会对教师的工作热情和积极性产生消极影响。这也是在考虑教师背景特征和课堂环境特征变量之后,在大多数国家仍存在教师用于维持课堂纪律和课堂管理任务的

①　Powell K, Hard work, little reward: Nature readers reveal working hours and research challenges [EB/OL]. https: // www. nature. com/ news/ hard-work-little-reward-nature-readers-reveal-working-hours-and-research-challenges-1.20933.
②　[美] E. H. 施恩. 职业锚理论[J]. 中国人才,2002(09): 25‑27.
③　李爱梅,凌文辁. 职业锚理论在人力资源管理中的应用[J]. 人才开发,2003(09): 34‑35.

非教学时间越多,教师的工作满意度也随之降低的重要原因之一。结合上文关于行为问题学生和低学业成就水平学生占比较多的课堂环境能够对教师工作满意度产生负面影响的"发现",或许可以研判,真正导致教师工作满意度降低的是"放牛班"难缠的问题学生,而不是教师用于维持课堂纪律等非教学工作时间的多少,毕竟"放牛班"也会有"春天"。

毫无悬念的是,几乎在所有国家或地区表现出,教师的工作满意度与教师对其所在国家或地区重视教师职业的社会价值感知(具有尊师重教的社会氛围)之间存在显著且高强度的正相关(见表4-31)。值得注意的是,由前文分析 TALIS 2013 的数据发现,各国教师在是否认为教师职业受到社会重视方面存在很大的差异。在马来西亚、新加坡、芬兰和中国上海等国家或地区,绝大多数教师认为他们的职业得到了社会的重视;与此相反的是,斯洛伐克仅有不到 5% 的教师认为他们的工作得到社会应有的重视[1]。最后,与主流研究结论相一致的是,TALIS 2013 的数据显示,对于所有国家和地区而言,教师工作满意度和自我效能感存在相互影响的正相关。

表4-31　社会重视与教师工作满意度的相关性参数

	社会重视教师职业		
	β	(S. E.)	t
澳大利亚	1.12	(0.10)	11.24
巴西	0.72	(0.10)	7.10
保加利亚	1.50	(0.11)	13.20
智利	-0.08	(0.15)	-0.57
捷克	0.88	(0.10)	8.78
芬兰	0.89	(0.09)	9.62
以色列	0.62	(0.10)	6.34
日本	0.31	(0.07)	4.64

① Schleicher A. World Class: How to build a 21st-century school system, Strong Performers and Successful Reformers in Education[R]. Paris: OECD Publishing, 2018: 64-65. http://dx.doi.org/10.1787/4789264300002-en

(续表)

	社会重视教师职业		
	β	(S. E.)	t
马来西亚	**0.99**	**(0.10)**	**9.73**
墨西哥	**0.46**	**(0.06)**	**7.59**
新加坡	**1.00**	**(0.08)**	**13.25**
斯洛伐克	0.30	(0.21)	1.39
瑞典	**1.47**	**(0.25)**	**5.78**
加拿大	**1.00**	**(0.11)**	**9.40**
比利时	**1.03**	**(0.06)**	**16.26**
中国上海	**1.36**	**(0.06)**	**22.04**

备注：(1) 因变量为教师工作满意度指数,显著性水平为 $p = 0.05$,即 $|t| \geqslant 1.96$;
(2) 教师性别、教龄、学历、班额、低学业水平的学生所占比例、有行为问题的学生所占比例、具有学术天赋的学生所占比例为控制变量。

上文通过回归方程对重要自变量(指数)与教师的工作满意度(因变量)的偏回归系数显著性作了检验(t 检验),明确了回归方程是否显著(或者说自变量 x 与因变量 y 之间是否存在显著性的线性关系)的问题。然而,在回归分析中通常还要关注回归效果的问题,即因变量 y 的变异在多大程度上是由自变量 x 的变异引起的,换句话说是,因变量 y 的变异有多少成分可以由 x 的变异来解释,也即是回归方程的决定系数 r^2 的大小。决定系数 r^2 取值范围是小于或等于 1,决定系数越接近 1,表示样本数据对所选用的线性回归模型拟合越好。若该参数值等于 1,则表示此时因变量 y 的变异完全由自变量 x 的变异来解释,没有误差。若该参数值为零,则说明因变量 y 的变异与自变量 x 无关,回归方程无效。

如前文所言,TALIS 2013 通过因子分析拟合了教师的自我效能感(复合指数)、教师工作满意度(复杂指数)、学校氛围(复杂指数)、课堂纪律氛围、教师教学信念、教师合作(复杂指数)、有效专业发展、专业发展需求(复杂指数)8 个指数,其中"教师自我效能感指数"由"教师课堂管理自我效能感""教学自我效能感""学生课堂参与效能感"3 个简单指数构成;教师的工作满意度指数由"教师的工作满意满意度"和"教师的职业满意度"两个简单指数构成;学校氛围指数由"利益相关者协作参与"和"师生关系"两个简单指数构成;教师合作指数由"教学合作"和"专业学习合作"两个简单指数构成;专业发展需求指数则包括"学科知识和教学技术的专业发展需求"和"多样化教学能力的专业发展需求"两个简单指数。

若将"教师的工作满意度指数"作为因变量,把剩下的拟合指数作为自变量(以简单指数代替复杂指数),可使用 IEA IDB Analyzer 构建多元线性回归模型,进而审视这些相关因素对教师的工作满意度变化情况的解释程度。总体来看,在参与 TALIS 2013 调查的不同国家或地区,这些指数对教师工作满意度变化的解释程度为 30% 左右,其中中国上海在该模型的 R^2 为 0.36,是所有国家或地区的最高值。此外,新加坡、以色列、马来西亚、加拿大、韩国和英国等国家或地区在该模型的 R^2 值也均达到 0.30 及以上,而该模型在日本、斯洛伐克、比利时等国家或地区对教师的工作满意度的解释度仅为 20% 左右。由以上信息可以得出以下基本判断,即该模型在不同的国家和地区的适用度不尽相同,而且这些因素指数在不同国家或地区对教师的工作满意度的影响效应显著性也并未呈现出一致性的规律现象。换言之,在该模型中,如在中国上海、日本、新加坡、芬兰、加拿大与教师工作满意度不具有显著性相关的"建构主义教学信念"因素,在澳大利亚、捷克、比利时、英国等国家则存在显著性相关。

此外,值得注意的是,尽管 IEA IDB Analyzer 给出了自变量(相关拟合因子指数)对因变量(教师的工作满意度)变化情况的解释程度参数(R^2),为大致判断这些相关拟合指数对教师的工作满意度变化的解释程度提供了重要标示。但按照统计分析的惯常经验,除了求得 R^2 以外,还要给出模型整体显著性参数(F 值和 Sig 值)、判断该模型是否为伪回归的 W-D 值(Durbin-Watson statistic),以及更为重要的诊断纳入模型中的自变量间是否存在共线性问题的参数——容忍度(Tolerance)和方差膨胀因子(Variance Inflation Factor, VIF)值(见表 4-32)。然而,利用 IDB Analyzer 进行构建的多元线性回归方程并未给出以上提及的重要参数。

表 4-32　多元线性回归模型参数

国家/地区	R^2	R^2(s. e.)	调整后 R^2	调整后 R^2(s. e.)
澳大利亚	0.29	0.03	0.29	0.03
巴西	0.26	0.02	0.26	0.02

(续表)

国家/地区	R^2	R^2(s. e.)	调整后 R^2	调整后 R^2(s. e.)
保加利亚	0.27	0.02	0.27	0.02
智利	0.29	0.04	0.29	0.04
捷克	0.24	0.02	0.24	0.02
芬兰	0.28	0.02	0.27	0.02
以色列	0.31	0.02	0.31	0.02
日本	0.22	0.02	0.22	0.02
马来西亚	0.32	0.02	0.32	0.02
墨西哥	0.29	0.02	0.29	0.02
新加坡	0.32	0.02	0.32	0.02
斯洛伐克	0.21	0.02	0.21	0.02
瑞典	0.24	0.02	0.24	0.02
加拿大	0.30	0.03	0.30	0.03
比利时	0.23	0.02	0.23	0.02
中国上海	0.36	0.02	0.36	0.02
英国	0.31	0.02	0.31	0.02
韩国	0.30	0.02	0.30	0.02

注:(1) 因变量: 教师工作满意度。
　　(2) 自变量: 教师的课堂管理自我效能感、教学的自我效能感、学生参与效能感、利益相关者协作参与、师生关系、教学合作、专业学习合作、课堂纪律氛围、教师教学信念、有效的专业发展、学科知识和教学技术的专业发展需求、多样化教学能力的专业发展需求。

　　具体到上海教师工作满意度多元线性回归模型的系数而言(见表4-33),除了建构主义教学信念、教师合作(包括教学合作和专业合作),以及教师专业发展需求(包括对学科知识和教学方法的专业发展需求,及多样化教学能力的专业发展需求)等5个因素之外,其余的因素在该模型中均具有统计学显著性意义。从标准化系数来看,在教师自我效能感、利益相关性者协作参与,以及师生关系等具有显著性的因素中,利益相关者协作参与因素对教师的工作满意度变化的影响效应最大(标准化偏相关系数为0.36),其次为学生参与效能感(标准化偏相关系数为0.30),以及师生关系(标准化偏相关系数为0.19)等因素。根据这些拟合因子的项目构成可知,利益相关性者协作参与因素和师生关系因素同属于"校园氛围"的维度;再结合前文相关分析可以进一步确定以下研判,即学校提供教师积极参与学校决策的机会和积极的师生人际关系对教师的工作满意度的提升具有重要的作用。

表 4-33　上海教师的工作满意度多元线性回归模型系数

国家/地区	变　量	未标准化系数			标准化系数		
		β	(s.e.)	t	β	(s.e.)	t
中国上海	常量	3.53	0.67	5.28			
	课堂管理自我效能感	**-0.07**	**0.03**	**-2.67**	**-0.09**	**0.03**	**-2.69**
	教学自我效能感	**-0.12**	**0.05**	**-2.54**	**-0.15**	**0.06**	**-2.53**
	学生参与效能感	**0.24**	**0.04**	**5.90**	**0.30**	**0.05**	**5.84**
	利益相关者协作参与	**0.27**	**0.02**	**13.79**	**0.36**	**0.03**	**14.08**
	师生关系	**0.15**	**0.02**	**7.93**	**0.19**	**0.02**	**8.23**
	课堂纪律氛围	**0.10**	**0.02**	**4.93**	**0.09**	**0.02**	**4.82**
	建构主义教学信念	0.00	0.01	-0.17	0.00	0.02	-0.17
	教师教学合作与交流	-0.36	0.39	-0.93	-0.49	0.53	-0.92
	教师专业学习合作	0.39	0.40	0.97	0.52	0.53	0.97
	有效专业发展	**0.06**	**0.02**	**3.78**	**0.08**	**0.02**	**3.84**
	需要学科知识和教学方法的专业发展	0.03	0.02	1.86	0.04	0.02	1.87
	需要多样化教学能力的专业发展	-0.01	0.02	-0.67	-0.02	0.02	-0.67

注:因变量:教师工作满意度。

此外,根据中心极限定理(Central limit theorem),只要 n 足够大:① 样本的平均值约等于总体的平均值;② 不管总体是何种分布,任意一个总体的样本平均值总是会围绕在总体的整体平均值周围,并且呈正态分布。由于中心极限定理对随机变量的原有分布不做要求,从而在理论上说明了正态分布的重要性,它为在大样本($n \geqslant 50$)情况下的统计推论提供了理论依据。事实上,极限定理不仅有着严谨的数学证明,同时从哲学的观念点来看,它反映了偶然性与必然性相互之间的关系,即所谓偶然性是必然性的表现形式,而必然性又寓于偶然性之中。正如恩格斯所言:"在表面上是偶然性在起作用的地方,这种偶然性始终是受内部隐蔽者的规律支配的……"[①]

在此言及中心极限定理的主要用意是,按照 TALIS 2013 的技术手册和抽样方案设计,对调查数据的处理需要使用由 IEA 开发的 IDB Analyzer。对于这一要求,OECD 给出的理由是,不考虑相关权重直接使用 SPSS 统计软件,进而会对指标值的标准误产生一定的偏差。尽管 IDB Analyzer 能够进行多元线性回归,进而计算相关项目或因子指数对教师工作满意度的偏相关系数,但遗憾的是,虽然显示多元线性回归模型中自变量对因变量变化的解释程度(即 R 方值),但对该模型的相关诊断参数并未呈现(如共线性诊断)。鉴于此,加之中心极限理论的相关理论支撑,下文根据 TALIS 2013 技术手册和抽样方案,在考虑相关权重的基础上,使用 SPSS 进行构建多元线性回归模型,进而求得相关自变量对教师工作满意度变化的解释程度。

将 TALIS 2013 所拟合的因素指数得分作为自变量,教师工作满意指数作为因变量,通过 SPSS 构建多元线性回归模型后,相关参数结果呈现如表 4 - 34 至表 4 - 37、图 4 - 14 至图 4 - 16 所示。调整后的 R 方值为 0.327,D - W 值为 1.854,说明数据之间不存在序列相关,可以排除该模型伪回归。方差分析表显示,其原假设为自变量(即拟合因子指数)对因变量(教师的工作满意度)均不会产生显著影响。基于此原假设,该模型的 F 值为 230.927,其对应的显著性水平为 0.000(<5%),因此拒绝原假设,即在拟合的因子当中至少有一个指数能够对因变量产生显著影响,也即是说该回归模型具有统计学意义。由表 4 - 36 可知,"教师的自我效能感""利益相关者参与""师生关系""班级纪律氛围",以及"有效专业发展"等拟合指数对应的显著性水平 Sig 值为 0.000

① 卢淑华. 社会统计学(第四版) [M]. 北京:北京大学出版社,2009:166 - 169.

（＜5%），"教师合作"指数的显著性水平 Sig 值为 0.023（＜5%），由此拒绝原假设，即这 6 个因素指数对因变量（教师工作满意度）均产生显著影响；而"建构主义信念"指数所对应的显著性水平 Sig 值为 0.951（＞5%），接受原假设，即"建构主义信念"指数对因变量（教师工作满意度）不具有显著性影响。此外，由共线性诊断指标参数来看，这 7 个拟合指数所对应的容忍度（Tolerance）分别是 0.773、0.687、0.674、0.882、0.894、0.755、0.787，均大于 0.1；方差膨胀因子（Variance Inflation Factor，VIF）值分别为 1.294、1.455、1.483、1.134、1.118、1.325、1.271，均小于 5。容忍度的取值范围介于 0 和 1 之间，一般认为，容忍度小于 0.1 时，存在严重的多重共线性。通常而言，VIF 值不应该大于 5，一般以 VIF 小于 10 作为共线性判断依据，当 VIF＞10 时，被认为有严重的多重共线性存在。由此可以认为，该 7 个因子指数之间并不存在共线性问题，均可以纳入该多元线性回归方程。

表 4‑34 TALIS 教师工作满意度多元回归模型摘要[b]

模型	R	R 方	调整后 R 方	标准估算的错误	更 改 统 计					Durbin-Watson
					R 方变化量	F 变化量	df1	df2	Sig. F 变化量	
1	.573[a]	.328	.327	1.347 958 62	.328	230.927	7	3 306	.000	1.854

注：a. 预测变量，常量。有效专业发展，课堂纪律氛围，建构主义信念，利益相关者协作参与，教师自我效能感，教师合作，师生关系。
　　b. 因变量：教师工作满意度。

表 4‑35 TALIS 教师工作满意度多元回归模型 ANOVA[a]

模 型		平方和	df	均 方	F	Sig.
1	回归	2 937.149	7	419.593	230.927	.000[b]
	残差	6 006.977	3 306	1.817		
	总计	8 944.126	3 313			

注：a. 因变量，教师工作满意度。
　　b. 预测变量，常量。有效专业发展，课堂纪律氛围，建构主义信念，利益相关者协作参与，教师自我效能感，教师合作，师生关系。

表 4－36　TALIS 教师工作满意度多元回归模型系数ᵃ

模　　型		未标准化系数		标准化系数	t	Sig.	共线性统计	
		B	标准错误	Beta			容忍度	VIF
1	（常量）	3.345	.252		13.294	.000		
	教师自我效能感	.051	.013	.062	3.810	.000	.773	1.294
	利益相关者协作参与	.273	.013	.357	20.781	.000	.687	1.455
	师生关系	.152	.013	.198	11.432	.000	.674	1.483
	班级纪律氛围	.073	.017	.065	4.277	.000	.882	1.134
	建构主义信念	－ .001	.011	－ .001	－ .062	.951	.894	1.118
	教师合作	.027	.012	.037	2.268	.023	.755	1.325
	有效专业发展	.051	.012	.066	4.081	.000	.787	1.271

注：a. 因变量，Teacher Job Satisfaction/ Ststds。

表 4－37　TALIS 教师工作满意度多元回归模型残差统计ᵃ

	最小值	最大值	平均值	标准偏差	个案数
预测值	6.515 753 7	13.210 710 5	10.755 082 6	.941 569 23	3 314
标准预测值	－ 4.502	2.608	.000	1.000	3 314
预测值的标准误差	.029	.187	.064	.018	3 314
调整后预测值	6.540 349 0	13.225 370 4	10.755 047 5	.941 836 79	3 314
残差	－ 6.568 925 86	6.437 863 35	.000 000 00	1.346 533 83	3 314
标准残差	－ 4.873	4.776	.000	.999	3 314
学生化残差	－ 4.892	4.807	.000	1.000	3 314
剔除残差	－ 6.620 887 28	6.522 219 66	.000 035 16	1.350 464 07	3 314
学生化剔除残差	－ 4.910	4.823	.000	1.001	3 314
马氏距离	.524	62.918	6.998	5.252	3 314
库克距离	.000	.038	.000	.001	3 314
居中杠杆值	.000	.019	.002	.002	3 314

注：a. 因变量：Teacher Job Satisfaction/ Ststds。

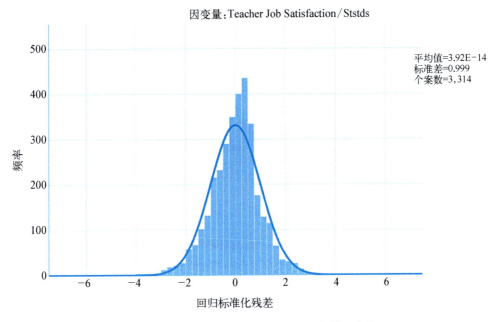

图 4-14 TALIS 教师工作满意度多元回归模型直方图

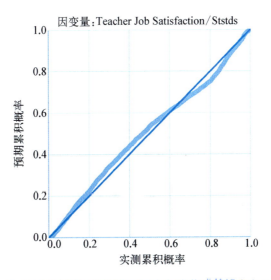

图 4-15 TALIS 教师工作满意度回归标准化残差的止态 P-P 图

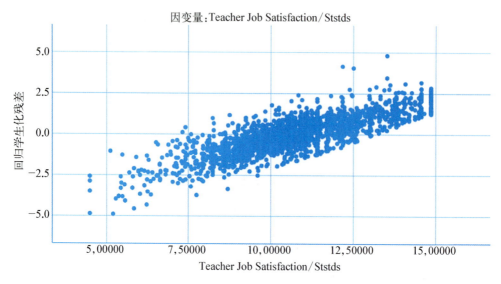

因变量：Teacher Job Satisfaction/Ststds

图 4‑16　TALIS 教师工作满意散点图

三、教师工作满意度影响因素在"双因素"框架中的表现

前文在 TALIS 2013 的语境下，对影响教师工作满意度的因素进行了统计学的显著性检验。客观而言，TALIS 2013 调查数据中所呈现出的左右教师工作满意度的因素类型和国际趋势，与以往关于教师工作满意度影响因素的研究发现并无太大差异。或者严格地说，第二轮 TALIS 调查数据并未呈现出解释不同国家和地区教师工作满意度高低的"密码"和"圣杯"。那么，接下来需要进一步考量的是，这些影响教师工作满意度的因素，在"双因素理论"框架下的表现会有哪些异同？在国际比较视野下，与其他国家和地区相比，影响上海教师工作满意度的激励因素和保健因素在取值上，分别有哪些优势和不足？因为在回归模型中不仅需要考虑不同自变量对因变量的偏相关系数之显著性和大小，还要考量这些自变量本身的取值大小。需要说明的是，对 TALIS 2013 数据中没有表现出与上海教师工作满意度具有统计学上的显著性相关因素，但结合学界关于教师工作满意度影响因素的主流结论，下文也会对部分 TALIS 2013 语境下不具有显著性的因素取值大小进行考察，以作辅助参考之用。

（一）"双因素"框架下教师工作满意度因素的归集

根据赫茨伯格的"双因素理论"，结合学界已有关于教师工作满意度影响因素的研究发现，以及最重要的是 TALIS 2013 中所涵盖的关于影响教师工作满意度的题项或替代变量的情况，对 TALIS 2013 调查语境下的教师工作满意度激励因素和保健因素进行梳理。具体情况如表 4 - 38、表 4 - 39 所示。

表 4 - 38 TALIS 2013 所涉及的激励因素

激 励 因 素	TALIS 2013 所涉及的题项
成就	无相关题项
认可	(1) 自我认可——自我认可在学校的工作表现(TT2G46I) (2) 学校认可——(学校)教师评价对工作满意度的积极影响(TT2G30M) (3) 社会认可——社会重视教师职业(TT2G46H)
教学实践(工作本身)	(1) 课堂纪律氛围指数(TCDISCS) (2) 自我效能感指数(TSELEFFS) (3) 建构主义理念指数(TCONSB) (4) 课堂环境:① 课堂学生结构,即 　　a) 学业成绩较低的学生所占比例(TT2G35B) 　　b) 有行为问题的学生所占比例(TT2G35D) 　　c) 具有学术天赋的学生所占比例(TT2G35F) 　② 教师课堂时间分配 　　a) 执行管理任务的时间所占比例(TT2G39A) 　　b) 维持秩序的时间所占比例(TT2G39B) 　　c) 实际课堂教学时间(TT2G39C) (5) 完整日历周工作时间的分配结构 　① 实际教学工作时间(TT2G17) 　② 非课堂教学时间(TT2G18A—TT2G18I)
责任或职责	无相关题项
(职务)晋升	无相关题项
专业发展与成长	(1) 教师参加专业发展活动的比例和时长(TT2G21A1—TT2G21E2) (2) 对教师评价与反馈后,(学校)提供针对性的专业发展项目(TT2G31E)

备注: TALIS 2013 调查数据和以往研究显示,班额和教师每周工作总时间(小时数)与教师工作满意度没有显著性相关。故在课堂实践教学(工作本身)的激励因素中末将二者列入。

表 4 - 39 TALIS 2013 所涉及的保健因素

保 健 因 素	TALIS 2013 所涉及的题项
政策和管理	(1) 民主参与: ① 利益相关者参与协作指数(TSCSTAKES) ② 学校为教师提供有效参与学校决策的机会(TT2G44A)

（续表）

保 健 因 素	TALIS 2013 所涉及的题项
监管—技术	(2) 教师评价与反馈的公平性： 工作绩效最突出的教师能够获得学校最高的认可与表彰(如奖金、职务晋升等)(TT2G31A) (3) 教师评价与反馈的目的： ① 促进教师教学(TT2G31B) ② 服务于行政管理(TT2G31C)
工作条件/环境	(1) 工作环境满意度指数(TJSENVS) (2) 及其所包含的具体项(TT2G46C,TT2G46E,TT2G46G)
校内人际关系	(1) 与上司的人际关系 无相关题项 (2) 与同事的人际关系 教师合作指数(TCOOPS),包括 ① 教学交流和协作指数(TCEXCHS) ② 专业学习合作指数(TCCOLLS) (3) 与下属的人际关系 替代变量——师生关系： ① 师生关系指数(TSCTSTUDS) ② 我所在的学校,师生通常能够融洽相处(TT2G45A)
薪酬	无相关题项
工作安全感	即工作稳定性,替代变量：全职教师占比(TT2G03)。
个人生活	无相关题项
地位	即(影响对工作情感反应的)职位变化 无相关题项

  根据以上对 TALIS 2013 问卷中所涉及的对教师工作满意度具有激励效用和保健效用的因素,以澳大利亚、芬兰、新加坡、加拿大、中国上海、日本、韩国等拥有"高水平教育系统"的国家或地区为例,并结合国际均值进行比较分析,进而厘清激励因素和保健因素对不同国家和地区的教师满意度效应表现之异同。之所以将以上 7 个国家或地区作为比较分析的重点,除了他们在 PISA 测试中取得位居世界前列的排名,这一明显的共同特征之外,更重要的是,以上 7 个国家或地区可以至少从两个维度划分为特征迥异的两个组别：首先是根据本研究关注的教师工作满意度主题,可以把他们分为一组是教师的工作满意度高且学生 PISA 测试也高的澳大利亚、芬兰和加拿大,以及另一组为教师工作满意度低,但学生 PISA 测试成绩同样位于世界前列的中国上海、新加坡、日本和韩国;其次,从文化差异的角度来审

视,通常认为,包括中国上海、日本、韩国、朝鲜和新加坡等东亚及东南亚的国家或地区主要属于"儒家文化圈"①②③;与此同时,澳大利亚、加拿大和芬兰则更多的属于"盎格鲁-撒克逊"(Anglo-Saxon)文化。鉴于以上考虑,选择了以上具有明显共同点,同时也存在鲜明差异的 7 个国家和地区。

(二) 不同国家或地区的教师的工作满意度激励因素表现

1. 上海教师的自我认可较高,但对来自学校和社会的认可感知较低

TALIS 2013 调查数据显示,与日本和韩国等儒家文化圈国家或地区的教师具有相对国际均值较低的自我认可效应不同(见表 4 - 40),在中国上海、澳大利亚、芬兰和加拿大等国家或地区的教师中,绝大多数教师(95%左右甚至更高)自我认可自己在学校的工作表现。中国上海教师中"自我认可在学校的工作表现"的比例不但明显高于国际均值,而且也是儒教文化圈国家和地区的最高值,甚至高出日本教师在该题项上的调查数据值近 9 成。

表 4 - 40　教师自我认可和对他人认可感知的数据反映

	自我认可在学校的工作表现(TT2G46I)	(学校的)教师评价对教师工作满意度产生积极影响(TT2G30M)	社会重视教师职业(TT2G46H)
澳大利亚	94.2	46.9%	38.5%
芬兰	95.0	59.6%	58.6%
加拿大	97.0	51.4%	47.0%
新加坡	87.1	61.2%	67.6%
中国上海	94.1	47.2%	45.6%
日本	50.5	77.4%	28.1%
韩国	79.4	53.0%	66.5%
国际均值	92.6	62.2%	32.3%

① 于建福. 儒家文化教育传统对"儒家文化圈"的影响[J]. 教育研究,2005(04): 72 - 78.
② 蒋璐,程兆谦,林锟.儒家文化圈内的文化差异及其对组织间合作的影响研究[J]. 中国软科学,2007(07): 121 - 127.
③ House R J, Hanges P J, Javidan M, Dorfman P W, Gupta V. Culture, Leadership, and Organizations: The GLOBE Study of 62 Societies[M]. Thousand Oaks: Sage Publications, 2004.

　　同时,对教师工作满意度产生积极影响的(学校)教师评价与反馈,很大程度上可以视为学校对教师工作表现的认可。因为无论是按照逻辑推演的路径,抑或是从现实经验来看,只有对教师正面的评价与反馈才会促使教师产生积极的工作情感体验。故此,教师群体中反馈称学校对教师的评价能够促使教师工作满意度产生积极影响的比例,很大程度上可以视为教师感知学校认可其工作的情况。结合第二轮 TALIS 调查数据显示,就国际均值而言,约有超过 60% 的教师认为学校认可其工作(见表 4-41)。整体来看,儒家文化圈国家和地区(上海除外)的教师中报告称学校认可其工作的比例略高于澳大利亚、芬兰和加拿大。然而,值得注意的是,中国上海教师中仅有不到一半比例(47.2%)的教师认为学校认可其工作,这一比例不但明显低于国际均值(62.2%),而且是儒家文化圈国家和地区中的最低值。同时中国上海教师在该题项上的调查数据表现也明显低于芬兰和加拿大。

表 4-41　部分国家和地区教师对社会认可感知的数据反映

国家和地区	认为社会重视教师职业的教师占比	与国际均值差异（百分点）
马来西亚	83.77%	51.47
新加坡	67.61%	35.31
韩国	66.53%	34.23
芬兰	58.56%	26.26
墨西哥	49.53%	17.23
加拿大	47.03%	14.73
比利时	45.89%	13.59
中国上海	45.63%	13.33
澳大利亚	38.52%	6.22
国际均值	32.30%	0
日本	28.13%	− 4.17
保加利亚	19.56%	− 12.74
捷克	12.18%	− 20.12
瑞典	4.99%	− 27.31
斯洛伐克	3.97%	− 28.33

在社会重视教师职业方面,整体观之,相对于澳大利亚和加拿大,新加坡、韩国、日本和中国上海等儒家文化圈国家和地区的教师更倾向于认为社会重视教师职业。与预期相符的是,作为具有优良尊师重傅传统的国家和地区,中国上海教师反馈称"社会重视教师职业"的比例明显高于国际平均水平(32.30%),并且在国际比较中属于较高水平。但与此同时,出乎意料的是,中国上海教师认为社会重视教师职业的比例并没有像预期的那么高。TALIS 2013 的调查数据显示,中国上海教师报告称,社会重视教师职业的比例仅为 45.63%,占比不及二分之一。中国上海的这一比例,不但明显低于同属儒家文化圈的新加坡(67.61%)和韩国,与同为"世界高水平教育体系"的芬兰(58.56%)、加拿大(47.03%)相比,存在不可忽视的差距,与中国具有尊师重教传统和社会氛围的"刻板印象"形成鲜明的反差,也与其他国际调查的数据差距悬殊。

2. 上海初中课堂纪律氛围好,教师自我效能感较高

根据 TALIS 2013 的技术手册表述(见表 4－42),课堂纪律氛围指数包括以下变量:一是当开始上课时,我不得不等待很长时间才能让学生安静下来(反向赋值);二是所教班级的学生注意营造愉快的学习氛围;三是由于学生的捣乱,我浪费了很多课堂时间(反向赋值);四是课堂上有很多干扰教学的声音(反向赋值)。由课堂纪律氛围指数值来看,不管是以国际均值为比较基准,还是与其他 6 个拥有"高水平教育系统"的国家和地区相比,中国上海教师认为其所教班级的课堂纪律氛围明显较好,不但明显高于国际均值,且在"高效教育系统"国家和地区中位于第二高位(仅比日本略低)。

表 4－42　部分国家和地区课堂纪律氛围和教师的自我效能感数据

	课堂纪律氛围指数 (TCDISCS)	自我效能感指数 (TSELEFFS)	建构主义理念指数 (TCONSB)
澳大利亚	11.20	12.56	12.17
芬兰	10.91	11.90	12.70
加拿大	11.14	12.62	12.92
新加坡	10.48	12.05	13.31
中国上海	12.07	12.40	13.94

（续表）

	课堂纪律氛围指数 （TCDISCS）	自我效能感指数 （TSELEFFS）	建构主义理念指数 （TCONSB）
日本	12.49	9.11	12.67
韩国	10.83	11.14	13.90
国际均值	11.24	12.44	12.95

此外，中国上海教师在自我效能感指数上的表现，再一次佐证了中国上海教师具有较高的自我效能感。尽管中国上海教师的自我效能感指数（12.40）基本与国际均值相当，但却是日本、韩国和新加坡等儒家文化圈国家或地区中的最高值。同时，中国上海教师在自我效能感指数上的表现还略高于芬兰，在被誉为拥有"高效教育系统"的国家或地区中仅次于澳大利亚和加拿大，位列第三名。

从构成自我效能感指数的3个子指数来看（见表4-43），加拿大、澳大利亚和芬兰教师的教学自我效能感指数相对于日本、韩国、新加坡等儒家文化圈国家或地区的教师普遍较高。从与国际均值比较的角度来看，中国上海教师在"教学自我效能感指数"和"学生（课堂）参与自我效能感指数"均低于国际均值，在"课堂管理自我效能感指数"上的取值高于国际均值。具体而言，在"教学自我效能感"指数上，与新加坡、韩国、日本等其他儒家文化圈国家和地区的教师相比，中国上海教师的教学自我效能感指数录得最高值（12.4）。其中与日本教师相比，中国上海教师在教学自我效能感方面的优势最明显。与此同时，中国上海教师在教学自我效能感指数上的表现明显低于澳大利亚和加拿大，但高于芬兰教师的教学自我效能感指数。谈及芬兰，需要注意的是，尽管高质量教师是"芬兰教育全球第一的秘密"的最重要内容之一，但芬兰教师的教学自我效能感指数（11.6）却低于国际均值，并且这一差距（0.9）比中国上海教师与国际均值的差距（0.1）还大。与儒家文化圈的其他国家和地区相比，中国上海教师在教学自我效能感和课堂管理自我效能感方面具有明显的优势，在学生（课堂）参与方面的效能感也具有相对的比较优势。同时，需要清醒认识到的是，与澳大利亚、芬兰和加拿大相比，中国上海教师在以上三方面的效能感优势均不太明显，甚至在教学自我效能感指数和学生（课堂）参与自我效能感指数表现方面均低于国际平均值。这一定程度上说明，中国上海教师需要在持续提升教学能力的同时,还需要加强教师促进学生参与课堂教学、营造积极互动课堂教学氛围的能力和水平。

表 4-43　教师在不同维度自我效能感的数据呈现

	教学的自我效能感指数(SEINSS)	课堂管理的自我效能感指数(SECLSS)	学生(课堂)参与自我效能感指数(SEENGS)
澳大利亚	12.83	12.84	12.00
芬兰	11.62	12.42	11.65
加拿大	12.85	13.08	11.93
新加坡	11.86	12.29	12.00
中国上海	12.40	13.00	11.78
日本	9.05	10.01	8.28
韩国	10.97	11.42	11.04
国际均值	12.51	12.86	11.97

最后,TALIS 2013 调查数据显示,在国际比较的视角下,儒家文化圈国家和地区的教师性整体上似乎比包括芬兰在内的西方国家教师更认同由皮亚杰提出的建构主义理论,而且中国上海、韩国的教师的表现尤甚,与包括芬兰、加拿大和澳大利亚等在内的其他国家或地区相比,中国上海和韩国的教师更为认同建构主义教学信念。

3. 上海的初中课堂学生结构具有较为明显的比较优势

课堂教学是教师的工作核心,也是教师工作专业性最为集中的体现。关于教学实践和课堂环境方面,从中国上海教师在相关指标的表现和国际均值来看,上海的初中课堂学生结构具有比较明显的优势(见表 4-44)。整体而言,根据中国上海教师的调查反馈信息来看,在中国上海的初中课堂中,"有行为问题的学生所占比例超过 10%"的课堂比例和"学业成绩较低的学生所占比例超过 10%"的课堂比例均明显小于国际均值,并且中国上海在这两项指标的值不仅在儒家文化圈国家或地区中仅次于最低值,也明显低于澳大利亚、芬兰和加拿大等国家。这说明与其他国家或地区相比,在上海的课堂环境中具有良好的纪律氛围,很少有具有行为问题的学生捣乱课堂纪律。上海的这一数据表现和预期基本相符,通常而言,包括中国上海在内的东亚国家和地区的课堂环境中学生大多比较遵守课堂纪律。

表4-44 部分国家或地区课堂学生结构

	学业成绩较低的学生所占比例超过 10%(TT2G35B)	有行为问题的学生所占比例超过 10%(TT2G35D)	具有学术天赋的学生所占比例超过 10%(TT2G35F)
澳大利亚	59.8%	35.8%	27.6%
芬兰	58.5%	35.4%	60.6%
加拿大	67.1%	41.2%	21.4%
新加坡	65.5%	37.6%	17.0%
中国上海	45.1%	15.2%	29.1%
日本	46.8%	13.3%	11.1%
韩国	40.1%	19.9%	20.9%
国际均值	52.2%	29.7%	33.7%

事实上,上海课堂学生结构的特点能够从教师课堂时间分配比例结构的情况得到进一步验证。TALIS 2013 调查数据显示,上海教师的课堂时间约有 9 成用于实际的课堂教学。这一比例不仅在儒家文化圈国家和地区,以及 7 个世界"高水平教育系统"的国家和地区中属于最高值,在所有参与第二轮 TALIS 调查的国家和地区中也是最高值。这至少佐证了上海教师所教课堂中行为问题学生占比少的特点。但上海教师实际课堂教学实践占比最高的数据,结合上海教师学生课堂参与指数相对较低的情况,似乎也说明了学生课堂互动参与较少的教师"一言堂"现象仍需要进一步改进。

欧盟的调查发现,多数教师反馈称,过高的师生比是"使他们感到教师工作难度增加"和"寻求另一份工作"的原因之一。TALIS 2013 调查数据显示,初中教育阶段师生比的国际平均水平为 12.4:1。整体而言,盎格鲁-撒克逊文化特征较为鲜明的国家或地区的初中教育阶段师生比相对比较低,澳大利亚为 12.3:1、芬兰为 10.0:1、加拿大为 18.0:1;相比而言,儒家文化圈国家或地区的师生比则相对较高,日本为20.3:1、韩国为15.5:1、新加坡为14.0:1、[①] 中国上海为11.0:1[②]。

表4-45 部分国家或地区教师课堂时间分配比例

	执行管理任务时间占比 (TT2G39A)	维持秩序时间占比 (TT2G39B)	实际课堂教学时间占比 (TT2G39C)
澳大利亚	7.0%	14.5%	78.1%
芬兰	6.0%	13.1%	80.6%
加拿大	7.3%	13.6%	79.0%
新加坡	11.1%	17.7%	70.9%
中国上海	6.0%	7.9%	85.6%
日本	7.0%	14.6%	78.3%
韩国	8.2%	13.6%	76.9%
国际均值	7.8%	12.2%	79.3%

同时,结合中国上海初中学生在 PISA 测试中的表现可以看出,与其他国家和地区相比,中国上海的初中课堂教学环境中学业成绩较低的学生所占比例较少。但值得注意的是,尽管上海教师反馈称,"所教课堂中具有学术天赋的学生所占比例超过10%"的课堂达到约30%,为儒家文化圈国家和地区中的最高值,并高于加拿大和澳大利亚,但同时却低于国际均值,且与芬兰(60.6%)存在明显差距,甚至不及芬兰在该调查问项录得值的一半。根据前文关于不同学生构成的课堂环境对教师工作满意度影响效用的分析可知,"低学业水平学生占比"与教师的工作满意度之间不存在显著性相关;但有行为问题的学生则会导致教师产生消极的工作情感体验,亦即是对工作的不满意感。与此相反的是,具有学术天赋的学生所占比例则与教师的工作满意度存在明显的正相关。但值得注意的是,对于某些教师来讲,所教班级具有较高比例的学术天赋学生可能也并非完全是积极的因素,因为教师的学科专业知识储备或教学能力或许不能有效满足具有学术天赋学生的需求,并进而导致教师工作压力的增加。

[①] OECD. TALIS 2013 Results: An International Perspective on Teaching and Learnin[R]. Paris: OECD Publishing, 2014.
[②] 教育部发展规划司.2015 全国教育事业发展简明统计分析(内部资料).

4.中国上海教师每周"真正"的教学时间高于国际均值,且非教学工作时间偏多

从国内外已有主流研究成果和惯常经验来看,首先工作时间长不仅会在心理上对工作者产生消极影响,导致焦虑和工作倦怠等问题。其次,较大的工作时间负荷还会在生理上引发工作者的健康风险,增加职业病的概率。最后,工作时间长也很可能导致"工作—家庭"的时间分配失衡,使得工作角色和家庭角色冲突的概率增加[1]。因此,工作时间越长,越可能导致工作者的工作满意度越低。然而,TALIS 2013的调查数据显示(见表4-46),中国上海教师在一个"完整日历周"的平均工作时间为39.67小时,其中课堂教学时间为13.84小时,课堂教学时间占工作时间的比例为34.88%。与此同时,相应的国际均值显示,教师一个"完整日历周"的工作时间为38.86小时,其中课堂教学时间为19.45小时,课堂教学时间占工作时间的比例为50.05%。由此来看,中国上海教师每周的工作时间与国际均值相当,但课堂教学时间及其占一周工作时间的比例,不仅明显低于国际均值,也是在所有国家或地区中的最少者。所谓"完整日历周"是指没有因休假、法定节假日或个人事务请假等原因而缩短或增加的星期。在此需要注意的是,上海教师一周内的非课堂教学时间较多的境况,很可能会降低教师的工作满意度。因为教书育人是教师的职业天职和根本责任。影响教师本职工作开展,或者是给教师增加非教学工作任务,甚至产生本末倒置的工作时间分配很可能会对教师的工作满意度产生消极影响。

表4-46 部分国家或地区教师每周工作时间对比(小时)

	每周工作时间	课堂教学时间	课堂教学时间占比
澳大利亚	42.71	18.57	43.49%
芬兰	31.64	20.58	65.05%
加拿大	48.25	26.37	54.67%
新加坡	47.56	17.10	35.95%
中国上海	39.67	13.84	34.88%

---

[1] 王笑天,李爱梅,吴伟炯,孙海龙,熊冠星.工作时间长真的不快乐吗? 异质性视角下工作时间对幸福感的影响[J].心理科学进展,2017,25(01):180-189.

（续表）

	每周工作时间	课堂教学时间	课堂教学时间占比
日本	53.92	17.71	32.84%
韩国	37.05	18.76	50.63%
国际均值	38.86	19.45	50.05%

事实上,在中国上海的语境和文化情景中,教师的教学时间不仅包括课堂教学,还包括备课、批改作业、对学生"培优补差"的辅导和评价(考试)等多个环节。关于教学的这一理解,中国上海教师与欧美乃至部分东亚国家的同行都存在明显的认知差异。由此,有学者将教师每周的课堂教学、备课、批改作业、辅导学生的时间总和视为"真正"的教学时间,随后与主要国家或地区,以及国际均值的比较发现,中国上海教师用于课堂教学、备课、批改作业和辅导学生等"真正"的教学工作时间,以及后三项的单项时间均高于国际均值。故此而言,上海教师的"真正"教学时间不但不少于国际均值,与之相反的是,还略微高于国际平均水平(见表4-47)[①]。

表4-47 部分国家或地区教师每周"真正"教学时间(小时)

	课堂教学 (TT2G17)	备课 (TT2G18A)	批改作业 (TT2G18C)	辅导学生 (TT2G18D)	小 计
澳大利亚	18.6	7.1	5.1	2.3	33.1
芬兰	20.6	4.8	3.1	1.0	29.5
加拿大	26.4	7.5	5.5	2.7	42.0
新加坡	17.1	8.4	8.7	2.6	36.7
中国上海	13.8	8.1	8.0	5.1	35.1
日本	17.7	8.7	4.6	2.8	33.7
韩国	18.8	7.7	3.9	4.1	34.5
国际均值	19.5	7.2	5.0	2.4	34.1

[①] 王洁,宁波.国际视域下上海教师工作时间与工作负担:基于 TALIS 数据的实证研究[J].教师教育研究,2018,30(06):81-88.

然而,值得注意的是,中国上海教师每周用于"与同事交流合作""与家长沟通""参与学校管理""日常行政事务"与"其他事务"的时间均高于国际平均值(见表4‑48)。若将后三者视为"其他非教学时间"的话,中国上海教师每周花费在行政管理和其他事务的非教学时间达到 8.91 小时,而国际平均水平为 6.97 小时。TALIS 调查数据还显示,包括上海在内的儒家文化圈国家和地区中,教师每周工作时间中,用于非教学的小时数均高于国际均值,且每周用于日常行政事务的小时数明显高于澳大利亚、芬兰和加拿大。尽管如此,具体而言,在新加坡、韩国、日本等儒家文化圈国家和地区中,中国上海教师每周用于非教学的工作时间是最少的。

表4‑48　部分国家和地区教师每周工作时间中非教学时间(小时)

	参与学校管理 (TT2G18E)	日常行政事务 (TT2G18F)	其他事务 (TT2G18I)	合　计
澳大利亚	3.1	4.3	2.2	9.5
芬兰	0.4	1.3	1.0	2.7
加拿大	2.2	3.2	1.9	7.3
新加坡	1.9	5.3	2.7	9.9
中国上海	3.3	3.6	2.0	8.9
日本	3.0	5.5	2.9	11.4
韩国	2.2	6.0	2.6	10.8
国际均值	1.7	3.1	2.2	7.0

行文至此,需要清醒认识到的是,教师的工作时间长短并不能完全等同于教师的工作负担和压力。因为就本质而言,教师工作负担体现为教师工作时间分配的"量"的规定性和"质"的规定性两个方面,而且很多情况下,教师工作时间"质"的分配结构更容易导致教师产生工作负担和压力。因为根据工作时间的"异质性理论"来看,工作时间并不一定全是"损耗"资源的过程,也很可能是"恢复"资源的过程。换句话说,工作时间并非同质的,而是有性质差异的。不同类型的工作,而非工作时间的长短,对教师的心理、生理乃至"工作—家庭"平衡会

产生影响[①]。结合上文关于教师每周工作时间与教师的工作满意度之间关系的分析结果来看,教师每周工作小时数的多少可能并不是影响教师工作满意度的关键因素之一,更为重要的是,教师用于不同工作类型的时间分配,尤其是属于非教学工作的行政管理事务时间的多少更可能导致教师产生压力和倦怠,以致消极的工作情感体验。欧盟的调查报告显示,越来越多的工作负载会导致教师患与压力相关的职业疾病风险上升,从而造成教师采用教条主义、缺乏主动性的例行公事态度,并进而旷工、抑郁,最终离职[②]。

5. 上海教师参加专业发展活动的频率和持续时间强度都处于世界最高位

关于教师专业发展的频率和持续时间方面,自 2012 年起,上海在全市建立了保障中小学(幼儿园)新教师成长的见习教师入职规范化培训体系。TALIS 2013 调查也表明,中国上海几乎所有学校(99.2%)都向教师提供正式入职培训,约 9 成(89.8%)的教师报告确实参与了正式的入职培训。相比之下,新加坡(100%)、英格兰(99.4%)的学校也都向教师提供正式入职培训,但接受调查的教师报告自己参加培训的比例明显低于中国上海,分别是 80.0% 和 75.8%。从与其他国家或地区的比较来看,中国上海教师参加正式入职培训的比例是最高的,且比国际平均值(50.34%)高出近 40 个百分点。同时,从教师被分配"传、帮、带"的带教导师的情况来看,中国上海教师报告称被分配有带教导师的比例为 23.03%。尽管这一比例不是国际最高值,但仍然明显高于国际平均水平(13.36%)。另外,需要特别提及的是,在入职后的在职专业发展方面,中国上海教师一年中用于各项专业发展活动的天数达 62.8 天(处于国际比值第二位),相应的国际平均值则不及中国上海的一半,仅为 27.6 天。最后,TALIS 2013 的数据还显示,中国上海有 76.3% 的教师报告称,其所在学校每两周至少开展 1 次教研组活动、1 次备课组活动;有 34.3% 的中国上海教师报告称每月有 1—3 次"观察其他教师的课堂教学并提供反馈"的活动,而国际平均水平仅为 6.3%[③];有 87.8% 的中国上海教师反馈称"有固定时间参加本校正常工作时间

---

① 王笑天,李爱梅,吴伟炯,孙海龙,熊冠星. 工作时间长真的不快乐吗? 异质性视角下工作时间对幸福感的影响[J]. 心理科学进展,2017,25(01):180-189.

② ECORYS. Study on the Diversity within the Teaching Profession with Particular Focus on Migrant and/or Minority Background [EB/OL]. https://ec.europa.eu/migrant-integration/index.cfm?action=media.download&uuid=944D5517-E793-1877-069B3150067FF4B8.

③ 王洁,张民选. TALIS 教师专业发展评价框架的实践与思考——基于 TALIS 2013 上海调查结果分析[J]. 全球教育展望,2016,45(06):86-98.

内进行的专业发展活动",这一比例明显高于国际平均水平 54.9%[①]。此外,中国上海教师反馈称,在对教师评价与反馈后学校提供给教师针对性专业发展项目的比例达到 82.3%,不仅远高于国际均值,也是本轮 TALIS 调查的最高值。

表 4-49　部分国家或地区教师参加专业发展活动的频率和时间强度

	参加入职培训的比例(TT2G19A)	过去 12 个月参加各类专业发展活动的天数(TT2G21)	教师评价与反馈后,提供给教师针对性专业发展项目的比例(TT2G31D)
澳大利亚	52.6%	14.7	50.5%
芬兰	16.3%	13.9	38.5%
加拿大	51.0%	17.0	51.8%
新加坡	80.0%	21.7	79.6%
中国上海	89.8%	62.8	82.3%
日本	83.3%	18.2	45.6%
韩国	72.3%	30.6	69.4%
国际均值	50.3%	27.6	62.0%

　　由以上数据(见表 4-49)来看,无论是在职前准备、入职培训还是在职专业发展等,中国上海教师参加专业发展活动的频率和持续时间强度都可谓处于世界最高位。不可否认,这些专业发展活动对于规范教师教学行为、提高教师有效教学能力,以及为教师搭建不同类别的专业发展平台和同侪网络具有显著的积极意义。同时,有关教师专业发展活动与工作满意度的相关关系也表明,专业发展尤其是高质量的专业发展对教师的工作满意度的提升有积极的影响作用。然而,值得反思的是,通过 TALIS 2013 的数据单独分析教师专业发展,尤其是高效的专业发展与教师工作的满意度的关系时发现,上海教师工作满意度分别与入职培训、专业发展和高效的专业发展活动均呈现显著的正相关。更重要的是,上海教师高效专业发展指数(10.34)也明显高于国际均值(8.91)。然而,也正是由于中国上海教师参与

---

① 王洁,宁波.国际视域下上海教师工作时间与工作负担:基于 TALIS 数据的实证研究[J].教师教育研究,2018,30(06):81-88.

专业发展的覆盖率高,在随后的多重线性回归模型中,上海教师工作满意度和教师专业发展之间并不存在具有统计学显著意义的相关关系。

　　教师专业发展活动,尤其是有效的专业发展活动是教师持续提升专业行为表现水平的重要保障。然而,值得注意的是,教师专业发展的频率和时间投入太多,很可能对教师的正常教学工作安排产生一定的冲击,再加上教育行政部门安排的部分教师专业发展活动针对性不强,不能有效满足教师的实际需求,从而使得频繁的专业发展活动一定程度上成为上海教师的"甜蜜负担"。事实上,上文提及的关于教师工作时间的"损耗论"和"异质性理论"表明,教师的工作时间可以大致分为两类[1]:一类是恢复型的工作时间,另一类是损耗型的工作时间。所谓"恢复型工作时间",是指能够让工作者产生积极情绪、自我肯定的"关键资源",进而有效抵消自我损耗(时间和精力投入)的负面影响;而"损耗型工作时间",则是指工作时间内需要个体控制自我意识和行为,投入调适思维和情绪等消耗性的"调节资源"。以消耗的"调节资源"和产出的"关键资源"为纵横坐标,可以将个体的工作时间分为四部分,即突破型工作时间、补充型工作时间、低维持型工作时间和耗竭型工作时间(见图4-17)[2]。利用此框架对教师工作不同类型事务所需的工作时间进行"恢复—耗竭"研判时发现,以提升教师教学能力和教学质量为旨归的培训和教研活动,对教师来说原本应该属于"突破型"抑或"补充型"的工作时间,然而,出乎意料

图 4-17　工作时间分类示意图

资料来源:王笑天,李爱梅,吴伟炯,孙海龙,熊冠星. 工作时间长真的不快乐吗? 异质性视角下工作时间对幸福感的影响[J]. 心理科学进展,2017,25(01):180-189.

①　李爱梅,王笑天,熊冠星,李斌,凌文轻. 工作影响员工幸福体验的"双路径模型"探讨——基于工作要求-资源模型的视角[J]. 心理学报,2015,47(05):624-636.
②　王笑天,李爱梅,吴伟炯,孙海龙,熊冠星. 工作时间长真的不快乐吗? 异质性视角下工作时间对幸福感的影响[J]. 心理科学进展,2017,25(01):180-189.

的是,对该类专业发展工作的时间投入竟被教师视为是"耗竭型工作时间"①。如果将教师的这种归类和上海教师高频率和较高强度的专业发展活动联系起来,似乎不难推断上海教师产生工作繁重和疲倦感的原因。由此来看,尽管专业发展活动与教师工作满意度之间存在积极的关系,但"不得不参加"的培训学分要求,以及听报告等枯燥的培训方式,再加上部分培训与实际联系不强,很可能抵消了专业发展与工作满意度之间的积极影响,甚至使得教师产生消极的工作情感体验。

(三)不同国家和地区教师工作满意度的保健因素表现

1. 上海教师对参与校园管理的民主氛围感知较低

随着教育管理重心更多地向地方分权和学校自主的方向发展,使得学校增加了新的管理任务,这要求教师承担更多的管理者角色,并参与更为广泛的学校"分布式领导"②。TALIS 2013 调查数据显示,尽管包括上海在内的儒家文化圈国家和地区在"利益相关者参与协作指数"上的表现与国际均值差距不大(略低),与加拿大、芬兰和澳大利亚等教师工作满意度较高国家和地区的差距也不是十分明显。但值得注意的是,在"学校为教师提供有效参与学校决策机会"的具体问项的调查数据显示,中国上海、日本、新加坡和韩国教师中报告称"学校为教师提供参与学校决策机会"的比例均低于国际均值,也与芬兰、加拿大和澳大利亚的教师在该问项的反馈数据上存在较明显的差距。

具体而言,尽管中国上海在该问项的调查数据表现(见表 4-50),在拥有"高水平教育系统"的国家或地区中并非最低值,但也只是仅高于韩国和澳大利亚,同为儒家文化圈的新加坡、日本,与芬兰和加拿大相比也有较大差距,并且低于国际均值。由此来看,从教师的自我感知来说,相比其他国家或地区而言,中国上海教师参与学校决策的机会并不多。通常而言,能够为教师提供积极参与学校决策机会的民主式管理氛围也有利于增加教师的组织归属感和认同感。反之,不能为教师提供有效发言机会,轻视教师建议和意见的强势专制型的校园管理,则很可能会降低教师的组织认同感,导致教师产生消极的工作情感体验和较低的工作动力,甚至增加教师的离职倾向,并最终造成教师的流失。一所学校的管理氛围很大程度上与校长的领导风格有直接关系,甚至在一定程度上可以说,学校校长的领导风格决定着学

---

① 王洁,宁波.国际视域下上海教师工作时间与工作负担:基于 TALIS 数据的实证研究[J].教师教育研究,2018,30(06):81-88.

② OECD. Synergies for Better Learning: An International Perspective on Evaluation and Assessment[R]. OECD Reviews of Evaluation and Assessment in Education, Paris: OECD Publishing, 2013.

校整体的或"协商民主"或"强势专治"的管理氛围。阿里巴巴创始人马云在第14届国际校长联盟(International Confederation of Principals, ICP)大会上披露,他在做乡村教师计划时发现,乡村教师辞职,60%以上是因为对校长(管理能力和水平)不满。

表 4-50　教师对参与校园管理的民主氛围感知

	利益相关者参与协作指数 (TSCSTAKES)	学校为教师提供有效 参与学校决策的机会 (TT2G44A)
澳大利亚	10.5	63.8%
芬兰	11.1	75.1%
加拿大	11.6	80.5%
新加坡	11.1	74.5%
中国上海	11.3	73.4%
日本	10.7	75.6%
韩国	10.8	64.1%
国际均值	11.2	76.4%

2. 儒家文化圈国家和地区的教师较多认为教师评价的主要目的是提升教学水平

开展有效的教师评价和反馈,对不断提高学校教育质量具有重要的现实意义[①]。对教师工作表现的评价和反馈不仅能帮助教师廓清如何完善教学实践,而且在学校领导的介入和支持下,促使学校成为教师专业学习的共同体。此外,对教师的评价也提供了对有效教学实践方式进行认可和嘉奖教师的机会[②]。教师评价和反馈可以是改进教学与学习,成为提高教学质量和教师持续进行专业学习的关键杠杆,以及改善教育成果的重要驱动力。相关研究发现,教师评价和反馈与提高学生成绩之间存在正相关关系。从逻辑上看,对教师的考核通过影响教师的态度和

① Santiago P, Benavides F. Teacher Evaluation: A Conceptual Framework and Examples of Country Practices, Paris: OECD, 2009, www.oecd.org/edu/evaluationpolicy.

② OECD. Creating Effective Teaching and Learning Environments: First Results from TALIS[R]. Paris: OECD Publishing, 2009. https://doi.org/10.1787/9789264068780-en.

专业行为实践,进而影响学生的学业成绩,对学生的学习产生间接的影响。泰勒和戴勒(Taylor and Tyler, 2011)的实证研究也表明,同一教师在学校实施教师评估制度之后教的学生,其数学成绩比实施教师评估制度之前同类学生的数学成绩高出标准偏差 10%左右[1]。在以上背景下,大多数国家的教育政策制定者已制定了教师评价政策框架(国家或州级的法律法规),以强调教师考核作为改进教学实践手段的重要价值。但与此同时,包括芬兰、比利时(法语区)、丹麦等北欧国家或地区,以及西班牙的教育系统尚未建立这种统一的教师评价政策框架。然而需要说明的是,虽然在这些国家或地区缺少国家层面的教师考核政策框架,但这并不意味着教师不会收到任何专业的反馈[2]。通常而言,在没有中央政府统一政策规定的国家,往往由地方政府和学校层面设计教师评价与反馈框架。例如,在芬兰,目前仍无考核教师的中央政策框架,对教师的评价与反馈并非在国家层面系统进行,而由地方政府(主要是市政府)和教师工会之间的合同定义了教师考核的基础(见表4-51)。

表 4-51　部分国家或地区教师考核政策框架设计情况(2012 年)

		澳大利亚	比利时(法语区)	加拿大	芬兰	韩国	意大利	丹麦	荷兰	西班牙	瑞典	英国(北爱尔兰)	中国上海
奖励方案						√							√
绩效管理	晋升					√							√
	定期考核	√		√		√			√		√	√	
	注册	√									√		√
试用期		√		√			√		√		√	√	√
国家和地区		澳大利亚	比利时(法语区)	加拿大	芬兰	韩国	意大利	丹麦	荷兰	西班牙	瑞典	英国(北爱尔兰)	中国上海

注:晋升考核指专门为用于作出晋升决策目的而设计的考核方案。但现实当中定期考核除用于其他目的外,也可以能够影响晋升决策。

资料来源:(1) OECD. Synergies for Better Learning: An International Perspective on Evaluation and Assessment[R]. OECD Reviews of Evaluation and Assessment in Education, Paris: OECD Publishing, 2013. https://doi.org/10.1787/9789264190658-en.

(2) 中国上海教师考核框架情况为笔者根据实际情况添加补充。

---

[1] Taylor E S, Tyler J H. The effect of evaluation on performance: Evidence from longitudinal student achievement data of mid-career teachers. NBER Working Paper Series, 2011 No. 16877, National Bureau of Economic Research, Cambridge, Massachusetts.

[2] OECD. Synergies for Better Learning: An International Perspective on Evaluation and Assessment[J]. OECD Reviews of Evaluation and Assessment in Education, Paris: OECD Publishing, 2013.

TALIS 2013 的调查数据似乎佐证了不同国家和地区的教师考核政策框架设计之特点,在"工作绩效最突出的教师能够获得学校最高的认可(如奖励、职务晋升等)"调查问项上,澳大利亚、芬兰和加拿大的教师中反馈称符合该问项所述情况的教师比例均远低于国际均值。若从字面理解则很可能会认为澳大利亚、加拿大和芬兰等国家或地区的教师评价和奖励政策不公平,但现实是,以上 3 个国家的教师评价政策框架本身不包含把对教师的评价结果与教师奖励、晋升等绩效管理挂钩。但在教师评价政策框架中包括对教师奖励和晋升的韩国、中国上海、新加坡等国家或地区,较多的教师则认为工作绩效突出的教师能够得到诸如奖励或职务晋升等认可(见表 4‑52)。

表 4‑52　教师对教师评价与反馈目的的反馈情况

	工作绩效最突出的教师能够获得学校最高的认可(如奖励、职务晋升等)(TT2G31A)	教师评价与反馈的目的——促进教师教学(TT2G31B)	教师评价与反馈的目的——服务于行政管理(TT2G31C)
澳大利亚	31.3%	56.8%	61.8%
芬兰	25.3%	50.1%	62.0%
加拿大	28.6%	64.8%	50.9%
新加坡	71.2%	61.4%	52.6%
中国上海	66.8%	77.1%	48.0%
日本	37.1%	67.6%	47.3%
韩国	51.0%	59.4%	59.8%
国际均值	40.7%	57.7%	50.5%

在关于教师评价与反馈的目的效用方面,整体来看,儒家文化圈国家和地区的大多数(约 60%,甚至更多)教师认为,对教师评价与反馈的目的主要是"促进教师教学",但在加拿大、芬兰和澳大利亚对教师评价与反馈目的持有此观点的教师占比却相对较少,甚至澳大利亚和芬兰在该问项的调查数据低于国际均值。

与此形成鲜明对比的是,在澳大利亚、芬兰有超过 6 成的教师报告称对教师评价与反馈的主要目的是服务于行政,并且芬兰、澳大利亚、加拿大在该问项的调查数据均高于国际均值。与此同时,中国上海、日本、韩国和新加坡国家或地区的教师报告称"对教师评价与反馈的主要目的是服务行政管理需要"的比例则相对较少,其中中国上海和日本的教师中仅有不到一半比例的教师认为"教师评价与反馈的目的主要是服务行政管理之需",这一水平不但低于国际均值,更是明显低于澳大利亚和加拿大。从以上两组数据来看,中国上海对教师进行评价与反馈的主要目的是促进教师提高教学能力和教学质量,而不只是简单地把加强对教师的行政管理奉为圭臬。然而,从另一个角度来看,造成东西方国家教师关于对教师评价与反馈目的的认知偏差的原因,除了不同国家和地区对教师评价政策框架的设计有所差异之外,另一个很可能的原因是文化因素。因为,根据中国上海的实践做法来看,促进教师提升教学能力和水平通常是教师评价与反馈工作的重要显性政策目的,尽管对教师的评价与反馈很多时候也潜在服务于行政管理之需要。

3. 工作环境满意度偏低是上海教师的一大短板

TALIS 2013 的调查数据显示,儒家文化圈国家和地区的教师对工作环境的满意度不但与澳大利亚、芬兰和加拿大等盎格鲁—撒克逊文化特征鲜明的国家或地区在对应指数或具体问项上的表现存在较大差距,甚至也明显低于相应的国际平均水平(教师想换一所学校工作的比例除外)(见表 4-53)。

表 4-53　教师对工作环境满意度的反馈数据

	工作环境满意度指数(TJSENVS)	若有可能,我想换一所学校(TT2G46C)	我喜欢在本校工作(TT2G46E)	我会推荐所在的学校是个工作的好地方(TT2G46G)
澳大利亚	12.4	23.0%	91.7%	85.5%
芬兰	12.3	16.2%	90.8%	87.5%
加拿大	12.7	23.1%	95.0%	88.8%
新加坡	11.1	35.1%	85.9%	73.2%
中国上海	10.6	30.6%	70.8%	60.6%
日本	10.9	30.3%	78.1%	62.2%
韩国	10.8	31.2%	74.4%	65.6%
国际均值	12.1	21.2%	89.7%	84.0%

　　具体而言,不管是与国际均值相比,还是与参与此轮 TALIS 调查的其他国家和地区(包括儒家文化圈国家和地区)相比,中国上海教师在工作环境满意度指数,以及最相关的具体问项上的数据表现均不具有相对优势,甚至在一定程度上可以说处于劣势地位。譬如,在教师的工作环境满意度指数上,上海仅录得10.6,是参与本轮 TALIS 调查国家和地区中的最低值。类似的情况还表现在关于教师工作环境满意度的具体问项上(包括"我喜欢在本校工作"和"我会推荐所在学校是个工作的好地方"),也是取得了明显偏低的数值表现。与此同时,中国上海教师报告称"若有可能,我想换一所学校"的比例(30.6%)却明显高于国际均值,在本研究所关注的儒家文化圈中是第二位,在世界"高水平教育系统"国家中也处于第二。如果从教师在工作环境满意度的反馈数据表现来看,包括中国上海在内的儒家文化圈国家和地区的教师对组织的归属感和认同感还是比较低的。

4. 上海教师校园人际关系氛围较好,但合作效用有待提升

　　TALIS 2013 数据显示,教师工作满意度和教师校内人际关系指数具有显著的正相关。根据关于有效的组织学习研究发现,许多学校正采用新的工作方法,注重在小组和更大的专业学习团体中开展同事合作学习[①]。在 TALIS 2013 调查问卷的问项设计中,是通过教师同事间合作情况和师生关系状态两个方面来反映教师校园人际关系氛围的(见表 4-54)。

表 4-54　教师同事间合作指数及相关问项数据表现

	教师合作指数 (TCOOPS)	教学交流和协作指数 (TCEXCHS)	专业学习合作指数 (TCCOLLS)
澳大利亚	11.0	12.6	9.3
芬兰	9.3	11.6	7.0
加拿大	10.2	11.5	8.9
新加坡	10.7	11.7	9.8
中国上海	10.2	11.0	9.4

① Stoll L, Louis K. Professional learning communities：Divergence, depth and dilemmas[M]. Berkshire, UK：Open University Press, 2007.

（续表）

	教师合作指数 （TCOOPS）	教学交流和协作指数 （TCEXCHS）	专业学习合作指数 （TCCOLLS）
日本	10.0	10.6	9.4
韩国	8.3	9.0	7.5
国际均值	10.0	11.4	8.7

从教师校内的整体人际关系来看，TALIS 调查数据表明，上海有 85.4% 的教师报告称，所在学校有相互支持的学校文化氛围，而且这一比例明显高于国际均值（79.0%）约 15 个百分点。但在教师合作指数方面，中国上海教师间同事合作指数为 10.2，与国际均值 10.0 基本相当。尽管如此，上海教师合作指数在儒家文化圈国家和地区中属于较高水平，录得与加拿大相等、低于澳大利亚的教师合作指数值，但同时高于芬兰。另外值得注意的是，尽管中国上海教师在一个完整日历周中的工作时间用于"与同事交流合作"的小时数不但远高于国际均值（见图 4‐18），而且在 7 个"高水平教育系统"中也是最高值，此外，上海还具有中国特色的"教研组"和"集体备课"等促进教师交流合作，以及培育教师共同体的支持性专业组织和工作机制，但中国上海教师在"教学交流与协作"指数上录得的数值不但低于国际均值，还明显低于澳大利亚、芬兰和加拿大，甚至低于同为儒家文化圈的新加坡。可以说，上海教师在教学交流与协作方面的表现与惯常经验存在较大的偏差。

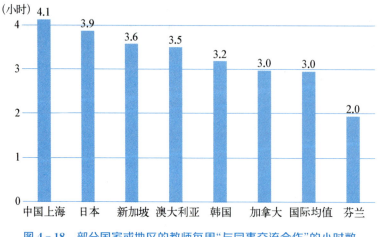

图 4‐18　部分国家或地区的教师每周"与同事交流合作"的小时数

在 TALIS 2013 语境下,师生关系与教师工作满意度水平之间存在强烈的正相关,师生关系可谓教师校内人际关系中对教师的工作满意度影响效应最为强烈的指数。调查数据显示(见表 4‒55),不管是从反映师生关系的综合指数,还是标示师生关系的单个核心问项(我所在的学校,师生通常能够融洽相处)调查数据来看,包括中国上海在内的日本、韩国、新加坡等儒家文化圈的国家和地区整体上低于澳大利亚、芬兰和加拿大。从师生关系指数值来看,尽管中国上海在儒家文化圈国家和地区中取得最高值,但需要注意的是,包括中国上海在内的儒家文化圈国家和地区在"师生关系指数"取值上均定于国际均值。与此形成明显对比的是,澳大利亚、芬兰和加拿大在师生关系指数上的录得值均高于国际均值。但就中国上海的数据而言,在儒家文化圈国家和地区中,中国上海在师生关系指数和单个的师生融洽相处指标方面的表现均处于较高乃至最高的位次,且与国际均值相比并不逊色,甚至师生融洽相处指标值略高于国际均值。

表 4‒55　师生关系指数及相关问项数据表现

	师生关系指数(TSCTSTUDS)	我所在的学校,师生通常能够融洽相处(TT2G45A)
澳大利亚	14.0	96.9%
芬兰	13.5	96.5%
加拿大	13.8	97.0%
新加坡	12.9	96.4%
中国上海	13.2	96.3%
日本	12.8	94.8%
韩国	12.4	94.5%
国际均值	13.3	95.5%

此外,TALIS 2013 的调查数据显示,中国上海教师报告称"学校会提供帮助,满足学生特殊和个性化需求"的比例达到 92.59%。这一比例高于国际均值 91.74%。这在一定程度上说明,"以生为本""以学生学习为中心"的理念在上海的学校得到了较好的落实,或者至少可以研判,上海的学校能够较高地认同"以学生

为本"的办学理念。

5.上海教师工作稳定性强,但同时也意味着教师流动性较差

为了保持教师队伍的稳定和质量,世界不同国家和地区在教师的聘任管理方面采取了多种模式,如在法国、德国、意大利、芬兰等国家,把中小学教师纳入国家公务员职系。而日本和韩国则单独设立有教育公务员职系,并对中小学教师采用终身雇用制[①]。此外,新加坡公立学校的教师也属于公务员。TALIS 2013 调查数据显示,儒家文化圈国家和地区的教师几乎都是全职教师,不仅明显高于国际均值(约 8 成的教师为全职),且高于澳大利亚、加拿大,乃至教师职业具有良好吸引力的芬兰(见图 4-19)。终身聘用制或长期合同制有利于稳定教师队伍,但安逸的终身雇用制也很可能导致教师自我提升的动力不足。结合现实经验来看,中国上海、日本、韩国和新加坡等国家或地区的教师基本是在固定的一所学校工作,教师不太容易调换所就职的学校。同时,通过对教师的访谈还发现,上海中小学教师的职业流动性也较差,教师选择非教师行业的空间很小。因此,现实的情况很可能是,对所在学校工作环境不满意的教师,但由于调换到其他学校的可能性小,且选择非教师职业的其他行业的竞争力或胜任力不足,往往导致对工作(环境)不满意的教师,面对现实逼仄的可选择空间(工作学校和职业),出于"理性人"的边际量考虑,仍然会不得不留在所就职的学校,带着得过且过的情绪进行工作。

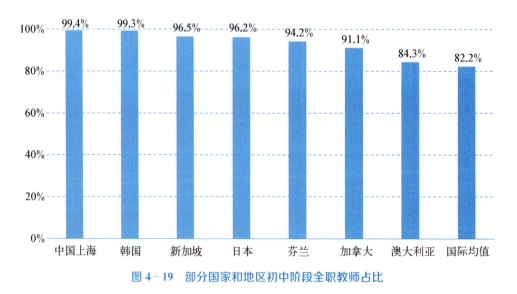

图 4-19 部分国家和地区初中阶段全职教师占比

---

① 蔡永红,肖艺芳.日本教育公务员制度的特点及其对我国的启示[J].教师教育研究,2011,23(06):76-80.

综上所述,从中国上海教师工作满意度的激励因素在国际比较视野中的表现来看(见表4‑56),具有以下比较明显的特征:第一,中国上海教师的自我认可较高,报告称"自我认可在学校的工作表现"的教师比例为儒家文化圈国家和地区中最高,但与此同时,中国上海教师对来自学校的认可感知在儒家文化圈国家和地区中是最低的;此外,中国上海教师对社会的认可感知也较低,在儒家文化圈中录得倒数第二的低值。

表 4‑56　上海教师的工作满意度的激励因素的国际比较表现

激励因素	指数/指标		儒家文化圈中的排序	高水平教育系统中的排序	与国际均值的差距
认可	自我认可		1	4	+1.5%
	学校认可		4	6	−15%
	社会尊重		3	5	+13.3%
教学实践/工作本身	课堂纪律氛围指数		2	2	+0.83
	自我效能感指数		1	3	−0.04
	其中	教学自我效能感	1	3	−0.11
		课堂管理自我效能感	1	2	+0.14
		学生参与自我效能感	2	3	−0.74
	建构主义信念指数		1	1	+0.99
	课堂学生结构	学业成绩较低的学生所占比例	3	6	−7.1%
		有行为问题学生所占比例	3	6	−14.5%
		具有学术天赋的学生所占比例	1	2	−4.6%
	教师实际课堂教学时间所占比例		1	1	+6.3%
	完整日历周工作时间分配	"真正"教学工作时间	2	3	+1.00
		非教学工作时间	4	5	+1.90

（续表）

激励因素	指数／指标	儒家文化圈中的排序	高水平教育系统中的排序	与国际均值的差距
专业发展与成长	参加专业发展活动的频率	1	1	＋39.5%
	参加各类专业发展活动的天数	1	1	35.2%
	教师评价与反馈后,(学校)提供针对性专业发展活动的比例	1	1	＋20.3%

注：(1) 儒家文化圈是指中国上海、日本、韩国和新加坡 4 个国家和地区。
　　(2) 世界高水平教育系统包括澳大利亚、芬兰、加拿大、新加坡、中国上海、日本和韩国 7 个国家或地区。
　　(3) "＋"表示大于国际均值,"－"表示小于国际均值。

　　第二,从与教师职业最核心的课堂教学有关的调查数据来看,中国上海初中课堂纪律氛围指数较高,在 7 个世界高水平教育系统中录得第二高值。但值得注意的是,尽管中国上海教师的自我效能感指数在儒家文化圈中为最高值,但仍略低于国际均值,且与澳大利亚、芬兰和加拿大存在明显差距。另外,与教师自我效能感表现情形类似的是,在构成教师自我效能感的 3 个子指数中,与教师的工作满意度呈统计学显著性相关的"教学自我效能感"方面,中国上海教师的反馈数据虽然录得儒家文化圈中的最高值,但仍低于国际平均水平,并且与澳大利亚、加拿大等有明显差距。与此同时,另一个值得关注的现象是,无论是以国际均值为基准尺度,还在 7 个拥有世界高水平教育系统的国家或地区中进行比较审视,中国上海教师在"学生课堂参与自我效能感"指数上的表现也偏低。最后,在建构主义教学信念方面,上海教师的表现不但明显高于国际均值,在 4 个儒家文化圈国家和地区中,甚至在 7 个世界高水平教育系统的国家或地区中均录得最高值。

　　第三,在与课堂环境密切相关的课堂学生构成方面,中国上海教师报告称"有行为问题的学生所占比例超过 10% 的课堂"比例不但低于国际均值,还明显低于澳大利亚、芬兰和加拿大。同时,在儒家文化圈国家和地区中,仅高于日本,为倒数第二的低值。中国上海教师反馈的这一课堂学生结构特点可通过上海教师课堂时间分配结构得到佐证。第二轮 TALIS 调查数据显示,上海教师实际课堂教学时间所占比例为参与本轮调查的所有国家和地区的最高值。此外,调查数据还显示,上海课堂上学业成绩较差的学生所占比例也较低,但中国上海教师报告称"具有学术天赋学生所占比例超过 10% 的课堂"比例虽为儒家文化圈中的最高值,但仍低于国际均值,且与芬兰的差距明显。

第四,根据每周工作时间方面的调查数据,中国上海教师在一个完整日历周中用于备课、批改作业、辅导学生等"真正"的教学小时数高于国际均值,在儒家文化圈国家和地区中为第二高值。但与此同时,上海教师报告称在一个"完整日历周"中用于非教学工作(包括"参与学校管理""日常行政事务"与"其他事务"的时间)的小时数虽然在儒家文化圈中是最少的,但却明显高于国际均值,甚至是芬兰教师在相应工作时间上的逾3倍之多。

第五,无论是从教师专业发展的频率,还是从时间强度来看,中国上海教师的反馈数据不管是在儒家文化圈中,抑或是在世界高水平教育系统中均是最高值,且大幅领先第二位。事实上,放眼参加第二轮 TALIS 调查的所有国家和地区来看,中国上海教师在专业发展频率和时间强度上均位于世界前两位,甚至独占鳌头。

从上海教师工作满意度的保健因素在国际比较视野中的表现来看,具有以下比较凸显的特征:第一,在学校民主管理氛围方面,上海的调查数据在"利益相关者参与协作指数"上的数据呈现为儒家文化圈国家和地区的最高值,在7个世界高水平教育系统中仅位居加拿大之后,为第二高值,同时还略高于国际均值。然而,值得关注的是,在教师报告称民主参与学校决策机会方面,无论是与国际平均水平比较,抑或是在儒家文化圈国家和地区中审视,上海教师反馈称参与学校决策的比例均显得较低——在4个儒家文化圈国家和地区中仅比韩国高,为倒数第二低值;在7个具有世界高水平教育系统的国家或地区中为倒数第三的低值。同时,相比国际均值低3个百分点。

第二,在对教师评价与反馈目的的感知方面,由于各个国家和地区的教师评价政策框架不同,整体来看,儒家文化圈国家和地区的教师大多认为,教师评价与反馈的主要目的是促进教师提升教学能力和水平。具体从中国上海的调查数据来看,中国上海教师报告称,对教师评价的主要目的是促进教师教学的比例不仅在儒家文化圈国家和地区中为最高值,而且在7个世界高水平教育系统中也拔得头筹,更是明显高于国际均值。与此相对应的是,中国上海教师认为对教师评价和反馈的目的主要是服务行政管理之需的比例,在7个具有世界高水平教育系统的国家或地区中仅比韩国略高,为倒数第二的低值,同时也低于国际均值。

第三,工作环境满意度可谓是上海教师的一大短板。从中国上海教师在工作环境满意度指数的调查数据呈现来看,中国上海教师的工作环境满意度指数为4个儒家文化圈国家和地区的最低值,同时也是 7 个世界高水平教育系统中录得的最低值。另外,中国上海教师的工作环境满意度指数也低于国际平均水平。与中国上海教师在工作环境满意度指数的表现相似,在有关教师工作满意度指数的具体核心问项上——包括"喜欢所在学校的教师比例"和"推荐所在学校的教师比例",中国上海教师在儒家文化圈、高水平教育系统中均录得最低值,并且也都低于国际均值。与此同时,中国上海教师报告称"想换一所学校工作的比例"在儒家文化圈中仅比韩国略低,在 7 个世界高水平教育系统中也为第二的高值。意料之中的是,从调查数据来看,中国上海教师"想换一所学校工作的比例"也高于国际均值。

第四,从第二轮 TALIS 调查数据来看,中国上海教师的人际关系氛围较好,教师合作指数高于国际均值,在儒家文化圈中仅次于新加坡,为第二高值;在 7 个世界高水平教育系统中,与加拿大并列第三。但在教师教学交流方面,中国上海教师的反馈数据不但低于国际均值,而且在儒家文化圈的国家和地区中为倒数第二的低值,与澳大利亚、芬兰和加拿大相比存在明显差距。此外,在师生关系方面,中国上海教师在师生关系指数上的表现与国际均值基本相当,且为儒家文化圈国家和地区中的最高值,但低于澳大利亚、芬兰和加拿大。与以上情形类似的是,在有关师生关系指数的核心问项上,中国上海高于国际均值,与新加坡同属儒家文化圈中的高值,但低于澳大利亚、芬兰和加拿大。

最后,在关于教师工作的稳定保障方面,调查数据显示,中国上海教师中全职教师所占比例不仅明显高于国际平均水平,而且在儒教文化圈国家和地区以及 7 个世界高水平教育系统中全职教师所占比例最高。

表 4-57　中国上海教师工作满意度之保健因素的国际比较表现

保健因素	指数/指标		儒家文化圈中的排序	高水平教育系统中的排序	与国际均值的差距
政策和管理	民主参与	利益相关者参与协作指数	1	2	+ 0.1
		教师参与学校决策的机会	3	5	− 3.0%
监管—技术		教师评价与反馈的目的——促进教师教学	1	1	19.4%
		教师评价与反馈的目的——服务行政管理	3	6	− 2.5%

（续表）

保健因素	指数/指标		儒家文化圈中的排序	高水平教育系统中的排序	与国际均值的差距
工作条件/环境	工作环境满意度指数		4	7	− 1.5
	教师想换一所学校工作的比例		2	2	+ 9.4%
	喜欢所在学校的比例		4	7	− 18.9%
	推荐所在学校的比例		4	7	− 23.4%
校内人际关系	教师合作指数		2	3	+ 0.2
	其中	教学合作和协作	2	5	− 0.4
		专业学习合作	2	2	+ 0.7
	师生关系	师生关系指数	1	4	− 0.1
		师生融洽相处	2	5	+ 0.8%
工作安全感	全职教师占比		1	1	+ 17.2%

注：（1）儒家文化圈是指中国上海、日本、韩国和新加坡 4 个国家或地区。
　　（2）世界高水平教育系统包括澳大利亚、芬兰、加拿大、新加坡、日本、韩国和中国上海 7 个国家或地区。
　　（3）"＋"表示大于国际均值，"－"表示小于国际均值。

（四）人口学变量对中国上海教师工作满意度的潜在影响

在教师背景特征的人口学变量方面，用中国上海教师的 TALIS 2013 的背景特征值来描绘中国上海教师的"典型画像"可以发现：中国上海的初中教师是一位 38 岁，具有 16 年教龄和大学本科及以上学历的女教师。从关于中国上海教师背景特征的具体指标来看，与绝大多数国家和地区相似，中国上海初中教师中绝大多数（78.12%）为女教师；她们的平均年龄为 38 岁，比国际均值低 5 岁，在所有参加 TALIS 调查的国家或地区中，仅次于新加坡（36 岁），可谓第二年轻的教师队伍。尽管中国上海的教师队伍年轻，但教龄与国际均值（17 年）相差不多。在此值得注意的是，从平均年龄和教龄来看，处于中青年阶段的上海教师正处于职业生涯的中期阶段，按照已有研究成果和 TALIS 2013 的数据表现来看，中青年教师的工作满意度处于 U 形下降阶段。此外，TALIS 2013 数据还显示，中国上海 30—49 岁教师占比达到 73%，在参与此轮调查的国家和地区中，属于第二高位的比例，比国际均值（57%）高出近 20 个百分点。这一数据说明，与其他大多数国家和地区相比，中国上海年轻的教师队伍可能更多面临着职业生涯的中期倦怠和停滞状态,对工作的情感投入和积极性也比较低。更重要的是,在上文构建的回归模型中,中国上海教师的年龄与工作满意度是呈显著负相关的关系。由此,可以研判,由于中国上海教师大多数处于职业生涯的中期停滞阶段,这在一定程度上导致了中国上海教师较低的工作情感体验。此外,由上文分析可知,TALIS 2013 的数据显示,若把本科学历作为教师学历水平的分界点,则发现教师学历和工作满意度之间存在一定程度的负相关。而中国上海教师大学本科及以上学历教师占比达 98.43%,在参与此轮 TALIS 调查的国家和地区中属于第三高位,且明显高于国际平均水平(92.5%)。由此视角来看,高学历也可能是降低中国上海教师工作满意度的因素之一。

四、教师工作满意度差异的文化维度解释

文化因素已成为当代比较教育研究的重要着力点之一。在文化差异的视角下,对不同国家和地区教育实践异同之阐释,需要谨记在教育实践异同比较的同时,加强对异域文化和他国教育的解释性理解。事实上,文化维度不仅可以增强比较教育研究的解释力,更重要的是,借鉴文化人类学的研究方法,来丰富比较教育研究的方法[①]。在 TALIS 框架和"双因素理论"对教师工作满意度影响因素进行分析和规整之后,需要回到本研究的另一个起始假设,即如果不是学生学业成绩表现的话,那么不同国家和地区的文化与教师的工作满意度会否有潜在关系,能否从文化差异的角度对教师的工作满意度进行结构化归因,或是模式化概括和类型划分?因为有关研究发现,与东方国家和地区的员工倾向于报告称消极的工作情感体验相比,西方国家和地区的员工则通常具有更高的工作满意度[②③]。

(一)文化概念的界定

文化在人类行为和进步的过程中,无疑起着重要作用[④]。文化的概念有它自身漫长的历史,可谓是历史的产物。从词源学的角度来检视,"文化"一词来自拉丁文的 cultura,意指耕作、培养或照料某些东西,如农作物或牲口。资料显示,法国

---

① 杨明全. 比较教育研究的文化范式及其实践意义[J]. 教育研究,2017,38(01):23-29.
② Ng T W, Sorensen K L, Yim F H. Does the Job Satisfaction—Job Performance Relationship Vary Across Cultures? [J]. Journal of Cross-Cultural Psychology, 2009, 40(5):761-796.
③ Tsui A S, Nifadkar S S, Yi A. Cross-National, Cross-Cultural Organizational Behavior Research: Advances, Gaps, and Recommendations[J]. Journal of Management, 2007, 33 (3):426-478.
④ [美] 塞缪尔·亨廷顿,劳伦斯·哈里森. 文化的重要作用:价值观如何影响人类进步[M]. 程克雄,译. 北京:新华出版社,2010:1.

人最先在 17 世纪使用文化来指称个人的教养,成为艺术、文学和其他智力成就的代表,同时也意指了解和欣赏这些"文化"的能力①。到 18 世纪,"文化"一词的意义开始从农业的"耕种""照顾牲畜"等对"自然生长实施管理",引申为对人的培养,并渐具名词的意义②。由此来看,文化既有土地的耕耘,也有知识感悟和审美认知的培育。到了 19 世纪中后叶,文化概念被整合进新兴的人类学畛域。在这一过程中,文化概念中剔除了一些种族中心主义意味以适应人种学描述的任务③。同时,文化一词开始作为表达抽象的概念得以独立使用④。当前,欧洲的文化研究较少关注提升心灵,而是将更多的注意力集中于阐明社会风俗、惯例与信仰,倾向于明确地区分实际行为和对行为进行报告抽象观点、价值观和世界观⑤。

英国文化研究学派奠基人之一、"文化唯物主义"的提出者雷蒙德·威廉斯(Raymond Williams)认为,文化是英语里最为复杂的两三个词之一,甚至早在 20 世纪 50 年代,有关文化的定义已达 160 多种。《美国传统词典》对文化的界定为,"社会传承的全部行为模式、艺术、信仰和制度,以及工作和思想的其他一切产品"。这些要素是占据主导地位的态度和行为,是"群体或组织运行的特征"。另一个关于文化的定义则将其视为"精神或艺术活动及其生成的产品"。《牛津词典》的文化定义也参照了耕作的词源。其一,文化是精神的培育和修炼,是"文明的艺术和精神的侧面";其二,文化含有"社会或群体特有的风俗、成就、生产、观点等要素,以及社会或群体的生活方式"。第二个定义可以说是文化的"人类学"意义,而第一个定义可以说是作为美术的文化观念⑥。

被人类学界尊称为"人类学之父"、文化进化学派创始人之一、牛津大学人类学教授爱德华·泰勒(Edward B. Tylor)被认为是第一个在科学意义上为"文化"下定义的人,在其 1871 年出版的著作《原始文化》(*Primitive Culture*)中就提出了文化的古典定义:文化或文明按它的人种学广义来看,是一个复杂的整体,它包括知识、信仰、艺术、道德、法律、风俗以及人类作为社会一分子所掌握和接受的任何其

① [德]诺贝特·埃利亚斯. 文明的进程:文明的社会发生和心理发生的研究[M]. 王佩莉,袁志英,译. 上海:上海译文出版社,2009:5.
② [英]雷蒙·威廉斯. 文化与社会[M]. 高晓玲,译. 长春:吉林出版集团有限责任公司,2011:8.
③ [英]约翰·B. 汤普森. 意识形态与现代文化[M]. 高铦,等,译. 南京:译林出版社,2019:3.
④ [英]特瑞·伊格尔顿. 文化的观念[M]. 方杰,译. 南京:南京大学出版社,2003:10.
⑤ [美]威廉·A. 哈维兰,等. 文化人类学:人类的挑战[M]. 陈相超,等,译. 北京:机械工业出版社,2014:7.
⑥ [美]凯文·马尔卡希. 公共文化、文化认同与文化政策:比较的视角[M]. 何道宽,译. 北京:商务印书馆,2017:9.

他能力与习惯①。"对于文化人类学,尤其是有关文化与个性这个领域的研究有着深刻影响"的美国人类学家、文化人类学典范著作《菊与刀》(*The Chrysanthemum and The Sword*)的作者露丝·本尼迪克特(Ruth Benedict)在其被认为是"20世纪西方有关文化问题讨论中最有影响的著作之一"《文化模式》(*Patterns of Culture*)中提出,文化即"习俗",而"习俗"只是不同社群解决同一社会问题时,因选择差异而造成的不同社会范型而已,同时习俗通过形式化的方式结合成一个社群的文化模式。很明显,不同社群因选择迥异而导致文化或习俗不尽相同,甚至彼此间无法相互理解。当然,文化是人类行为的可能性的不同选择,无所谓等级优劣之别和高低贵贱之分②。威廉·A.哈维兰(William A. Haviland)认为,文化是比可见的行为更深层次的东西,是一个社会共享的并由社会传播的思想、价值和观念,用以对经验赋予意义、产生行为并被行为所反映。每个社群的文化都是应对内在因素(经济的、社会的、意识形态的)与外部因素(环境的、气候的)组合而整合的、动态调适的系统。同时,文化是经过世代相传的濡化过程而后天习得的③。

美国文化人类学家赫斯科维茨(Melville J. Herskovits)认为,广义的文化是除自然生态之外的一切由人工创造或添加的环境。但学界更认同赫斯科维茨的通过"主观文化"来对文化进行界定:文化是被一个群体共享的价值观念系统。克利福德·格尔茨(Clifford Geertz)则强调,文化具有"深厚意蕴",是包括价值观、象征、习俗、体制和人际关系等在内的一个社会的全部生活方式④。克莱德·克拉克洪(Clyde Kluckhohn)在《人类之镜》一书中采用泰勒式大杂烩(pot-au-feu)理论方法用了近27页的篇幅将文化依次界定为:①"一个民族的生活方式之总和";②"个人从群体那里得到的社会遗产";③"一种思维、情感和信仰的方式";④"一种对行为的抽象";⑤就人类学家而言,是一种关于一群人的实际行为方式的理论;⑥"一个汇集了学识的宝库";⑦"一组对反复出现的问题的标准化认知取向";⑧"习得行为";⑨"一种对行为进行规范性调控的机制";⑩"一套调整与外界环境及他人的关系的技术";⑪"一种历史的积淀物"。或许是觉得不尽周全,最后,他转而借用类比之手法,把文化比作一幅地图、一张滤网乃至一个矩阵⑤。

毋庸讳言,学界关于文化概念本身的界定可能没有多少一致的意见。这一方面

---

① [英]爱德华·泰勒.原始文化[M].连树声,译.上海:上海文艺出版社,1992:8.
② 露丝·本尼迪克特.文化模式[M].王炜,等,译.北京:生活·读书·新知三联书店,1992:6.
③ [美]威廉·A.哈维兰,等.文化人类学:人类的挑战[M].陈相超,等,译.北京:机械工业出版社,2014:7.
④ 汤新煌,关哲.试析霍夫斯泰德的文化维度理论——跨文化视角[J].辽东学院学报,2006(04):57-61.
⑤ [美]克利福德·格尔茨.文化的解释[M].韩莉,译.南京:译林出版社,2014:6.

是源于学者不同的价值取向和分析视角有别;另一方面,也缘于文化的发展性特征,促使不同历史时期的学者对文化的定义产生差异性界定,甚至同一学者随着自身对文化认知的变化而对文化概念的内涵产生不同的理解。文化研究的早期重要代表人物雷蒙德·威廉斯对文化概念的认知就经历了一个变化进程,即作为"整体生活方式"的文化—作为"特殊生活方式"的文化—作为"一种被实现的表意系统"的文化[①]。自雷蒙德·威廉斯之后,西方文化研究中的两个重要学派——法兰克福学派和伯明翰学派,貌似均对文化概念的界定失去了兴趣或信心。学者们似乎都在有意避免回答"文化到底是什么"的问题,甚至这一现象俨然成为文化研究中的一种"癖好"[②]。需要得指出的是,尽管学界对文化概念的定义存在诸多解说,但许多分析家都同意对文化现象的研究总的说来,对于社会科学是至关重要的问题。尤其是在20世纪40至50年代,研究文化问题和重视文化的作用,成为社会科学领域的主流。

为了避免对文化概念进行纠葛不清的界定,英国剑桥大学社会学教授约翰·汤普森(John B. Thompson)将文化的界定划分为四种类型[③]。第一种为文化的古典概念,该定义在18世纪与19世纪期间德国哲学家和历史学家进行的早期文化讨论中尤其明显。在这些讨论中,"文化"一般用来指人类智力或精神发展的过程,这个过程通过吸收学术与艺术作品而得到推动。随着人类学学科的发展,19世纪后期古典概念让位于各种人类学的文化概念,即出现了描述性概念和象征性概念。文化的"描述性概念"指一个特定社会或历史时期所特有的各种各样价值观、信仰、习俗、常规、习惯和做法。泰勒被认为是文化的"描述性概念"重要代表人物。泰勒的定义涵盖了文化的描述性概念的主要内容。根据泰勒的界定,文化被视为人们作为一个特定社会的成员具有的一批相互有关的信仰、习俗、法律、知识与艺术形式等。这些信仰、习俗等形成某一社会特有的一个"复杂整体",使这个社会有别于存在不同时期与地点的其他社会。简言之,文化的"描述性概念"可以做如下概括:一个群体的或社会的文化是人们作为该群体或社会成员所具有的一批信仰、习俗、思想和价值观,以及物质制品、物品和工具。但以美国文化人类学家克利福德·格尔茨(Clifford Geertz)为代表的文化"象征性概念"认为,文化实质上是一个符号学的概念,是"使用各种符号来表达的一套代代相传的概念,人们凭借这些符号可

① 高杨. 小说与文化: 雷蒙·威廉斯的小说批评研究[D]. 长春: 吉林大学,2018.
② 陈宪民,吴展平. 后现代背景下文化概念的新界定[J]. 上海行政学院学报,2010,11(04): 99－104.
③ [英] 约翰·B. 汤普森. 意识形态与现代文化[M]. 高铦,等,译. 南京: 译林出版社,2019: 3.

以交流、延续并发展他们有关生活的知识和对待生活的态度"。作为"由人自己编织的意义之网"的文化是可以被解释和深描的。概言之,文化是体现于象征形式(包括行动、语言和各种有意义的物品)中的意义形式,人们依靠它相互交流并共同具有一些经验、概念与信仰。文化现象都是象征现象。但是这种观念的弱点是,没有足够重视象征与象征性行动总是包罗在其中的结构性社会关系。汤普森的关于文化定义的第四种类型,也即是汤普森本人提出的文化的"结构性概念"。根据这种概念,文化现象可以理解为结构性背景中的象征形式;文化分析可以视为对象征形式的意义构成和社会背景的研究。

我国学者郭莲(2002)以较有权威的、并对文化定义进行了系统归纳的美国文化人类学家克罗伯(A. L. Kroeber)和克拉克洪(D. Kluckhohn)的《文化:一个概念定义的考评》(*Culture: A Critical Review of Concepts and Definitions*)一书收录的源自人类学家、社会学家等所界定的 166 条有关文化的定义为分析对象,对以英语为绝大多数的文化定义进行了归类性的论述,并把这些定义再分组为 6 组,即描述性定义(共 21 条)、历史性定义(共 22 条)、规范性定义(共 28 条)、心理性定义(共 36 条)、结构性定义(共 9 条)和遗传性定义(共 29 条)[①]。

表 4－58　文化定义的分组

		代 表 性 观 点
描述性定义		泰勒(E. B. Tylor)认为:"文化或文明是一个复杂的整体。它包括知识、信仰、艺术、法律、伦理道德、风俗和作为社会成员的人通过学习而获得的任何其他能力和习惯。"
历史性定义		萨丕尔(E. Sapir)认为:"文化被民族学家和文化史学家用来表达在人类生活中任何通过社会遗传下来的东西,这些包括物质和精神两方面。"
规范性定义	强调文化是规则与方式的定义	威斯勒(C. Wissler)认为:"某个社会或部落所遵循的生活方式被称作文化,它包括所有标准化的社会传统行为。"
	强调文化中理想、价值与行为因素	托马斯(W. I. Thomas)认为:"文化是指任何无论是野蛮人还是文明的人群所拥有的物质和社会价值观(他们的制度、风俗、态度和行为反应)。"

[①]　郭莲. 文化的定义与综述[J]. 中共中央党校学报,2002(01):115－118.

（续表）

		代 表 性 观 点
心理性的定义	强调文化是调整与解决问题的方法手段的定义	萨姆纳和凯勒(W. G. Sumner & A. G. Keller)的定义指出："人类为适应他们的生活环境所做出的调整行为的总和就是文化或文明。"福特（Ford）指出："文化包括所有解决问题的传统方法。"
	强调学习的定义	拉皮尔(R. T. LaPiere)认为："文化是一个社会群体中一代代人学习得到的知识在风俗、传统和制度等方面的体现。它是一个群体在一个已发现自我的特殊的自然和生物环境下,所学到的有关如何共同生活的知识的总和"。
	强调习惯的定义	默多克(G. P. Murdock)："文化是行为的传统习惯模式,这些行为模式构成了个人进入任何社会所应具备的已确定行为的重要部分。"
	纯心理性的定义	罗海姆(G. Roheim)认为："对于文化,我们应该理解为是所有升华作用、替代物,或反应形成物的总和。"
结构性定义		奥格本(W. S. Ogburn)和尼姆科夫(M. F. Nimkoff)认为："文化包括各种发明或文化特性,它们结合在一起构成了一个完整的体系。围绕满足人类基本需要而形成的物质和非物质特性使我们有了我们的社会制度,而这些制度就是文化的核心。文化的结构互相联结形成了每一个社会独特的模式。"
遗传性定义	强调文化是人工制品的定义	福尔瑟姆(G. J. Folsom)："文化不是人类自身或天生的才能,而是人类所生产的一切产品的总和,它包括工具、符号、大多数组织机构、共同的活动、态度和信仰。文化既包括物质产品,又包括非物质产品,是从一代传给下一代,而不是每一代人自己获得的。"
	强调观念的定义	沃德(L. F. Ward)说："可以把文化说成是一种社会结构,或是一个社会有机体,而观念则是它的起源之地。"
	强调符号的定义	戴维斯(A. Davis)说："文化包括所有的思维和行为模式,这些思维和行为模式是通过交际而相互作用的,即它们是通过符号传递方式而不是由遗传方式传递下来的。"怀特(L. A. White)说："文化是一组现象,其中包括物质产品、身体行为、观念和情感,这些现象由符号组成,或依赖于符号的使用而存在。"

资料来源：郭莲. 文化的定义与综述[J]. 中共中央党校学报,2002(01)：115－118.

　　除了对国外文化定义进行归类性综述之外,我国学术界对"文化"概念的界说,以胡适、钱穆、梁漱溟为主要代表。胡适在1926年将文化界定为"一种文明所形成的生活方式"，而文明则是"一个民族应付他的环境的总成绩"。钱穆在《中国文化史导论》谈及文化与文明时指出，"大体文明文化，皆指人类群体生活而言。唯文明偏在外，属于物质方面。文化偏在内，属于精神层面。"① 梁漱溟则把文化视为"不过是那一民族生活的样法罢了"②。清华大学葛兆光教授在解读德国学者诺贝尔特·埃利亚斯(Norbert Elias)关于文化的观点时指出，文化是展现民族自我和特色的创造性领域，是各民族保持差异的关键精神气质，且这种精神气质不必特意传授便可获得③。陈宪民和吴福平(2010)以追寻学者们关于文化概念的"强共识"为逻辑进路，在后现代背景下提出了"大致涵盖了迄今为止最有影响的"文化新界说，即文化是由价值、信仰、习俗、习惯、知识等内在制度(内潜规则)和知识、语言、法律、礼仪、符号等大体上可归为物化或是外化状态的外在制度(外显规则)所构成的规则系统。并且，文化不是内潜规则和外显制度的静态叠加，而是二者的"互动之和"④。

(二)霍夫斯泰德"文化维度理论"

霍夫斯泰德(Geert Hofstede)把文化视为"心理程序"或者是"心理软件"，即每个人一生中(大部分内容形成于童年早期)在其所成长并积累生活经验的社会环境不断学习获得的思维、感情和行为模式，"是一套不成文的社会游戏规则"⑤。文化是后天习得的，且通常是一种集体现象，它包括不成文的规则，并至少部分地被具有在相同社会环境中生活经验的人们所共享。故此，作为集体心理程序的文化能够将不同社会群体的成员区别开来。持文化相对论立场的霍夫斯泰德认为，不同文化之间并无优劣之分，"在判断某个群体的思维、感情和行为方式在本质上是否优劣方面，并无科学的标准"⑥。此外，霍夫斯泰德认为文化的总体概念所涵盖的内容，或者说体现文化差异的方面可以简洁地概括为 4 个词，即符号、英雄、仪式和价值观，也即为霍夫斯泰德描绘的"不同深度层次的文化表现'洋葱图'"(见图 4-20)。

符号意指承载着某种特定含义且只能被特定文化的共享者理解的词汇、图画、

① 孙秋云."文明"：内涵及其变迁——人文社会科学研究中一个重要概念的探析[J].华中科技大学学报(社会科学版),2006(02)：48-53.
② 梁漱溟.东西文化及其哲学[M].北京：商务印书馆,1999：7.
③ 葛兆光.思想史研究课堂讲录——视野、角度与方法[M].北京：生活·读书·新知三联书店,2005：4.
④ 陈宪民,吴福平.后现代背景下文化概念的新界定[J].上海行政学院学报,2010,11(04)：99-104.
⑤ [荷]霍夫斯泰德.文化与组织：心理软件的力量(第二版)[M].李原,孙健敏,译.北京：中国人民大学出版社,2010：2-3.
⑥ [荷]霍夫斯泰德.文化与组织：心理软件的力量(第二版)[M].李原,孙健敏,译.北京：中国人民大学出版社,2010：5.

地位象征,甚至服饰、发型等。符号存在新旧
迭替,且不同文化群体间的符号通常会被相互
借鉴。因此,符号位于文化的最外层(或者言
之"最表层")。英雄则是指具备某一文化高度
赞扬的品格、被视为行为楷模和榜样的人物。
无论在世抑或是故去,无论真实还是虚构,均
可被视为文化英雄。仪式指每个社会群体都
有的一些从实用主义和技术层面来看,对实现
预期结果而言是冗余的集体行为和仪式[社群
的或宗教的庆典,甚至是日常互动交流的话
语、会议等不一而足]。但这些仪式自有其存

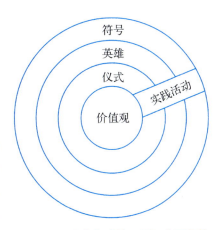

**图 4 - 20　霍夫斯泰德不同深度层次的
文化"洋葱图"**

在道理,在一种文化中通常具有重要的社会象征意义。基于符号、英雄、仪式均易
被直观可视的特点,霍夫斯泰德将三者归结为实践活动。但它们所蕴含的"确凿无
疑"的文化含义则隐于无形,并且通常只能由文化所属的成员通过实践活动给予
诠释。

　　与此同时,作为一种普遍性的倾向和带有指向性偏好的价值观,构成了不同文化的
核心,并且无论作为文化外层可视化的实践活动(符号、英雄和仪式)如何变迁发展,在
孩提时代就浸润其中并开始习得的社会价值观,犹如一个国家的地理位置或气候一样,
具有相当的稳固性。同时,在现实境遇中,由于几乎所有人在同一时间通常属于多个群
体或社会类别,因此,作为特定心理程序承载者的个体,不可避免地持有文化的不同层
次,如国家(地区)的、民族的、宗教的和语系的层次,以及性别层次、代际层次和社会阶
层等。

　　基于对文化内涵的以上解构,霍夫斯泰德认为,与实践活动相比,价值观是文
化中的稳定因素,对文化的比较研究即意味着对价值观的测量。由此,霍夫斯泰德
于 1960—1980 年代对 **IBM** 位于全球 60 多个国家和地区、使用 20 多种语言的 11.6
万多名员工进行了价值观国别差异调查,并在调查结果的基础上,通过相关分析和
因子分析,总结出了被认为是跨文化研究中阐释不同国家和地区文化差异的最有
影响力和最具权威性的理论框架——文化维度理论[①]。霍夫斯泰德的文化维度
理论被认为开创了跨文化研究的全新范式。此后诸多学者在这一范式下提出的

① 　陈东平. 以中国文化为视角的霍夫斯泰德跨文化研究及其评价[J]. 江淮论坛,2008(01): 123 - 127.

国家文化差异解释框架很大程度上可以说只是"以一种不同的方法来切同一块蛋糕"①。

文化维度理论起初从 4 个维度对不同国家和地区的文化进行量化解构,经过吸收香港中文大学的加拿大裔学者彭麦克(Michael Harris Bond)1987 年通过对亚太地区学生价值观的比较研究而提出的"儒家工作动力"概念,以及保加利亚学者米切尔·明科夫(Michael Minkov)2007 年发表的关于世界价值观调查(World Values Survey)的发现,同时也是为了避免研究中的文化偏见,实现"去中心化"的目的,目前该理论已经从 6 个维度对不同国家和地区的文化进行量化解构,具体包括权力距离、不确定性规避、个体主义—集体主义、阳刚气质—阴柔气质、长期导向—短期导向、放纵—克制②。同时,为了比较直观地量化反映不同国家(地区)的跨文化差异,霍夫斯泰德分别对以上 6 个文化维度拟合了对应的指数:权力距离指数(PDI)、个体主义指数(IDV)、阳刚气质指数(MAS)、不确定性规避指数(UAI)、长期导向指数(LTO)、放纵指数(IND)。每个文化维度的指数取值范围为 0—100(较后纳入分析的国家个别文化维度取值超过 100)。借助霍夫斯泰德对不同国家或地区文化的六维度量化指数,结合不同国家和地区教师的工作满意度表现,尝试从国别(地区)跨文化的角度探索教师的工作满意度的结构化归因,或许能够解释上文提及的不同国家或地区的教师工作满意度的表现。在探讨不同国家或地区文化维度对教师工作满意度的影响之前,首先需要对霍夫斯泰德的 6 个维度的具体含义进行梳理,具体内容如下:

1. 权力距离

权力距离指一个国家或组织机构中的权力较小的弱势成员对权力分配不平等的认知与接受程度,可接受的程度越大,说明权力距离越高;反之,则越低。简言之,权力距离是指上下级之间的情感距离。对权力距离的描述是以弱势成员的价值体系为基础的,其反映的是不同国家的人对于"怎样对待人与人之间不平等"的认知。权力距离的大小可使用权力距离指数来标示一个国家或地区中人们之间的依赖关系。在低权力距离国家中,下级对上级的依赖性较小,上下级之间更喜欢协商的方式,下级也更容易与上级商讨问题,并更可能反驳上级的意见。在高权力距

---

① 霍夫斯泰德. 文化与组织:心理软件的力量(第二版)[M]. 李原,孙健敏,译. 北京:中国人民大学出版社,2010:32 - 34.

② Hofstede, G. Dimensionalizing Cultures:The Hofstede Model in Context[J/OL]. Online Readings in Psychology and Culture, 2011, 2 (1). https://doi.org/10.9707/2307-0919.1014.

离国家,下级对上级有明显的依赖性。下级的反应表现为,偏爱这种依赖性(表现为专制型或家长式的领导),或者彻底抵制这种依赖——即心理学上的反依赖(实质上,反依赖是一种以消极的方式呈现出来依赖)。因此,高权力距离国家呈现出依赖和反依赖的两极分化。

2. 个体主义—集体主义

它是指一个人如何看待自己与他人以及社会的关系,社会注重的是个体权益的维护还是优先考虑集体利益的实现。个体主义是指人们感到较为独立和自主的程度,即人与人之间的联系是较为松散的社会。相反,集体主义则优先考量集体利益,且人们从出生起就融入强大而紧密的内群体当中,并明晰自己在生活中所处的社会差序格局"位置"。个体主义并不意味着利己主义,而是指个体的选择和决定是可以预期并能够得到尊重;集体主义则比较强调社群的整体利益。个体主义指数(IDV)得分低表示该国或地区属于集体主义社会,反之则表示该国或地区属于个体主义社会。一般而言,个体主义文化通常鼓励大家展露快乐的情绪,而不鼓励大家共享难过;集体主体文化则相反。此外,个体主义文化中的人们在"热情、善于社交、自信、活力、乐观"等外向性特征和乐观情绪方面通常对自己打分较高。由以上内容可以合理地推测,个体主义指数高的国家或地区,其教师的工作满意度也应该较高;而集体主义较为凸显的国家或地区,其教师的工作满意度则比较低。值得提及的是,权力距离指数得分高的国家,在个体主义指数上的得分往往比较低,反之亦然。换言之,这两种指数之间倾向于呈现负相关;高权力指数国家很可能集体主义程度更高,而低权力距离国家则更加个体主义。

3. 阳刚气质—阴柔气质

这是指国家文化对传统男性角色(如自信、成就、权力和控制)和女性角色(如重视人际关系、工作和生活环境)的差异界定程度,以及对男女平等的认同情况。通常而言,在阳刚气质维度上得分高意味着这种国家文化对男性和女性的角色存在明显不同的界定(男性通常被认为是果断的、坚韧的、重视物质成就的,而女性则被认为是谦虚的、温柔的、重视生活质量的),且由男性占据社会的主导地位。当对性别角色的认知互相重叠时,即对男性和女性的角色持大致相同的看法,男性和女性都被认为应该谦虚、温柔和关注生活质量时,则被称为是阴柔气质的社会。阳刚气质指数(MAS)得分 0 分表示极端阴柔气质,100 分表示极端阳刚气质。不同国家在阳刚气质—阴柔气质维度上的差异有着源远流长的历史根源。阴柔气质的文化集中在北欧斯堪的纳维亚国家(丹麦、芬兰、荷兰、挪威、瑞典)。在日本、德语国家和一些拉丁国家(如意大利和墨西哥),阳刚气质很高。说英语的西方国家是中等偏高。一些亚洲国家,如韩国、新加坡和泰国,该指数为中等偏低程度。

4. 不确定性规避

这是指一个社会喜欢结构化而不是非结构化情境的程度,以及社会对不确定性和歧义的容忍和焦虑度。也就是说,考虑到利益受到不确定的或者未知情况威胁时,通过正式渠道以避免和控制不确定性的程度。不确定性规避指数(UAI)得分高的国家,人们通常对于可能发生的不确定性和模糊性事件感到担心或不安的弥散状态水平较高。这种文化重视法律、法规和控制,以减少不确定性,但也容易产生极端思想。不确定性规避程度低的国家,人们不易受不确定性的影响,更能够容纳各种意见。在强不确定性规避文化国家和地区中,人们通常给人匆忙、情绪化、不沉着、富于攻击性的印象。来自弱不确定性规避文化的人们不倾向于流露情感,一般给他人的印象是安静、随和与克制[1]。不确定性规避指数显示,拉丁美洲、拉丁语系的欧洲以及地中海国家和地区的得分较高,日本和韩国的得分也比较高,奥地利、德国和瑞士等一些德语国家的分数中等偏上。得分中等偏下的是除了日本和韩国之外的所有亚洲国家和地区、非洲国家以及北欧国家和荷兰。一般而言,更高的不确定性规避指数总是和更低的主观幸福感联系在一起。相对而言,在强不确定性规避的国家,人们在描述自己的工作和生活境况时总是表现出一种消极的倾向(新加坡和中国不符合此种情况)。此外,在强不确定性规避的国家,雇员更常感到被公司现有的规章制度束缚住了手脚。但同时,对于强不确定性规避的国家,在其他因素相同的情况下,更多的雇员和管理者寻求长期雇用。

5. 长期导向—短期导向

这是指社群中的个体对延迟其物质、情感、社会需求的满足所能接受的程度。一般而言,长期导向的社会着眼于未来回报,强调长期性的承诺和长谋远虑,推崇节俭、坚韧和传统。与之相对的另一端是,短期导向文化社会则更强调眼前短期利益,偏好立竿见影的成效,对未来的关注和计划一般只局限于可见的短期时段。

6. 放纵—克制维度

"放纵"是指允许相对自由地满足与享受生活和娱乐有关的(如较随心所欲地

---

① [荷]霍夫斯泰德. 文化与组织: 心理软件的力量(第二版)[M]. 李原, 孙健敏, 译. 北京: 中国人民大学出版社,2010: 181.

消费、与朋友在一起或者独自任意休闲)人类基本需求和自然欲望之倾向。"克制"所遵循的信念是人们满足欲望之举应受到各种社会规范加以调节,甚至禁令限制,并且享受休闲活动、消费和类似的行为在一定程度上被认为是错误的或不道德的。值得特别说明的是,在放纵的一端,欲望的满足是指享受生活和娱乐,并非满足所有人类欲望。在放纵的文化中,崇尚自由,能够做自己想做的事被认为是好的,并且注重休闲、朋友和生活娱乐的意义。但在一种克制的文化中,个体更多感觉的是生活的艰辛,是责任而不是自由才是正常的生存状态。通常而言,来自更加放纵社会的人们,更有可能去记住一些积极的情感经历。但放纵指数得分较高的群体往往在道德纪律上得分较低,其成员也不太可能推崇清心寡欲。在放纵型社会,外向型的乐观主义者可能会更多,而焦虑的人则较少;反之亦然。

(三) 文化差异与教师的工作满意度存在较明显的相关性[①]

整体来看,不同国家或地区的权力距离、个体主义、长期导向,以及放纵指数均与教师的工作满意度存在一定程度的相关性,其中权力距离指数、长期导向指数均与教师工作满意度之间存在潜在的负相关,而个体主义指数和放纵指数都与教师的工作满意度呈现潜在的正相关。同时,在以上4个文化维度指数中,长期导向与放纵指数分别与教师的工作满意度存在强度较为明显的潜在相关性。此外,从散点图来看,阳刚气质指数、不确定性规避指数均与教师的工作满意度不存在相关性。而且颇为有趣的是,以上与教师的工作满意度存在潜在相关的4个文化维度,存在两种组合模式。即文化模式一是权力距离高,个体主义指数则较低,同时长期导向强且放纵指数低。文化模式二则是呈现与之相反的特点。结合不同国家或地区教师的工作满意度表现来看,文化模式一国家或地区的教师的工作满意度往往较低,而文化模式二国家或地区的教师的工作满意度则通常较高。

1. 高权力距离指数国家或地区教师的工作满意度通常较低

为了更为直观地显示不同国家或地区权力距离与教师的工作满意度之间的潜在对应或相关关系,笔者首先分别对不同国家或地区6个维度文化指数和教师工作满意度得分进行了标准化处理,然后以标准化处理后的 Z 分数为数据源(下同),绘制出不同国家或地区权力指数与教师工作满意度之间的散点图(见图4-21)。权力距离指数显示,大多数亚洲国家、东欧国家和地区,以及阿拉伯语

---

① 本小节的核心部分已发表,参见王中奎,张民选. 教师工作满意度国际比较:差异、原因与对策——基于 TALIS 数据的实证分析[J]. 比较教育学报,2020(1):86-104.

国家和地区的权力距离指数都较高;斯堪的纳维亚半岛(芬兰、丹麦、挪威和瑞典),以及英语国家或地区(美国、英国、澳大利亚、加拿大、新西兰等)权力距离得分都较低;母语属于拉丁语系(法语、葡萄牙语、罗马尼亚语、西班牙语)的国家或地区在权力距离上的得分处于中等或以上水平。与此对应的是,亚洲国家和东欧国家的教师的工作满意度则较低,而英语国家和北欧国家的教师的工作满意度通常较高。由此来看,不同国家或地区的权利距离高低与教师的工作满意度之间整体存在负相关的潜在关系,尽管相关程度较为微弱。

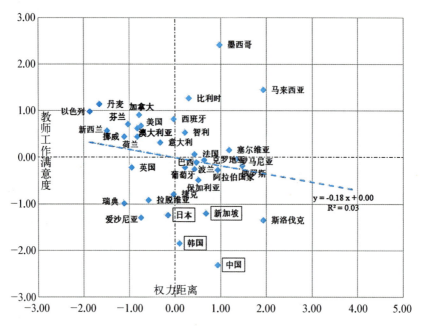

图 4 - 21　不同国家或地区权力距离指数与教师的工作满意度散点图

数据来源:(1) https://geerthofstede.com/research-and-vsm/dimension-data-matrix/;
　　　　　(2) OECD, TALIS 2013 Database.

2. 不同国家或地区的个体主义指数与教师的工作满意度之间存在潜在的正相关

不同国家或地区个体主义指数与教师工作满意度的散点图显示出,二者呈现出较为明显的正相关。如中国、韩国、新加坡、日本等个体主义指数较低的东方国家,其相应的教师的工作满意度也较低;而美国、澳大利亚、加拿大、芬兰等个体主义普遍盛行的西方国家,其相对应的教师的工作满意度往往也较高(见图 4 - 22)。

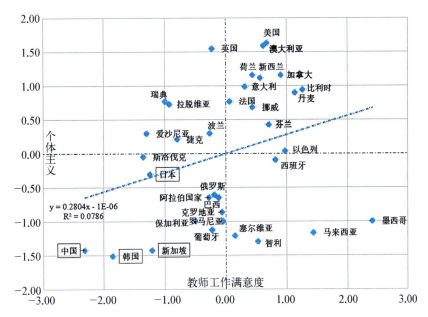

图 4-22　不同国家(地区)个体主义指数与教师的工作满意度散点图

数据来源：(1) https：// geerthofstede. com／ research-and-vsm／ dimension-data-matrix／；
　　　　　(2) OECD, TALIS 2013 Database.

3. 长期导向指数高的国家或地区,教师的工作满意度往往较低,反之亦然

长期导向是指社群中的个体对延迟其物质、情感、社会需求的满足所能接受的程度。长期导向指数(LTO)显示,排名靠前的是东亚国家和地区,如中国、日本、韩国、新加坡等,同时大多数亚洲国家和地区都具有较高的长期导向得分。而得分最高的非亚洲国家则是拥有大规模日裔少数民族的巴西,英国及其他盎格鲁—撒克逊国家(如澳大利亚、新西兰、美国和加拿大)的得分均处于短期导向一端,欧洲国家和地区的长期导向得分处于中等水平。

不同国家或地区的文化长期导向指数与教师工作满意度的散点图显示,整体来看,长期导向指数高的亚洲和东欧国家或地区,如日本、中国、韩国、新加坡、斯洛伐克、俄罗斯等,其相应的教师的工作满意度则较低;与此情形具有强烈反差的是,长期导向指数低的国家,如澳大利亚、美国、加拿大、新西兰、丹麦、芬兰等西方国家的教师的工作满意度反而较高。从散点图的潜在相关趋势来看,不同国家和地区的长期导向指数与教师工作满意度存在较为明显的负相关,且二者呈现较强程度的相关(见图 4-23)。

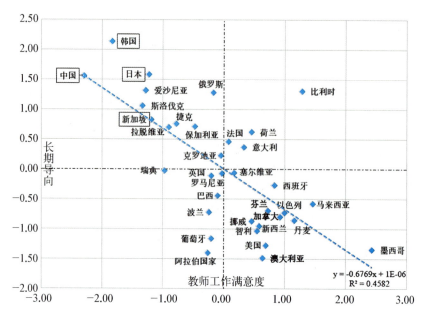

图 4‑23 不同国家(地区)长期导向指数与教师工作满意度散点图

数据来源：(1) https：//geerthofstede.com/research-and-vsm/dimension-data-matrix/；
　　　　　(2) OECD, TALIS 2013 Database.

4. 放纵指数得分较高的国家或地区,教师工作满意度通常较高

　　数据显示,在南北美洲,西欧和撒哈拉以南非洲的部分地区,放纵倾向普遍存在;克制在亚洲、东欧和伊斯兰世界盛行;地中海地区在这一方面则处于中间位置。放纵—克制维度显示出与权力距离指数的微弱负相关,这意味着在等级制度更为严格的社会,人们略倾向于更克制。最常见的模式为放纵和短期导向的结合,包括 12 个拉丁美洲国家、4 个英联邦国家、5 个北欧国家等;第二种常见的模式为克制与长期导向的结合,包括 9 个亚洲国家或地区、19 个东欧国家或地区[①]。由不同国家或地区的放纵指数与教师的工作满意度的散点图可以发现,二者总体上呈现潜在正相关趋势,如中国、韩国、日本、新加坡、俄罗斯等放纵指数较低的国家,其教师的工作满意度通常较低;而与此相反的一端是,澳大利亚、加拿大、荷兰、芬兰等文化放纵指数较高的国家,其对应的教师工作满意度则往往也较高(见图 4‑24)。

---

① 　[荷]吉尔特·霍夫斯泰德,等. 文化与组织：心理软件的力量(第三版)(修订版)[M]. 张炜,等,译. 北京：电子工业出版社,2019：213‑217.

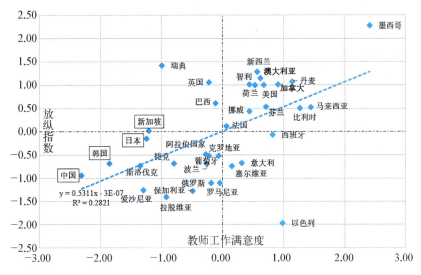

图 4-24　不同国家(地区)放纵指数与教师工作满意度散点图

数据来源：(1) https：// geerthofstede. com/ research-and-vsm/ dimension-data-matrix/ ；
(2) OECD, TALIS 2013 Database.

　　数据分析显示,阳刚气质指数和不确定性规避指数均与教师工作满意度不存在规律性的对应变化趋势,此处暂不作赘述。尽管已有研究发现,文化显著影响工作满意度[1],并且一般而言,西方文化和资本主义发达国家或地区的员工往往比东方文化和社会主义发展中国家的员工具有更高的工作满意度[2]。同时,研究还表明,在使用相同语言和具有相似文化背景的国家或地区中,人们对工作满意度内涵的理解具有很大的相似性和等效性,但是这种相似性和等效性却随着文化距离的增加而降低[3]。然而,关于上述论及的文化维度与教师的工作满意度之间的潜在相关性需要做以下特别说明：一般而言,在统计学中"相关"仅说明变量之间存在规律性的变化趋势,如同时增加或较少的正相关,或者一个增加而另一个减少的负相关等。但相关并不能表示变量之间存在因果关系,不能确定是一个变量的变化导致另一个变量产生相应的变化。因为两个变量的规律性变化也可能是第三个变

①　Diener E, Oishi S, Lucas R E. Personality, culture, and subjective well-being：emotional and cognitive evaluations of life[J]. Annual Review of Psychology, 2003, 54(1)：403 - 425.

②　Vecernik J. Skating on thin ice：a comparison of work values and job satisfaction in CEE and EU countries[J]. International Journal of Comparative Sociology, 2003, 44(5)：444 - 471.

③　Liu C, Borg I, Spector P E. Measurement equivalence of the German Job Satisfaction Survey used in a multinational organization：implications of Schwartz's culture model [J]. Journal of Applied Psychology, 2004, 89(6)：1070 - 1082.

量导致的。但在文化差异与工作满意度之间存在的潜在相关则可以做出合理的推测,即不同国家或地区的文化差异造成了教师的工作满意度的迥异。因为按照霍夫斯泰德的阐释,不同国家或地区在文化维度上的差异表现,除了历史原因之外,更主要是由国家地理位置、人均 GDP 以及人口规模这 3 个因素造成的。由此看来,导致不同国家和地区文化差异的原因并不是属于主观情感体验的教师的工作满意度,反而更可能的是,前者的差异导致了后者的变化。但并不能完全确定文化差异是造成教师工作满意度迥异的原因,因为二者的变化可能的是由其他变量造成的,尽管目前尚不清楚是否存在这样的一个或多个其他变量。此外,本文中在言及不同文化维度与教师工作满意度之间关系时,之所以用"潜在相关"表述,重要的原因之一是,二者的规律性对应变化是基于散点图呈现出来的,尽管进行了趋势拟合,但文化差异与教师的工作满意度之间的相关性并未进行统计学的显著性检验。

第五章　本土调查发现与数据分布

第一节　基于分析框架的问卷设计

一、本土调查的必要性

比较教育研究的目的日趋多元,"建立世界教育治理新规则、促进国际教育可持续发展、促进国际和不同文明间的相互理解和包容等已成为比较教育研究的题中之义"[1]。为本国教育政策制定与教育实践改革提供他国经验借鉴仍是比较教育研究的"初心"和核心使命。"服务本土、洋为中用、融会贯通"始终是促进比较教育扎根本土的一种成功方略,也是比较教育学者恪守的基本准则。如何将不同国家或地区的教育制度和教育思想展开对话与交流,产生适应本国教育发展需要的教育经验,是广大比较教育研究者的神圣使命[2]。同时,"立足本土、全球视野、服务当下"也应是教育科学研究的重要价值取向。"我研究的是普鲁士,而我思考的是法兰西",法国学者库森(Victor Cousin)如是说[3]。不难看出,在移植他国先进的教育理念与理论时,本土化、为我所用才是最终目标。

政策借鉴是一个复杂问题,在考虑任何政策借鉴的时候,语境是需要优先考虑的问题[4]。2014 年,世界比较教育学会联合会(WCCES)前会长李荣安等在《比较教育的辩证法》(*The Dialectics of Comparative Education*)专刊论文中指出,尽管比较教育可能已经产生国际化标准,但除非将文化语境考虑在内,否则国际化标准可能会脱离实际从而失去意义[5]。因为若要对他者文化所孕育的不同教育体系有

---

① 王英杰. 民族国家、全球化与比较教育学:问题、冲突与挑战[J]. 比较教育研究,2017,39(12):3-6.
② 刘方林,陈时见. 方法论视域下比较教育发展的基本路径[J]. 外国教育研究,2019,46(02):3-13.
③ 王承绪. 比较教育学史[M]. 北京:人民教育出版社,1999:44.
④ 李荣安,苏洋,刘宝存. 制度化与语境化:比较教育研究的辩证法[J]. 比较教育研究,2017,39(09):31-40.
⑤ Steiner-Khamsi G. Cross-national policy borrowing:understanding reception and translation[J]. Asia Pacific Journal of Education, 2014, 34 (2):153-167.

全面而清晰的把握,就不能孤立地审视天然具有强烈文化属性的教育现象①。事实上,在不同国家或地区的政治体制和文化背景下,教师对工作满意度的感知不尽相同。基于此,教育政策制定者在设计提升教师工作满意度的政策支持时,不宜照搬他国经验和做法,而应在理解他国既有经验背后的社会和文化等因素之后,进而在本土国情和历史文化背景下,探索与自身特色相适应的教师支持措施②。此外,虽然TALIS 调查中关于教师的工作满意度的指标运作良好,但值得注意的是,它存在两大明显的弊端:一是尽管 TALIS 为在国际视野下检视不同国家或地区教师的工作满意度表现提供了不可多得的机会,但 TALIS 毕竟不是针对教师的工作满意度的专门性调查。教师的工作满意度仅是其调查内容中很小的一部分(问卷中仅有 10 个相关问项设计),不可能充分反映教师的工作满意度结构及其相关影响因素。其中就缺少对教师来自社会层面的心理感知和情感体验。尤其是,TALIS 关于教师的工作满意度的指标设计和调查内容遗漏了对工作满意度调查中经常关注的薪酬收入指标的考虑。因此,很有必要开发体现本土关照,且能够充分反映教师的工作满意度结构和影响因素的专门性调查研究,以补充 TALIS 对教师工作满意度调查的不足。

二、问卷设计的基本原则

问卷是社会调查中最常用的自陈式数据收集工具,它可以用于收集定量数据、定性数据和混合型数据③。问卷内容和结构取决于研究者的研究目的。美国社会学家艾尔·巴比(Earl R. Babbie)在《社会研究实践》中称,"问卷是社会调查研究的支柱",英国社会学家莫泽(C. A. Moser)在其名著《社会研究中的调查方法》中也指出:"十项社会调查中有九项都是采用问卷进行的。"④ 问卷设计的水平直接影响调查结果的信度与效度。一般而言,在问卷设计中除了要遵循基本的文字表述简明精炼之外,还要注意以下原则:一是要从被调查者的角度出发;二是要服务调查的目的;三是要适应调查的内容;四是要适应调的对象;五是要考虑后续资料处

① 陈时见,王远.比较教育学科发展的历史演进及未来走向[J].教育研究,2019,40(01):55-65.

② 陈纯槿.国际比较视域下的教师教学效能感——基于 TALIS 调查数据的实证研究[J].全球教育展望,2017,46(04):11,22,128.

③ [美]伯克·约翰逊,[美]拉里·克里斯滕森.教育研究:定量、定性和混合方法(第4版)[M].马健生,等,译.重庆:重庆大学出版社,2015:149.

④ 风笑天.社会调查中的问卷设计[M].天津:天津人民出版社,2002:21-22.

理与分析的方法[①]。问卷是本研究对上海初中教师进行本土实证调查阶段所凭借的最重要的工具。在问卷设计时,除了遵循以上基本原则之外,对本研究而言,更为重要的是对分析框架的充分把握,并基于此明确从问卷中应该收集的数据资料。由此,在设计本土调查问卷时紧贴研究分析框架,以研究目的之需要为问卷具体题项设计的基本依归和遵循,并尽可能全面地涵盖研究所需的信息。同时,在问卷措辞用语中,尽可能地从被调查者的视角出发,并最大限度地贴合初中教师和校长的工作场景与话语体系,从而实现通过问卷调查能够在最大限度上收集获得准确的信息,提高调查数据的效度。同时,在进行本土调查问卷设计时,还要兼顾问项设置的系统性和结构合理性,以及现实操作便利性等实际可行原则。

三、量表的编制

根据本研究的分析框架和既往研究理论成果,本研究的本土调查问卷整体上包括 4 个部分(108 个问项):第一部分是有关教师工作质量满意度情况的问项设置,聚焦的是教师核心工作——教育、教学工作的满意度,以"工作质量满意度"为主要维度,对教师的专业行为表现、工作压力与责任、工作成就与认可等方面的信息进行调查收集。第二部分为工作环境的满意度量表,该部分以校内人际关系、校风学风、学校政策与管理、办公条件、学校周边社区环境等要素为切入口,构建了"学校氛围""学校政策与管理""办公条件与环境"等次级量表。第三部分是有关教师职业满意度的问项设计,包括从"政府重师度""社会尊师度""教师自我接纳度(职业选择意愿)"3 个维度构建了相关问项设计。最后一部分为基本信息,共设置 14 个问项,分别对被调查者的人口学变量(性别、年龄/教龄、学历等)、所在学校的类型、学校地理区域等背景信息进行收集。此外,问卷还借鉴赫茨伯格关于工作满意度调查方案设计思路,专门设置了直接针对教师不同工作构面的满意度问项(17 个)。

一般而言,在社会科学领域中,存在诸多不能被直接测量或观察到的假设构念,诸如态度、动力、工作压力、满意度、投入感等,此类假设构念只是一种特质或抽象的概念,无法直接衡量;想要获得被调查者在这些构念上的实际情况,只能间接以量表或观察得到的指标数值来反映该构念特质。由此而言,"工作满意度"就是一个假设构念,也即是潜在变量,而相关的行为表现和情感反应则可视为工作满意

---

① 董海军. 社会调查与统计[M]. 武汉:武汉大学出版社,2015:81-83.

度潜在变量的观察变量或称为外显变量、测量指标[①]。从组织实施的角度来看,若将"大而无当"的假设构念细化为现实可操作的测量指标和可观测的外显变量,一个至关重要的环节是要把抽象的假设构念进行逐步分解细化,直至抽象的研究问题所涉及的概念能够准确定义、操作与测量,并同时确保对这些可观察的具象变量之间的潜在关系能够进行数据化的检验[②]。因而在确定所研究的问题及需要收集的相关信息之后,就需要从实践操作的角度构建变量、指标以及这些变量指标之间潜在的结构关系,进而对问卷题项进行相应的设计。具体到本研究的本土调查问卷设计,在参考了现有文献中对教师工作满意度研究的分析构面基础上,结合本研究关注的研究内容,本土调查问卷从"工作质量满意度""工作环境满意度"和"职业满意度"3个维度编制了11个次级量表。在确定通过问卷调查所要收集的信息之后,着手进行问卷的结构和量表的编制。在调查问卷初步形成之后,笔者通过多次的建议征询与试测对其进行修正与完善(详细内容见本章第一节"调研工具检验"),正式调查问卷的结构呈现如表5-1所示。

表5-1　上海初中教师工作满意度调查问卷的结构

上海初中教师工作满意度调查问卷结构	工作质量满意度相关问题	成就与认可	问项 A1—A6
		工作时间	问项 T1—T6;
		工作压力	问项 P1—P7
		专业行为表现	问项 J1—J5
	工作环境满意度相关问题	学校氛围	问项 F1—F9
		学校政策与管理	问项 G1—G7
		办公条件与环境	问项 H1—H5
	教师职业满意度相关问题	教师职业社会声望	问项 R1—R6
		教师合法权益保障	问项 Q1—Q6
		职业选择意愿	问项 C1—C10
		薪资待遇	问项 D1—D7、Y2

① 吴明隆. 结构方程模型——AMOS 的操作与应用(第二版)[M]. 重庆: 重庆大学出版社,2010: 8.
② 陈晓萍,徐淑英,樊景立. 组织与管理研究的实证方法(第二版)[M]. 北京: 北京大学出版社,2012: 49.

（续表）

		人口学变量	问项 B1—B6
上海初中教师工作满意度调查问卷结构	背景信息	学校区位	问项 B13
		学校类型	问项 B12、B14
		其他相关问题	问项 B7—B11
	教师工作构面满意度相关问题		问项 S1—S17

第二节　调查工具的检验

调查问卷是本研究开展本土调查所凭借的重要工具,在很大程度上决定了本土调查结果与发现的科学性与有效性。故此,在编制问卷之前,本研究基于学界现有研究发现和本研究的方案设计,对调查工具进行了多次检验。在基本形成调查问卷、开展正式的调查之前,笔者于 2019 年 4—5 月进行了多次专家意见征询。总体来看,所征询的专家主要包括三类,第一类主要来自上海师范大学、华东师范大学、复旦大学、区县教育学院等该研究领域的专家学者;第二类主要来自上海市教委、静安、奉贤、黄埔、闵行等区教育局的相关处室的行政管理专家;第三类主要来自初中教学一线的教师和校长等实践领域的专家。根据专家征询意见和建议,笔者对调查问卷进行了有针对性地完善与修订,以期最大限度地实现调查问卷既能够较充分地收集到所需数据资料,同时又能够贴合初中一线教师(包括校长)的话语习惯、符合上海初中教育教学的客观情况。

在进行专家意见征询工作之后,笔者以修订后的问卷开展了两次小范围的试调查。根据试调查的反馈情况,又对调查问卷的题项设置、具体表述和措辞用语以及网络问卷技术呈现方式等进行了适当的调整和完善,并最终确定了正式调查的问卷。整个问卷的编制过程如图 5-1 所示。

一、问卷施测前的探讨与修正

本土调查问卷的初稿于 2019 年 4 月初完成,并于 2019 年 4 月中旬开展了第一次专家意见征询。此次专家意见征询的主要目的是从本土调查研究的问题出发,对调查问卷的结构和具体问项的设置进行诊断性分析,以实现问卷设计及研究

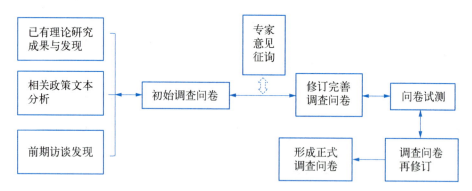

图 5-1　本土调查问卷编制过程

问题和分析框架的有效契合,进而能够有效地收集到所需的研究数据。此外,从后续对数据分析处理可能采用的统计方法与存在的潜在局限进行预判,以及可能采取的技术规避路径和替代分析路径提出意见或建议。这也是本轮专家意见征询的重要目的之一。基于以上考虑,本轮征询的专家主要为本领域的研究学者,包括 3 位本领域的教授、上海 TALIS 秘书处/研究中心的 2 位副教授、本专业研究方向的 2 位博士后和 3 位博士研究生,以及上海市静安区教育学院的 1 位高级教师等。

此后,笔者于 2019 年 4 月 17 日开展了完善调查问卷设计的第二次专家意见征询工作。此轮意见征询的主要目的是,从问卷文字表述和措施用语是否贴合初中教育教学实践特点、是否符合教师和校长的日常话语表达习惯、是否便于被调查对象(初中教师和校长)理解等层面进行技术性剖析,以实现对问卷具体问项设置,以及修正和完善文字的表述。基于以上初衷,邀请参加本轮专家意见征询会的专家主要为初中学校教育教学一线的教师和校长,具体包括 1 位十二年一贯制学校副校长、1 位初中学校的副校长、8 名来自 4 所初中学校的、熟知上海初中学校办学情况的一线实践者。同时,为了把握教师职业吸引力和社会地位,以及未来教师队伍建设改革发展重点领域和方向,笔者通过"通讯评审"的形式对上海市教委基教处、人事处,奉贤区教育局、徐汇区教育局、闵行区教育局,以及上海市师资培训中心、浦东教育发展研究院等相关政府部门和决策咨询机构的有关处室负责人征询了关于问卷完善的意见或建议。

根据以上意见征询工作获得的专家建议,笔者对调查问卷进行了如下修订和完善工作:首先是问卷结构确定为"4 + 1"的基本架构,具体包括"工作质量满意度""工作环境满意度""教师职业满意度""背景信息"以及教师工作满意度不同构面的相关问题。在基本信息部分删减了教师子女抚养负担、住房情况等与本研究考察重点相关度不高且有窥探个人隐私之嫌的问项。在关于学校氛围的问项设置中，对部分问项表述的精确性进行了修正，如有初中教师反馈，"在课堂教学中，学生都很遵守课堂纪律，但互动不积极"。根据此建议，把原本"学生遵守课堂纪律且积极互动"的一个问项，拆分为分别描述学生课堂纪律和课堂积极性的两个独立问项。在关于教师收入水平与平均收入的问项设计方面，根据教师反馈说"不太清楚平均收入"，而且"也不太清楚自己的收入水平与当地公务员的收入水平的差距"，修改了关于教师收入水平的问项设计。此外，删除了一些不太实际的问项，如在工作压力方面，教师们普遍反馈"对教育改革政策的落地实施基本没有压力"，根据此建议，删除了"区／市教育政策改革的压力"问项。同时，问卷也增加了一些先前没有考虑到的问项设计，如教师们反映"教师最大的成就感主要来自学生积极互动的课堂教学"，由此，在工作成就和认可中增加了课堂教学实践的相关问项设计等。通过以上问卷题项的文字表述修订，以更贴合初中教学实践领域的现实情况，切合被调查者的表达习惯和理解。最后形成了由108个问项(其中背景信息问项14个)组成、均采用Likert四级量表计分法的初中教师的工作满意度调查问卷。

　　笔者通过"问卷星"对上海奉贤、静安、闵行、徐汇、黄埔5个区的初中教师进行了问卷调查，共收回问卷1 180份。其中一份问卷用时15 569秒，约合4.3小时，用时明显偏多，故剔除此问卷；此外，问卷中用时最少的为83秒，仅1分钟多时间，用时明显偏少，因此也删除此问卷。在完成对问卷用时极大值和极小值的删除之后，对剩余的1 178份问卷用时进行均值计算可得，完成一份问卷的用时约为638秒，约合10分钟多，与问卷设计用时时间基本相同。考虑到有约40%的问卷用时少于平均用时数，故先对问卷按照用时由多到少进行排序，进而按照删除后5%问卷的原则对问卷进行清理，即需要再删除59份问卷(到问卷用时为182秒)，考虑到182秒的仅约为3分钟，该问卷用时也不太充足；鉴于问卷用时的合适时间，以及问卷样本的数量，在按照问卷用时由多到少进行排序的基础上，对用时后15%问卷(177份)进行了删除，删除后的问卷用时最少者为285秒(约5分钟)，删除后的问卷回收数为1 001份，平均问卷用时714秒。

二、问卷信度与效度分析

　　信度和效度检验是调查问卷分析中的基本议题，也是检验问卷是否合格的重要标准。因此,使用问卷进行调查分析的第一步就是要对收回的问卷进行信度和效度检验。所谓信度,即为调查问卷或测验量表的可靠程度,用更正式些的统计学话语表达就是,信度是潜变量真分数引起的变异占总分方差的比例[①]。在实践中,意味着使用相同量表或工具对同一事物(对象或指标)进行重复测量时,所获得结果之稳定性与一致性,量表的信度愈大,则表明其测量的标准误愈小[②]。检视和衡量调查问卷信度的方法有很多种,其中,最为常用的信度测量方法是计算克隆巴赫 α 系数(Cronbach's alpha)。α 系数取值范围介于 0 和 1 之间(出现等于 0 或 1 极端值的概率极低,但也有可能)。一般认为,如果 α 系数值介于 0.80 至 0.90 时,表示量表的信度非常好;若 α 系数取值范围介于 0.70 至 0.80 时,则说明量表的信度相当好;当 α 系数位于 0.65 至 0.70 时,则是最小可接受值;如果 α 系数介于 0.60 至 0.65 时,则意味着最好舍弃不要[③]。学界对量表最小可接受的信度系数 α 值的看法未尽一致。在实际操作中,量表的 α 系数值等于 0.7,被认为是一个较低但可接受的边界值。

效度是测量的有效程度,即测量工具能够正确测出所要测量特质的程度,简言之,就是测量结果反映所要考察内容的吻合程度,测量结果的正确性与有用性。效度无法实际测量,只能依据现有信息做逻辑推论或实证资料作统计检验分析[④]。效度在类别上一般分为内容效度、效标关联效度与建构效度[⑤]。结合本土问卷调查设计,对本土调查研究部分主要进行了内容效度和建构效度的检验。内容效度事关项目样本的足够性问题,也即是构成量表的项目集反映整个内容域或全域的程度问题。由此,内容效度是指量表所设计题项的适切性与代表性,即测验内容能否反映所要测量的特质和目的。对内容效度的评价通常采用逻辑分析与统计分析相结合的方法。在实际操作中,近年来通常采用"德怀术"(Delphi Technique)的分析方法,由专家判断问卷题项设置是否符合测量目的和要求的"专家效度"进行评价。建构效度是指测量工具的测量结果与理论构想之间的对应程度,即测量结果是否能证实或解释某一理论的假设或构想,以及解释程度如何。在统计学中,一般使用因子分析法对问卷的建构效度进行检验分析,通过因子分析能够研判众多变

---

① [美]罗伯特·F. 德威利斯. 量表编制:理论与应用[M]. 席仲恩,杜珏,译. 重庆:重庆大学出版社,2016:10.
② 吴明隆. 问卷统计分析实务——SPSS 操作与应用[M]. 重庆:重庆大学出版社,2010:237.
③ DeVellis R F. Scale Development Theory and Applications[M]. London:Sage Publications. 2003.
④ 吴明隆. 问卷统计分析实务——SPSS 操作与应用[M]. 重庆:重庆大学出版社,2010:194 – 195.
⑤ [美]罗伯特·F. 德威利斯. 量表编制:理论与应用[M]. 席仲恩,杜珏,译. 重庆:重庆大学出版社,2016:10.

量之间的潜在依赖关系,以及观测数据的基本结构。因子分析因其理论假设、基本思想和作用的不同,可分为探索性与验证性因子分析。其中,探索性因子分析(Exploratory Factor Analysis, EFA)是当前使用最广泛的结构效度测量方法。信度是效度的必要非充分条件,也即是说,信度低效度一定低,但信度高未必意味着效度也高。

如表 5-2 所示,教师工作满意度总量表的 α 系数值为 0.941,且教师工作质量满意度、工作环境满意度、教师职业满意度等量表的 α 系数值介于 0.764—0.936 之间,信度指标值非常好,意味着量表的题项之间具有较好的同质性和内部一致性。

表 5-2　教师工作满意度量表可靠性检验(α)

量　表	Cronbach's α 值	基于标准化项的 Cronbach's α 值	项　数
教师的工作满意度总量表	0.941	0.952	94
工作质量满意度量表	0.764	0.792	24
工作环境满意度量表	0.936	0.944	21
教师职业满意度量表	0.800	0.818	32
教师工作构面满意度量表	0.929	0.930	17

在社会科学研究领域中,α 系数受到量表中的题项数、题项间相关系数的平均数与向度数目 3 个因素的影响。一般情况下,题项数越多,相应的 α 系数也会提高。因此,由于分量表所涵盖的题项数较少,分量表的 α 系数值通常会低于总量表的信度系数值。分量表的信度指标值最低要在 0.60,若低于 0.50 则表示分量表的信度欠佳,此时应当重新修订分量表题项设置并增列题项,或者将此分量表删除[①]。如表 5-3 显示,各分量表的 α 系数值介于 0.691—0.909 之间,均大于 0.60。"教师权益保障分量表"的信度系数(α=0.691)相对其他分量表的 α 系数值略低,但仍属于可接受的范围,故此,暂且不对其进行修订。其余 5 个分量表均在 0.70 以上,说明各分量表内部一致性较高。

---

① 吴明隆. 问卷统计分析实务——SPSS 操作与应用[M]. 重庆:重庆大学出版社,2010:244-248.

表 5 - 3　教师工作满意度量表可靠性检验(b)

量　表		Cronbach's α值	基于标准化项的 Cronbach's α值	项　数
工作质量满意度量表	成就与认可分量表	0.872	0.876	6
	专业行为表现分量表	0.829	0.841	5
	工作职责与压力分量表	0.705	0.680	13
工作环境满意度量表	学校氛围分量表	0.815	0.861	9
	学校政策和管理分量表	0.909	0.912	7
	学校办公环境分量表	0.902	0.904	5
教师职业满意度量表	教师职业社会声望分量表	0.790	0.784	6
	教师权益保障分量表	0.691	0.712	6
	职业选择意愿分量表	0.737	0.754	10
	薪酬待遇分量表	0.735	0.758	10

在效度检验环节,本研究利用调查数据,对教师工作满意度量表整体进行探索性因子分析,将以上量表中除了背景信息之外的 74 个问项全部导入,采取主成分分析的提取方法,且以最大方差进行正交旋转,如表 5 - 4 所示,KMO 值为 0.954,KMO 值大于 0.90,意味着变量间的相关性强,原有变量非常适合做因子分析。Bartlett 球形度检验用于检验相关阵中各变量间的相关性,即检验各个变量是否为各自独立的单位阵。本量表的 Bartlett 球形度检验的近似卡方值为 45 562.307,其原假设为相关系数矩阵为单位阵,由 SPSS 检验结果显示 Sig. ＝0,即拒绝原假设,说明各变量间存在相关性,适合做因子分析。

表 5 - 4　总量表的 KMO 和 Bartlett 检验

Kaiser-Meyer-Olkin 取样适切性量数		.954
Bartlett 球形度检验	近似卡方	45 562.307
	自由度(df)	2 701
	显著性(Sig.)	.000

从分量表的效度检验结果来看,教师的"工作质量满意度量表""工作环境满意度量表"和"教师职业满意度量表"在 KMO 值、Bartlett 球形度检验值和显著性检验值方面的表现均说明变量间有较好的相关性,适合进行因子分析。同时,各分量表的旋转后的成分矩阵结果显示,萃取的因素各自包括的变量与量表预设的要素总体能够得到很好的对应。具体来看,工作质量满意度量表的 KMO 值为 0.882,KMO 值位于 0.80—0.90,意味着变量间有较强的相关性,原有变量适合做因子分析。此外,Bartlett 球形度检验值和显著性检验也表明,教师工作质量满意度量表所涵盖的变量之间有较强的相关性,可以开展因子分析。

表 5-5 "工作质量满意度量表" KMO 和 Bartlett 检验

Kaiser-Meyer-Olkin 取样适切性量数		0.882
Bartlett 球形度检验	近似卡方	10 872.638
	自由度(df)	276
	显著性(Sig.)	.000

因素分析后共萃取了 5 个因素,5 个因素的特征值分别占总特征值的 14.786%、14.620%、14.536%、9.314%、8.607%,5 个因素特征值之和占总特征值的 61.862%。事实上,由下文工作质量满意度旋转后的成分矩阵可知,因素 4 和因素 5 同为工作时间分量表的正反向赋值不同所致。由此,本质上而言,因素分析后共萃取了 4 个因素,其特征值分别占总特征值的 14.786%、14.620%、14.536%、17.921%,5 个因素特征值之和占总特征值的 61.862%(见表 5-6)。

表 5-6 "工作质量满意度量表"总方差解释

成分	初始特征值			提取载荷平方和			旋转载荷平方和		
	总计	方差百分比	累积 %	总计	方差百分比	累积 %	总计	方差百分比	累积 %
1	6.409	26.702	26.702	6.409	26.702	26.702	3.549	14.786	14.786
2	3.917	16.323	43.025	3.917	16.323	43.025	3.509	14.620	29.406
3	1.883	7.844	50.869	1.883	7.844	50.869	3.489	14.536	43.942

（续表）

成分	初始特征值			提取载荷平方和			旋转载荷平方和		
	总计	方差百分比	累积 %	总计	方差百分比	累积 %	总计	方差百分比	累积 %
4	1.556	6.482	57.351	1.556	6.482	57.351	2.235	9.314	53.256
5	1.083	4.511	61.862	1.083	4.511	61.862	2.066	8.607	61.862
6	0.911	3.796	65.658						
7	0.849	3.536	69.194						
8	0.720	3.001	72.195						
9	0.687	2.862	75.057						
10	0.620	2.585	77.642						
11	0.559	2.330	79.972						
12	0.539	2.244	82.216						
13	0.529	2.204	84.420						
14	0.470	1.959	86.379						
15	0.426	1.774	88.154						
16	0.380	1.584	89.737						
17	0.367	1.528	91.265						
18	0.345	1.438	92.703						
19	0.331	1.380	94.083						
20	0.326	1.357	95.440						
21	0.302	1.257	96.696						
22	0.292	1.217	97.914						
23	0.262	1.093	99.007						
24	0.238	0.993	100.000						

提取方法：主成分分析法

采用 Kaiser 标准化的最大方差法得出的旋转后因素载荷值显示,各个因素所对应的题项进行了明确的标示。因素 1 对应变量 A1—A6,即"成就与认可分量表"。因素 2 对应变量为 P1—P6,即"工作压力分量表"。因素 3 对应的是 J1—J5 变量,即"专业行为表现分量表"。因素 4 和因素 5 合并对应的为 T1—T6 变量,即"工作时间分量表"。其中,因素 4 为"工作时间分量表"中反向赋值的变量;因素 5 则为正向赋值的工作时间问项。旋转后的成分矩阵结果显示,萃取的因素各自包括的变量与量表预设的要素得到了很好的对应(见表 5-7)。

表 5-7　"工作质量满意度量表"旋转后的成分矩阵[a]

	成　分				
	1	2	3	4	5
A4	0.851				
A3	0.833				
A2	0.814				
A5	0.766				
A1	0.594				
A6	0.447				
P6		0.806			
P5		0.704			
P7		0.692			
P3		0.685			
P4		0.681			
P2		0.668			
P1		0.556			
J3			0.826		
J5			0.801		
J4			0.720		

（续表）

	成　分				
	1	2	3	4	5
J2			0.684		
J1			0.664		
T4				0.809	
T3				0.794	
T5				0.758	
T1					0.821
T2					0.764
T3					0.608
提取方法：主成分分析法。旋转方法：Kaiser 正态化最大方差法 a 旋转在 6 次迭代后已收敛					

工作环境满意度效度检验结果（见表 5-8）显示，工作环境满意度量表的 KMO 值为 0.995，KMO 值接近 1，意味着变量间有很强的相关性，原有变量非常适合做因子分析。此外，Bartlett 球形度检验值和显著性检验同样也表明，教师工作环境满意度量表所涵盖的变量之间能够进行因子分析。

表 5-8　"工作环境满意度量表"KMO 和 Bartlett 检验

Kaiser-Meyer-Olkin 取样适切性量数		0.995
Bartlett 球形度检验	近似卡方	15 213.968
	自由度（df）	190
	显著性（Sig.）	.000

在删除了更多是考察背景信息的问项（TGS01D）"与同区／县的学校相比，我所在学校的生源质量明显较差"后，因素分析后共萃取了 3 个因素（见表 5-9）。3 个因素的特征值分别占总特征值的 23.636%、22.996%、20.556%；3 个因素特征值之和占总特征值的 67.188%。

表 5-9　"工作环境满意度量表"总方差解释

成分	初始特征值			提取载荷平方和			旋转载荷平方和		
	总计	方差百分比	累积 %	总计	方差百分比	累积 %	总计	方差百分比	累积 %
1	10.804	54.022	54.022	10.804	54.022	54.022	4.727	23.636	23.636
2	1.449	7.244	61.266	1.449	7.244	61.266	4.599	22.996	46.632
3	1.184	5.921	67.188	1.184	5.921	67.188	4.111	20.556	67.188
4	0.996	4.980	72.167						
5	0.641	3.206	75.373						
6	0.568	2.840	78.214						
7	0.500	2.501	80.715						
8	0.478	2.391	83.106						
9	0.450	2.251	85.357						
10	0.418	2.088	87.445						
11	0.369	1.844	89.289						
12	0.333	1.667	90.956						
13	0.285	1.425	92.381						
14	0.262	1.311	93.693						
15	0.259	1.297	94.990						
16	0.248	1.241	96.231						
17	0.221	1.105	97.336						
18	0.194	0.971	98.307						
19	0.174	0.868	99.175						
20	0.165	0.825	100.000						

提取方法：主成分分析法

采用 Kaiser 标准化的最大方差法得出的旋转后因素载荷值显示,各个因素所对应的题项进行了明确的标示,因素 1 对应变量 G1—G7,即"学校政策与管理分量表";因素 2 对应变量为 F1—F9(删除背景属性变量 F4),即"学校氛围分量表";因素 3 对应的是 H1—H5 变量,即"办公条件与环境分量表"。旋转后的成分矩阵结果显示(见表 5‑10),工作环境满意度部分萃取的因素各自包括的变量与量表预设的要素也得到了很好的对应。

表 5‑10　"工作环境满意度量表"旋转后的成分矩阵ª

	成　分		
	1	2	3
G2	0.763		
G3	0.751		
G1	0.749		
G7	0.668		
G4	0.662		
G5	0.660		
G6	0.660		
F3		0.776	
F6		0.767	
F2		0.755	
F1		0.685	
F5		0.650	
F9		0.610	
F7		0.601	
F8		0.576	
H5			0.797

（续表）

	成　分		
	1	2	3
H4			0.765
H1			0.746
H2			0.739
H3			0.692
提取方法：主成分分析法。旋转方法：Kaiser 正态化最大方差法 a 旋转在 5 次迭代后已收敛			

　　教师职业满意度量表的 KMO 值为 0.886,KMO 值位于 0.80—0.90,说明变量间存在较强的相关性,原有变量适合进行因子分析(见表 5-11)。Bartlett 球形度检验值和显著性检验也表明,教师的职业满意度量表所包括的变量之间具有较明显的相关性,适合进行因子分析。

表 5-11　"教师的职业满意度量表"KMO 和 Bartlett 检验

Kaiser-Meyer-Olkin 取样适切性量数		0.886
Bartlett 球形度检验	近似卡方	8 014.088
	自由度(df)	120
	显著性(Sig.)	.000

　　因素分析后共萃取了 4 个因素。4 个因素的特征值分别占总特征值的 24.599%、17.934%、14.436%、10.242%。4 个因素特征值之和占总特征值的 67.210%,说明这 4 个因素可以解释测量题项 67.210% 的变异量(见表 5-12)。

　　采用 Kaiser 标准化的最大方差法得出的旋转后因素载荷值显示(见表 5-13),各个因素所对应的题项进行了明确的标示,因素 1 对应变量 R1—R6(除了 R5),即"教师职业社会声望分量表",以及 D4(对工资收入的满意情况);因素 2 对应变量为 Q1—Q6(删除背景属性变量 Q5),即"教师合法权益保障分量表";因素 3 对应的是 D5—D7 变量和因素 4 对应的 D2—D3 变量,一起构成了"薪酬待遇分量表"。

表5-12 "教师职业满意度量表"总方差解释

成分	初始特征值			提取载荷平方和			旋转载荷平方和		
	总计	方差百分比	累积 %	总计	方差百分比	累积 %	总计	方差百分比	累积 %
1	5.548	34.676	34.676	5.548	34.676	34.676	3.936	24.599	24.599
2	2.351	14.694	49.370	2.351	14.694	49.370	2.869	17.934	42.533
3	1.672	10.447	59.818	1.672	10.447	59.818	2.310	14.436	56.969
4	1.183	7.393	67.210	1.183	7.393	67.210	1.639	10.242	67.210
5	0.811	5.069	72.280						
6	0.638	3.990	76.269						
7	0.574	3.587	79.856						
8	0.549	3.433	83.290						
9	0.485	3.031	86.321						
10	0.476	2.973	89.294						
11	0.412	2.573	91.867						
12	0.407	2.545	94.412						
13	0.363	2.270	96.682						
14	0.217	1.357	98.039						
15	0.167	1.045	99.084						
16	0.147	0.916	100.000						

提取方法：主成分分析法

表5-13 "教师职业满意度量表"旋转后的成分矩阵[a]

	成　分			
	1	2	3	4
R2	0.853			
R6	0.835			

（续表）

	成　分			
	1	2	3	4
R3	0.808			
R4	0.768			
R1	0.623			
D4	0.517			
Q2		0.868		
Q1		0.864		
Q6		0.675		
Q3		0.625		
Q4		0.565		
D6			0.878	
D5			0.870	
D7			0.506	
D3				0.802
D2				0.771

提取方法：主成分分析法。旋转方法：Kaiser 正态化最大方差法
a 旋转在 6 次迭代后已收敛

第三节　上海初中教师工作满意度调查发现

一、样本描述与检验

　　教师的满意度在一定程度上与教师的背景特点，如性别、学历、教龄、在当前学校资历等具有相关性，尽管这些人口学背景变量与教师的工作满意度之间的关系并没有单一的模式[①]。使用本土调查数据发现的被调查对象的群体特征，可以为

---

① Mostafa T, J Pál. Science teachers' satisfaction：Evidence from the PISA 2015 teacher survey［R］. OECD Education Working Papers, Paris：OECD Publishing, 2018：168. https：//doi.org/10.1787/1ecdb4e3-en.

上海初中教师勾勒出如下典型画像：拥有本科学历的青年女教师，但教龄很可能已经达到甚至超过 10 年，尽管会有校际交流的经历，但更多的可能是在初入职学校工作直至退休。

如上文所述，在本调查的 1 001 个有效样本中，男教师为 211 人，占比达 21.1%；女教师人数为 790 人，所占比例是 78.9%。从调查对象的年龄结构来看，占比最高的是 41—45 岁年龄组的教师，该年龄组教师占调查对象的比例为 20.0%；其次为 36—40 岁年龄组教师比例，达到 18.9%。此外，46—50 岁年龄组和 31—35 岁年龄组的教师占比也均超过 15%。总体来看，年龄位于 31—50 岁的中青年教师占调查对象的比例达到 70.8%；若依据中共中央、国务院印发的《中长期青年发展规划 (2016—2025 年)》中把青年的年龄范围界定为 14—35 周岁，则本土调查对象中的青年教师所占比例逾三分之一；如果根据《"中国青年五四奖章"评选表彰办法(试行)》的通知中把 14—40 周岁年龄组界定为青年，则本调查对象中青年教师占比达到 52.6%，可以说超过一半的调查对象为青年教师。由此，调查数据显示，中青年教师尤其是青年教师是上海教师的绝对主体部分。另根据 2018 年上海教育统计年鉴数据显示，上海初中专任教师中，年龄小于 40 岁的教师占比达到 53.1%，与调查数据结构基本符合(见表 5 - 14、图 5 - 2)。

表 5 - 14 调查对象年龄结构

		频 率	百分比	有效百分比	累积百分比
有效	25 岁及以下	41	4.1	4.1	4.1
	26—30 岁	143	14.3	14.3	18.4
	31—35 岁	153	15.3	15.3	33.7
	36—40 岁	189	18.9	18.9	52.5
	41—45 岁	200	20.0	20.0	72.5
	46—50 岁	166	16.6	16.6	89.1
	51—55 岁	96	9.6	9.6	98.7
	55—60 岁	13	1.3	1.3	100.0
	总计	1 001	100.0	100.0	

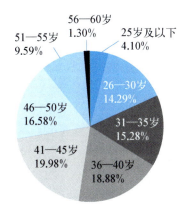

图 5 - 2 调查对象年龄比例结构

　　从本次调查中反映的教师教龄数据发现,上海初中教师的教龄普遍较长,在一定程度上可以说,上海初中教师的教学经验积累比较丰富。从具体数据呈现来看(见表 5 - 15、图 5 - 3),本次调查中具有 10 年以上教龄的教师占比超过 7 成之多,同时超过一半(54.1%)的教师具有 15 年以上的教龄。

表 5 - 15 调查对象的教龄分布

		频 率	百分比	有效百分比	累积百分比
有效	2 年及以下	57	5.7	5.7	5.7
	3—6 年	128	12.8	12.8	18.5
	7—10 年	107	10.7	10.7	29.2
	11—15 年	167	16.7	16.7	45.9
	16—20 年	156	15.6	15.6	61.4
	21—25 年	185	18.5	18.5	79.9
	26—30 年	134	13.4	13.4	93.3
	31 年及以上	67	6.7	6.7	100.0
	总计	1 001	100.0	100.0	

　　调查数据显示,上海初中教师有较明显的校际流动比例,但有超过一半的教师

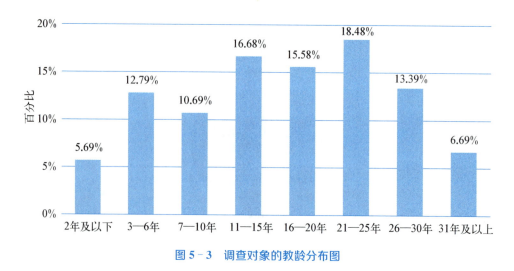

图 5‐3　调查对象的教龄分布图

始终在一所学校从事教学工作,有小部分教师在职业生涯中曾在不同学校间工作调动或交流。从具体调查数据来看,包括现任职学校在内,上海初中教师在 1 所学校任职的比例为 53.2%,先后在 2 所学校任职的教师占比为 30.2%,而先后在 3 所学校任教的教师占比为 12.8%。以上 3 种情况的教师占调查样本的比例达96.2%。

　　从调查样本的学历(学位)结构分布数据来看(见表 5‐16、图 5‐4),上海初中教师的学历仍以本科占据绝对主体地位,约 70% 的教师为本科学历。与 TALIS 调查情况相似,上海初中教师中研究生(硕士)学历教师占比较低,仅为 10% 左右。同时,专科及以下学历教师占比也较少。另根据上海教育统计年鉴数据显示,近年来,上海初中专任教师中,本科和研究生(硕士)学历教师均呈现增加趋势,同时,专科及以下学历教师占比逐步减少。

表 5‐16　调查对象的初始学历(学位)分布

		频　率	百分比	有效百分比	累积百分比
有效	中专	37	3.7	3.7	3.7
	专科	183	18.3	18.3	22.0
	本科	682	68.1	68.1	90.1
	硕士	99	9.9	9.9	100.0
	总计	1 001	100.0	100.0	

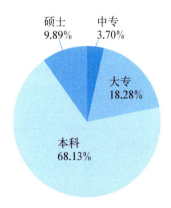

图 5 - 4　调查对象的初始学历(学位)分布图(2018 年)

从本次调查对象所任教学科分布数据来看(见表 5 - 17),语文、数学和英语教师占比均在 20%左右,可谓调查样本的主体部分。此外,政史地、理化生和体音美教师占比也分别超过 10%,但信息技术/计算机教师占比仅有 1.4%。这可能是抽样设计的问题,也可能缘于上海初中专任教师中,信息技术/计算机教师本身比较少的客观现实造成的。若是后者的原因,则从侧面说明应该进一步加大上海初中信息技术/计算机教师队伍的建设,以积极应对人工智能、大数据等新兴信息与通信技术对未来教育的影响。

表 5 - 17　调查对象任教学科分布

		频　率	百分比	有效百分比	累积百分比
有效	语文	194	19.4	19.4	19.4
	数学	187	18.7	18.7	38.1
	英语	189	18.9	18.9	56.9
	政史地	114	11.4	11.4	68.3
	理化生	115	11.5	11.5	79.8
	信息技术/计算机	14	1.4	1.4	81.2
	体音美	118	11.8	11.8	93.0
	其他	70	7.0	7.0	100.0
	总计	1 001	100.0	100.0	

本次调查对象以普通教师为主,普通教师占调查样本的比例为72.0%,其次为教研组长或年级组长,占比达到16.0%;校长或书记占本次调查对象的比例为2%左右(见表5-18)。

表5-18　调查对象的具体职务分布

		频　率	百分比	有效百分比	累积百分比
有效	普通教师	721	72.0	72.0	72.0
	教研组长、年级组长	160	16.0	16.0	88.0
	中层领导	94	9.4	9.4	97.4
	副书记、副校长	7	0.7	0.7	98.1
	校长、书记	19	1.9	1.9	100.0
	总计	1 001	100.0	100.0	

从本次调查对象的职称(职务)等级分布来看(见表5-19),一级教师占比近60%,是职称(职务)等级中最多的教师群体;其次为二级教师占比,达到25%之多;高级教师占比超过了10%,但少于15%。

表5-19　调查对象的职称

		频　率	百分比	有效百分比	累积百分比
有效	三级	27	2.7	2.7	2.7
	二级	253	25.3	25.3	28.0
	一级	585	58.4	58.4	86.4
	高级	136	13.6	13.6	100.0
	总计	1 001	100.0	100.0	

本次调查对象所在学校类型数据显示(见图5-5),初中和九年一贯制学校是本次调查的主体部分,二者合计占调查所涉及学校的93.1%,其中初中学校占比最多,约占调查学校样本类型的7成。此外,本次调查也有少数(6.4%)教师来自完

图 5－5　调查对象所在学校类型(2018 年)

全中学,极少数来自十二年一贯制学校。

根据调查对象所任职学校性质的数据呈现来看(见表 5－20),本次调查对象绝大部分(93.8%)来自公立学校,来自民办学校的初中教师约占调查样本的 6%,二者合计基本构成了本次调查所涉及学校性质的绝对主体(99.6%)。

表 5－20　调查对象所在学校的性质

		频　率	百分比	有效百分比	累积百分比
有效	公立学校	939	93.8	93.8	93.8
	民办学校	58	5.8	5.8	99.6
	民办公助学校	2	0.2	0.2	99.8
	其他	2	0.2	0.2	100.0
	总计	1 001	100.0	100.0	

近年来,上海通过完善学区化集团化办学、城乡学校携手共进计划和"新优质学校"集群发展等一系列重要举措,深化义务教育城乡一体化改革,推进义务教育优质均衡发展。尽管如此,相对于远郊区域的学校而言,中心城区的学校在教学资源,尤其是在师资队伍保障方面仍具有较为明显的办学优势。就参与本次调查的初中教师所任职的学校区域分布来看,任职于中心城区学校的教师占比约为一半,而任职于郊区(包括靠近城区的郊区和偏远郊区)学校的教师占比达到 36.7%,所

任职学校位于次中心区域的教师占比近 20%。总体来看，以上样本数据能够较全面地兼顾上海初中学校的城乡区域分布(见图 5－6)。

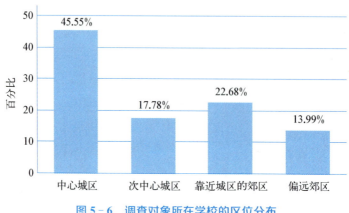

图 5－6　调查对象所在学校的区位分布

二、教师工作满意度的描述性分析

(一)量表总体得分显示,上海初中教师的工作满意度处于中等偏上的水平

把握和了解上海初中教师工作满意度现状是本调查问卷设计的初衷和重要目的之一。如上文所述,调查问卷从"教师工作质量满意度""教师的工作环境满意度"以及"教师的职业满意度"3 个维度构建了教师工作满意度量表,以上 3 个工作满意度构面也可视作教师工作满意度的分量表。在各分量表的基础上,又对每个分量表进行了解构,即每个分量表下再设计若干具体问项,用以测量被调查者对各具体问项的看法或满意程度。量表的构建采用 4 级 Likert 计分法,依据被调查者的反馈情况进行赋值。在 4 点积分法的计量方法下,理论上的平均值为 2.5,即若测量得分为 2.5,则意味着教师在此项上的满意程度处于中等水平;得分高于 2.5,则可以认为教师对问项涉及的内容具有相对较高的满意度;而低于 2.5 分,则可视作教师对相关问项的满意程度较低。教师工作满意度及相关分量表的得分如表 5－21 所示。

表 5－21　教师工作满意度描述统计

	N	最小值	最大值	均值	标准 偏差
教师工作满意度量表	1 001	1	4	3.02	0.513
教学工作质量满意度分量表	1 001	1	4	3.14	0.470

（续表）

	N	最小值	最大值	均值	标准 偏差
工作环境满意度分量表	1 001	1	4	3.18	0.526
教师职业满意度分量表	1 001	1	4	2.99	0.596
有效个案数(成列)	1 001				

根据"教师的工作满意度量表"和相关分量表的描述统计数据来看,被调查者的工作满意度量表得分均值为 3.02,略高于理论平均值,说明当前上海初中教师对工作满意度的主观体验是中等偏上的水平。在 3 个分量表中,"教学工作质量满意度分量表""工作环境满意度分量表""教师职业满意度分量表"得分均值分别为 3.14、3.18 和 2.99,分值均高于 2.5,其中教师工作环境满意度量表得分最高(3.18 分),其次为教学工作质量满意度分量表,得分为 3.14。值得注意的是,被调查教师的职业满意度最低(2.99),略高于理论平均值。由以上分量表的数据可见,被调查者对教学工作质量和工作环境的情感体验和态度认知处于较高的水平,但仍未达到 3.2 分的高水平情感体验。与此同时,上海初中教师的职业满意度得分则比较低。由此可见,就本调查的数据表现而言,上海初中教师对职业的满意度是问题的凸显点。下文将重点对各分量表所涵盖的具体问项得分进行详细的分析。

通过对调查样本的数据进行相关分析发现,"教师工作满意度量表""教学工作质量满意度分量表""工作环境满意度分量表"与"教师职业满意度分量表"的斯皮尔曼相关系数如表 5-22 所示。根据相关统计数据呈现,各分量表与"教师工作满意度量表"之间均存在明显的相关关系。

表 5-22 教师工作满意度与各构面满意度相关性

			工作满意度	工作质量满意度	工作环境满意度	职业满意度
斯皮尔曼 Rho	教师工作满意度	相关系数	1.000			
		Sig.(双尾)	.			
		N	1 001			

（续表）

			工作 满意度	工作质量 满意度	工作环境 满意度	职业 满意度
斯皮尔曼 Rho	工作质量 满意度	相关系数	0.549**	1.000		
		Sig.（双尾）	0.000	.		
		N	1 001	1 001		
	工作环境 满意度	相关系数	0.582**	0.460**	1.000	
		Sig.（双尾）	0.000	0.000	.	
		N	1 001	1 001	1 001	
	教师职业 满意度	相关系数	0.631**	0.547**	0.483**	1.000
		Sig.（双尾）	.000	.000	.000	.
		N	1 001	1 001	1 001	1 001

注：**.在 0.01 级别(双尾),相关性显著。

（二）次级量表的描述分析发现,教师的工作满意度不同构面表现不尽相同

根据上文内容来看,在构成教师工作满意度的教学工作质量的满意度、工作环境满意度,以及教师职业满意度三个次级维度中,被调查对象在教师职业满意度方面的数据呈现是 3 个次级维度中最低值。

教师的职业满意度偏低,其中对工资收入的情感体现明显较低。根据问卷设计,教师的职业满意度分量表包括职业社会声望、教师的合法权益保障、工资收入和福利待遇(除了工资收入之外)等细分要素构成。描述分析数据显示,被调查者对工资收入的满意度得分最低(2.31),与理论平均值尚有一定的差距。与此同时,被调查对象的教师职业社会声望满意度、合法权益保障和福利待遇满意度(除了工资收入之外)得分也均略高于平均值。整体来看,作为被调查对象的初中教师对合法权益保障的满意度较高,其次是对福利待遇(除了工资收入之外)的满意度,再次对于工资收入的满意度明显较低,而对职业社会声望的满意度则处于较低的中等水平。对家校关系的满意度主要考虑的是学生家长或监护人对学校教育、学生家庭作业的配合与支持,从侧面反映家长对教师职业的专业性尊重程度。本次调查数据显示,教师对家校关系的满意度得分(2.97)处于中上等水平(见表 5-23)。

表 5 - 23　被调查者职业满意度描述统计

	N	最小值	最大值	均值	标准 偏差
我对教师职业的社会声望感到满意	1 001	1	4	2.68	0.739
我对工资收入感到满意	1 001	1	4	2.31	0.717
我对福利待遇感到满意(除了工资收入之外)	1 001	1	4	2.87	0.686
教师合法权益保障	1 001	1	4	2.92	0.478
职业选择意愿	1 001	1	4	2.80	0.414
我满意专业培训的实践有效性	1 001	1	4	2.94	0.581
我满意学校和学生家庭的家校关系	1 001	1	4	2.97	0.553
我对教师职称评审制度满意	1 001	1	4	2.89	0.639
我对教师荣誉表彰和奖励制度满意	1 001	1	4	2.90	0.624
有效个案数(成列)	1 001				

此外,从被调查者反馈数据来看,报告称"总体上,我对教师职业的社会声望感到满意度"的比例为 62.3%(其中,非常满意的为 11.0%);反馈称对工资收入感到满意比例仅为 38.1%(其中,非常满意的仅为 3.9%);在被调查者当中,对福利待遇(除了工资收入之外)感到满意的比例达到 73.4%(其中,非常满意的为 16.0%)。综合以上数据来看,明显较低的工资收入满意度很可能是导致作为被调查对象的上海初中教师的职业满意度较低的重要原因之一(见图 5 - 7)。

若再把关注点聚焦到被调查者的工资收入和福利待遇方面可以发现(见表 5 - 24),尽管约 7 成的被调查者反馈称"工资总收入每年都有一些增加"(其中报告称"非常符合"的比例为 9.9%),但值得注意的是,在薪酬收入中,被调查者在"工资总收入每年都有一些增加"的具体问项上得分为 2.79,是薪酬收入和福利待遇问项中的最低值。与此同时,值得关注的是,被调查者中有 79.5%(其中认为"非常符合"的比例为 22.3%)的教师认为,"每个月的大部分收入要用于房贷(房租)、购买食品和水

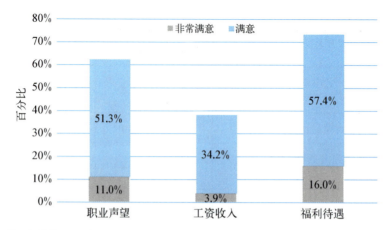

注：福利待遇不包括工资收入。

图 5-7　调查对象对职业满意度相关维度满意的比例

电煤等日常必不可少的开销"；而能够进一步佐证此项调查信息的是，被调查者在该具体问项的得分为属于较高水平的 3.0 分，即大多数被调查的教师认为其每个月的收入大部分用于房贷（房租）和日常必不可少的开销之表述符合现状。此外，调查数据显示，约有近 9 成（86%）的被调查者反馈称"我的工资收入低于亲朋好友的预期"。与此形成相对应的数据显示，被调查者报告称"工资收入低于亲朋好友预期"的表述符合其现状的得分为 3.13，是工资收入问项中的最高值。由此可以一定程度上研判，作为被调查者的上海初中教师对"工资收入每年增加"的情况不太满意（但不能确定对工资收入增加比例，或是增加工资收入的方式方法），且每个月的收入大部分用于房贷（房租）与日常必不可少的开销。同时，绝大多数被调查者认为其工资收入低于亲朋好友的预期。

表 5-24　被调查者工资收入和薪酬待遇的描述统计

		N	最小值	最大值	均值	标准 偏差
工资收入	我的工资总收入每年都有一些增加	1 001	1	4	2.79	0.635
	我每个月收入的大部分要用于还房贷（交房租）、购买食品和水电煤等日常必不可少的开销	1 001	1	4	3.00	0.703

（续表）

		N	最小值	最大值	均值	标准 偏差
工资收入	据我所知,我的工资收入低于亲朋好友的预期	1 001	1	4	3.13	0.661
福利待遇	薪资待遇／据我所知,我所在学校能够按照规定比例给教职工缴纳"五险一金"	1 001	2	4	3.37	0.502
	薪资待遇／除了缴纳"五险一金"之外,学校还为教师提供其他福利(如定期体检等)	1 001	1	4	3.32	0.530
	有效个案数(成列)	1 001				

与被调查者在工资收入上较低的得分不同,作为被调查者的上海初中教师在福利待遇方面的问项上得分明显较高。调查数据显示,几乎所有的(99.1%)被调查者反馈称,所任职的"学校能够按照规定比例给教职工缴纳'五险一金'"。同时,被调查对象中有97.3%反馈称,除了"五险一金"之外,所任职学校还为教师提供诸如定期体检等其他额外的福利待遇。从被调查者在福利待遇具体问项上录得的得分来看,被调查对象对福利待遇(除了工资收入之外)具有较高的满意度水平。需要在此补充的调查数据是,当问及被调查者是否认同"工资待遇的改善能够提升我的工作满意度,但工资待遇并不是工作满意度的决定因素"时,超过9成(90.8%)的被调查者报告称认同以上表述,其中反馈称"非常认同"的被调查者占比超过20.0%。

在关于教师职业社会声望的描述性数据显示(见表5-25),超过9成(92.2%)的被调查者认为,其作为教师的工作得到亲朋好友的支持与尊重。然而,仅有约6成(60.7%)的被调查者认为"作为一名教师,我明显感受到社会的尊重"。与此同时,只有约三分之一的被调查者反馈称,其"所教的学生愿意将教师作为未来职业的重要选项",而被调查者所感知的学生家长或监护人对教师信任和支持的程度也仅处于中等偏上水平(2.92分)。此外,根据调查数据,超过8成的被调查者在"过去3个月,听闻过新闻媒体关于教师的负面报道"。这些数据进一步佐证了作为被调查者对职业的社会声望满意度不高,且一定程度上可以研判,初中教师职业对潜在应聘者的社会吸引力较低。同时,被调查者对来自学生家长/监护人较低的支持和尊重感知,一定程度上反映出当前社会公众对教师职业的专业性认同仍比较低(见图5-8)。

表5-25　关于教师职业社会声望描述性统计(2018年)

	N	最小值	最大值	均值	标准 偏差
我的工作得到亲朋好友的支持与尊重	1 001	1	4	3.14	0.564
作为一名教师我明显感受到社会的尊重	1 001	1	4	2.69	0.746
学生愿意将教师作为未来职业的重要选项	1 001	1	4	2.33	0.763
经常感受到学生家长/监护人的信任和支持	1 001	1	4	2.92	0.606
过去3个月,我听闻过新闻媒体关于教师的负面报道	1 001	1	4	2.96	0.628
有效个案数(成列)	1 001				

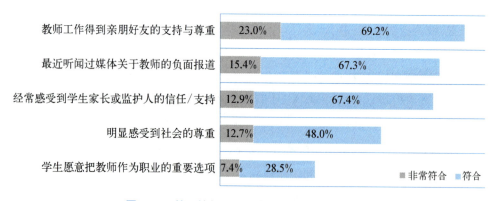

图5-8　关于教师职业社会声望描述性统计比例

最后,关于教师合法权益保障方面,调查数据显示(见图5-9),绝大多数(93.7%)被调查者反馈称,其本人或同事未遇到过被拖欠工资/克扣奖金的情况。同时,分别有近9成的被调查者报告称,学校领导能够尊重不同教师的人格尊严,且"尽管工作中持有不同意见,但未被领导不公平对待"。但值得注意的是,仅有超过一半(53.3%)的被调查者认为"职称评审公平公正"。与此同时,超过一半的被调查者反馈称"我或同事有和工作有关的职业病"。

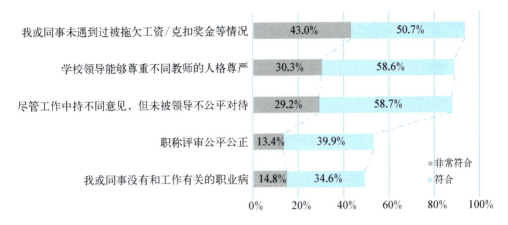

图 5 - 9　被调查者对教师合法权利保障的反馈数据

教学工作质量满意度方面,被调查者对自己的工作表现最为满意,但对工作压力的情感体验较差。对教学工作质量的满意度调查数据显示,作为被调查者的上海初中教师对工作压力的满意度得分最低(2.15 分),明显低于理论均值(见表 5 - 26)。进一步分析发现,被调查者的工作压力源主要来自"要对学生考试成绩负责",其次为职业晋升,与领导、同事人际关系协调压力最小。此外,与惯常经验和我国中小学课堂教学实践相符的是,被调查者在维持课堂纪律方面的压力也较小(见图 5 - 10)。

表 5 - 26　被调查者对教学工作质量的满意度描述统计

	N	最小值	最大值	均值	标准 偏差
工作性质本身(能够与学生在一起学习和工作)	1 001	1	4	3.14	0.470
对工作时间强度感到满意	1 001	1	4	2.72	0.678
对工作压力感到满意	1 001	1	4	2.15	0.659
对专业自主权感到满意	1 001	1	4	2.99	0.532
对职务升迁满意	1 001	1	4	2.71	0.635
对职称晋升满意	1 001	1	4	2.71	0.651

（续表）

	N	最小值	最大值	均值	标准 偏差
我满意自己的工作表现	1 001	1	4	3.22	0.497
我经常感受到教学工作带来的成就感	1 001	1	4	2.95	0.629
我满意校领导或同事的认可与肯定	1 001	1	4	2.97	0.514
有效个案数（成列）	1 001				

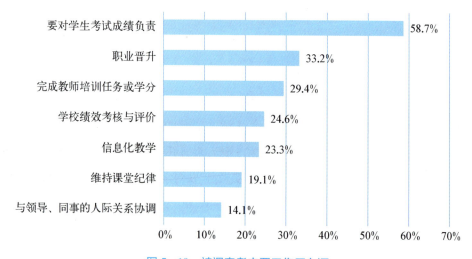

图 5-10　被调查者主要工作压力源

　　除了对工作压力的满意度较低之外,被调查者对职务和职称晋升的满意度,以及对于工作时间强度的满意度也处于仅略高于均值的相对低位。就工作时间强度而言,尽管大多数被调查者反馈称"基本上每天都有一定的业余时间由自己支配"(68.9%),并且"在周末和节假日(包括寒暑假)的大部分时间能够自由安排"(91.4%)。但仍有超过一半(50.5%)的被调查者反馈称"所在的岗位需要经常加班",甚至有超过6成(63.5%)的被调查报告称"每天的工作时间强度太大","经常感到身心疲惫"。此外,值得注意的是,接近6成(58%)的被调查者认为"非教学的行政事务性工作通常占据太多工作时间"。

　　另外,就调查数据呈现来看,相对于被调查者在工作压力、工作时间以及职务和职称晋升方面较低的满意度体验,被调查者对自己的工作表现最为满意,得分为

3.22。同时,作为被调查者的上海初中教师对"校领导或同事的认可与肯定""教学工作带来的成就感"也都具有较高的情感体验(见表5－26)。

工作环境满意度较高,其中对办公环境和人际关系均较为满意,但对学校的管理和民主决策满意度较低。整体来看,被调查者对工作环境的满意度处于相对较高的水平(见表5－27),其中被调查者对"所在学校的校风学风"满意度最高,达到3.24分;其次为对"所在学校办公环境"的满意度,也达到了近3.20的高分值。相对于被调查者在"学校校风学风""学校办公环境"方面较高的情感体验,被调查者对"学校的政策和管理"的满意度体验则较低,但也仍处于中等偏上相对较高的水平。此外,在人际关系方面,被调查者的满意度也属于相对较高的水平,具体表现为:被调查者对"与同事的人际关系"满意度得分达到3.16分,对"师生互动关系"的满意度录得3.15的相对高分值。这在一定程度上可以解释被调查者对办公环境和校风学风具有较积极情感体验的原因。

表 5－27　被调查者的工作环境满意度水平统计

	N	最小值	最大值	均值	标准 偏差
总体上,我对所在学校的校风学风感到满意	1 001	1	4	3.24	0.614
总体上,我对学校的政策和管理感到满意	1 001	1	4	3.14	0.589
总体上,我满意所在学校的办公环境	1 001	1	4	3.16	0.611
我对师生互动关系感到满意	1 001	1	4	3.15	0.438
我满意与同事的人际关系	1 001	1	4	3.16	0.446
我对家校关系感到满意	1 001	1	4	2.97	0.553
我对学校民主决策机制感到满意	1 001	1	4	2.93	0.611
我满意学校的绩效考核与评价	1 001	1	4	2.87	0.590
我对反映意见或建议的渠道满意	1 001	1	4	2.89	0.613

（续表）

	N	最小值	最大值	均值	标准 偏差
我对学校周边社区环境感到满意	1 001	1	4	2.86	0.595
有效个案数（成列）	1 001				

对教师的绩效考核与评价日益被认为是增强教师教学能力,并进而提升学校教育教学质量的关键举措之一。对新加坡小学教师的研究发现,公平的教师绩效评价系统和透明的评价指标与较高的教师工作满意度和工作动力存在明显的相关关系[1]。尽管被调查者"对学校的政策和管理满意度"也取得相对较高的分值,但值得注意的是,在与学校政策和管理具有较直接联系的"学校民主决策机制"和"学校的绩效考核与评价"两个具体维度上,被调查者得分却相对较低,分别录得2.93分和2.87分。此外,被调查者"对学校周边社会环境"的满意度感知也处于略高于理论均值的相对较低的中等程度水平。

从频率描述分析来看,被调查者对包括同事间的人际关系和师生互动关系在内的人际关系满意度比较高,分别有97.2%的被调查者对同事间的人际关系感到满意,有97.0%的被调查者对师生互动关系感到满意。此外,被调查者中对学校的政策和管理感到满意、对学校的办公环境满意、对学校的校风学风感到满意的比例均在9成以上(见图5-11)。但值得关注的是,被调查者反馈称,对学校周边社会环境满意、对学校民主决策机制,以及对学校的绩效考核与评价满意的比例均相对比较低,但仍然维持在80.0%左右。

(三) 数据分析结果小结

根据上文对被调查者工作满意度的描述性分析结果呈现来看,整体而言,作为被调查者的上海初中教师的工作满意度处于中等偏上的水平。从工作满意度的具体维度或构面数据呈现来看,被调查者对工作环境的满意度最高,其次为对教学工作质量的满意度,而对教师职业的满意度最低。再深入分析具体维度或构面包含的要素或问项,我们可以发现,构成不同维度或构面的要素或问项的表现亦不尽相同。

---

[1] Ong Kelly K, Yun Angela Ang S, Ling Chong W, Sheng Hu W. Teacher appraisal and its outcomes in Singapore primary schools[J]. Journal of Educational Administration, 2008, 46(1): 39-54.

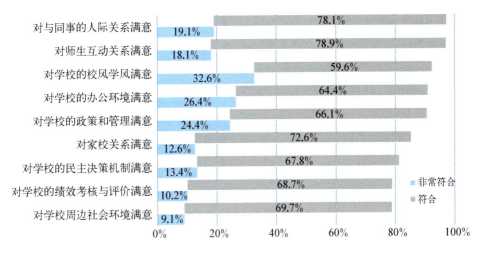

图 5-11　被调查者工作环境满意度描述性统计

在对工作质量的满意度当中,被调查者对自身工作表现最满意,对工作压力的满意度最低,并对职称与职务晋升满意度也较低。从被调查者对工作质量的工作满意度构成要素或问项的数据呈现来看,被调查者在"满意自己的工作表现"上得分最高(3.22),说明被调查者对自己的工作表现较为自信。这一结果与 TALIS 等调查结论基本吻合,即上海初中教师具有较高的教学自我效能感。数据显示,被调查者对"能够与学生在一起学习和工作"的教学工作性质的满意度评分也较高。但与此同时,需要注意的是,被调查者工作压力的满意度最低(2.15)。这一数据客观地反映出被调查者由于教育教学工作的压力较大而产生不满意的工作情感体验。不争之事实是,教师的工作不会随着课堂的结束而停止,教师不仅需要授课,还要备课、管理课堂纪律、培优补差以满足学生的个性化需求、批改作业(试卷)、与学生家长或监护人沟通互动以及不可或缺的行政事务等,可以说,教师的工作需要持续且强烈的智力、情感和心理的投入①。从改善教师的身心健康和福祉的意义上来说,教师对教学工作压力的较低情感体验需要给予重视。同时,本调查也发现被调查者对工作时间强度的满意度也不高,处于倒数第三的水平。结合 TALIS 调查数据,对此可能的解释是,尽管上海初中教师每周真正的教学工作小时数并不是国际最高值,但上海初中教师每周的"非教学"工作时间所占比例较多,可能是导致上海

① Susan Flocken. Trade unions must take lead in improving teacher wellbeing [EB/OL]. https://www.oaj.fi/en/news/news-and-press-releases/2020/susan-flocken-konkretisoi-mika-tekee-opettajien-tyostaniin-vaativaa--ammattijarjestoilla-tarkea-rooli-tyoolojen-parantamisessa/ [2020-01-24]

初中教师对工作时间强度不太满意的重要原因。此外,在涉及由外部或他人评价的职称与职务评审方面,被调查者的工作满意度也较低(2.71)。被调查者对专业自主权的满意度和获得他人(领导或同事)认可与肯定的满意度处于相对中间的位次。然而,必须要说明的是,教师的专业自主权是一个内涵较为复杂的概念,其中牵涉的影响因素较多,且造成的结果利弊不一。故此,笔者并不认为教师专业自主权越高,满意度就越高。

在构成工作环境满意度的要素方面,被调查者对校风学风的满意度最高,而对所任职学校的绩效考核与评价,以及学校周边社区环境的满意度比较低。关于工作环境满意度的调查数据显示,上海初中教师对所任职学校的校风学风满意度最高,同时作为工作环境重要组成部分的人际关系方面,上海初中教师的满意度也处于相对较高的水平,被调查者对与同事的人际关系满意度数据呈现为3.16,对师生关系的满意度为3.15。同时,被调查者对办公环境的满意度也较高。但值得关注的是,被调查者对任职学校的绩效考核与评价以及学校的周边社区环境满意度比较低(2.86)。从本次调查对象所任职学校的地理区位来看,位于中心城区的学校占比仅一半,而上海中心城区的中小学往往紧贴居民社区,有的市中心学校周边甚至是待拆迁的老旧社区,市政道路可能也不太宽敞。因此,以上客观因素可能是解释作为被调查者的上海初中教师对所任职学校周边社区环境满意度较低的重要原因之一。此外,关于教师工作环境满意度的调查数据还显示,被调查者对"学校的民主决策机制""反映意见或建议的渠道"的满意度也不是很高,二者的满意度数据表现均在3.0以下。

整体来看,被调查者的职业满意度表现较差,其中对工资收入的满意度最低,对教师职业的社会声望满意度也不是太高。在本研究设计中,"教师的工作环境满意度""与教育教学密切相关的教学工作质量的满意度"以及"教师职业满意度"是构成教师工作满意度的3个重要构面,职业满意度可谓是构成教师工作满意度的重要一环。调查数据显示,被调查者的职业满意度可以说是构成教师工作满意度的最明显"短板"和弱项。从职业满意度所涵盖的要素或问项的数据表现来看,被调查者对工资收入的满意度最低(2.31),对教师职业的社会声望满意度录得第二低值(2.68)。从更现实的意义上说,在解决教师的工作动力问题时,需要优先考虑提供具有行业或职业竞争力和吸引力的薪资水平[①]。相对而言,被调查者对"家校

---

① UNESCO. How to attract 69 million teachers? [EB/OL]. http://www.iiep.unesco.org/en/how-attract-69-million-teachers-13329. [2020-02-11].

关系"和"专业培训的实践有效性"的满意度相对较高,分别获得 2.97 分和 2.94 分;需要再次说明的是,把"家校关系"归为教师的职业满意度的重要因素之一是,在对初中教师的前期访谈中,很多教师反映,学生家长不支持或不配合教师布置给学生的家庭作业,尤其是毕业于知名大学的高学历学生家长甚至质疑教师的教学能力,不尊重教师职业的专业性。本次调查数据显示,调查对象对教师荣誉表彰和奖励制度也较满意。但毋庸讳言的是,上海初中教师在教师的职业满意度所涵盖的各个要素上的数据表现均低于 3.0 分。

如果把以上教师的工作满意度的数据分析结果归整在层类交错的分析框架下,则可以得出如下结论:在"层"的方面,也就是教师工作满意度的 3 个构面,结合上文分析结果可以看到,教师对工作环境的满意度最高,其次为对教学工作质量的满意度,而对教师的职业满意度最低。在"类"的方面,即是工作满意度 3 个构面所涵盖的两类(激励因素和保健因素)要素或问项,从组成教师的工作满意度的 3 个构面满意度而言,对教学工作质量的满意度及其所包括的细分因素更多属于与教学工作密切相关、能够提升工作满意度的"激励因素",工作环境满意度和职业满意度及其二者所涵盖的细分因素更多地可以归属为能够降低工作不满情绪的"保健因素"。从这个意义上来讲,在完善工作满意度"激励因素"方面,首先是应该充分发挥学校工会的作用,关心教师的身心健康和福祉,缓解教师的工作压力;同时,学校应适度减少教师的非教学工作负担,优化教师教学工作任务分配,把时间还给教师,为教师潜心教书、静心育人创造良好的环境①,切实降低教师工作时间强度感。同时,学校领导还应优化教师职务或职称晋升体系设计,为教师职业成长提供更多机会,更多地从鼓励和激励的角度认可教师的工作表现,让教师感受到更多组织支持。

另外,与教学实践本身并不太密切相关的工作环境满意度和教师职业满意度所涵盖的因素则更多属于降低教师工作不满意的"保健因素"。根据数据呈现,在教师工作环境满意度方面,被调查者对"学校周边社区环境""学校绩效考核与评价""学校的民主决策机制"以及"反映意见或建议的渠道"满意度相对较低。在教师职业满意度方面,被调查者对工资收入的满意度最低,其次为对教师职业的社会声望也较低。此外,对福利待遇(除了工资收入之外)、教师的职称评审制度、荣誉

---

① 中国政府网. 中共中央办公厅 国务院办公厅印发《关于减轻中小学教师负担进一步营造教育教学良好环境的若干意见》[EB/OL]. http://www.gov.cn/zhengce/2019-12/15/content_5461432.htm. [2019-12-15].

表彰和奖励制度的满意度也相对较低。由此来看,从发挥保健因素降低工作不满意的效用出发,在学校层面,应该以健全内部治理体系的现代化为重点,以职工代表大会为抓手,充分发挥工会组织的切实功能,健全学校的民主决策机制,并同时完善教师反馈意见或建议的渠道,切实提高教师的组织归属感。在降低职业满意度不满方面,各级政府,尤其是地方政府应该优先考虑提供具有行业竞争力和吸引力的薪资待遇,落实教师待遇保障,充分发挥薪酬待遇对教师工作动力和工作热情的激励效用(需要说明的是,薪酬待遇并不是持续降低教师工作不满意的"不二法门"。薪酬待遇对工作满意度的影响具有"边际递减效应")。同时,推进教师管理体制机制改革,通过完善教师荣誉表彰和奖励制度、健全职称评审制度,尤其是要加强优秀教师先进事迹的宣传等举措,营造尊师重教的社会氛围。因为本调查发现,82.7%的被调查者反馈称"过去 3 个月中,我听闻过新闻媒体关于教师的负面报道"。事实上,正向积极的社会舆论不仅对教师职业形象的树立至关重要,也是向社会传递教师职业价值的重要载体。正向的舆论宣传不仅可以营造尊师重教的社会氛围,提升教师自我职业认同感和责任感,以及全社会对教师职业的尊重度,还可以有效增强教师职业的吸引力[①] ,进而实现"让最优秀的人培养更优秀的人"。

三、教师工作满意度的差异性分析

现有大量研究表明,人力资本变量(如受教育情况、工作年限与经验等)、人口统计变量(如性别、年龄、婚姻状况等)和组织特征(如学校类型与性质、地理区位等)对工作满意度具有一定的影响效应[②]。本土调查关于教师工作满意度差异性分析的基本结论:一是不同性别教师的工作满意度并不存在显著性差异;二是不同年龄或教龄的被调查者之间的工作满意度差异均不显著;三是被调查者的工作满意度没有因婚姻状况的不同而存在显著性的差异表现;四是不同学历之间的工作满意度差异不具有统计学显著性意义。但值得注意的是,通过在职进修而获得更高学历/学位的被调查者的工作满意度略低于总体被调查的工作满意度均值。

① 杨明刚,于思琪,唐松林.如何提升教师吸引力:欧盟的经验与启示[J].湖南师范大学教育科学学报,2018,17(04):84-92.
② 张兴贵,郭扬.企业员工人口学变量、工作特征与主观幸福感的关系:工作压力的作用[J].心理科学,2011,34(05):1151-1156.

与此同时,① 不同职务的被调查者工作满意度存在显著差异,呈现出被调查者的职务越高,工作满意度也越高的总体趋势。② 不同职称的调查者工作满意度存在显著差异,总体呈现初级职称高、中高级职称低,最后高级职称高的先下降后上升的"U"形趋势。③ 不同任教学科的被调查者工作满意度存在具有统计学显著性意义的不同,信息技术/计算机教师工作满意度最高,理化生学科教师的满意度最低。④ 任职于不同学校类型和区域的被调查者工作满意度不存在统计学上的显著性差异。⑤ 任职于不同性质学校的被调查者工作满意度存在统计学上的显著性差异,其中任职于民办学校的教师工作满意度明显较高。具体分析结果如下:

本调查数据显示,性别差异与工作满意度之间不存在显著相关性($\beta =$ -0.058,S. E. $= 0.04$,t $= -1.844$)。尽管男性教师的工作满意度(3.08)略高于女性教师(3.00),但性别之间的工作满意度差异也没有统计学显著性意义(F $=$ 3.401,Sig. $= 0.065$)。类似的情况也分别存在于年龄或教龄与工作满意度的相关关系,即年龄或教龄与工作满意度之间的不存在统计学意义上的相互关联(见图5‑12、图5‑13)。然而,值得注意的是,与包括 TALIS 调查在内的大多数研究结果呈现的不同年龄或教龄的教师的工作满意度整体呈"先降后升"的"U"形趋势不同,本次调查的数据显示,不同年龄或教龄的被调查者工作满意度呈现整体下降的趋势,但不同年龄(F $= 0.673$,Sig. $= 0.695$)或教龄(F $= 0.473$,Sig. $= 0.855$)之间的满意度差异均不显著。被调查者的婚姻状况与工作满意度之间不存在相关

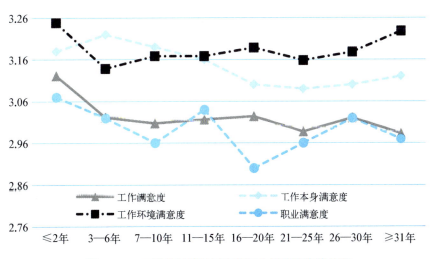

图5‑12 不同教龄的被调查者工作满意度变化趋势

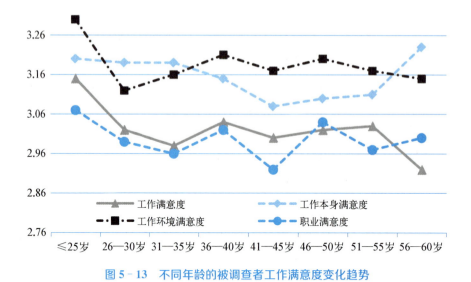

图 5 - 13　不同年龄的被调查者工作满意度变化趋势

关系,且不同婚姻状况的被调查者的工作满意度不存在显著性差异。

PISA 2015 数据显示,教师的满意度与教师的学历不存在明显关联(见表 5 - 28)[①]。与此结论相呼应的是,本土调查中关于教师学历与工作满意度之间相关性数据显示,尽管存在被调查者的学历越高,工作满意度有所下降的特征,但统计分析数据发现,一是被调查者的学历与工作满意度之间不存在显著性相关关系($\beta = -0.31$,S. E. $= 0.026$,$t = -0.983$),且不同学历之间的工作满意度差异不具有统计学上的显著性($F = 0.527$, Sig. $= 0.664$)。关于学历变化与工作满意度的情况还发现,53.0% 的被调查者反馈,"通过在职进修"获得了本科学历,并且通过在职进修获得硕士学位的被调查者所占比例约为十分之一,而没有通过在职进修获得学历/学位变化的被调查者所占比例超过三分之一(35.3%)。结合以上被调查者职后学历/学位教育变化的数据,再考察被调查者相应的工作满意度差异发现,未接受后续学历/学位教育的被调查者的工作满意度比"通过在职进修"而获得学历/学位变化的被调查者的工作满意度稍微略高。同时,通过在职进修而获得更高学历/学位的被调查者的工作满意度略低于总体被调查的工作满意度均值。换言之,通过在职进修而获得更高学历/学位的被调查者的工作满意度并没有获得提升,反而在一定程度上略有降低。但需要指出的是,没有接受职后学历/学位教育的被调查者与通

---

① Mostafa T, Pál J. Science teachers' satisfaction: Evidence from the PISA 2015 teacher survey[R]. OECD Education Working Papers, Paris: OECD Publishing, 2018: 168.

过在职进修获得更高学历/学位的被调查者之间的工作满意度差异并无统计学显著性意义。

表 5‐28 不同学历/学位被调查者的工作满意度

入职时的初始学历/学位	平均值	个案数	标准 偏差
中专	3.03	37	0.552
专科	3.06	183	0.447
本科	3.01	682	0.528
硕士	3.00	99	0.515
总计	3.02	1 001	0.513

不同职务被调查者的工作满意度存在显著性(F = 4.472, Sig. = 0.001)的差异(见图 5‐14),呈现普通教师满意度最低、副校长/副书记满意度最高,即被调查者的职务越高,其工作满意度越高的总体趋势。颇具戏剧性的是,同时也与大多现实经验符合的是,副校长/副书记的工作满意度略高于正职的校长/书记的工作满意度。此外,数据分析结果显示,被调查者的职务高低与其工作满意度差异之间存在统计意义的相关关系(β = 0.118, S. E. = 0.019, t = 3.765)(见表 5‐29)。

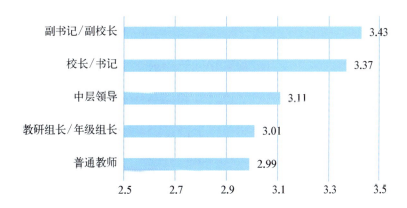

图 5‐14 不同职务被调查者的工作满意度(2018 年)

表 5‑29　被调查者职务与工作满意度的相关性分析(2018 年)

			工作满意度	目前具体职务
斯皮尔曼 Rho	教师工作满意度	相关系数	1.000	0.088 **
		Sig.（双尾）	.	0.005
		N	1 001	1 001
	目前具体职务	相关系数	0.088 **	1.000
		Sig.（双尾）	0.005	.
		N	1 001	1 001

注：＊＊. 在 0.01 级别(双尾),相关性显著。

　　与被调查者不同职务与工作满意度差异存在的显著性相关不同,被调查者的职称与工作满意度之间不存在统计学意义上的显著性相关关系($\beta = 0.014$,S. E. $= 0.024$,t $= 0.457$)。但不同职务调查者的工作满意度存在显著性差异(F $= 3.057$,Sig. $= 0.028$),总体呈现初级职称高、中高级职称低,最后高级职称高的先下降后上升的"U"形趋势(见图 5‑15)。

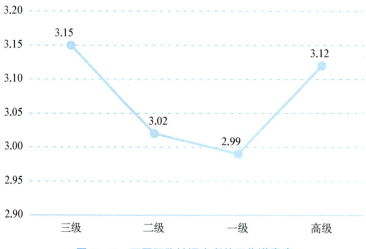

图 5‑15　不同职称被调查者的工作满意度

　　调查数据显示,任教学科不同的被调查者的工作满意度存在统计学意义上的显著不同(F $= 2.157$,Sig $= 0.036$)(见图 5‑16)。具体来看,首先,信息技术／

计算机教师工作满意度最高(3.14);其次为体音美学科教师的工作满意度(3.13);再次为数学教师的工作满意度。然而,值得注意的是,语文、英语、理化生学科教师的工作满意度均小于 3.0,其中理化生学科教师的满意度最低,英语学科教师的工作满意度倒数第二。由以上数据可以做出如下研判,即学习难度较大的学科(理化生)以及传统意义上的主科(语文和英语)教师的工作满意度相对比较低,传统意义上的副科(计算机、体音美等)教师的工作满意度反而比较高。尽管任教不同学科的教师工作满意度存在显著性差异,但任职学科的不同与被调查者的工作满意度之间并不存在显著性相关关系($\beta = 0.04$, S. E. $= 0.007$, t $= -1.297$)。

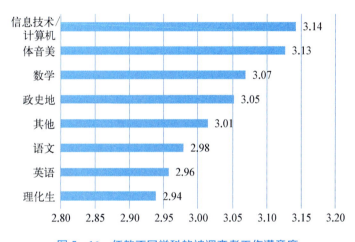

图 5 - 16　任教不同学科的被调查者工作满意度

本次调查数据显示,任职于不同学校类型(九年一贯制、初中、完全中学、十二年一贯制)和区域(城郊)的被调查者的工作满意度虽有细微差别,但不存在统计学上的显著性差异(见图 5 - 17)。但数据分析发现,任职于不同性质学校(公立、民办、民办公助、其他)的被调查者的工作满意度存在统计学意义上的显著差异($F = 5.90$, Sig. $= 0.001$)。且相对于公办等初中学校而言,任职于民办初中学校的被调查者的工作满意度明显较高。一般而言,具有优势社会经济地位的学校通常具有较好的学校氛围和优质的办学资源,并能为教师提供较好的工作条件,进而促进教师满意度的提升[①]。同时,值得注意的是,被调查者在不同性质学校变量上的反馈

---

① Mostafa T, J Pál. Science teachers' satisfaction: Evidence from the PISA 2015 teacher survey. OECD Education Working Papers[J]. Paris: OECD Publishing, 2018: 168. https://doi.org/10.1787/1ecdb4e3-en.

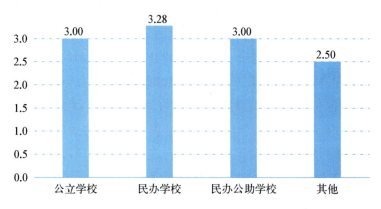

图 5–17　任职于不同性质学校的被调查者的工作满意度

值与对应的工作满意度差异表现之间具有显著性的相关关系,尽管相关程度比较弱($\beta = 0.081$, S. E. $= 0.057$, t $= 2.582$)。

第六章　本土调查的相关问题分析

第一节　工作环境因素对教师工作满意度的影响

积极的组织氛围不仅可以提高员工的工作满意度和工作效率,而且对教师个体和工作状态也具有正向的影响[1]。TALIS 2013 调查显示,上海初中教师对工作环境的满意度比较低。在本次以上海初中教师为对象的本土调查中,从"学校校风学风""学校的政策和管理""学校的办公环境"以及"学校周边社区环境"等维度构建了教师工作环境满意度。斯皮尔曼相关性分析数据显示(见表 6-1),以上关于工作环境满意度的维度均与被调查者的工作满意度存在着显著关联。从相关性系来看,"学校政策和管理满意度"与教师工作满意度之间的关联性更强,校风学风、办公环境的满意度与工作满意度的相关程度基本相当,而属于学校围墙之外的"学校周边社区满意度"与教师工作满意度的关联性也比较明显。

表 6-1　工作环境满意度斯皮尔曼相关分析(TALIS 2013)

	教师工作满意度	校风学风满意度	学校政策和管理满意度	学校的办公环境满意度	学校周边社区环境满意度
教师工作满意度	1				
校风学风满意度	0.508**	1			
学校政策和管理满意度	0.570**	0.710**	1		
学校办公环境满意度	0.527**	0.618**	0.653**	1	
学校周边社区环境满意度	0.443**	0.389**	0.371**	0.412**	1

注:**.在 0.01 级别(双尾),相关性显著。

---

[1]　Lazear E. The Future of Personnel Economics[J]. The Economic Journal, 2000, 110(467): 611-639.

此外,线性回归模型显示,以上关于环境满意度的维度能够解释教师工作满意度约40%的差异或变化情况(见表6-2至表6-3)。然而,值得注意的是,在多元回归模型中,尽管标准化系数同样显示,被调查者对学校政策与管理的满意度录得最大值,但学校周边社区环境标准化系数明显高于校风学风、学校办公环境的标准化系数。通过以上相关性分析,以及构建教师工作环境满意度对教师工作满意度的多元回归模型显示,被调查者的工作环境满意度能够较明显地影响教师的工作满意度的变化。同时,从对教师工作满意度变化影响的角度看,在构成教师工作环境满意度的维度中,被调查者对学校政策与管理的满意度与教师的工作满意度的关联性和差异性解释的力度均比较大。另外,需要说明的是,虽然校园围墙外的学校周边社区环境不属于学校场域之内,但分析数据表明,被调查者对学校周边社区环境的满意度也能够对教师的工作满意度产生具有统计学意义上的显著性,且影响程度比较明显。如果由以上分析数据研判,改善被调查者对学校政策和管理的情感体验应该成为提高教师工作满意度的重要关注点之一,同时不可忽视学校周边社区环境对教师工作满意度的影响。

表6-2 教师工作满意度多元回归模型摘要[b]

模型	R	R 方	调整后 R 方	标准估算的错误	自由度 1	自由度 2	显著性 F 变化量	德宾-沃森
1	.632[a]	0.399	0.397	0.399	4	996	0.000	1.855

注:a. 预测变量:常量。学校周边社区环境满意度、学校政策和管理满意度、学校的办公环境满意度、学校校风学风满意度。

　　b. 因变量:我对工作的满意度。

表6-3 教师的工作满意度多元回归模型 ANOVA[a]

模　　型		平方和	自由度	均方	F	显著性
1	回归	105.223	4	26.306	165.352	0.000[b]
	残差	158.453	996	0.159		
	总计	263.676	1 000			

注:a. 因变量:我对工作的满意度。

　　b. 预测变量:常量。学校周边社区环境满意度、学校政策和管理满意度、学校的办公环境满意度、学校校风学风满意度。

表 6 - 4　教师工作满意度多元回归模型系数"

模　　型		未标准化系数		标准化系数	t	显著性	共线性统计	
		B	标准错误	Beta			容差	VIF
1	(常量)	0.934	0.083		11.285	0.000		
	校风学风满意度	0.089	0.030	0.106	2.973	0.003	0.471	2.123
	学校政策和管理满意度	0.275	0.032	0.315	8.532	0.000	0.442	2.262
	学校办公环境满意度	0.116	0.028	0.138	4.151	0.000	0.542	1.844
	学校周边社区环境满意度	0.198	0.024	0.229	8.326	0.000	0.796	1.256

注：a. 因变量：我对工作的满意度。

一、校风学风

　　影响教师工作满意度的主要因素之一是合作和支持性的工作环境。同事之间支持性和功能性社会关系对于确保知识的传授、教学创新和卓越教学至关重要，并且可以减轻不满的情绪与负面感受。教师对课堂和学校氛围的认知是工作满意度重要的预测因素之一[1]。研究发现，认为自己的课堂具有积极纪律氛围的教师与自认为课堂氛围不那么积极的教师相比通常有更高的工作满意度。另外，在大部分国家，与同事和学生相处融洽的教师往往也对他们的工作更满意。事实上，积极的师生关系不仅与教师的工作满意度紧密相关，而且是预测学生学业成就的重要指标。通常情况下，积极的师生关系预示着学生较好的学业成就。同时，对于教师来说，与学生建立良好的师生关系可以提高工作满意度、职业动力，以及与学生接触互动的职业参与[2]。

　　学生在学校中的行为态度表现会影响教师的工作动力、专业志向和工作满意度。学生努力掌握学业知识和技能的态度可以积极影响教师的工作满意度和整体

[1]　OECD. Creating Effective Teaching and Learning Environments: First Results from TALIS[R]. Paris: OECD Publishing, 2009. https://doi.org/10.1787/9789264068780-en.

[2]　Mostafa T, Pál J. Science teachers' satisfaction: Evidence from the PISA 2015 teacher survey[R]. OECD Education Working Papers, Paris: OECD Publishing, 2018: 168.

职业价值感。按照调查设计框架,学校校风、学风满意度由 8 个具体指标/问项构成(见表 6−5)。通过相关分析发现,构成学校校风、学风满意度的问项均与教师的工作满意度存在具有统计学意义上的相关关系。从斯皮尔曼相关系数来看,"教师认同学校办学理念或特色"与被调查者的工作满意度相关性程度最强,其次为"学校鼓励教师教学创新"与被调查者的工作满意度的相关度。然而,若将以上校风、学风满意度的 8 个指标或问项作为自变量,构建以教师的工作满意度为因变量的多元回归方程,可以发现,尽管该模型具有显著性,但校风、学风满意度的 8 指标或问项对教师的工作满意度差异性解释的程度比较低($R^2 = 0.264, F = 45.784$)。同时,在该回归模型中,学生的学习积极性、学生课堂纪律、学生积极参与课堂互动、同事间的互信合作和师生融洽 5 个指标或问项不具有显著性。对以上的可能解释是,这 5 个指标或问项在不同被调查者之间的反馈具有较强的一致性,差异性较小,如 90.3% 的被调查者认为学生遵守课堂纪律,97.2% 的被调查者反馈称"同事之间能够互信合作、交流分享教学经验",同时,98.3% 的被调查者报告称"师生通常相处融洽"等。由此一定程度上可以研判的是,在学生普遍遵守课堂纪律、同事间关系能够相互信赖合作、师生关系通常融洽相处的中国教情和学情下,应该把关注点放在提高教师对学校办学理念或特色的认同,以及鼓励教师开展教学创新方面,进而提高教师的工作满意度,而不仅仅是把聚焦点放在争取优质生源之上。

表 6−5　校风、学风指标与工作满意度的相关性

	教师的工作满意度	学生有学习积极性	学生遵守课堂纪律	学生积极参与课堂互动	生源质量明显较差	同事之间相互信赖合作	师生通常相处融洽	认同学校办学理念或特色	学校鼓励教师教学创新
教师的工作满意度	1								
学生学习积极性	0.395**	1							
学生遵守课堂纪律	0.371**	0.592**	1						
学生积极参与课堂互动	0.402**	0.689**	0.692**	1					
生源质量明显较差	−0.176**	−0.371**	−0.086**	−0.189**	1				
同事之间相互信赖合作	0.379**	0.415**	0.445**	0.447**	−0.119**	1			

（续表）

	教师的工作满意度	学生有学习积极性	学生遵守课堂纪律	学生积极参与课堂互动	生源质量明显较差	同事之间相互信赖合作	师生通常相处融洽	认同学校办学理念或特色	学校鼓励教师教学创新
师生通常相处融洽	0.403**	0.498**	0.582**	0.584**	−0.109**	0.713**	1		
认同学校办学理念/特色	0.474**	0.517**	0.494**	0.522**	−0.140**	0.664**	0.681**	1	
学校鼓励教师教学创新	0.447**	0.464**	0.475**	0.489**	−0.148**	0.653**	0.653**	0.802**	1

注：＊＊.在 0.01 级别(双尾)，相关性显著。

二、学校政策和管理

　　参与学校决策等是教师满意度的有力预测因素之一[①]。通过对学校政策和管理要素与教师的工作满意度的斯皮尔曼相关性分析发现，与调查设计假设相符的是，构成学校政策和管理满意度的 6 个指标或问项均与教师工作满意度存在具有统计学意义上的显著相关关系。根据相关参数来看，在学校政策和管理满意度维度下，"领导注重营造民主与平等的管理氛围"与教师工作满意度的相关程度最强烈，"工会或职工组织能维护教职工合法权益""专业培训能够解决教学实践中的问题"与教师工作满意度的相关程度次之。进一步分析发现，在由学校政策和管理 6 个指标或问项作为自变量，教师工作满意度作为因变量的回归方程中，也仅有上述 3 个具体的要素对教师的工作满意度具有显著性的解释意义。对于该回归模型中不具有显著性意义的"能够定期带薪参加跟工作相关的专业培训"的解释，需要考虑的是上海中小学教师普遍需要参加专业发展和培训的现实情况。同样的思路也可以解释加薪或升职机会的不显著性。通常而言，工作满·定年限的中小学教师一般能够获得加薪或职称晋升的机会。至于"参加学校重大决策和规划工作"的不显著性解释，可能需要从两个方面考虑：一方面是目前作为一线普通教师参与学校重大决策和规划工作的机会比较少。本调查数据显示，仅有 18% 的被调查者反馈"我和同事能够参与学校重大决策和规划工作"的表述非常符合现实情境；另一方面，即使普通教

① Mostafa T, Pál J. Science teachers' satisfaction：Evidence from the PISA 2015 teacher survey[J]. OECD Education Working Papers, Paris：OECD Publishing, 2018：168.

师有机会参与学校的重大决策和规划,在现实操作的境遇中很可能更多的是"程序性"的非实质性参与,因此对教师的工作满意度不能产生显著的差异影响。

表6-6 学校政策与管理指标与工作满意度的相关性

	教师工作的满意度	参与学校重大决策和规划工作	能获得加薪或升职的机会	领导注重营造民主与平等的管理氛围	能定期带薪参加跟专业培训	专业培训能够解决教学实践中的问题	工会或职工组织能够维护教职工合法权益
教师的工作满意度	1						
参与学校重大决策和规划工作	0.418**	1					
能获得加薪或升职的机会	0.414**	0.589**	1				
领导注重营造民主与平等的管理氛围	0.523**	0.658**	0.586**	1			
能够定期带薪参加跟专业培训	0.418**	0.503**	0.533**	0.610**	1		
专业培训能够解决教学实践中的问题	0.480**	0.531**	0.537**	0.600**	0.606**	1	0.634**
工会或职工组织能维护教职工合法权益	0.509**	0.544**	0.517**	0.700**	0.538**	0.653**	1

注:**.在0.01级别(双尾),相关性显著。

　　学校政策与管理6个指标或问项与教师的工作满意度的回归模型还显示,民主与平等的管理氛围、专业培训的实践有效性,以及工会或职工维护教职工合法权益3个指标或问项均呈现统计学显著性指数。从标准化相关系数来看,学校民主与平等的管理氛围对教师的工作满意度的相关度明显较强($\beta = 0.214$,$t = 4.933$,$Sig = 0.00$),其次为专业培训活动对实践教学的有效性($\beta = 0.181$,$t = 4.753$,$Sig = 0.00$),再次为学校工会或职工组织对教职工合法权益的维护($\beta = 0.149$,$t = 3.778$,$Sig = 0.00$)。事实上,以上6个指标或问项与教师的工作满意度的相关系数也表明,民主与平等的学校管理氛围与教师工作满意度的相关程度最强,其次为工会或职工组织对教职工合法权益的维护,以及教师专业培训对实践教学的有效性。这些指数表明,在改善教师对学校政策与管理满意度方面,需要学校领导优先并重点考虑民主与平等的学校管理氛围营造,其次增强教师专业发展和培训工作对教学实践的有效性和针对性。最后,和"民主与平等学校管理氛围营造"密切相关或者一定程度上可视为属于其组成部分,要切实发挥工会或职工组织对教职工合法权益的有效保障作用。

三、办公环境

此处的办公环境主要是指学校提供的"硬件"办公条件。在学校办公环境维度所涵盖的 4 个具体指标或问项均与教师工作满意度存在具有统计学意义上的显著性相关性。从斯皮尔曼相关系数来看(见表 6-7),"学校供教师开展专业学习的场所"与教师工作满意度的相关程度相对较强(r = 0.486,Sig = 0.00);其次为"供员工使用的午餐、休息场所,以及文化和体育设施或锻炼身体的场地"(r = 0.469,Sig = 0.00);再次为"保障日常办公所需的办公用条件"与教师工作满意度的相关程度(r = 0.468,Sig = 0.00),最后为可展开多种形式的信息化教学环境(r = 0.401,Sig = 0.00)。构建多元回归模型的指数佐证了上述因素或问项对教师工作满意度差异的解释程度(信息化教学环境对教师工作满意度的解释不显著)。

表 6-7 办公环境指标与工作满意度的相关性

	教师的工作满意度	保障日常办公需要的办公条件	供教师开展专业学习的场所	能够开展多种形式的信息化教学	供员工使用的午餐、休息场所,以及文化和体育设施或锻炼身体的场地
教师的工作满意度	1				
保障日常办公需要的办公条件	0.468**	1			
供教师开展专业学习的场所	0.486**	0.792**	1		
能够开展多种形式的信息化教学	0.401**	0.600**	0.626**	1	
供员工使用的午餐、休息场所,以及文化和体育设施或锻炼身体的场地	0.469**	0.645**	0.704**	0.618**	1

注：＊＊. 在 0.01 级别(双尾),相关性显著。

由以上分析可以做出以下简要的结论,在工作环境满意度维度所涵盖的 18 个要素或问项与教师工作满意度存在强弱程度不同的相关性。从以上述相关分析数据来看,教师认同学校办学理念或特色、学校鼓励教师开展教学创新是"校风学风满意度"方面最值得关注的指标。在学校政策和管理满意度方面,学校领导需要注重对民主与平等的学校管理氛围营造,并且以优化教师校本专业发展为抓手,进一步增强教师专业发展和培训对解决教学实践问题的实际效用。同时,结合营造民主与平等的校园管理氛围,积极发挥工会或其他职工组织对维护教职工合法权益的实质性作用。在学校办公环境方面,继续推动信息化教学改革的同时,需要关注供教师开展专业学习场所的提供,并从增强教师组织支持感的角度,丰富教师文娱活动,提供相应的设施和场所配套。

第二节　教学工作质量指标对教师工作满意度的影响

按照赫兹伯格的"双因素理论",与工作本身密切相关的激励因素是能够提升工作满意度的。按照这一理论解释框架,在本土调查设计中,教师对教学工作质量的满意度包括教学工作性质(能够与学生在一起学习和工作)、专业自主权(在课程编排、教学方法、学生测试等方面)、工作时间强度与压力、工作表现的自我满意度与成就感,以及属于外部或他人的评价与认可(包括职务或职称晋升、上司或同事的认可)等次级维度。被调查者对教学工作质量的满意度所包括的维度与教师的工作满意度的斯皮尔曼相关系数显示,被调查者对教学工作质量满意度所涵盖的维度均与教师的工作满意度具有显著关联,其中他人(上司或同事)对教师工作的认可和肯定与教师的工作满意度相关程度较强;其次为教学工作性质、教师专业自主权与教师工作满意度的相关程度。此外,被调查者对职务和职称晋升的情感体验与教师的工作满意度之间也存在较明显的关联。出乎意料的是,被调查者对自己工作表现的自我评价(满意自己的工作表现)与教师工作满意度的关联度较低(见表 6-8)。在此值得注意的是,工作时间强度与教师工作满意度之间并未呈现负相关,而是中等程度的正相关。对此的可能解释是:首先,被调查者的工作时间强度并不是太大,60%—70%的被调查者对工作时间强度持满意的情感体验。其次,如果教师有较高的工作满意度,更有可能会自觉投入更多工作时间。由此在教师对工作时间强度相对满意的情况下,出现了教师工作满意度与工作时间强度的正相关,而非负相关的非惯常境况。

表6-8 教学工作质量与工作满意度的斯皮尔曼相关性

	教师的工作满意度	工作时间满意度	满意自己的工作表现	教学工作性质	专业自主权	工作压力	教学工作成就感	职务升迁	职称晋升	校领导或同事的认可与肯定
教师的工作满意变	1									
对工作时间强度满意	0.441**	1								
满意自己的工作表现	0.393**	0.283**	1							
教学工作性质	0.549**	0.348**	0.447**	1						
专业自主权	0.550**	0.382**	0.393**	0.609**	1					
工作压力	-0.317**	-0.293**	-0.148**	-0.243**	-0.209**	1				
自我教学工作成就感	0.458**	0.364**	0.465**	0.519**	0.465**	-0.192**	1			
职务升迁	0.513**	0.401**	0.186**	0.342**	0.425**	-0.266**	0.361**	1		
职称晋升	0.490**	0.343**	0.222**	0.360**	0.383**	-0.245**	0.346**	0.763**	1	
校领导或同事的认可与肯定	0.599**	0.366**	0.344**	0.494**	0.485**	-0.238**	0.424**	0.541**	0.513**	1

注：**．在 0.01 级别（双尾）相关性显著。

　　进一步的多元回归模型显示(见表6-9至表6-11),教师工作质量满意度所涵盖的以上次级维度对教师工作满意度变化的解释力超过了50%,且该模型具有显著意义。需要注意的是,在该模型中,被调查者的自我教学工作成就感不具有统计学意义上的显著性。从标准化系数来看,校领导或同事的认可与肯定、教学工作性质、专业自主权对教师工作满意度变化的解释力较为明显。

表6-9　教学工作质量满意度回归模型摘要[b]

模型	R	R 方	调整后R 方	标准估算的错误	自由度 1	自由度 2	显著性 F 变化量	德宾-沃森
1	0.724[a]	0.524	0.520	0.356	9	991	0.000	1.924

注: a. 预测变量,常量。校领导或同事的认可与肯定,满意自己的工作表现,工作压力,自我教学工作成就感,职称晋升,工作时间强度,教学工作性质(能够与学生在一起学习和工作),在课程编制、教学方法、学生课堂测试等方面的专业自主权,职务升迁。
　　 b. 因变量,我对工作的满意度。

表6-10　教学工作质量满意度回归模型 ANOVA[a]

模型		平方和	自由度	均方	F	显著性
1	回归	138.286	9	15.365	121.436	0.000[b]
	残差	125.390	991	0.127		
	总计	263.676	1 000			

注: a. 因变量,我对工作感到满意。
　　 b. 预测变量,常量。校领导或同事的认可与肯定,满意自己的工作表现,工作压力,自我教学工作成就感,职称晋升,对工作时间强度满意,教学工作性质(能够与学生在一起学习和工作),在课程编制、教学方法、学生课堂测试等方面的专业自主权,职务升迁。

表6-11　教学工作质量满意度回归模型系数[a]

模型		未标准化系数		标准化系数	t	显著性	共线性统计	
		B	标准错误	Beta			容差	VIF
1	(常量)	0.566	0.117		4.842	0.000		
	对工作时间强度满意	0.092	0.020	0.121	4.614	0.000	0.697	1.435
	满意自己的工作表现	0.081	0.026	0.079	3.062	0.002	0.729	1.372

（续表）

模　　型		未标准化系数		标准化系数	t	显著性	共线性统计	
		B	标准错误	Beta			容差	VIF
1	教学工作性质	0.153	0.033	0.140	4.616	0.000	0.519	1.929
	专业自主权	0.151	0.029	0.156	5.181	0.000	0.529	1.890
	工作压力	−0.084	0.022	−0.091	−3.891	0.000	0.880	1.136
	自我教学工作成就感	0.035	0.023	0.043	1.564	0.118	0.627	1.596
	职务升迁	0.079	0.030	0.097	2.576	0.010	0.338	2.961
	职称晋升	0.079	0.028	0.101	2.806	0.005	0.373	2.682
	校领导或同事的认可与肯定	0.221	0.030	0.222	7.500	0.000	0.550	1.819

注：a. 因变量，我对工作感到满意。

一、工作时间与压力

尽管上述分析发现，被调查者对工作时间强度的情感体验与教师的工作满意度之间存在显著的中等程度正相关。但通过对教师的工作时间强度所涵盖的 5 个指标或问项与教师工作满意度的相关分析来看（见表 6-12），其中的"每天有一定自由支配的业余时间"和"周末和法定假期（包括寒暑假）的大部分时间由自己安排"两个问项与教师的工作满意度之间均呈现显著正相关。事实上，通过本土调查的数据发现，超过 80% 的被调查者在考虑教师职业选择时，把"拥有寒暑假作为选择成为教师的重要原因"。与预设和经验判断相符的是，所在岗位需要经常加班、每天工作时间强度太大，以及非教学的行政事务性工作占据太多工作时间，均与教师的工作满意度之间存在着显著的负相关。但综合来看，由上述分析数据呈现被调查者对工作时间强度的感知与工作满意度之间的正相关关系，表明在被调查者的工作时间指标或问项方面，每天有一定的业余时间和寒暑假对教师工作积极的情感体验很可能抵消了工作需要加班、行政事务多等消极因素对教师工作满意度的影响（见图 6-1）。

表 6-12　工作时间指标与工作满意度的相关性

	教师工作满意度	每天有一定自由支配的业余时间	周末和法定假期(包括寒暑假)的大部分时间由自己安排	所在的岗位需要经常加班	每天工作时间强度太大,经常使我感到身心疲惫	非教学的行政事务性工作占据太多工作时间
教师的工作满意度	1					
每天有一定自由支配的业余时间	0.370**	1				
周末和法定假期(包括寒暑假)的大部分时间由自己安排	0.394**	0.613**	1			
所在的岗位需要经常加班	-0.098**	-0.215**	-0.179**	1		
每天工作时间强度太大,经常使我感到身心疲惫	-0.275**	-0.340**	-0.242**	0.596**	1	
非教学的行政事务性工作占据太多工作时间	-0.227**	-0.261**	-0.172**	0.441**	0.541**	1

注：**. 在 0.01 级别(双尾),相关性显著。

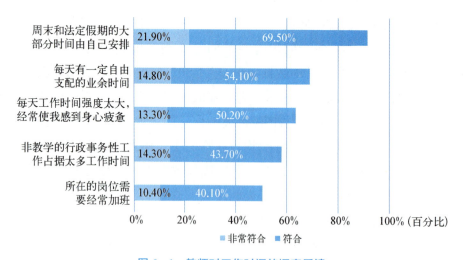

图 6-1　教师对工作时间的调查反馈

根据上文分析结果可知,被调查者的工作压力主要来自"要对学生考试成绩负责"和"职业晋升期望"等指标。然而,由工作压力所包括的 7 个指标或问项与工作满意度的相关性指数来看(见表 6-13),构成工作压力的 7 个指标或问项均与教师工作满意度呈现显著负相关。从相关系数初步判断,完成教师培训任务或学分、学校绩效考核评价等方面的压力与教师工作满意度之间存在显著性且程度相对较高的负相关。信息化教学方法创新、学生考试成绩,以及维持学生课堂纪律的压力与工作满意度的相关程度较弱。

表 6-13　工作压力指标与工作满意度的相关性

	教师工作满意度	要对学生考试成绩负责	维持学生课堂纪律	信息化教学方法创新	完成教师培训任务或学分	人际关系协调	学校绩效考核评价	职业晋升期望
教师工作满意度	1							
要对学生考试成绩负责	-0.122**	1						
维持学生课堂纪律	-0.183**	0.267**	1					
信息化教学方法创新	-0.122**	0.307**	0.377**	1				
完成教师培训任务或学分	-0.299**	0.349**	0.354**	0.543**	1			
人际关系协调	-0.273**	0.249**	0.408**	0.365**	0.431**	1		
学校绩效考核评价	-0.270**	0.413**	0.395**	0.405**	0.476**	0.597**	1	
职业晋升期望	-0.245**	0.293**	0.329**	0.326**	0.370**	0.442**	0.570**	1

注：**.在 0.01 级别(双尾),相关性显著。

进一步的多元回归方程模型($R^2 = 0.24$, $F = 79.905$, $Sig = 0.000$)标准化系数来看,对学生考试成绩负责、维持学生课堂纪律以及信息化教学方法创新 3 项指标的压力对教师工作满意度变化差异的影响并不显著。与前文关于工作压力指标与教师的工作满意度相关关系的分析相呼应的是,完成教师培训任务或学分的压力对教师工作满意度变化的解释力较为明显,其次为被调查者的职业晋升期望,以及学校的绩效考核评价压力对教师工作满意度差异性变化也具有一定的解释效应。

表6-14 工作压力指标与工作满意度的回归系数[a]

模　型		未标准化系数		标准化系数	t	显著性
		B	标准误	Beta		
1	（常量）	3.546	0.065		54.894	0.000
	要对学生考试成绩负责	0.008	0.021	0.013	0.373	0.709
	维持学生课堂纪律	−0.017	0.023	−0.026	−0.749	0.454
	信息化教学方法创新	0.107	0.025	0.157	4.224	0.000
	完成教师培训任务或学分	−0.161	0.024	−0.255	−6.688	0.000
	人际关系协调	−0.058	0.027	−0.083	−2.147	0.032
	学校绩效考核评价	−0.067	0.028	−0.104	−2.384	0.017
	职业晋升期望	−0.065	0.022	−0.110	−2.992	0.003

注：a. 因变量。工作不同方面的感受/总体上，我对工作感到满意。

二、工作专业表现与认可

关于工作专业表现的指标或问项与教师的工作满意度的相关分析显示，"我现在的工作能够体现我的才能和价值"与教师工作满意度的相关程度最明显（$r = 0.477$, Sig = 0.000），"在课堂上能够鼓励学生提出不同的观点和看法""能够有效运用多媒体信息技术开展教学"，以及"认为自己的课堂教学效果很好"3项指标或问项分别与教师工作满意度呈现显著但较弱的相关关系。此外，进一步的多元回归方程（$R^2 = 0.243$, $F = 79.905$, Sig = 0.000）显示，被调查者在"我现在的工作能够体现我的才能和价值"上的反馈数据与教师工作满意度变化之间也存在显著性的中等程度的相关（$\beta = 0.442$, $t = 12.413$, Sig = 0.000）。同时，被调查者在"课堂上鼓励学生提出不同观点""能够有效运用多媒体技术开展教学工作"指标上的数据呈现与教师工作的满意度差异性变化之间的相关性存在显著但程度微弱的相关关系。与相关性分析结果不同的是，被调查者对课堂教学效果的自我评价与教师工作满意度差异之间的相关性并不显著。

教师对工作中成就或认可的感知与工作满意度之间具有显著性相关关系，而被调查者对不同工作成就的认同度，以及这些差异化认知与工作满意度的相关关系能够为改善教师的工作满意度提供较精准的着力点。工作成就与认可所包括的 6 个指标/问项显示,被调查者在"经常感受到教学工作带来的成就感"的指标表现与教师的工作满意度之间的显著性相关程度较为明显(r = 0.458,Sig = 0.000)。同时"获得自我专业与成长""学生积极参与、师生有效互动的课堂教学"与教师工作满意度的相关程度也较高,且具有统计学显著意义(见表 6 - 15)。

表 6 - 15　工作成就与认可指标与工作满意度的相关性

	教师工作满意度	学生积极参与、师生有效互动的课堂教学	学生考试取得好成绩/评比获奖	获得校领导或同事的肯定	获得职业晋升	获得自我专业发展与成长	我经常感受到教学工作带来的成就感
教师工作满意度	1						
学生积极参与、师生有效互动的课堂教学	0.369**	1					
学生考试取得好成绩/评比获奖	0.329**	0.530**	1				
获得校领导或同事的肯定	0.375**	0.562**	0.718**	1			
获得职业晋升	0.303**	0.458**	0.677**	0.716**	1		
获得自我专业发展与成长	0.377**	0.638**	0.585**	0.649**	0.640**	1	
经常感受到教学工作带来的成就感	0.458**	0.444**	0.432**	0.470**	0.432**	0.493**	1

注:**. 在 0.01 级别(双尾),相关性显著。

进一步的回归模型(R^2 = 0.244,F = 54.818,Sig = 0.000)显示相似的结论,以标准化系数为参照,"经常感受到教学工作带来的成就感"对教师工作满意度变化的相关性最明显(β = 0.305,t = 9.333,Sig = 0.000),其次为"学生积极参与、师生有效互动的课堂教学"(β = 0.116,t = 3.163,Sig = 0.002),再次为"获得校领导或同事的肯定"(β = 0.093,t = 2.062,Sig = 0.039)和"获得自我专业发展与成长"(β = 0.085,t = 2.043,Sig = 0.041)。出乎意料的是,在对工作成就与认可的认知中,"获得职业晋升"与教师工作满意度差异变化并不存在显著性的相关。结合被调查者对教师工作成就或认可的描述性分析,可以发现(见图 6-2),绝大多数被调查者把"学生积极参与、师生有效互动的课堂教学"(98.2%)和"获得自我专业发展与成长"(97.4%)视为工作成就或认可。但值得关注的是,被调查者反馈的"经常感受到教学工作带来的成就感"表述非常符合其实际情况的比例仅为 16.1%,是工作成就与认可 6 个指标中"非常符合"实际情况表述的最低值。同时,若把"非常符合"和"符合"合并视为"符合"的话,被调查者反馈,"经常感受到教学工作带来的成就感"符合实际境况的比例也是工作成就与认可中的最低值(80.2%)。尽管该问项的绝对比例值并不是明显偏低,但结合前文相关分析的结果来看,"经常感受到教学工作带来的成就感"与教师工作满意度的相关程度相对最强烈。再结合前文分析结果,应该在提高学生参与和师生互动积极性的课堂教学环境,为教师获得自我专业发展与成长提供组织和机会支持,并及时对教师的工作进行恰当的肯定与认可,从而提升教师对教学工作成就感的感知,进而达到提高教师的工作满意度的目的。

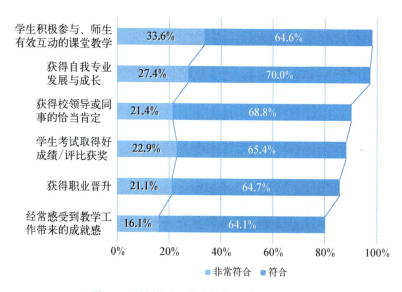

图 6-2 教师对工作成就来源或认可的感知

第三节 教师职业因素对教师工作满意度的影响

对职业价值的认同与自我感知,以及对职业社会地位的满意程度是工作满意度的重要组成内容。在考察被调查者对教师职业满意度时,本土调查重点从教师职业社会声望、工资收入和福利待遇、合法权益保障和职业选择意愿5 个次级维度探讨被调查者的职业情感体验与教师工作满意度的相关关系。统计分析结果显示,被调查者的职业选择意愿与教师的工作满意度的相关程度最明显,且具有统计学的显著意义;其次为被调查者对教师的合法权益保障的情感体验与教师的工作满意之间呈中等以上强度的相关。同时,值得留意的是,与工资收入和教师工作满意度的相关性相比,被调查者对福利待遇(除了工资收入之外)的感知状态与工作满意度的相关性似更强烈。毫无疑问的是,教师职业社会声望也与工作满意之间呈现显著且相关程度较为明显的相关关系(见表 6 - 16)。

表 6 - 16 教师职业满意度的斯皮尔曼相关性

	教师工作满意度	教师职业社会声望	工资收入	福利待遇(除了工资收入之外)	合法权益保障	职业选择意愿
教师工作满意度	1					
教师职业社会声望	0.476**	1				
工资收入	0.427**	0.471**	1			
福利待遇(除了工资收入之外)	0.491**	0.472**	0.449**	1		
合法权益保障	0.492**	0.360**	0.280**	0.380**	1	
职业选择意愿	0.447**	0.515**	0.431**	0.405**	0.311**	1

注:**. 在 0.01 级别(双尾),相关性显著。

以上文所述的教师职业满意度所包含的 5 个次级维度为自变量,以教师工作满意度为因变量,通过构建多元回归模型($R^2 = 0.465$,F = 175.129,Sig = 0.000)发现(见表 6 - 17 至表 6 - 19),以标准化系数为参照,教师合法权益的保障($\beta = 0.265$,t = 9.924,Sig = 0.000)、职业选择意愿($\beta = 0.227$,t = 7.441,Sig = 0.000)与教师工作满意度之间均呈现较高水平且显著性的相关关系;其次为工资收入和福利待遇($\beta = 0.167$,t = 5.776,Sig = 0.000)与教师工作满意度的相关程度,最后为教师职业社会声望($\beta = 0.112$,t = 3.680,Sig = 0.000)。

表 6‐17　教师职业满意度回归模型摘要[b]

模型	R	R 方	调整后 R 方	标准估算的错误	自由度 1	自由度 2	显著性 F 变化量	德宾-沃森
1	0.684[a]	0.468	0.465	0.375	5	995	0.000	2.023

注：a. 预测变量，常量。职业选择意愿，工资收入，合法权益保障，福利待遇(除了工资收入之外)，教师职业社会声望。
　　b. 因变量，我对工作的满意度。

表 6‐18　教师职业满意度回归模型 ANOVA[a]

模　型		平方和	自由度	均方	F	显著性
1	回归	123.427	5	24.685	175.129	0.000[b]
	残差	140.250	995	0.141		
	总计	263.676	1 000			

注：a. 因变量，我对工作的满意度。
　　b. 预测变量，常量。职业选择意愿，工资收入，合法权益保障，福利待遇(除了工资收入之外)，教师职业社会声望。

表 6‐19　教师职业满意度回归模型系数[a]

模　型		未标准化系数		标准化系数	t	显著性	共线性统计	
		B	标准误	Beta			容差	VIF
1	(常量)	0.583	0.091		6.394	0.000		
	教师职业社会声望	0.078	0.021	0.112	3.680	0.000	0.580	1.725
	工资收入	0.108	0.020	0.150	5.354	0.000	0.680	1.470
	福利待遇(除了工资收入之外)	0.125	0.022	0.167	5.776	0.000	0.639	1.564
	合法权益保障	0.286	0.029	0.265	9.924	0.000	0.747	1.339
	职业选择意愿	0.281	0.038	0.227	7.441	0.000	0.576	1.736

注：a. 因变量，我对工作感到满意。

一、教师职业社会声望

一般而言,若某一共同体具有自治权,可自主决定准入标准和道德准则,则被视为"专业"。一种职业要想获得专业地位需要在以下两个方面实现专业化,首先是必须持续不断地促进其专业主义,比如服务和知识二者的质量。其次是必须寻求公众对其业绩的认可。这种认可表现为适当的经济奖励、自治和尊敬,即该行业从业人员获得一定的职业地位,也即是沙利文(Sullivan,2004)所说的:"专业人员无一例外地都是道德行动者,他们的工作取决于公众因其业绩成效而产生的信任。"[①] 在本土调查中,教师职业社会声望包括"亲朋好友的支持"、被调查者"感受到的社会尊重""学生家长或监护人的信任和支持""所教学生把教师作为未来职业选择意愿"以及"新闻媒体关于教师负面报道"5 个具体指标或问项(见表 6 - 20)。从斯皮尔曼相关系数来看,除了"新闻媒体关于教师的负面报告"与教师的工作满意度不存在显著性相关外,职业社会声望所涵盖的 4 个指标均与教师的工作满意度存在显著性的关系。从相关系数来看,被调查者对来自学生家长或监护人的信任和支持感知与教师的工作满意度的关系较明显,其次是亲朋好友的支持与尊重,再次为被调查者对来自社会尊重的感知。从以上 3 个指标或问项来看,学生家长或监护人的信任和支持,以及亲朋好友的支持似乎是影响被调查者工作满意度的重要职业声望因素。被调查者对所教学生未来成为教师意愿的感知与工作满意度的关系并没有预想的强烈。

表 6 - 20　教师职业社会声望指标与工作满意度的相关性

	我对工作感到满意	亲朋好友的支持与尊重	感受到社会的尊重	所教学生大多数愿意成为教师	学生家长或监护人的信任和支持	新闻媒体关于教师的负面报道
我对工作感到满意	1					
亲朋好友的支持与尊重	0.487**	1				
感受到社会的尊重	0.440**	0.571**	1			

① [美] 玛丽莲·科克伦-史密斯,[美] 沙伦·费曼-尼姆赛尔,[美] D. 约翰·麦金太尔. 教师教育研究手册:变革世界中的永恒问题(第三版)[M].范国睿,等.译.上海:华东师范大学出版社,2017:47.

（续表）

	我对工作感到满意	亲朋好友的支持与尊重	感受到社会的尊重	所教学生大多数愿意成为教师	学生家长或监护人的信任和支持	新闻媒体关于教师的负面报道
所教学生大多数愿意成为教师	0.337**	0.362**	0.623**	1		
学生家长或监护人的信任和支持	0.477**	0.550**	0.616**	0.502**	1	
新闻媒体关于教师的负面报道	0.031	0.079*	−0.092**	−0.057	0.043	1

注：**. 在 0.01 级别（双尾），相关性显著。

　　尽管显著性的多元回归模型（$R^2 = 0.303$，$F = 87.747$，$Sig = 0.000$）显示的指数结果，与教师的职业社会声望指标与工作满意度的相关分析结论并不完全一致，但所呈现的整体趋势或特点基本相同，即以回归模型的标准化系数为参照，"亲朋好友的支持与尊重"对教师工作满意度变化的相关性最明显（$\beta = 0.251$，$t = 7.307$，$Sig = 0.000$），其次为"经常感受到学生家长或监护人的信任与支持"（$\beta = 0.232$，$t = 6.353$，$Sig = 0.000$），再次为"所教学生大多数愿意将教师作为未来职业的重要选项"（$\beta = 0.093$，$t = 2.618$，$Sig = 0.009$）和"明显感受到社会的尊重"（$\beta = 0.092$，$t = 2.188$，$Sig = 0.029$）。与上文相关分析结果相一致的是，在对教师职业社会声望的认知中，"新闻媒体关于教师的负面报道"与教师工作满意度之间并不存在显著性相关。

　　结合被调查者对教师职业社会声望来源感知的描述性统计结果来看（见图 6-3），超过 90% 的被调查者认为教师职业社会声望的来源是"亲朋好友的支持与尊重"。尽管有超过 8 成的被调查者称，"新闻媒体关于教师的负面报道"是影响教师职业社会声望的重要因素之一，但由上文可知，该因素对教师的工作满意度并不存在显著性的相关关系。在此需要关注的是，约有 6 成的被调查者反馈，其对职业社会声望的感知来自"作为教师明显感受到社会的尊重"。与此同时，更值得注意的是，仅有约 1/3 的被调查者反馈，"所教学生大多数愿意将教师作为未来职业的重要选项"是其职业社会声望的重要来源之一。考虑到上文的相关分析结果，在提升被调查者对教师职业社会声望的感知方面，需要着力营造尊师重教的社会氛围，并使教师切实感受到社会的尊重，进而提高教师对职业社会声望的满意度，并最终

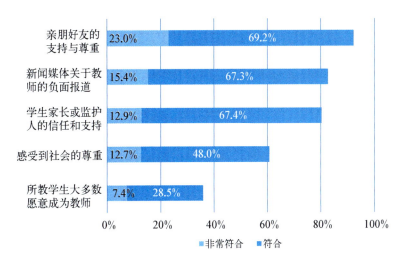

图 6 - 3　被调查者对教师职业社会声望的感知

增强教师对工作的满意度。

二、教师权益保障

从教师权益保障所包含的指标或问项来看,学校领导的行事风格或管理特点与教师工作满意度之间存在明显的相关(见表 6 - 21)。根据具体指标数据呈现,"尽管持不同意见,亦未被领导不公平对待过"与教师工作满意度的斯皮尔曼相关系数是教师权益保障维度的最高值,且具有统计学上的显著性意义;其次被调查者对"学校领导对不同教师人格尊严的尊重"情况的感知与教师的工作满意度之间的相关关系;再次为"职称评审公平公正"与教师工作满意度之间的相关程度。值得注意的是,被调查者"获得政府部门的荣誉表彰或奖励"的指数与教师工作满意度之间的相关程度比较弱。对该结果的可能解释是:一方面,在被调查者当中,获得过政府部门表彰过奖励的教师可能比较少;另一方面,或许可以理解为目前政府部门(尤其是地方政府)对教师荣誉表彰或奖励的体系仍需要进一步健全和完善。此外,尽管"按时发放工资/奖金/津贴"应该是理所当然和情理之中的事情,但分析数据显示,该指标与教师工作满意度之间仍然存在较明显的显著性相关关系。

进一步的回归模型($R^2 = 0.269$, F = 62.460, Sig = 0.000)显示,以回归模型的标准化系数为参照,"职称评审公平、公正"对教师的工作满意度变化的相关性最明显($\beta = 0.206$, t = 6.563, Sig = 0.000),其次为"尽管持不同意见,亦未被领导不公平对待"($\beta = 0.166$, t = 3.104, Sig = 0.002),再次为"没有出现与工作有关的职业病"($\beta = $

表 6 - 21　教师权益保障与工作满意度相关性

	我对工作感到满意	学校领导尊重不同教师的人格尊严	尽管持不同意见,也未被领导不公平对待	没有出现与工作有关的职业病	职称评审公平、公正	工资/奖金/津贴能按时发放	获得过政府部门的荣誉表彰或奖励
我对工作感到满意	1						
学校领导尊重不同教师的人格尊严	0.410**	1					
尽管持不同意见,亦未被领导不公平对待	0.425**	0.878**	1				
没有出现与工作有关的职业病	0.353**	0.384**	0.385**	1			
职称评审公平、公正	0.389**	0.378**	0.421**	0.404**	1		
工资/奖金/津贴能按时发放	0.304**	0.613**	0.620**	0.235**	0.275**	1	
获得过政府部门的荣誉表彰或奖励	0.183**	0.119**	0.103**	0.005	0.051	0.140**	1

注：**. 在 0.01 级别(双尾),相关性显著。

0.162,t = 5.126,Sig = 0.000)和"获得过政府部门的荣誉表彰或奖励"(β = 0.137,t = 5.038,Sig = 0.000)。"学校领导尊重不同教师的人格尊严"与教师工作满意度的差异性变化不具有统计学显著性意义的相关关系(β = 0.084,t = 1.598,Sig = 0.110)。然而,结合关于教师的权益保障的描述性分析结果可以发现(见图 6 - 4),仅有 50%强的被调查者认为"职称评审公平、公正",而结合上文分析结论,该指标是教师的权益保障中与教师的工作满意度相关性最明显的指标。与此同时,不到一半的被调查者反馈,"没有出现与工作有关的职业病",而且这一指标与教师工作满意度之间有显著性的相关关系。由此来看,在提升教师对合法权益保障的积极情感感知方面,应该将注意力聚焦到教师对职称评审公平、公正的感知,并通过工会等组织加强对教职工身心健康的关心。

三、职业选择意愿

从关于教师职业选择意愿的指标或问项与教师工作满意度的相关情况来看,

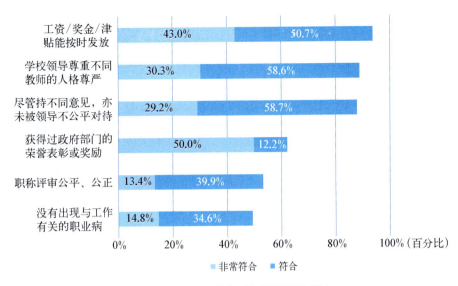

图 6 - 4 被调查者对权益保障的感知

以体现被调查者是否以教师为志业的指标——"若再次选择,我仍然会选择成为一名教师",与教师的工作满意度之间呈现显著性且强度较为明显的相关关系。此外,"选择教师职业是缘于喜欢教学工作""当教师是职业首选"等指标也均与教师的工作满意度呈现具有显著性意义的相关关系。值得特别说明的是,在职业选择意愿中,被调查者的留任意愿与教师工作满意度的相关性最强烈。实际上,教师的留任意愿换个角度也即是教师职业选择意愿的另一种表达,不仅能够表示被调查者对教师职业的自我认同与自我接受,即是对教师职业满意。同时,更重要的是,留任意愿也说明被调查者对所任职学校组织的认可。如果说存在教师对"教师职业"感到满意,但同时对"教学工作"不满意的看似荒诞但客观存在的现实境遇的话,教师的留任意愿则一定程度上可以看作是教师对"教师职业"和"教学工作"同时满意的重要指标。根据萨尔伯格的观点,教学是一种由道德和个人价值观追求驱动的职业。从这个意义上讲,教师可以很满意教师职业,因为它符合并实现了个人的目标追求,但同时他们也很可能对目前的教学工作和工作条件不满意[①]。由此,不难理解教师职业选择意愿中"愿意继续留任现在的学校"指标与教师工作满意度之间存在较强烈的相关关系。事实上,"低离职意愿者通常具有较高工作满意

---

① Sahlberg P. Rethinking accountability in a knowledge society[J]. Journal of Educational Change, 2010, 11(1): 45 - 61. http://dx.doi.org/10.1007/s10833-008-9098-2.

度"的已有研究发现①②,从另一个角度佐证了教师留任意愿与工作满意度之间的正相关关系。

根据职业选择意愿指标/问项与工作满意度的多元回归模型($R^2 = 0.369$,F = 64.279,Sig = 0.000)指数显示(见表6-22),以标准化系数为参照,"未来3年,我愿意继续留任现在的学校"对教师工作满意度变化的相关性最为明显($\beta = 0.324$,t = 10.932,Sig = 0.000),其次为"如果再次选择,我仍然会选择成为一名教师"($\beta = 0.150$,t = 3.466,Sig = 0.001),再次为"我会建议面临职业选择的亲友(包括学生)成为一名教师"($\beta = 0.108$,t = 3.305,Sig = 0.002),"工作稳定是我选择成为教师的重要原因"($\beta = 0.100$,t = 2.853,Sig = 0.004)和"我之所以选择成为教师是因为喜欢教学工作($\beta = 0.111$,t = 3.162,Sig = 0.002)"。出乎意料的是,在教师职业选择意愿中,"将教师视为职业首选""考虑过换一种职业会不会更好",以及把"拥有寒暑假视为选择成为教师重要原因"的指标与教师工作满意度之间并不存在显著性相关。尽管如此,本调查显示(见图6-5),反馈称"考虑过换一种职业会不会更好"的被调查者占比达到61.3%的高值。此外,回归模型指数还显示"近期遇到同事主动跳槽或辞职的情况"会对被调查者的工作满意度产生消极影响($\beta = -0.103$,t = -3.897,Sig = 0.000)。与此相关的是,有超过一半的被调查者在近期(过去6个月里)遇到过同事有主动跳槽或辞职的情形。由此来看,除了教师工作质量所具有的特点(如工作稳定、拥有寒暑假),以及被调查者自身喜欢教学工作、以教师为职业首选等个人志业属性之外,还需要着重考虑如何增强教师对来自学校的组织支持感、认同感和归属感,从而提高教师留任率和职业选择意愿。

四、薪酬待遇

薪酬待遇是影响职业和工作满意度的重要考量因素。本调查从每年工资收入增长情况、日常必需开销占每月收入的比重、工资收入与他人的预期比较以及福利待遇(包括"五险一金"及其他额外福利)来考察被调查者对薪酬待遇的感知,及其与工作满意度之间的相关关系。从相关性分析结果来看(见表6-23),工资待遇的增加与工作满意度的相关程度最为明显,且具有显著性意义。与经验判断基本相符的是,被调查者"每月收入用于日常必需开销""工资收入低于亲朋好友预期"

---

① Green, F. Well-being, job satisfaction and labour mobility[J]. Labour Economics, 2010, 17: 897-903.
② 张勉,李树茁. 雇员主动离职心理动因模型评述[J]. 心理科学进展,2002(03): 330-341.

表6-22　职业选择意愿指标与工作满意度的相关性

	我对工作感到满意	我喜欢教学工作	工作稳定	拥有寒暑假	教师是我的职业首选	会建议亲友成为一名教师	若再次选择，我仍然选择成为一名教师	考虑过换一种职业会不会更好	未来3年，我愿意继续留任现在的学校	近期，同事有主动跳槽或辞职的情况
我对工作感到满意	1									
我喜欢教学工作	0.418**	1								
工作稳定	0.337**	0.342**	1							
拥有寒暑假	0.209**	0.245**	0.642**	1						
教师是我的职业首选	0.415**	0.663**	0.375**	0.241**	1					
会建议亲友成为一名教师	0.364**	0.406**	0.331**	0.238**	0.520**	1				
若再次选择，我仍然选择成为一名教师	0.447**	0.570**	0.345**	0.256**	0.688**	0.687**	1			
考虑过换一种职业会不会更好	-0.172**	-0.213**	-0.022	0.059	-0.254**	-0.157**	-0.274**	1		
未来3年，我愿意继续留任现在的学校	0.507**	0.459**	0.379**	0.260**	0.433**	0.294**	0.422**	-0.211**	1	
近期，同事有主动跳槽或辞职的情况	-0.153**	-0.016	-0.035	0.049*	-0.038	-0.045	-0.027	0.243**	-0.134**	1

注：**. 在0.01级别（双尾），相关性显著。

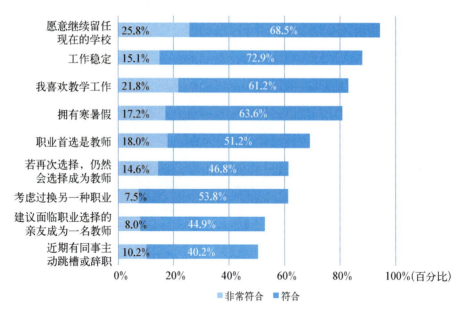

图 6‑5　调查对象对教师职业选择意愿的反馈

表 6‑23　薪酬待遇指标与工作满意度的相关性

	我对工作感到满意	工资总收入每年都有增加	每月收入大部分用于日常必需开销	工资收入低于亲朋好友预期	学校按照规定比例缴纳"五险一金"	学校提供的其他额外福利
我对工作感到满意	1					
工资总收入每年都有增加	0.385**	1				
每月收入大部分用于日常必需开销	−0.122**	−0.001	1			
工资收入低于亲朋好友预期	−0.063*	−0.156**	−0.425**	1		
学校按照规定比例缴纳"五险一金"	0.403**	0.234**	−0.200**	0.154**	1	
学校提供的其他额外福利	0.419**	0.265**	−0.163**	0.098**	0.852**	1

＊＊. 在 0.01 级别(双尾),相关性显著。 ＊. 在 0.05 级别(双尾),相关性显著。

等两项指标与教师工作满意度呈现出具有显著意义、但较微弱的负相关关系。与此同时,学校能够按照规定比例缴纳"五险一金",或者提供额外福利的情况均与教师工作满意度存在较明显且具有显著性意义的正相关。

根据薪酬收入指标或问项与教师工作满意度的多元回归模型指数($R^2 = 0.271$, $F = 75.227$, $Sig = 0.000$)来看,毫无疑问的是,工资收入的增加与教师工作满意度的相关性最为明显,二者呈显著性的正相关($\beta = 0.314$, $t = 10.598$, $Sig = 0.000$)。与斯皮尔曼相关分析结果相似的是,每月收入大部分用于日常必需开销($\beta = -0.084$, $t = -2.834$, $Sig = 0.005$)、工资收入低于亲朋好友预期($\beta = -0.110$, $t = -3.647$, $Sig = 0.000$)均与教师工作满意度之间存在着显著的负相关。同时,学校能够按照规定比例缴纳"五险一金"($\beta = 0.173$, $t = 3.615$, $Sig = 0.000$),或者学校为教师提供其他额外福利($\beta = 0.168$, $t = 3.534$, $Sig = 0.000$)等关于福利待遇方面的指标均与教师工作满意度存在明显的正相关关系,尽管相关程度没有预想强烈。在此需要补充的是,增强教师对职业和工作环境的满意度并不能简单地认为是提高教师工资福利待遇、美化校园环境和提供现代化的教学设施。它更内在地表现为加强教师职业声望和经济社会地位,构建持续上升的教师职业发展路径,积极营造和谐融洽的学校文化及尊师重教的社会风气[①]。

在此处有必要补充的相关信息是,根据瓦尔基基金会(Varkey Foundation)发布的《2018 全球教师地位指数》(*Global Teacher Status Index 2018*),对覆盖全球 35 个国家和地区的"教师在社会中的地位排名"调查显示(见表 6-24),中国在全球教师地位排名中再次位居榜首并遥遥领先,81% 的中国受访者认同尊师重教理念,稳居全球榜首,而国际平均认知水平为 36%。"全球教师地位指数"(GTSI)调查在 2013 年第一次发布,每 5 年发布一次相关调查报告。调查显示,连续两届位居榜首的同时,中国社会对于教师受尊敬程度的积极认知 5 年间持续上涨,由 2013 年的 75% 增至 2018 年的 81%。中国、俄罗斯和马来西亚普遍认为医生和教师地位相似。其他国家则普遍认为,教师的地位与护士、图书管理员和社会工作者等同。不同国家对教师社会地位认知的大相径庭,造成了教师社会地位、社会形象以及就业方向的差距。教师地位的提高会吸引更多优秀人才加入这个职业,并且(重要的是)留下来。中国、印度、马来西亚、印尼和韩国在教师地位方面的排名高于所有接受调查的西方国家[②]。

① 陈纯槿. 国际比较视域下的教师教学效能感——基于 TALIS 调查数据的实证研究[J]. 全球教育展望, 2017,46(04):11,22,128.
② 齐磊. 蝉联榜首!《全球教师地位指数》报告:中国人最尊师重教[EB/OL]. https://world. chinadaily. com. cn/a/201812/24/WS5c209163a31097237248f7fd.html. [2018-12-24]

表 6－24　全球教师地位指数与实际收入

国家或地区	全球教师地位指数 *	教师实际收入 （$ USD,PPP）	PISA 排名
中国	100.0	12 210	7
马来西亚	93.3	18 120	—
中国台湾	70.2	40 821	3.5
俄罗斯	65.0	5 923	15
印度尼西亚	62.1	14 408	27
韩国	61.2	33 141	6
土耳其	59.1	30 303	25
印度	58.0	21 608	—
新西兰	56.0	33 099	11
新加坡	51.7	50 249	1
加拿大	49.9	43 715	3.5
希腊	48.3	21 481	23
英国	46.6	31 845	12
瑞士	43.7	77 491	10
巴拿马	42.0	16 000	—
美国	39.7	44 229	18
芬兰	38.0	40 491	5
日本	37.4	31 461	2
埃及	34.8	6 592	—
法国	33.7	33 675	14
德国	33.4	65 396	8.5
智利	33.1	20 890	24
葡萄牙	32.9	35 519	13

（续表）

国家或地区	全球教师地位指数 *	教师实际收入（$ USD,PPP）	PISA 排名
荷兰	32.2	43 743	8.5
秘鲁	31.1	12 478	29
哥伦比亚	30.3	18 806	26
西班牙	29.1	47 864	16
乌干达	25.1	4 205	—
匈牙利	24.4	16 241	20
捷克	23.9	18 859	17
阿根廷	23.6	10 371	22
加纳	18.9	7 249	—
意大利	13.6	33 630	19
以色列	6.6	22 175	21
巴西	1.0	12 993	28

说明：(1)"全球教师指数"(GTSI)越大表明教师社会地位越高；(2) PISA 排名结果是根据 PISA2015 参与国家或地区学生数学、科学和阅读的平均成绩而得，其中 1 = 最高排名，35 = 最低排名；"－"代表数据不可得。

资料来源：Varkey Foundation. Global Teacher Status Index 2018［EB/OL］. https：//www.varkeyfoundation. org/media/4867/gts-index-13-11-2018.pdf.

　　然而，值得注意的是，GTSI 2018 聚焦教师工资，询问普通公众认为自己所在国家或地区教师的合理工资应该是多少，并让他们估计教师的实际工资。在告知他们教师的实际工资后，让他们判断这个工资是多或少，还是合理。在接受调查的 35 个国家和地区中，只有分兰、意人利、葡萄牙、德国、瑞士、西班牙和新加坡 7 个国家的教师实际工资高于普通公众所认为的合理工资，其余 28 个国家和地区的教师工资均低于普通公众所认为的合理工资。此外，尽管调查显示，中国教师的社会地位排名为全球第一，但薪酬收入全球垫底[①]。

---

① Varkey Foundation. Global Teacher Status Index 2018［EB/OL］. https：//www.varkeyfoundation.org/ media/4867/gts-index-13-11-2018.pdf.

第七章 结论与思考

第一节 主要研究结论

本研究的理论基础主要包括霍夫斯泰德的"文化维度理论"、工作满意度研究领域经常使用的赫兹伯格"双因素理论",以及 Dinham 和 Scott 提出的教师的工作满意度解释模型——"三域模型",并以"双因素理论"和"三域模型"为基础,构建了本研究的教师工作满意度的"层类交错"解释框架。笔者遵循本研究的理论基础和分析框架,从国际视野和本土关照两大维度,针对"问题提出"部分的内容,做如下总结。

一、不同国家或地区的文化对教师的工作满意度有潜在影响

根据上文的分析结果,得出的结论是,具有国家和民族烙印的文化与教师的工作满意度之间具有明显的关联,且从二者的属性和特质来看,不同地域、国家或民族的文化是造成教师的工作满意差异化表现的重要因素之一。遵循霍夫斯泰德对文化的解构阐释,从文化维度来看,不同国家或地区的权力距离、个体主义、长期导向以及放纵指数均与教师工作满意度存在一定程度的相关,其中权力距离指数、长期导向指数均与教师工作满意度之间存在潜在的负相关,而个体主义指数和放纵指数都与教师工作满意度呈现潜在的正相关。同时,在以上 4 个文化维度指数中,长期导向与放纵指数分别与教师工作满意度存在强度较明显的潜在相关。此外,阳刚气质指数、不确定性规避指数均与教师工作满意度不存在相关性。而且颇为有趣的是,以上与教师工作满意度存在潜在相关的 4 个文化维度,存在两种组合模式,即文化模式一是权力距离高,个体主义指数则较低;同时,长期导向强,且放纵指数低。文化模式二则是呈现与之相反的特点。结合不同国家或地区教师的工作满意度表现来看,文化模式一国家或地区的教师的工作满意度往往较低,而文化模式二国家或地区的教师工作满意度则通常较高。由此,可以说,尽管工作满意度受

多种复杂因素的影响,且是一种主观特点明显的情感体验和心理感知,但很大程度上可以确定的是,各个国家或地区的文化对教师的工作满意度有不可忽视的潜在影响,包括中国上海在内的大多数儒家文化圈国家和地区属于文化模式一。

二、改善属于保健因素的校园环境是提升教师工作满意度的重要措施之一

"以教学为志业"的变量对教师的职业满意度的影响比对教师的工作满意度的影响更明显。这可能反映了,教师对职业满意度可能更多地与教师内在动机有关,而对工作的满意度则与教师周围的工作环境有关[1]。由此,教师很可能对教师职业感到满意,但同时又存在对当下的"教学工作"的不满意,是看似分裂却又合乎情理的现实境况。在"层类交错"的视角下,从国际比较的视角来审视影响中国上海教师的工作满意度的激励因素和保健因素可以得出以下基本结论:一是,总体来看,中国上海教师的工作满意度的激励因素具有一定的国际比较优势,尤其是在儒家文化圈国家和地区中,有多项指标数据均录得最高值,特别是在自我效能感、课堂教学实践、专业发展等方面的优势尤为突出。其中,中国上海教师建构主义教学信念、专业发展频率和强度等指标在世界高水平教育系统中也具有明显的优势;二是,中国上海教师在影响工作满意度的保健因素方面的表现,处于国际比较的劣势地位,比如教师民主参与学校决策机会较少、教师工作环境满意度偏低等。

此外,如果将以上关于影响中国上海教师的工作满意度的因素从"与工作本身直接相关""工作条件(校园环境)"和"社会氛围(职业地位)"3个圈层或维度进行划分的话,可以发现,TALIS 2013 框架下关于教师工作满意度的影响因素主要集中在前两个层面上,即与教学工作直接相关的因素,以及学校工作环境与氛围等因素,除了设计单个关于教师对社会重视教师职业价值的感知问项之外,没有从社会层面解构影响教师工作满意度的相关因素。因此,如若从以上3个圈层或维度检视上海教师工作满意度影响因素的话,可以发现,上海教师在与工作直接相关的因素上,如教学自我效能感、课堂教学实践及课堂环境特点等在儒家文化圈国家中,甚至在7个世界高水平教育系统中,乃至在所有第二轮 TALIS 调查参与国家和地区中均具有明显的比较优势。然而,在与校园环境及氛围的相关指标上,中国上海教师反馈的数据则相对不具有竞争优势,甚至在若干指数或问项上处于较后的位

---

[1] Mostafa T, Pál J. Science teachers' satisfaction:Evidence from the PISA 2015 teacher survey[R]. OECD Education Working Papers, Paris:OECD Publishing, 2018:168.

次。若将教师的工作环境满意度指数视为因变量的话,除了与其直接相关的"教师想换一所学校工作的比例""喜欢所在学校的比例""推荐所在学校的比例"3个具体的问项之外,中国上海教师在"民主参与学校决策的机会""学校认可",以及一个完整日历工作周非教学时间等方面的反馈数据也均处于劣势。由以上分析,可以初步判断,改善中国上海教师有关工作条件(校园环境)的保健因素是提升上海教师工作情感体验,或者说是降低上海教师工作不满意的主要努力方向之一。最后,需要特别提及的是,中国上海教师位居世界第一的专业发展频率和强度虽然为保障高水平的师资队伍起到了重要的支撑作用,但一定程度上也增加了教师的工作负担,造成"甜蜜的负载",并进而对教师的工作满意度产生一定的负面影响。因此,在如何进一步提高教师专业发展活动效用的同时,优化专业发展方式,增强教师的专业发展对实践工作的实际效用也应纳入提升教师专业水平和工作情感体验的议程当中。

三、提高薪酬待遇是改善教师的工作满意度的必要但非充分选项

从本土调查的结果来看,在教师工作质量满意度、工作环境和职业满意度3个层面,被调查对象的教师职业满意度相对较低,而其中最应关注的职业满意度影响因素是被调查者对薪酬待遇的满意度明显较低。此外,有关教师薪酬收入水平的行业竞争力调查研究显示,有超过1/4的教师对薪酬收入不满意[1]。事实上,统计数据显示,中小学教师的工资水平确实在劳动力市场上不具有明显的吸引力,中小学教师的教育投资收益比较低。根据《中国劳动统计年鉴2018》的相关数据显示,尽管2017年教育行业平均工资在全社会19个行业中位居中等偏上位次(第七位),但教师行业中大学本科及以上学历从业者占比为45.8%,位居全行业第一。这一定程度上可以研判,教师的薪资水平与其学历水平并不匹配。相关统计数据还显示,2008—2017年,我国中小学教师工资与学历相当的其他行业(科学研究和技术服务,信息传输、软件和信息技术服务,金融,公共管理、社会保障和社会组织,卫生和社会工作)工资的比值始终未超过0.8[2]。

需要特别言及的是薪酬收入对教师工作满意度的影响效用。根据赫茨伯格的

---

[1] 吴晶,金志峰,葛亮.为什么教师职业对于女性更具吸引力——基于社会比较理论的视角[J].教育发展研究,2020,40(02):59-68.
[2] 吴晶,金志峰,葛亮.为什么教师职业对于女性更具吸引力——基于社会比较理论的视角[J].教育发展研究,2020,40(02):59-68.

研究发现,人们往往将薪酬排在工作不满意因素中的最前列,但在导致工作满意度的因素中,薪酬却只排在中间位置[①]。关于薪酬对提高工作满意度的效应研究中,绝大部分结论认为,薪酬对工作满意度的改善具有边际递减效应,即在一定程度上增加薪酬对提升个体的工作满意度具有显著效果,但当薪酬增加到一定程度时,其对个体工作满意度的提升效果则不再明显,甚至没有效果[②]。因此,在提高教师的工作满意度或者降低教师对工作的不满意程度时,增加教师薪酬收入具有阶段效应,其并不是持续改善教师工作情感体验的"不二法门"。此外,从现实政府财政保障能力的角度考量,义务教育教师薪资收入结构中的基本工资和绩效工资是由中央和省级政府审批的工资科目,若大幅提高教师的薪资收入,很可能导致其他事业编制人员的攀比,从而加大政府财政提升和保障其他事业单位人员薪资待遇的压力和挑战[③]。但毋庸讳言的是,至少在目前阶段,增加薪酬收入对改善我国中小学教师工作满意度应具有立竿见影的效果,毕竟 GTSI 2018 的调查结果显示,中国中小学教师的薪酬收入仍处于国际较低水平。

第二节　对教师工作满意度的省思

一、外部举措能否有效提高作为个体主观情感体验的教师工作满意度?

既然样态较固定、很难改变的文化对教师的工作满意度有明显的影响,如果西方文化国家员工比东方文化国家员工通常拥有更高的工作满意度是具有一定程度普适性规律的话,那么作为具有文化烙印、且为主观情感体验和心理感知的教师工作满意度,是不是意味着无法对工作满意度较低的国家或地区采取积极的干预措施?

根据已有关于教师工作满意度的研究结果,以及本文在"层类交错"框架下对教师工作满意度影响因素的分析发现:可以明确的是,至少在中观或者微观的层面,能够降低教师对工作的不满意,或者对提高教师的积极工作情感体验进行有针对性地改进。根据 OCED 公布的 TALIS 2018 最新调查报告显示,中国上海教师

① [美] 弗雷德里克·赫茨伯格. 赫茨伯格的双因素理论(修订版)[M]. 张湛,译. 北京: 中国人民大学出版社,2016: 120.
② Diener E, Sandvik E, Seidlitz L. et al., The relationship between income and subjective well-being: Relative or absolute? [R]. Soc Indic Res 1993, 28: 195 – 223.
③ 冯昕瑞,王江璐. 财政体制改革下义务教育教师待遇诉求变迁——基于全国两会数据的研究[J]. 教育发展研究,2019,39(Z2): 26 – 37.

的职业认同度和满意度大幅提升，由先前的倒数位次跃至全球高位序列。中国上海在有关教师工作满意度的数据方面呈现出显著的、积极的变化，且上海的数据与OCED国家的均值差距进一步扩大。譬如，TALIS 2013$^+$调查中中国上海教师对"我认为社会重视教师这个职业"的认同度为45.6%，而当年OECD的均值为32.7%。在TALIS 2018中，上海初中教师对"我认为社会重视教师这个职业"的认同度高达60%，远超于OECD均值的26%。这一显著变化的背后原因不难发现。首先是党的十八大以来，中央通过一系列文件和各种举措，积极倡导全社会"尊师重教"，并且出台了一系列政策，让一线教师获得了实实在在的支持和利益。其次是离不开上海创新教师发展政策，如自2014年以来，上海市政府持续增加义务教育阶段教师绩效津贴(学前教育和高中阶段教师绩效津贴由各区政府负责)，使中小学教师的实际经济收入明显增加，让中小学教师切实感受到社会对教师职业的尊重。与此同时，上海还出台了具有全球创新性，并率先实施的中小幼校长、教师的正高级职务评审政策，让优秀的中小学教育工作者获得与大学教授相当的专业地位。此外，为了培养大批教育家型的校长教师，上海还坚持了4轮"双名工程"(名师名校长培养工程)，创新系列化、立体化的教师培养体系[1]。由以上近年来上海教师工作情感体验积极的变化及其背后的原因一定程度上可以研判，可以在中观或者微观的层次对教师工作满意度的改善进行积极的外部干预。

二、如何看待薪酬收入对提高教师工作满意度的效应

在讨论工作满意度影响因素时，有一个无法回避的问题是，如何看待薪酬收入对提高工作满意度或降低工作不满意方面的效应。当人们被问及工作的原因时，绝大多数人的回答会是获得薪酬收入，不食人间烟火者寥寥。人们工作在很大程度上是为了生活，通过工作获得金钱收入是维持生活的必需要素。事实上，薪酬收入并不只是现实生活的基本要素，也是考察个体主观幸福感和工作满意度的最常见因素之一。尽管Spector认为，"薪酬本身并不是工作满意度的重要因素"[2]。但关于薪酬收入与收入满意度、工作满意度之间关系的大量研究文献基本认为，薪酬收入不仅与收入的满意度显著相关，而且由于收入满意度是工作满意度的主要组成构

① 张民选. 上海教师勤劳程度全球居前！但短板在哪里？来看上海TALIS中心主任的权威解读[EB/OL]. http://www.whb.cn/zhuzhan/xue/20190704/274773.html.

② Spector P E. Job satisfaction：Application, assessment, causes, and consequences[M]. Thousand Oaks：CA：Sage Publications, 1997.

面,进而使得薪酬收入间接地与工作满意度之间存在关联。更重要的是,已有研究发现,薪酬收入水平与工作满意度之间存在显著的正相关(r＝0.27, p＜0.01)[①],尽管有研究认为,二者之间仅存在微弱的相关(r＝0.07, ns)[②]。此外,有学者还发现,对于具有外部价值取向的人而言,薪酬收入水平与工作满意度的正相关关系更强烈[③]。Judge 等学者通过对已有关于薪酬收入水平与工作满意度、薪酬满意度的大量文献进行元分析发现,薪酬收入仅与工作满意度存在略微的相关。以 2009 年美国的平均薪酬收入与工作满意度数据为例,薪酬收入水平与工作满意度的相关系数为 0.15,而与薪酬满意度的相关系数为 0.23[④]。尽管不同学者在薪酬收入与工作满意度相关程度上的看法不尽一致,但目前学界较为普遍认可的是,薪酬收入水平与工作满意度之间具有显著的正相关关系。可以说,就工具价值而言,没有其他激励技术能够与薪酬相提并论[⑤]。

事实上,以上关于薪酬收入水平与工作满意度的相关关系大多是在宏观层面进行讨论的。具体到个体的微观层面而言,薪酬收入往往被视为是造成工作不满意的主要因素,但在探寻提高工作满意度的因素时,薪酬收入并没有想象得那么重要。如上文所述,关于薪酬对提高工作满意度的效应研究中,绝大部分结论认为,薪酬对工作满意度的改善具有边际递减效应。换言之,更多的可能是,存在一个薪酬收入对提升工作满意度或降低工作不满意的最大效应点(或区间)(见图 7-1),小于该最大效应点(区间)的薪酬收入增加能够提高工作满意度,或是降低工作不满意程度;而一旦薪酬收入大于该最大效应点,由于薪酬收入增幅较小,薪酬收入的增加也不能够达到提高工作满意度或降低工作不满意的效用,甚至适得其反。此外,个体很可能在与他人的薪酬收入比较中产生不同的工作情感体验和心理感知。

① Beutell N J, Wittig-Berman U. Predictors of work-family conflict and satisfaction with family, job, career, and life[J]. Psychological Reports, 1999, 85(3, Pt 1): 893-903.

② Adams G A, Beehr T A. Turnover and retirement: A comparison of their similarities and differences [J]. Personnel Psychology, 1998, 51: 643-665.

③ Malka A, Chatman J A. Intrinsic and extrinsic orientations as moderators of the effect of annual income on subjective well-being: A longitudinal study[J]. Personality and Social Psychology Bulletin, 2003, 29(6): 737-746.

④ Judge T A, Piccolo R F, Podsakoff N P, Shaw J C, Rich B L. The relationship between pay and job satisfaction: A meta-analysis of the literature[J]. Journal of Vocational Behavior, 2010, 77(2): 157-167.

⑤ Locke E A, Feren D B, McCaleb V M, Shaw K N, Denny A T. The relative effectiveness of four methods of motivating employee performance[M]. In K. D. Duncan, M. M. Gruenberg, & D. Wallis (Eds.), Changes in working life. New York: Wiley, 1980: 363-388.

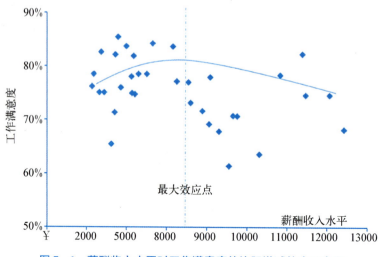

图 7-1 薪酬收入水平对工作满意度的边际递减效应示意图

因此,在检视薪酬收入对提高教师工作满意度或降低工作不满意的效应时,需要充分认识到以下要点:首先,必须牢记的事实是,薪酬收入水平与工作满意度具有显著的相关性,尤其是对于个体而言,薪酬收入的激励效用尤其重要;其次,尽管不同的教师个体对同样的薪酬收入会产生不同的工作情感体验和心理认知,但适度增加教师的薪酬收入能够提高其工作满意度或降低工作不满意的程度;最后,需要谨记的是,薪酬收入对工作情感体验的改善具有边际递减效应,故此,薪酬收入的持续增加并不是降低教师工作不满意,或是提高教师工作满意度的"不二法门"。如何把握教师薪酬收入及增长幅度是一个需要综合考量的议题。就目前来看,中小学教师薪酬收入的确定可以将如下指标纳入考虑范围:一是把教师的收入水平放在区域经济社会背景下审视,即教师年均收入占本地区人均 GDP 的比例;二是工资收入增长情况,即 15 年教龄教师的工资收入与初入职教师起点工资的增幅比;三是工资收入的行业竞争力,教师收入与具有同等学历的其他行业人员收入排名情况。前两项指标可以参考 OECD 发布的相关数据在国际比较视野下衡量本地区教师收入的国际竞争力,而最后一项指标则更多的是在本土视角下考量教师收入的行业竞争力。

三、教师工作满意度是否存在适度的区间

一般而言,工作满意度不仅是提高工作效率和工作投入的重要因素之一,也是增强员工的组织归属感和认同感的重要着力点。但是,在关注教师工作满意度的

同时,必须要避免诸如 TALIS 调查中意大利、西班牙、墨西哥等教师工作满意度高,但学生学业测试成绩差强人意的窘境。因此,在讨论提高教师工作满意度议题时,必须要谨记的是,一味地强调工作满意度的提高或改善可能会导致员工工作业绩表现降低的结果①。

　　在微观经济中有一个被称为餍足点(Satiation Point)或极乐点(Bliss Poin)的概念,也被称为"最佳点"或"饱和点"。此概念指对于消费者来说,在一组消费品(消费束)中有一个最佳的偏好点。就消费者自己的偏好而言,越接近这个消费束越好,也即是除餍足点以外的任何一点的效用都达不到令消费者满足最大化的效用。例如,假设消费者有某个最偏爱的消费束$(\bar{x}_1, \bar{x}_2)$,偏离该消费束越远,他的消费满足感就越糟。在这种情况下,经济学家认为消费束$(\bar{x}_1, \bar{x}_2)$是一个餍足点或极乐点,远离这个餍足点的点都处于"较低的"无差异曲线上(见图7-2)。在这种情况下,当消费者拥有的两种商品都"太少"或"太多"时,无差异曲线的斜率为负数;当他拥有的其中一种商品"太多"时,无差异曲线的斜率为正数。但当他拥有的其中一种商品太多时,这种商品就成了厌恶品——减少对厌恶品的消费使他更接近"最佳点"。若他拥有的两种商品都太多,那么两种商品都会成为

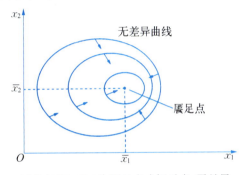

消费束$(\bar{x}_1, \bar{x}_2)$为餍足点或极乐点,无差异曲线就围绕着这个点。

图7-2　餍足的偏好示意图

资料来源:[美]哈尔·R.范里安.微观经济学:现代观点(第9版)[M].费方域,朱保华,等,译.上海:上海人民出版社,2014:27.

厌恶品,减少对这两种商品的需求使他接近极乐点②。通俗而言,所谓餍足点或极乐点是指某一点上人的满足得以最大化;而一旦偏离这个点,人的满足感就会下降。换言之,偏好的东西不能太少,但同时必须谨记过犹不及。

　　本研究设计之初,拟借鉴经济学中"餍足点"(或"极乐点")的理论假设和逻辑思路,尝试探析教师的工作满意度与学生的学业成就表现之间是否存在一个转折点,或者区间范围? 换句话说,是否存在教师的工作满意度的餍足点或极乐区间?

①　Ololube N P. Teachers Job Satisfaction and Motivation for School Effectiveness: An Assessment [EB/OL]. https://files.eric.ed.gov/fulltext/ED496539.pdf.
②　[美]哈尔·R.范里安.微观经济学:现代观点(第9版)[M].费方域,朱保华,等,译.上海:上海人民出版社,2014:27.

在这一点或区间内,能够实现教师具有较高的工作满意度且学生学业成就表现突出;而偏离该点或区间,则会造成教师工作满意度与学生学业表现之间有违惯常经验和理论假设的悖论与张力。但若想提供实现以上设计目的,需要教师满意度和学生成绩的相关支撑数据,然而遗憾的是,本研究并没有收集到学生学业成绩的相关数据,进而造成本研究没有探究最有利于学生学业成绩的最优教师工作满意度区间,或者是说没有找到教师的工作满意度与学生学业成绩的最佳平衡点。这也是本研究未尽之事宜,需要后续进一步完善的议题之一。

第三节　我们的研究不足之处与展望

本研究仍存在一些不足和需要改进完善的地方,主要有以下几个方面:

一是国际大型教育评价项目本身有需要改进的空间。目前越来越多的国家和地区参加国际大型教育评价项目,并将评价结果作为改革本国或本地区教育政策的重要依据之一。但毋庸讳言的是,任何一项国际大型教育评价项目都有其可取之处,同时也均有进一步完善的空间。尽管 TALIS 可谓迄今为止全球规模最大的教师调查研究项目,但其本身也不例外,在本研究中就指出文化因素、薪酬收入等对教师的工作满意度具有重要的影响效应,在 TALIS 指标体系和问卷设计中却没有体现。与此同时,包括 TALIS 在内的大多数国际教育评价项目更多的可能是在盎格鲁-撒克逊文化体系,以及西方语言使用惯习和思维逻辑框架下进行内容与呈现方式的设计,从而对非西方国家或地区的人们理解评价内容细节产生文化或情境障碍。

二是问卷调查本身具有的局限和不足。问卷调查的数据主要来自被调查者的主观陈述,它既"证实"了解教师主观情感体验和心理认知的一面,但同时,由于身处不同教育文化和工作环境中所导致的主观感受可能存在的巨大差异,以及客观性不足的问题。这实际上为仅使用问卷调查数据作为改进政策主要依据时带来误判的风险。特别是在大型跨国问卷调查中,由于调查内容涉及面广,"深度"不足,更需要谨慎对待国际比较数据。故此,本研究虽然力图通过增加本土问卷调查来加深和细化对上海教师工作满意度的认知,但是问卷调查作为研究方法技术本身固有的缺陷仍难克服。此外,从本土调查的实施情况来看,抽样结构和涵盖范围不够理想。虽然在抽样方案设计时,严格按照大规模分层抽样的方式对上海初中学校的教师进行问卷的发放和回收。然而,在问卷调查实施阶段,虽然研究者在力所能及的范围内拓展各种问卷发放渠道,且在此过程中得到数十位师兄师姐、数位区(县)教育行政部门同志的大力支持,以及初中教师的积极配合,但时间、个人精力与协调能力的局限,本研究无法严格按照抽样方案的设计对上海初中学校教师进行大规模分层抽样的方法进行样本的采集。

三是本人对项目的研究水平存在局限性,主要有两个方面:一方面是从本人的学科知识构成来看,笔者主要是从事宏观教育政策研究和决策咨询工作,对于学术理论的把握、数据资料分析、国际比较、研究方法的使用等方面具有相对的优势,但对于一线教育教学实践工作(比如教学日常运行状况、教师课堂教学实践、学生群体信息等)缺乏亲身经验。另一个方面,TALIS 项目仅对上海地区初中教师和校长进行了调查,加之上海教育和经济发展阶段与水平在全国的特殊性,使得小范围调查不具有代表全国的普遍意义,这使得本研究无法从 TALIS 调查关于上海教师工作满意度的结果中推论出具有全国普适性和启发性的建议和意见。同时,加之教师工作满意度仅是 TALIS 调查的部分内容,尽管涉及了关于教师的工作满意度的重要内容,但毕竟不是针对教师的工作满意度的专门性调查,造成调查设计到的维度和范围不全面。为弥补这一缺憾,本研究以上海初中教师为调查对象,专门研发具有本土特点的教师的工作满意度问卷,并进行了实地调查,但毕竟上海市情与全国绝大多数省市不同,且所处教育发展阶段也有差异,在提升教师的工作满意度的政策建议的普适性上,本研究仍有完善的空间。

参考文献

一、中文论著

[1] [英]爱德华·泰勒.原始文化[M].连树声,译.上海:上海文艺出版社,1992.

[2] [德]安德烈亚斯·施莱歇尔.超越 PISA:如何构建 21 世纪学校体系[M].徐瑾劼,译.上海:上海教育出版社,2018.

[3] [俄]鲍·里·伍尔夫松.比较教育学——历史与现代问题[M].肖甦,姜晓燕,译.北京:教育科学出版社,2007.

[4] [美]本尼迪克特·安德森.想象的共同体:民族主义的起源与散布[M].吴叡人,译.上海:上海人民出版社,2011.

[5] 陈波,等.社会科学方法论[M].北京:中国人民大学出版社出版,1989.

[6] 陈向明.质的研究方法与社会科学研究[M].北京:教育科学出版社,2009.

[7] 邓小平.邓小平文选(第 2 卷)[M].北京:人民出版社,1994.

[8] 董朝辉,杨继平.教师工作满意度研究[M].北京:中国社会出版社,2012.

[9] 董海军.社会调查与统计[M].武汉:武汉大学出版社,2015.

[10] 风笑天.社会调查中的问卷设计[M].天津:天津人民出版社,2002.

[11] 风笑天.现代社会调查方法[M].武汉:华中科技大学出版社,2005.

[12] [美]弗雷德里克·赫茨伯格.赫茨伯格的双因素理论(修订版)[M].张湛,译.北京:中国人民大学出版社,2016.

[13] 葛兆光.思想史研究课堂讲录——视野、角度与方法[M].北京:生活·读书·新知三联书店,2005.

[14] 国际学生评估项目中国上海项目组.质量与公平:上海 2012 年国际学生评估项目(PISA)研究报告[M].上海:上海教育出版社,2016.

[15] [德]黑格尔.小逻辑[M].北京:商务印书馆,1997.

[16] [瑞典]胡森.教育研究范式[A]∥.瞿葆奎.教育学文集教育研究方法卷[C].

北京：人民教育出版社,1988.

[17] [荷] 霍夫斯泰德.文化与组织：心理软件的力量(第二版)[M].李原,孙健敏,
译.北京：中国人民大学出版社,2010.

[18] [英] 杰弗里·巴勒克拉夫.当代史学主要趋势[M].杨豫,译.北京：北京大学
出版社,2006.

[19] [美] 凯文·马尔卡希.公共文化、文化认同与文化政策：比较的视角[M].何
道宽,译.北京：商务印书馆,2017.

[20] [美] 克利福德·格尔茨.文化的解释[M].韩莉,译.南京：译林出版社,2014.

[21] [美] 赖斯·米尔斯.社会学的想象力[M].李康,译.北京：北京师范大学出版
社,2017.

[22] [英] 雷蒙·威廉斯.文化与社会[M].高晓玲,译.长春：吉林出版集团有限责
任公司,2011.

[23] 联合国教科文组织.教育：财富蕴藏其中(第二版)[M].联合国教科文组织总
部中文科,译.北京：教育科学出版社,2014.

[24] [美] 哈尔·R.范里安.微观经济学：现代观点(第9版)[M].费方域,朱保华,
等,译.上海：上海人民出版社,2014：27.

[25] 刘后平,王丽英.统计学[M].大连：东北财经大学出版社,2015.

[26] 李梅.教师工作满意度及其影响因素研究[A]∥丁钢.中国中小学教师专业
发展状况调查与政策分析报告[C].上海：华东师范大学出版社,2010.

[27] [美] 露丝·本尼迪克特.文化模式[M].王炜,等,译.北京：生活·读书·新知
三联书店,1992.

[28] 梁漱溟.东西文化及其哲学[M].北京：商务印书馆,1999.

[29] [英] 马克·贝磊,[英] 鲍勃,[南非] 梅森.比较教育研究：路径与方法[M].
李梅,译.北京：北京大学出版社,2010.

[30] [英] 马克·贝磊,古鼎仪.香港和澳门的教育：从比较角度看延续与变化
[M].北京：人民教育出版社,2006.

[31] [美] 玛丽莲·科克伦-史密斯,[美] 沙伦·费曼-尼姆赛尔,[美] D.约翰·麦
金太尔.教师教育研究手册：变革世界中的永恒问题(第三版)[M].范国睿,
等,译.上海：华东师范大学出版社,2017.

[32] [美] R.K.默顿.鲁旭东.科学社会学(下)[M].林聚仁,译.北京：商务印书
馆,2004.

[33] [德] 诺贝特·埃利亚斯.文明的进程：文明的社会发生和心理发生的研究 [M].王佩莉,袁志英,译.上海：上海译文出版社,2009.

[34] 彭克宏.社会科学大词典[M].北京：中国国际广播出版社,1989.

[35] 仇立平.社会研究方法[M].重庆：重庆大学出版社,2008.

[36] [英] 萨德勒.我们从对外国教育制度的研究中究竟能学到多少有实际价值的东西？[A] //赵中建,顾建民.比较教育的理论与方法——国外比较教育文选[C].北京：人民教育出版社,1992.

[37] [德] 施瑞尔.变革中的比较教育方法论[A] //陈时见,徐辉.比较教育的学科发展与研究方法[C].北京：商务印书馆,2006.

[38] 沈南山.数学教育测量与统计分析[M].合肥：中国科学技术大学出版社,2017.

[39] 苏东水.管理心理学[M].上海：复旦大学出版社,2002.

[40] [英] 特瑞·伊格尔顿.文化的观念[M].方杰,译.南京：南京大学出版社,2003.

[41] 陶西平.教育评价辞典[M].北京：北京师范大学出版社,1998.

[42] [美] 托马斯·库恩.科学革命的结构(第四版)[M].金吾伦,胡新和,译.北京：北京大学出版社,2013.

[43] [美] 托马斯·库恩.必要的张力[M].范岱年,纪树立,译.北京：北京大学出版社,2004.

[44] 王承绪.比较教育学史[M].北京：人民教育出版社,1999.

[45] [美] 威廉·A.哈维兰,等.文化人类学：人类的挑战[M].陈相超,等,译.北京：机械工业出版社,2014.

[46] [美] 西奥多·舒尔茨.论人力资本投资[M].吴珠华,等,译.北京：北京经济学院出版社,1990.

[47] 袁方.社会研究方法教程[M].北京：北京大学出版社,1997.

[48] [新西兰] 约翰·哈蒂.可见的学习：对800多项惯有学业成就的元分析的综合报告[M].彭正梅,等,译.北京：教育科学出版社,2015.

[49] [英] 约翰·B.汤普森.意识形态与现代文化[M].高铦,等,译.南京：译林出版社,2019.

[50] 赵中建,顾建民.比较教育的理论与方法——国外比较教育文选[M].北京：人民教育出版社,1994.

[51] 周德昌.简明教育辞典[M].广州：广东高等教育出版社,1992.

二、中文期刊

[52] 陈纯槿.中学教师工作满意度影响因素的实证研究——基于 PISA 2015 教师调查数据的分析[J].教师教育研究,2017,29(02)：84 - 91.

[53] 陈时见,王远.比较教育学科发展的历史演进及未来走向[J].教育研究,2019,40(01)：55 - 65.

[54] 陈卫旗.中学教师工作满意感的结构及其与离职倾向、工作积极性的关系[J].心理发展与教育,1998(01)：38 - 44.

[55] 陈云英,孙绍邦.教师工作满意度的测量研究[J].心理科学,1994(03)：146 - 149.

[56] 程天君.从"纯粹主义"到"实用主义"——教育社会学研究方法论的新动向[J].教育研究与实验,2014(01)：5 - 12.

[57] 风笑天.方法论背景中的问卷调查法[J].社会学研究,1994(03)：13 - 18.

[58] 冯伯麟.教师工作满意及其影响因素的研究[J].教育研究,1996(02)：42 - 49.

[59] 冯虹,陈士俊,张杨.初中教师工作满意度的调查研究[J].心理与行为研究,2010,8(02)：141 - 145.

[60] 冯建军.西方教育研究范式的变革与发展趋向[J].教育研究,1998(1)：26 - 30.

[61] 冯昕瑞,王江璐.财政体制改革下义务教育教师待遇诉求变迁——基于全国两会数据的研究[J].教育发展研究,2019,39(Z2)：26 - 37.

[62] 高光,张民选.经济合作与发展组织的三大国际教育测试研究[J].比较教育研究,2011(10)：28 - 33.

[63] 顾明远.文化研究与比较教育[J].比较教育研究,2000(04)：1 - 4.

[64] 黄春生.工作满意度、组织承诺与离职倾向相关研究[D].厦门大学,2004.

[65] 黄丹媚,张敏强.教师工作满意度研究综述[J].社会心理科学,2004(03)：17 - 19.

[66] 胡瑞,刘宝存.世界比较教育二百年回眸与前瞻[J].比较教育研究,2018,40(7)：78 - 86.

[67] 胡咏梅.中学教师工作满意度及其影响因素的实证研究[J].教育学报,2007

(05)：46 - 52.

[68] 姜勇,钱琴珍,鄢超云.教师工作满意度的影响因素结构模型研究[J].心理科学,2006(01)：162 - 164.

[69] 李荣安,苏洋,刘宝存.制度化与语境化：比较教育研究的辩证法[J].比较教育研究,2017,39(09)：31 - 40.

[70] 李维,许佳宾,丁学森.义务教育教师工作满意度的实证研究[J].现代教育管理,2017(01)：79 - 84.

[71] 李微光,程素萍.高校教师工作满意度调查问卷的编制与分析[J].中北大学学报(社会科学版),2007(01)：87 - 89.

[72] 李义天.地图之喻与科学之真——析约翰·齐曼的科学社会性思想[J].自然辩证法通讯,2004(06)：43 - 47.

[73] 李育球.全球化背景下的比较教育研究元范式初探[J].比较教育研究,2011,33(02)：11 - 15.

[74] 刘方林,陈时见.方法论视域下比较教育发展的基本路径[J].外国教育研究,2019,46(02)：3 - 13.

[75] 刘红梅,汤永隆,刘玲爽.中学教师工作满意度及组织承诺与离职倾向的关系研究[J].西南农业大学学报(社会科学版),2010,8(01)：265 - 267.

[76] 罗杰,周瑗,陈维,潘运,赵守盈.教师职业认同与情感承诺的关系：工作满意度的中介作用[J].心理发展与教育,2014,30(03)：322 - 328.

[77] 陆凤彬,邵燕敏,杨翠红,汪寿阳.科研和教育投资对我国经济的长期影响作用分析与政策建议[N].科学时报,2009 - 2 - 25(7).

[78] [英] 马克·贝磊.比较教育的学科性、跨学科性及非学科性[J].全球教育展望,2004,33(09)：3 - 8.

[79] [英] 马克·贝磊,R.莫里·托马斯.教育研究中的比较层次：对不同文献的不同透视及多层次分析的价值[J].北京大学教育评论,吴文君,译.2005(04)：15 - 24.

[80] 倪晓红,吴远,王玲.高校教师工作满意度的现状及提高对策[J].中国高教研究,2008(12)：46 - 47.

[81] 戚攻.对社会科学理论研究方法的一些思考[J].探索,2014(01)：173 - 177.

[82] 谭有模.简述米尔斯的社会学想象力及其影响[J].前沿,2010(14)：155 - 157.

[83] 宋爱红,蔡永红.教师组织承诺影响因素的研究[J].统计研究,2005(05)：

40 - 44.

[84] 孙汉银,李虹,林崇德.中学教师的工作满意度状况及其相关因素[J].心理与
行为研究,2008,6(04):260 - 265.

[85] 王素,邹俊伟.1970—2010 年国际比较教育研究之演进——基于科学知识图
谱方法的实证分析[J].外国教育研究,2011,38(09):37 - 44.

[86] 王笑天,李爱梅,吴伟炯,孙海龙,熊冠星.工作时间长真的不快乐吗? 异质性
视角下工作时间对幸福感的影响[J].心理科学进展,2017,25(01):180 - 189.

[87] 王英杰.我国比较教育研究的成绩、挑战与对策[J].比较教育研究,2011,33
(02):1 - 4.

[88] 王英杰.民族国家、全球化与比较教育学:问题、冲突与挑战[J].比较教育研
究,2017,39(12):3 - 6.

[89] 王志红,蔡久志.大学教师工作满意度的测量与评价[J].黑龙江高教研究,
2005(02):77 - 79.

[90] 王祖莉.初中教师工作满意度的调查研究[J].当代教育科学,2003(11):
37 - 39.

[91] 邬大光.加快教育现代化是建设教育强国的关键[N].人民日报,2018 - 07 - 15
(5).

[92] 吴晶,金志峰,葛亮.为什么教师职业对于女性更具吸引力——基于社会比较
理论的视角[J].教育发展研究,2020,40(02):59 - 68.

[93] 武向荣.义务教育教师工作满意度影响因素的实证研究[J].教育研究,2019
(01):66 - 75.

[94] 习近平.在联合国"教育第一"全球倡议行动一周年纪念活动上发表视频贺词
[N].人民日报,2013 - 9 - 27(1).

[95] 习近平.做党和人民满意的好老师——同北京师范大学师生代表座谈时的讲
话[N].人民日报,2014 - 9 - 10(1).

[96] 习近平向全国广大教师致慰问信[N].人民日报,2013 - 9 - 10(1).

[97] 许士军.工作满意度、个人特性与组织气候[J].台湾政治大学学报,1977,35:
37 - 54.

[98] 谢安邦,阎光才.比较教育研究的基本范式述评[J].华东师范大学学报(教育
科学版),2001(03):45 - 52.

[99] 熊易寒.文献综述与学术谱系[J].读书,2007(4):82 - 84.

[100] 杨海燕.初高中分离与合并的价值取向与利益诉求[J].教学与管理,2014
　　　(13)：5-8.

[101] 袁凌,谢赤,谢发胜.高校教师工作满意度的调查与分析[J].湖南师范大学教
　　　育科学学报,2006(03)：103-106.

[102] 张佳莉.教师工作环境满意度再考察——基于激励-保健理论的实证研究
　　　[J].教育发展研究,2017,37(06)：50-56.

[103] 张民选,等.专业与卓越——2015年上海教师教学国际调查结果概要[R].上
　　　海：上海教育出版社,2017.

[104] 张民选,陆璟,占胜利,朱小虎,王婷婷.专业视野中的PISA[J].教育研究,
　　　2011,32(06)：3-10.

[105] 张建人,阳子光,凌辉.中小学教师工作压力、工作满意度与职业倦怠的关系
　　　[J].中国临床心理学杂志,2014,22(5)：920-922.

[106] 郑晶晶.问卷调查法研究综述[J].理论观察,2014(10)：102-103.

[107] 朱从书.中小学教师的工作满意度及其影响因素分析[J].教育探索,2006
　　　(12)：116-117.

[108] 朱继荣,杨继平.小学教师工作满意度的调查研究[J].教育理论与实践,2004
　　　(02)：63-64.

三、电子资源

[109] 国家基本公共服务体系"十二五"规划[EB/OL]. http：//www.gov.cn/
　　　zwgk/2012-07/20/content_2187242.htm.

[110] 教育部规划司.2017年教育统计数据[EB/OL]. http：//www.moe.gov.cn/
　　　s78/A03/moe_560/jytjsj_2017/qg/201808/t20180808_344699.html.

[111] 袁贵仁.做学生爱戴人民满意的教师[EB/OL]. http：//www.moe.gov.cn/
　　　jyb_xwfb/gzdt_gzdt/moe_1485/201006/t20100603_88679.html.

[112] 中国教育改革和发展纲要[EB/OL]. http：//www.moe.gov.cn/jyb_sjzl/
　　　moe_177/tnull_2484.html.

[113] 张民选.上海教师勤劳程度全球居前！但短板在哪里？来看上海TALIS中
　　　心主任的权威解读[EB/OL]. http：//www.whb.cn/zhuzhan/xue/
　　　20190704/274773.html.

［114］OECD. TALIS 2013 Technical Report：Teaching and Learning International Survey［EB/OL］.（2013）. http：//www.oecd.org/education/school/TALIS-technical-report-2013.pdf.

［115］Taylor, J., Bradley, S., and Nguyen, A. Job autonomy and job satisfaction：new evidence［EB/OL］.（2003）. https：//eprints. lancs. ac. uk/id/eprint/48658/4/JobAutonomy.pdf.

［116］Varkey Foundation. Global Teacher Status Index 2018［EB/OL］. https：//www.varkeyfoundation.org/media/4867/gts-index-13-11-2018.pdf.

四、英文文献

［117］Adams G A, Beehr T A. Turnover and retirement：A comparison of their similarities and differences［J］. Personnel Psychology, 1998（51）：643–665.

［118］Adams J S. Toward an understanding of inequity［J］. Journal of Abnormal and Social Psychology, 1963, 67(5)：422–436.

［119］Allen T D. Family-supportive work environments：The role of organisational perceptions［J］. Journal of Vocational Behaviour, 2001, 58(3)：414–435.

［120］Anderson C A. Methodology of comparative education［J］. International Review of Education, 1961, 7(1)：1–23.

［121］Arnold J, Randall R. et al. Work Psychology：Understanding Human Behaviour in the Workplace（6th Edition）［M］. Harlow：Pearson Education. 2016.

［122］Arvey R D, Bouchard T J, Segal N L, Abraham L M. Job satisfaction：Environmental and genetic components［J］. Journal of Applied Psychology. 1989, 74 (2)：187–192.

［123］Ashton P T, and Webb, R. B. Making a Difference：Teachers' Sense of Efficacy and Student Achievement. New York：Longman Publishing Group, 1986.

［124］Aziri, B. Job satisfaction, a literature review［EB/OL］.（2011）. http://

mrp.ase.ro/ no34/ f7.pdf.

[125] Bandura, A. Social Foundations of Thought and Action: A Social Cognitive Theory. Prentice Hall, Englewood Cliffs, NJ. 1986.

[126] Banerjee N, Stearns E. et al. Teacher job satisfaction and student achievement: The roles of teacher professional community and teacher collaboration in schools[J]. American Journal of Education, 2016, 123 (2): 203 – 241.

[127] Bender K A, Donohue S M, Heywood J S. Job satisfaction and gender segregation[J]. Oxford Economic Papers, 2005, 57(3): 479 – 496.

[128] Bereday G. Comparative Method in Education[M]. New York: Holt, Rinehart & Winston. 1964.

[129] Brinkmann S. Unstructured and Semi-Structured Interviewing[M]. In Leavy, P. The Oxford Handbook of Qualitative Research, NY Oxford University Press. 2014.

[130] Berkowitz L, Fraser C, Treasure F, Cochran S. Pay, equity, job gratifications, and comparisons in pay satisfaction[J]. Journal of Applied Psychology, 1987, 72(4): 544 – 551.

[131] Blackburn J W, Bruce W M. Rethinking Concepts of Job Satisfaction: The Case of Nebraska Municipal Clerks[J]. Review of Public Personnel Administration, 1989, 10(1): 11 – 28.

[132] Blau P M. Exchange and power in social life, New York: Wiley, 1964.

[133] Boyle G J, Borg M G. et al. A structural model of the dimensions of teacher stress[J]. British Journal of Educational Psychology, 1995, 65 (1): 49 – 67.

[134] Bogler R. The Influence of Leadership Style on Teacher Job Satisfaction [J]. Educational Administration Quarterly, 2001, 37(5): 662 – 683.

[135] Brief A P, Weiss H M. Organizational behavior: Affect in the workplace [J]. Annual Review of Psychology, 2002, 53(1): 279 – 307.

[136] Canrinus E T, Helms-Lorenz M, Beijaard D. et al. Self-efficacy, job satisfaction, motivation and commitment: exploring the relationships between indicators of teachers' professional identity [J]. European

Journal of Psychology of Education, 2012, 27: 115 - 132.

[137] Caprara G V, Barbaranelli C, Steca P, Malone P S. Teachers' self-efficacy beliefs as determinants of job satisfaction and students' academic achievement: A study at the school level [J]. Journal of School Psychology, 2006, 44(6): 473 - 490.

[138] Caprara G V, Barbaranelli C, Borgogni L, Steca P. Efficacy beliefs as determinants of teachers' job satisfaction [J]. Journal of Educational Psychology, 2003, 95(4): 821 - 832.

[139] Chetty R, Friedman J N, Rockoff J E. Measuring the Impacts of Teachers II: Teacher Value-Added and Student Outcomes in Adulthood [J]. American Economic Review, 2014, 104 (9): 2633 - 2679.

[140] Clark A. What Makes a Good Job? Evidence from OECD Countries[M]. In: Bazen, S., Lucifora, C., Salverda, W. (eds) Job Quality and Employer Behaviour. London: Palgrave Macmillan, 2005.

[141] Clark A E, Oswald A J, Warr P O. Is Job Satisfaction U-shaped in Age? [J]. Journal of Occupational and Organizational Psychology. 1996, 69 (1): 57 - 81.

[142] Collie R J, Shapka J D, Perry N E. School climate and social-emotional learning: Predicting teacher stress, job satisfaction, and teaching efficacy[J]. Journal of Educational Psychology, 2012, 104(4): 1189 - 1204.

[143] Crossman A, Harris P. Job Satisfaction of Secondary School Teachers[J]. Educational Management Administration & Leadership, 2006, 34 (1): 29 - 46.

[144] Darling-Hammond L. Teacher quality and student achievement: A review of state policy evidence, Seattle, WA: University of Washington, Center for the Study of Teaching and Policy. 1999.

[145] Darling-Hammond L, Burns D, Campbell C. Empowered Educators: How High-Performing Systems Shape Teaching Quality Around the World. Jossey-Bass. 2017.

[146] David C, Alexandre M. et al. Inequality at Work: The Effect of Peer

Salaries on Job Satisfaction. American Economic Review, American Economic Association, 2012, 102(6): 2981 - 3003.

[147] DeSantis V S, Durst S L. Comparing Job Satisfaction among Public- and Private-Sector Employees [J]. The American Review of Public Administration, 1996, 26(3): 327 - 343.

[148] Diener E, Seligman M E. Beyond Money: Toward an Economy of Well-Being[J]. Psychological Science in the Public Interest, 2004, 5(1): 1 - 31.

[149] Dinham S, Scott C. A three domain model of teacher and school executive career satisfaction[J]. Journal of Educational Administration, 1998, 36(4): 362 - 378.

[150] Dinham S, Scott C. Moving into the third, outer domain of teacher satisfaction [J]. Journal of Educational Administration, 2000, 38: 379 - 396.

[151] Dobrow Riza S, Ganzach Y, Liu Y. Time and Job Satisfaction: A Longitudinal Study of the Differential Roles of Age and Tenure [J]. Journal of Management, 2018, 44(7): 2558 - 2579.

[152] Eskildsen J K, Westlund A H, Kristensen K. Measuring employee assets - The Nordic Employee Index™[J]. Business Process Management Journal, 2004, 10(5): 537 - 550.

[153] Fontana A, Frey J H. Interviewing: The Art of Science. In N. K. Denzin & Y. S. Lincoln (Eds.) Handbook of Qualitative Research. Thousand Oaks: Sage. 1994.

[154] Fullan M. The New Meaning of Educational Change. Third Edition[M]. New York: Teachers College Press. 2001: 134 - 135.

[155] Furnham A, Eracleous A, Chamorro-Premuzic T. Personality, motivation and job satisfaction: Hertzberg meets the Big Five[J]. Journal of Managerial Psychology, 2009, 24(8): 765 - 779.

[156] Ge C, Fu J, Chang Y. et al. Factors associated with job satisfaction among Chinese community health workers: a cross-sectional study [J]. BMC public health, 2011(11): 884.

[157] Gelfand M J, Erez M, Aycan Z. Cross-Cultural Organizational Behavior

[J]. Annual Review of Psychology, 2007, 58(1): 479 - 514.

[158] Ghavifekr S, Pillai N. The relationship between school's organizational climate and teacher's job satisfaction: Malaysian experience [J]. Asia Pacific Education Review, 2016, 17(1): 87 - 106.

[159] Griffin M A, Patterson M G, West M A. Job satisfaction and teamwork: the role of supervisor support [J]. Journal of Organisational Behaviour, 2001, 22: 537 - 550.

[160] Groenewegen P P, Hutten J B. Workload and job satisfaction among general practitioners: A review of the literature [J]. Society Scientific Medicine, 1991, 32(10): 1111 - 1119.

[161] Hackman J R, Oldham G R. Motivation through the design of work: Test of a theory [J]. Organizational Behavior and Human Performance, 1976, 16 (2): 250 - 279.

[162] Haslam S, O'Brien A, Jetten J, Vormedal K, Penna S. Taking the strain: Social identity, social support, and the experience of stress [J]. British Journal of Social Psychology, 2005, 44: 355 - 370.

[163] Hedges L, Greenwald R. Have times changed? The effect on school resources on student achievement [J]. Review of Education Research, 1996, 66(3): 361 - 396.

[164] Henne D, Locke E A. Job dissatisfaction: what are the consequences? [J]. International Journal of Psychology, 1985, 20(2): 221 - 240.

[165] Holdaway E. Facet and Overall Satisfaction of Teachers [J]. Educational Administration Quarterly, 1978, 14(1): 30 - 47.

[166] Huang X, Vliert E. Job level and national culture as joint roots of job satisfaction [J]. Applied Psychology, 2004, 53(3): 329 - 348.

[167] Hulin C L, Judge T A. Job attitudes. In W. C. Borman, D. R. ligen, & R. J. Klimoski (Eds.), Handbook of psychology: Industrial and organizational psychology. Hoboken, NJ: Wiley. 2003: 255 - 276.

[168] Johnson N, Holdaway E. Facet Importance and the Job Satisfaction of School Principals [J]. British Educational Research Journal, 1994, 20: 17 - 33.

[169] Johnson R B, Onwuegbuzie A J. Mixed Methods Research: A Research Paradigm Whose Time Has Come[J]. Educational Researcher, 2004, 33 (7): 14 - 26.

[170] Judge T A, Bono J E. Relationship of core self-evaluations traits- self esteem, generalized self-efficacy, locus of control, and emotional stability-with job satisfaction and job performance: A meta-analysis[J]. Journal of Applied Psychology, 2001, 86(1): 80 - 92.

[171] Judge T A, Church A H. Job satisfaction: research and practice, In C. L. Cooper and E. A. Locke (Eds), Industrial and Organizational Psychology: Linking Theory with Practice. Blakewell, Oxford, 2000: 166 - 174.

[172] Judge T A, Heller D, Mount M K. Five-factor model of personality and job satisfaction: A meta-analysis [J]. Journal of Applied Psychology, 2002, 87(3): 530 - 541.

[173] Judge T A, Locke E A. Effect of dysfunctional thought processes on subjective well-being and job satisfaction [J]. Journal of Applied Psychology, 1993, 78(3): 475 - 490.

[174] Judge T A, Locke E A, Durham C C. The dispositional causes of job satisfaction: A core evaluations approach[J]. Research in Organizational Behavior. 1997(19): 151 - 188.

[175] Judge T A, Piccolo R F, Podsakoff N P, Shaw J C, Rich B L. The relationship between pay and job satisfaction: A meta-analysis of the literature[J]. Journal of Vocational Behaviour, 2010, 77(2): 157 - 167.

[176] Judge T, Thoresen C J, Bono J E, Patton G K. The job satisfaction-job performance relationship: a qualitative and quantitative review [J]. Psychological Bulletin, 2001, 127(3): 376 - 407.

[177] Judge T A, Van Vianen A, De Pater I. Emotional Stability, Core Self-Evaluations, and Job Outcomes: A Review of the Evidence and an Agenda for Future Research[J]. Human Performance, 2004, 17 (3): 325 - 346.

[178] Kaiser L. Gender-job satisfaction differences across Europe: An indicator

for labour market modernization[J]. International Journal of Manpower, 2007, 28(1): 75 - 94.

[179] Kardos S, Johnson S. On their own and presumed expert: New teachers' experiences with their colleagues[J]. Teachers College Record, 2007, 109 (9): 2083 - 2106.

[180] Kett N E. A Causal Analysis of The Relationship Between Teacher Job Satisfaction and Student Achievement, doctoral thesis, University of Newcastle Australia, 2015. http://hdl.handle.net/1959.13/1063065.

[181] Klassen R M, Usher E L, Bong M. Teachers' Collective Efficacy, Job Satisfaction, and Job Stress in Cross-Cultural Context[J]. The Journal of Experimental Education, 2010, 78(4): 464 - 486.

[182] Kluger M T, Townend K K, Laidlaw T. Job satisfaction, stress and burnout in Australian specialist anaesthetists[J]. Anaesthesia, 2003, 58 (4): 339 - 345.

[183] Kristof A L. Person-organisation fit: An integrative review of its conceptualizations, measurement, and implications [J]. Personnel Psychology, 1996(49): 1 - 49.

[184] Kyriacou C. Teacher Stress: Directions for future research [J]. Educational Review, 2001, 53(1): 27 - 35.

[185] Laudan L. Progress and its problems: Towards a theory of scientific growth[M]. Berkeley: University of California Press, 1977.

[186] Laschinger H K, Finegan J E, Shamian J, Wilk P. A longitudinal analysis of the impact of workplace empowerment on work satisfaction [J]. Journal of Organizational Behavior, 2004, 25(4): 527 - 545.

[187] Liang X Y, Kidwai H, Zhang M X. How Shanghai Does It: Insights and Lessons from the Highest-Ranking Education System in the World[R]. The World Bank. 2016.

[188] Liu C, Borg I, Spector P E. Measurement Equivalence of the German Job Satisfaction Survey Used in a Multinational Organization: Implications of Schwartz's Culture Model[J]. Journal of Applied Psychology, 2004, 89 (6): 1070 - 1082.

［189］Liu S, Onwuegbuzie A J. Teachers' motivation for entering the teaching profession and their job satisfaction: a cross-cultural comparison of China and other countries[J]. Learning Environments Research, 2014, 17(1): 75 – 94.

［190］Locke E A. The nature and causes of job satisfaction. In M. I. Dunnette (Ed.), Handbook of industrial and organizational psychology. Chicago, IL: Rand McNally. 1976.

［191］Locke E A. What Is Job Satisfaction? [J]. Organizational Behavior and Human performance, 1969, 4(4): 309 – 336.

［192］Ma X, Macmillan R. Influences of workplace conditions on teachers' job satisfaction[J]. The Journal of Educational Research, 1999, 93 (1): 39 – 47.

［193］Malka A, Chatman J A. Intrinsic and extrinsic orientations as moderators of the effect of annual income on subjective well-being: A longitudinal study[J]. Personality and Social Psychology Bulletin, 2003, 29 (6): 737 – 746.

［194］Marianne P, David P. Job Satisfaction Among America's Teachers: Effects of Workplace Conditions, Background Characteristics, and Teacher Compensation, NCES 97 – 471, Summer Whitener. Washington, DC: 1997.

［195］Mark B, Thomas R. Levels of Comparison in Educational Studies: Different Insights from Different Literatures and the Value of Multilevel Analyses[J]. Harvard Educational Review: September, 1995, 65 (3): 472 – 491.

［196］Miller M, Brownell M. Factors that predict teachers staying in, leaving, or transferring from the special education classroom [J]. Exceptional Children, 1999, 65(2): 201 – 218.

［197］Morgeson F P, Humphrey S E. The Work Design Questionnaire: Developing and validating a comprehensive measure for assessing job design and the nature of work[J]. Journal of Applied Psychology, 2006, 91(6): 1321 – 1339.

[198] Mostafa T, Pál J. Science teachers' satisfaction: Evidence from the PISA 2015 teacher survey[R]. OECD Education Working Papers, Paris: OECD Publishing, 2018: 168.

[199] Mottaz C J. The relative importance of intrinsic and extrinsic rewards as determinants of work satisfaction[J]. Sociological Quarterly, 1985, 26 (3): 365 - 85.

[200] Mukerjee S. Job Satisfaction in the United States: Are Blacks Still More Satisfied? [J]. The Review of Black Political Economy, 2014, 41(1): 61 - 81.

[201] Nagy M S. Using a single-item approach to measure facet job satisfaction [J]. Journal of Occupational and Organizational Psychology, 2002(75): 77 - 86.

[202] Ng T W, Sorensen K L, Yim F H. Does the Job Satisfaction—Job Performance Relationship Vary Across Cultures? [J]. Journal of Cross-Cultural Psychology, 2009, 40(5): 761 - 796.

[203] Noah H J, Max A. Towards a Science of Comparative Education[M]. London: The Macmillan Company. 1969.

[204] OECD. Effective Teacher Policies: Insights from PISA[R]. PISA, OECD Publishing. 2018. http://dx.doi.org/10.1787/9789264301603-en.

[205] OECD. TALIS 2013 Results: An International Perspective on Teaching and Learning[M]. Paris: OECD Publishing, 2014. http://dx.doi.org/10.1787/9789264196261-en.

[206] OECD. Teachers Matter: Attracting, Developing and Retaining Effective Teachers, Education and Training Policy[M]. Paris: OECD Publishing, 2005.

[207] OECD. Teaching and Learning International Survey TALIS 2013 Conceptual Framework [EB/OL]. http://www.oecd.org/education/school/TALIS%20Conceptual%20Framework_FINAL.pdf.

[208] Ololube N P. Teachers Job Satisfaction and Motivation for School Effectiveness: An Assessment [EB/OL]. https://files.eric.ed.gov/fulltext/ED496539.pdf.

[209] Patrick A S. Examination of Teacher Workplace Satisfaction and Student Achievement. Electronic Theses and Dissertations, 2007: 272. https://digitalcommons.georgiasouthern.edu/etd/272.

[210] Phillips D. Comparative Education: Method. Research in Comparative and International Education, 2006, 1(4): 304 – 319.

[211] Porter L W, Steers R M, Mowday R T, Boulian P V. Organizational commitment, job satisfaction, and turnover among psychiatric technicians[J]. Journal of Applied Psychology, 1974, 59(5): 603 – 609.

[212] Rafferty A M, Clarke S P, Coles J, Ball J, James P, McKee M, Aiken L H. Outcomes of variation in hospital nurse staffing in English hospitals: cross-sectional analysis of survey data and discharge records [J]. International journal of nursing studies, 2007, 44(2): 175 – 182.

[213] Renzulli L H, Parrott H M, Beattie I. Racial Mismatch and School Type: Teacher Satisfaction and Retention in Charter and Traditional Public Schools[J]. Sociology of Education, 2011, 84(1): 23 – 48.

[214] Rhoades L, Eisenberger R. Perceived organisational support: A review of the literature[J]. Journal of Applied Psychology, 2002, 87(4): 698 – 714.

[215] Riggle R J, Edmondson D R, Hansen J D. A meta-analysis of the relationship between perceived organizational support and job outcomes: 20 years of research[J]. Journal of Business Research, 2009, 62(10): 1027 – 1030.

[216] Riordan C M, Vandenberg R J. A Central Question in Cross-Cultural Research: Do Employees of Different Cultures Interpret Work-related Measures in an Equivalent Manner? [J]. Journal of Management, 1994, 20(3): 643 – 671.

[217] Rivkin S, Hanushek E, Kain J. Teachers, Schools, and Academic Achievement, Working Paper 6691 (revised), National Bureau of Economic Research, Cambridge, MA. 2001.

[218] Roberts K, Walter G, Miles R. A Factor Analytic Study of Job Satisfaction Items Designed to Measure Maslow Need Categories[J]. Personnel Psychology. 1971, 24(2): 205 – 220.

[219] Rockoff J. The Impact of Individual Teachers on Student Achievement: Evidence from Panel Data[J]. American Economic Review, 2004, 94 (2): 247 - 252.

[220] Rodgers-Jenkinson F, Chapman D W. Job satisfaction of Jamaican elementary school teachers[J]. International Review of Education, 1990, 9(36): 299 - 313.

[221] Ross J A. The Antecedents and Consequences of Teacher Efficacy, in Brophy, J. (ed.) Advances in Research on Teaching, Vol. 7, 49 - 74, JAI Press, Greenwich, Connecticut. 1998.

[222] Ryan A M, Chan D, Ployhart R E, et al. Employee Attitude Surveys in a Multinational Organization: Considering Language and Culture in Assessing Measurement Equivalence[J]. Personnel Psychology, 1999, 52 (1): 37 - 58.

[223] Saari L M, Judge T A. Employee attitudes and job satisfaction[J]. Human Resource Management, 2004, 43(4): 395 - 407.

[224] Sanders W, Rivers J. Cumulative and Residual Effects of Teachers on Future Student Academic Achievement, Research Progress Report, University of Tennessee Value-Added Research and Assessment Center, Knoxville, Tennessee. 1996.

[225] Schleicher A. Building a High-Quality Teaching Profession: Lessons from around the World[R]. International Summit on the Teaching Profession, Paris: OECD Publishing, 2011.

[226] Schwartz S H. A Theory of Cultural Values and Some Implications for Work[J]. Applied Psychology, 1999, 48(1): 23 - 47.

[227] Seo Y, Ko J, Price J L. The determinants of job satisfaction among hospital nurses: A model estimation in Korea[J]. International Journal of Nursing Studies, 2004, 41(4): 437 - 446.

[228] Sergiovanni T. Factors which affect satisfaction and dissatisfaction of teachers[J]. Journal of Educational Administration, 1967, 5(1): 66 - 82.

[229] Shanock L R, Eisenberger R. When supervisors feel supported: Relationships with subordinates' perceived supervisor support, perceived

organizational support, and performance [J]. Journal of Applied Psychology, 2006, 91(3): 689 - 695.

[230] Sloane P, Williams H. Job Satisfaction, Comparison Earnings, and Gender. LABOUR. 2000, 14(3): 473 - 502.

[231] Spector P E. Job Satisfaction: Application, Assessment, Causes and Consequences[M]. Thousand Oaks: CA. Sage Publications. 1997.

[232] Stamper C L, Johkle M C. The impact of perceived organisational support on the relationship between boundary spanner role stress and work outcomes[J]. Journal of Management, 2003, 29(4): 569 - 588.

[233] Staw B M, Bell N E, Clausen J A. The dispositional approach to job attitudes: A lifetime longitudinal test [J]. Administrative Science Quarterly, 1986, 31(1): 56 - 77.

[234] Staw B, Cohen-Charash Y. The dispositional approach to job satisfaction: More than a mirage, but not yet an oasis: Comment[J]. Journal of Organizational Behavior, 2005, 26 (1): 59 - 78.

[235] Staw B M, Ross J. Stability in the midst of change: A dispositional approach to job attitudes[J]. Journal of Applied Psychology, 1985, 70 (3): 469 - 480.

[236] Stearns E et al. Collective pedagogical teacher culture and teacher satisfaction[J]. Teachers College Record, 2015, 117(8): 1 - 32.

[237] Steiner-Khamsi G. Comparison: Quo vadis? In R. Cowen & A. M. Kazamias (Eds.), International Handbook of Comparative Education Dordrecht: Springer. 2009.

[238] Sweeney P D, McFarlin D B. Social comparisons and income satisfaction: A cross-national examination [J]. Journal of Occupational and Organizational Psychology, 2004, 77(2): 149 - 154.

[239] Tek B. An investigation of the relationship between school leadership, teacher job satisfaction, and student achievement. Open Access Dissertations. 2014: 221. http://digitalcommons.uri.edu/oa_diss/221.

[240] Thomas D, Au K. The Effect of Cultural Differences on Behavioral Responses to Low Job Satisfaction[J]. Journal of International Business

Studies, 2002, 33(2): 309 – 326.

[241] Tsui A S, Nifadkar S S, Yi A. Cross-National, Cross-Cultural Organizational Behavior Research: Advances, Gaps, and Recommendations[J]. Journal of Management, 2007, 33(3): 426 – 478.

[242] Weiss E M. Perceived workplace conditions and first-year teachers' morale, career choice commitment, and planned retention: A secondary analysis[J]. Teaching and Teacher Education, 1999, 15(8): 861 – 879.

[243] Zeffane R M. Understanding Employee Turnover: The Need for a Contingency Approach[J]. International Journal of Manpower, 1994, 15 (9): 22 – 37.

[244] Zhang M X. Concepts of Equity and Policies for University Student Financial Support: Chinese Reforms in an International Context 1949 – 1999. The University of Hong Kong. 2001.

附　录

TALIS 2013 调查主题及指标

主题 1. 教师教学实践	a. 教学理念(信念); b. 所教班级的课堂氛围; c. 所教班级的教学实践; d. 所教班级的课堂管理; e. 所教班级的个性化/差异化教学(包括资优学生); f. 教师对妨碍实施多样化教学实践的看法; g. 所教班级的学生构成和班级规模; h. 所教班级的课时分布。
主题 2. 学校领导力	a. 学校领导的角色和职能(行政和教学领导力); b. 分布式领导(学校领导团队); c. 学校领导的资历和经验; d. 校长工作满意度; e. 对学校领导的看法(教师回应); f. 校长工作负担; g. 校长工作时间; h. 校长在关键领域的自主权(招聘和解雇教师、职业晋升阶梯、薪酬等); i. 校长的培训和专业发展; j. 校长自我效能感。
主题 3. 教师专业实践 (专业行为表现)	a. 学校教师之间的合作; b. 教师参与学校决策的情况; c. 在更广泛专业协会(平台)中教师的角色、形象和参与情况; d. 教师在国家内部或国际的流动。
主题 4. 教师教育和职业准备	a. 初始教师教育和培训的特点:内容(如教育学知识、学科知识、见习实践、个性化教学方法等),时长期限、教育或培训提供者; b. 培训的有效性感知。

（续表）

主题 5. 教师的反馈与发展	a. 对在职教育和培训的支持； b. 深入参与在职教育和培训的障碍； c. 在职教育和培训的类型,包括合作形式的专业发展； d. 正式的专业发展的类型； e. 正式的专业发展的内容(新的教学实践和新兴创新技术应用)； f. 非正式的专业发展形式(包括在线学习等)； g. 非正式的专业发展内容(如教学实践创新和新兴创新技术的应用等)。
主题 6. 学校氛围	a. 师生关系(包括学习支持环境)； b. 家长和社区与学校关系/参与学校教学管理 c. 纪律氛围(包括宽容氛围) d. 教师关于如何改进师生关系的信念； e. 妨碍教学的因素； f. 教师对学生多样性的准备和开放度 g. 学校风气(如目标驱动、高期望、社区参与等)。
主题 7. 工作满意度	a. 整体工作满意度(包括学校和职业两个方面)； b. 教师对其职业价值的认知； c. 教师对国家和地方教育政策的看法； d. 对工资和工作条件的满意度； e. 教师对教育政策优先事项和改革重点的看法。
主题 8. 教师人力资源问题和与利益相关者的关系	a. 学校关于认可、奖励和评价教师的政策； b. 教师职业晋升阶梯和发展前景； c. 关于认可、奖励和评价教师政策的影响； d. 对教学实践创新的认可； e. 对绩效不佳教师的干预措施。
主题 9. 教师自我效能感	a. 教师对其整体教学知识的自我评估(包括教学过程、学生学习和形成性评估)； b. 教师的自我效能感； c. 教师对非认知技能/耐心/激励的自我评估。

资料来源：Ainley, J. and R. Carstens, Teaching and Learning International Survey（TALIS）2018 Conceptual Framework［R］. OECD Education Working Papers, Paris：OECD Publishing, 2018：187. http://dx.doi.org/10.1787/799337c2-en

后 记

作为一种情感体验和心理感知变量,教师工作满意度对教师的教学工作热忱与投入有重要影响,不仅直接左右教师日常工作态度和成效,也是预测学生学业成绩的重要因素之一。教师教学国际调查(TALIS)数据显示,不同国家和地区的教师工作满意度不尽相同,且呈现与已有理论研究和惯常经验相悖的情景。基于对上述悖论的思考,本研究从国际比较和本土关照的研究视角出发,首先利用TALIS 2013 的数据对不同国家和地区教师工作满意度异同表现进行国际比较分析;其次,利用霍夫斯泰德文化差异理论及相关文化维度数据,分析不同国家和地区的文化与教师工作满意度之间的潜在关系,并进行类型划分;再次,借鉴赫茨伯格的"激励—保健理论"和 Dinham 与 Scott 提出的"三域模型",在 TALIS 2013 语境下,对不同国家和地区教师工作满意度影响因素进行类别和层面的解构与归集。同时,本研究通过开发教师工作满意度的本土调查问卷,在层类交错的框架下对上海初中教师工作满意度的影响因素进行了立体剖析。最后,从实践层面反思改善教师工作情感体验的可行进路或应避免的误区。

本书是在笔者博士学位论文的基础上修改完善而成的。在论文即将付梓之际,回望整个攻读博士学位的过程,诚然离不开个人的努力,但若缺少了师长的教诲、同侪的激励和家人亲朋的支持,这一修炼之旅定会更加曲折和艰难。

首先要感谢导师张民选教授,作为一位具有国际学术影响力和教育行政管理经验与领导艺术的学者,张老师从来都是先从鼓励的角度对我微不足道的"亮点"和点滴进展进行肯定性表扬,不仅在论文选题、研究框架搭建、本土调查问卷的编制、论文的撰写等给予我关键性的建议和耐心的指导,还对论文文稿进行细致的审阅。在张老师的悉心指导下,我的学位论文《国际视野与本土关照:教师工作满意度影响因素实证研究》获得第四届"教育实证研究优秀学位论文奖"。如果说论文之中还有点滴值得称道之处,也是与张老师的精心指导分不开的。至于其中可能存在的偏颇甚至荒谬之处,我当文责自负,并恳望得到方家的指正。

　　在我顺利通过博士毕业答辩,获得博士学位后,幸得张老师的倾力资助,使得本书得以出版。我庆幸自己能获得宝贵机会皈依张老师门下。我自知生性愚钝、才疏学浅,再加上后天努力不够,离张老师心目中的要求还相差甚远。唯有日后学问上的精进勤学才能不负师恩。

　　诚挚感谢上海师范大学国际与比较教育研究院的丁笑炳、朱小虎、宁波、闫温乐、徐梦杰、徐瑾洁、夏惠贤、胡国勇、黄海涛、孔令帅、王洁、王卓芸等老师的教导和帮助。特别是丁笑炳老师,从审阅专家的视角,对我研究问题的凝练,思路的梳理方面提出了关键性的意见。朱小虎和徐瑾劼老师为我快速查找 TALIS 数据库和相关技术报告提供了切实有效的方法,并在 IEA IDB Analyzer 的使用上给予我耐心的指导。宁波老师在后期数据处理上给了我很大的帮助和支持。徐梦杰老师在问卷的编制、调查样本的选择等方面给予了全过程式的帮助。应该说,没有以上老师们的关键性支持和指导,我会多走多少弯路。

　　论文的顺利完成,离不开周云、吴轶、吴梦徽、陈慧、方乐、李腾蛟、郭勤一、宋佳、卞翠、谷纳海、张华峰、宋庆清等一路同行小伙伴的彼此相互鼓励。如果没有他们的支持和关心,我想读博期间可能会更为煎熬! 相识已久的大学本科、硕士研究生同窗好友胡啸天博士对论文的英文摘要进行了细致校对,特此感谢! 同时还要感谢为问卷调查顺利开展提供宝贵支持的张喜军、徐士强、郭婧、李军等师兄师姐,以及参与问卷调查的老师和校长,没有他们的积极配合,我不可能顺利地完成问卷的发放和回收工作。

　　此外,必须要特别提及的是,感谢家人的理解、默默地支持和付出! 他们永远是我追梦路上最坚实的后盾和前进的原动力!

王中奎

2023 年 4 月